Dorothy E. Babcock/Terry D. Keepers,
Miteinander wachsen

Dorothy E. Babcock /
Terry D. Keepers

Miteinander wachsen

Transaktionsanalyse für Eltern und Erzieher

Deutsche Bearbeitung von Helmut Harsch

Aus dem Amerikanischen übersetzt von Edith Eller, Rainer Fett, Felicitas Finck-Henkel, Susan Hensel, Gunthild Ludwig, Ulrike Marwedel, Helga Osterwalder-Trache, Hella Pauling

Chr. Kaiser

Die Deutsche Bibliothek – CIP-Einheitsaufnahme

Babcock, Dorothy E.:
Miteinander wachsen : Transaktionsanalyse für Eltern und Erzieher / Dorothy E. Babcock ; Terry D. Keepers. Dt. Bearb. von Helmut Harsch. [Aus dem Amerikan. übers. von Edith Feller . . .]. – 4. Aufl. – Gütersloh : Kaiser, 1993
Einheitssacht.: Raising kids okay ⟨dt.⟩
ISBN 3-579-02251-2
NE: Keepers, Terry D.:; Harsch, Helmut [Bearb.]

ISBN 3-579-02251-2
4. Auflage, 1993

Titel der Originalausgabe: Raising Kids o. k. Transactional Analysis in Human Growth & Development
Grove Press, Inc., New York 1976

Umschlaggestaltung: Christa Manner
Gesamtherstellung: Druckerei Wagner GmbH, Nördlingen
Printed in Germany

Vorwort zur deutschen Ausgabe

Dieses Buch habe ich mit Begeisterung gelesen:

- einmal als Vater, der selbst durch die Höhen und Tiefen des Erziehungsalltages zu gehen hat und oft ratlos ist;
- zum anderen als Transaktionsanalytiker, der mit Interesse sieht, wie die beiden Verfasser mit Hilfe einfacher transaktionsanalytischer Konzepte das Erziehungsgeschehen aufschlüsseln und neue Ansätze für alle daran Beteiligten sichtbar machen.

Der Bedarf an Erziehungsberatung in unserem Lande ist ungeheuer groß. Das zeigen schon die langen Wartezeiten an den bestehenden Beratungsstellen.
Eine Ursache dafür ist, daß in unserer sich rapide wandelnden Welt die Spannungen zwischen den Generationen sich immer mehr vergrößern. Manche der Verhaltens- und Erziehungsmuster, die wir als Eltern in unserer eigenen Erziehung mitbekommen haben, sind nicht unbedingt hilfreich für unsere Kinder. Das führt dazu, daß wir gerade dann, wenn wir gute Eltern sein wollen – meiner Erfahrung nach wollen die meisten Eltern dies sein –, unseren Kindern Ungeeignetes weitergeben.
Die Fülle der Informationen über Erziehung, die heute zur Verfügung steht, hinterläßt Eltern und Erzieher auch eher unsicher und mit dem Gefühl des Schuldigseins, weil sie erkennen, was sie alles versäumt haben oder hätten besser machen können. Dies ist umso schmerzlicher, wenn wir an unsere Erziehungsaufgabe mit dem Vorsatz herangegangen sind, es anders (d.h. »besser«) als unsere eigenen Eltern zu machen. Vor allem in Streßsituationen geschehen dann doch Dinge, die man hinterher bedauert, eben weil es gerade die Dinge sind, die man nicht tun wollte. Nicht wenige Eltern fühlen sich deshalb unzulänglich und schuldig und versuchen in ihrem Bemühen, »gute Eltern« zu sein, ihre eigenen Gefühle des

Ärgers, der Frustration und Enttäuschung zu übergehen. Doch das Gefühl, nicht in Ordnung zu sein, bleibt bestehen.

Die beiden Verfasser, Dorothy E. Babcock und Terry D. Keepers, kennen als langjährige Mitarbeiter in Erziehungsberatungsstellen und als Leiter von Elterngruppen diese Situation. Ihr erklärtes Ziel ist es deshalb, in diesem Buch für beide, für Kinder *und* Eltern, etwas zu tun. »Nach allerhand Jahren in Unterricht und Psychotherapie sind wir zu dem Schluß gekommen: die Leute brauchen mehr Bildung statt Therapie.« So gehören für sie Vermittlung von Information und Hilfe zur Selbsterfahrung zusammen, damit Eltern – und damit auch ihre Kinder – erfahren, daß sie in Ordnung sind und so fähiger werden, konstruktiv mit ihren Gefühlen umzugehen, einander besser zu verstehen, Krisen zu meistern und miteinander an eigenständiger Reife zu gewinnen.

Die beiden Autoren stützen sich dabei auf die von Eric Berne entwickelte psychologische Richtung der »Transaktionsanalyse«, die in den letzten Jahren auch in unserem Land immer mehr Eingang findet. Ihre Besonderheit ist, daß sie die komplexen und vielschichtigen Prozesse zwischenmenschlicher Kommunikation – und darin besteht Erziehung vor allem – in einfache Sprache und Anschauung aufzuschlüsseln vermag. Hinzu kommt eine Vielfalt praktischer Beispiele, die helfen, diese Konzepte zur Lösung der eigenen Erziehungsprobleme einzusetzen.

Trotz dieser Einfachheit und Praxisnähe handelt es sich jedoch bei diesem Buch nicht um ein bloßes Rezeptbuch für den Erziehungsalltag. Die beiden Autoren sehen den Vorgang der Erziehung in dem weiteren Horizont des gesamten Lebenszyklus: vom Aufbau einer nährenden Symbiose zwischen Kindern und Eltern über die Stadien der schrittweisen Auflösung dieser Symbiose zum Erwachsenendasein mit seinen Aufgaben der Produktivität und Kreativität bis hin zum Alter und seiner Aussöhnung mit dem Leben und dem Sterben. Dies ist ein beständiger Prozeß des Wachstums, der über das Biologische weit hinausgeht und nur gelingt, wenn wir als Eltern selbst in dem Prozeß des Wachsens zusammen mit unseren Kindern bleiben.

Ich kann mir vorstellen, daß Eltern als einzelne oder als Paare oder auch zusammen mit ihren älteren Kindern dieses Buch als Anregung für ihre Gespräche und ihren Umgang miteinander lesen. Geeignet ist es auch als Textbuch für Elterngruppen mit und ohne Leiter. Jedes Kapitel endet mit einem Abschnitt »Übungen«, die Hilfestellungen anbieten, eigene Erfahrungen zu ordnen, bzw. neue zu machen. Dadurch können Gruppensitzungen strukturiert und ein vertiefter Zugang zu den jeweils angesprochenen Problemen gewonnen werden.

Friedberg, im Februar 1980 Professor Dr. Helmut Harsch

Inhaltsverzeichnis

Teil III Wie man Probleme löst

Teil I

Eltern, Leute und Familien

Alle brauchen einander
Ralph Waldo Emerson

1 Als Eltern ok sein

1.1 *Kindererziehung früher und heute*

In früheren Jahrhunderten wurde das Wissen, wie man Kinder erzieht, mündlich und durch vorgelebtes Beispiel weitergegeben. Diese Information blieb über Generationen hinweg eigentlich unverändert. Elternschaft und die Aufgabe der Kindererziehung waren mit in die anderen gesellschaftlichen Aufgaben eingebettet, und die Erziehungsmethoden waren unbestritten. Eltern erzogen ihre Kinder so, daß sie ihrem Vorbild folgen sollten in der Annahme, dies sei der beste Weg für ein erfolgreiches Leben ihrer Kinder.

In den letzten Jahren haben wir erlebt, wie sich dieser Zustand mit bestürzender Geschwindigkeit geändert hat. Viele der alten Erziehungsmethoden funktionieren nicht mehr recht. Nur noch wenige Kinder wollen in die Fußstapfen ihrer Eltern treten; Charakterzüge, die in einer traditionsorientierten Gesellschaft unentbehrlich waren, sind heute wertlos. Wir leben in einer sich sehr schnell verändernden Welt und können deshalb nicht mehr genau voraussehen, welche Eigenschaften unsere Kinder einmal am meisten brauchen werden. Auf jeden Fall aber hat die Fähigkeit, sich ungewohnten Situationen anzupassen und sich darin einigermaßen einzurichten, in unserer rasch sich verändernden Gesellschaft großen Überlebenswert.

Wir in Amerika haben am Beispiel der aus den verschiedensten Subkulturen kommenden Einwanderer gesehen, daß oft mehrere Generationen nötig waren, um sich zufriedenstellend von einem Lebensstil auf einen anderen umzustellen. Eine so lange Anpassungszeit ist heute ein nicht mehr erschwinglicher Luxus; wir müssen Mittel und Wege finden, um den Anpassungsvorgang zu beschleunigen. Andererseits brauchen wir Tradition und eine gewisse Stetigkeit, um das Gefühl eines festen Standortes zu haben, auf dem wir stehen.

Mündliche Überlieferungen in Sachen Kindererziehung haben heute der »Wissenschaft« Platz gemacht, nachdem die Kinder jetzt für wert befunden werden, Objekte wissenschaftlicher Untersuchungen zu sein. Alfred Binets Intelligenzuntersuchungen zu Anfang des Jahrhunderts zählen zu den frühesten Bemühungen um die systematische Erforschung des Kindes. Seither hat die Verbreitung von Kenntnissen über das Kind einen derartigen Aufschwung genommen, daß wir heute einen Punkt erreicht haben, da jedes Familienblatt, das etwas auf sich hält, in jeder Nummer mehrere oft einander widersprechende Artikel von Fachleuten über die »Wissenschaft« des Elternseins publiziert. Viele verantwortungsbewußte Eltern zweifeln angesichts von so vielen guten Ratschlägen an ihrem eigenen Einfühlungsvermögen in ihre Kinder. Die Widersprüchlichkeit solcher Artikel ist oft eher schädlich als nützlich.

1.2 *Brauchbare Informationen*

Ein Teil der neueren Erkenntnisse über die Entwicklung des Kindes stammt aus sorgfältiger Forschung. Viele Eltern haben Rat und Hilfe gefunden in den Schriften von Gesell, Bühler und Zulliger u. a. über die kindliche Entwicklung. Andere bedeutende Erkenntnisse über Kinder sind wegen ihrer spezialisierten oder fachlichen Natur der breiten Öffentlichkeit weniger zugänglich. Z.B. betont Margaret Mead, daß Kindererziehung von Kulturkreis zu Kulturkreis verschieden ist, weil jede Kultur bestimmte Eigenschaften besonders hoch bewertet und andere ablehnt. Auf psychoanalytischem Gebiet zeigt Erik H. Erikson Muster des psychischen Wachstums und die Auswirkung bestimmten Elternverhaltens auf. Der Psychologe Jean Piaget umreißt die große Komplexität der geistigen und sozialen Entwicklung des Kindes.
Wir sind uns der Eigenschaften, die in unserer Kultur gutgeheißen werden, bewußt, und dieses Bewußtsein erlaubt uns, unser Erziehungssystem selbst zutreffend einzuschätzen. Von da her können wir feststellen, wo wir mit dem Strom der Kultur und wo wir gegen ihn schwimmen oder ihn ignorieren wollen. Jede Generation hat andere Lebensstile ausprobiert. Zigeuner, Beatniks und Hippies haben Lebensstile ausprobiert, die ihre Umwelt beeinflußten. Manche Experimentierer suchen offensichtlich die Rückkehr zur Großfamilie (z.B. Kommune), während andere der Rolle des Wettbewerbs und der Leistung eine neue Bedeutung zumessen.
Viele von uns haben eher persönliche Gründe, sich mit der Kindererzie-

hung zu beschäftigen und sie gegebenenfalls zu ändern. Unzufriedenheit mit der Art und Weise, wie wir selbst erzogen wurden, und emotionale Narben aus unserer eigenen Kindheit sind uns ein starker Ansporn auf der Suche nach besseren Erziehungsformen.

Manche von uns haben in ihrer eigenen Jugend Beschlüsse gefaßt wie: »Wenn ich groß bin, werde ich meine Kinder nie verhauen« oder »Wenn ich groß bin, werde ich meinen Kindern immer ihren Willen lassen«. Solche Beschlüsse sind oft übertrieben, wie es eben dem Widerspruchsgeist entspricht, in dem sie gefaßt wurden. Das Ergebnis ist häufig unbefriedigend, weil solche Beschlüsse ja das andere Extrem verkörpern. Wir alle brauchen einen zuverlässigen Maßstab, um unser Erziehungsprogramm vernünftig zu bewerten, und jede Methode, die unser Denken erhellt, ist willkommen.

In den letzten Jahrzehnten wurden neue Theorien über die menschliche Persönlichkeit entwickelt, die uns neue Möglichkeiten erschließen, um unser Leben zu gestalten und größere Selbständigkeit zu gewinnen. Eine davon ist die Transaktionsanalyse (TA), die von Eric Berne begründet wurde. TA liefert eine Theorie des menschlichen Verhaltens und bietet Methoden an, mit deren Hilfe wir unser eigenes Verhalten und das anderer verändern können. TA gibt uns die Möglichkeit zu sehen, wie wir als Eltern sind, und unsere Ziele in der Erziehungspraxis zu überprüfen. TA-Fachleute haben die einzelnen Phasen der Kindheit erforscht im Blick auf die darin auftauchenden Probleme und wie sich Eltern dazu positiv oder negativ verhalten können.

In diesem Buch möchten wir Ihnen unsere Erkenntnisse über die psychischen Stadien der menschlichen Entwicklung mitteilen; wir möchten beschreiben, wie die Bedürfnisse einer jeden Phase am besten befriedigt werden können. Wir laden unsere Leser ein, einmal ihre eigene Programmierung in Fragen der Kindererziehung in Augenschein zu nehmen. Wir wollen Methoden der Problemlösung vorstellen, die in Familien angewandt werden können.

Wir geben nicht vor, dies sei eine leidenschaftlose wissenschaftliche Arbeit, weil unsere eigenen Vorstellungen darüber, wie Eltern sein und wie sie mit ihren Kindern umgehen sollten, stark mit in die Darstellung eingeflossen sind. Unsere »Vorurteile« sind folgende:

1. Menschen, die beweglich und anpassungsfähig sind, haben bessere Überlebenschancen.

2. Jeder hat ein Recht auf ein menschenwürdiges Leben.
3. Erfolgreiche Eltern fühlen sich selbst ok und halten ihre Kinder für ok.
4. Erfolgreiche Eltern kennen ihre eigenen Stärken und Schwächen und haben ein gutes Selbstgefühl, das ihr Handeln lenkt.

Elternsein kann eine aufregende, anspruchsvolle und erfüllende Aufgabe sein. Allerdings hat Kindererziehung auch ihre kräftezehrenden Seiten. Alle Eltern erleben ihren Kindern gegenüber intensiv sowohl Ärger als auch Angst.

Oft haben wir keine klaren Maßstäbe im Umgang mit solchen Gefühlen, uns fehlt eine Perspektive für unsere eigene Rolle wie auch für das Verhalten unserer Kinder.

Jede Kultur hat eine Vorstellung von der idealen Familie. In unserer Kultur ist es die Kleinfamilie: Mutter, Vater und einige Kinder. Das augenblickliche Ideal heißt »zwei Kinder«, das ältere ein Junge, das jüngere ein Mädchen. Dieses Ideal der Kleinfamilie ist ziemlich jung; noch vor 50 oder 60 Jahren war das Ideal eine große Familie mit starken Bindungen zu Tanten und Onkeln und anderen Verwandten. Obwohl die Kleinfamilie etliche Nachteile hat, werden Abweichungen von diesem Ideal oft als nicht ok angesehen.

Besonders während der Grundschulzeit sehen sich die Kinder durch Fernsehen und Bücher ständig dem Ideal der Kleinfamilie gegenüber. Auch sie neigen dazu, Familienmuster, die von diesem Ideal abweichen, als nicht ok einzustufen. Tatsächlich aber entsprechen viele Familien aufgrund von Scheidung, Trennung, Krankheit oder persönlicher Wahl diesem Ideal nicht. Sowohl Kinder als auch Eltern in einer solchen anderen Lage müssen mit ihrer eigenen Reaktion und der Reaktion Dritter auf ihre »Andersartigkeit« fertig werden. Viele geschiedene Eltern klagen mehr über ihre Abweichung vom Modell, statt ihre ganze Energie einzusetzen, um sich und den Kindern dennoch ein sinnvolles Familienleben zu gestalten. Wie immer eine Familie zusammengesetzt ist – die Aufgabe der Eltern oder eines Elternteils bleibt gleich, Eltern sind auch Menschen. Sie leben nicht nur in ihrer Elternrolle, sondern befinden sich auch in einem bestimmten Stadium ihrer eigenen Entwicklung. Im Gegensatz zu anderslautenden Ansichten wissen wir, daß wir nicht aufhören zu wachsen und uns zu ändern, nur weil wir Erwachsene sind. Es kann unseren eigenen Wachstumsbedürfnissen entsprechen, Kinder zu haben und aufzuziehen. In dem Lebensabschnitt, in dem man meistens Kinder hat, entfaltet man

sich durch Kreativität, Lehren und Leiten anderer. Da deckt sich das schöpferische Moment des Kindererziehens sehr gut mit unseren eigenen Bedürfnissen während dieses Lebensabschnitts.
Unglücklich und unzufrieden sind Eltern dann, wenn sich die Bedürfnisse ihrer Kinder mit ihren eigenen nicht vertragen. Ein solcher Konflikt kann z. B. mit der Geburt eines Kindes zu Beginn der Wechseljahre eintreten. Eine Fünfundvierzigjährige, die zwanzig Jahre ihres Lebens mit Kindererziehung verbracht hat, wird kaum erfreut sein, wenn sie sich einer weiteren Runde des Windelwechselns und des Stillens um zwei Uhr in der Nacht gegenüber sieht.

1.3 Die Aufgaben der Elternschaft

Eltern jagen sich manchmal selbst Angst ein, indem sie ihre Aufgabe als unmöglich bezeichnen. Unglücklicherweise unterstützen viele der gängigen Ansichten über Kindererziehung diese Meinung. Obwohl Elternschaft manchmal recht schwierig ist, kann sie doch Freude machen und Erfüllung bieten. Alle Eltern wissen, daß sie täglich für Sicherheit, Gesundheit, Sauberkeit und Nahrung sorgen müssen. Andere Elternaufgaben sind weniger bekannt; so wird z. B. seltener daran gedacht, daß Eltern entscheidend für das Neugeborene bestimmen, was Wirklichkeit ist. In den ersten Lebensmonaten haben sozusagen alle Reize aus der Umgebung des Kindes denselben Stellenwert. Bestimmte Reize in diesem Durcheinander, z. B. Nahrung und körperliches Streicheln, bekommen sehr rasch eine größere Bedeutung. Unser Erziehungsverhalten betont sehr schnell bestimmte Aspekte in der Welt des Kindes und vernachlässigt andere. Manche Säuglinge werden fest eingewickelt, andere liegen in Wiegen, manche haben ständig Gesellschaft, und andere sind allein in einem Zimmer. Jeder Aspekt vermittelt wichtige Reize und das Gefühl der Sicherheit. Kleinkinder, die z. B. in einem ruhigen Haushalt aufwachsen, können in einem lauten Haushalt sehr unglücklich sein.
Wir beginnen, die Wirklichkeit des Säuglings festzulegen, sobald er auf die Welt kommt. Während des Wachstums betonen wir zu jedem Zeitpunkt eine andere Wirklichkeit. Das Kleinkind z. B. interessiert sich für die physische Welt, während das Vorschulkind sich auf die soziale Welt konzentriert.

Als Eltern legen wir die Wirklichkeit fest, indem wir lerntheoretische Grundsätze zur Geltung bringen, obgleich wir uns dessen selten bewußt sind. Als Eltern geben wir z.B. Zuwendung und Streicheln als Reaktion auf ein bestimmtes kindliches Verhalten, während wir anderes Verhalten übersehen oder strafen. So gehen wir auswählend auf das Verhalten unserer Kinder ein, indem wir für bestimmte Handlungen Belohnung gewähren oder Strafen erteilen. Folglich entsprechen die Kinder unseren Erwartungen und unserer Sicht der Wirklichkeit.

Unsere grundsätzliche Elternaufgabe ist es, ein hilfloses Geschöpf, das allein nicht überleben könnte, zu führen und zu ernähren, bis es ausreichende Selbständigkeit erlangt hat. Um diese Aufgabe erfolgreich zu meistern, müssen wir die Bedürfnisse unserer Kinder wahrnehmen können und bereit sein, so darauf einzugehen, daß es ihrem Wachstum dient. Die Bedürfnisse unserer Kinder ändern sich immer wieder grundlegend im Laufe der Entwicklung, und das richtige Verständnis der altersbedingten kindlichen Bedürfnisse ist eine unschätzbare Hilfe, wenn wir ihnen gerecht werden wollen.

1.4 *Der Lohn der Elternschaft*

Wir erhalten den größten Gewinn aus dem Elternsein, wenn die Zeit stimmt – d.h. wenn ein Kind dann kommt, wenn es den Eltern paßt und deren Bedürfnissen entspricht. Die meisten von uns haben Kinder in einem Lebensabschnitt, in dem wir viel Befriedigung aus Produktivität und Kreativität ziehen; ein Gewinn der Elternschaft liegt im kreativen Aspekt der Kindererziehung. Wir erfahren Befriedigung in der Erfüllung eines eigenen Lebensabschnitts, indem wir zum Überleben unserer Art beitragen und etwas tun, was einen sichtbaren gesellschaftlichen Wert hat. Allerdings sind die Zeiten vorbei, als besonders großen Familien ein besonderer Status zukam. Vor noch nicht allzu langer Zeit klatschten die Zuschauer im Fernsehstudio lebhaft Beifall, wenn Frau Müller erzählte, daß sie Mutter von sieben Kindern sei; heute hat unsere Sorge um die abnehmenden Rohstoffquellen und die zunehmende Weltbevölkerung die Kleinfamilie in Mode gebracht.

Kinder sind für uns auch eine reiche Erfahrungsquelle. Sie geben uns unmittelbaren Einblick in die Art und Weise des menschlichen Wachstums

und der menschlichen Entwicklung. Oft regen sie uns auch an, problematische Teile unserer eigenen Vergangenheit in Erinnerung zu rufen. Mitunter helfen uns unsere Kinder – oder zwingen uns gar –, eigene unverdaute Probleme neu zu überdenken und zu lösen. Außerdem können die Kinder selbst ein richtiger Spaß sein und uns fesseln. Sie helfen uns, den unbefangenen, spontanen und schöpferischen Teil in uns wiederzufinden, der uns immer jung bleiben läßt.
In den folgenden Kapiteln haben wir diejenigen Gedanken aus der TA zusammengetragen, die besonders zum Verständnis von Kind und Familie dienen. Da wir eine bestimmte Seite der Theorie betonen, haben wir andere Aspekte der Transaktionsanalyse ausgelassen. Wer eine umfassendere Einführung in die Transaktionsanalyse haben möchte, dem seien die Bücher von Eric Berne, Th. A. Harris, M. James/D. Jongeward, Fanita English, Leonhard Schlegel und Rüdiger Rogoll empfohlen (s. Literaturverzeichnis).

1.5 Zusammenfassung

Noch bis vor wenigen Jahren war Elternschaft eingebettet in die Überlieferungen unserer Kultur. Die Elternrolle wurde als Routineangelegenheit aufgefaßt, und es bestand wenig Veranlassung, diese Aufgabe einmal aus einer anderen Sicht anzugehen. Da sich heute jedoch unser Lebenstempo ständig steigert, funktionieren die herkömmlichen Erziehungsmethoden nicht mehr so recht. Überlieferungen reichen nicht mehr aus, um mit einer sich so ungeheuer rasch ändernden Welt fertig zu werden.
Um einer durch rasche Veränderung gekennzeichneten Umgebung gerecht zu werden, sind bestimmte Charaktereigenschaften wichtig. Was unseren Kindern am besten dient, ist ein Gefühl der inneren Sicherheit gegenüber der äußeren Veränderlichkeit sowie Beweglichkeit im Umgang mit ungewohnten Situationen. Wenn wir unsere Elternaufgabe und die entwicklungsbedingten Bedürfnisse unserer Kinder richtig verstehen, können wir ihnen in einer Art und Weise Eltern sein, die die genannten Eigenschaften fördert.
Die Hauptaufgabe von Eltern ist es, aus hilflosen Neugeborenen Menschen zu machen, die selbständig in der Gesellschaft leben können. Das ist eine vielseitige Aufgabe, für die die meisten Eltern schon weitgehend vor-

programmiert sind. Um diese Aufgabe erfolgreich zu meistern, müssen wir uns unserer eigenen Bedürfnisse bewußt werden und etwas zu ihrer Befriedigung unternehmen. Eltern, die gut für ihre Kinder sorgen, müssen auch gut für sich selber sorgen.
Elternschaft bietet viel Gewinn: die Befriedigung, daß wir den Kindern das vermitteln, was sie brauchen, um zu bestehen, die Befriedigung, daß wir den gesellschaftlichen Erwartungen im Blick auf Elternsein entsprechen, und die Freude des Teilens mit anderen. Die meisten Eltern befinden sich in einem Lebensabschnitt, in welchem Produktivität und Kreativität einen Großteil des Lebensgenusses ausmachen. Eine wichtige Ausdrucksmöglichkeit für Produktivität und Kreativität liegt im Kinderhaben und Kindererziehen. Probleme können dabei entstehen, wenn Menschen zu einem Zeitpunkt Eltern werden, in dem Elternschaft nicht ihren eigenen entwicklungsbedingten Bedürfnissen entspricht. Sehr jugendliche oder sehr alte Eltern sehen sich zusätzlichen Problemen gegenüber.

1.6 Übungen

Um mit Ihren eigenen Vorstellungen von Familie und Erziehung in Kontakt zu kommen, beantworten Sie sich folgende Fragen:

1. Wie lebten meine Großeltern?
   a) Lebten sie in der Stadt oder auf dem Lande?
   b) Wieviele Kinder hatten sie?
   c) Wie war die Arbeit in der Familie aufgeteilt?
   d) Wie war ihre Haltung gegenüber Veränderungen?
   e) Was taten sie zu ihrem Vergnügen?
2. Wie leben/lebten meine Eltern?
   a) Auf dem Lande oder in der Stadt?
   b) Wieviele Kinder?
   c) Wie wurde die Hausarbeit aufgeteilt, als sie ein Kind waren?
   d) Wie ist/war ihre Haltung gegenüber Veränderungen?
   e) Was tun/taten sie zu ihrem Vergnügen?
3. Wie lebe ich? Genauso wie meine Vorfahren oder anders? Warum?
4. Was für ein Leben wünsche ich mir für meine Kinder? Warum?

2 Menschliche Bedürfnisse

Wir alle brauchen bestimmte Dinge, um zu überleben und uns zufrieden zu fühlen. Wir entwickeln Mittel und Wege, um unsere Bedürfnisse erfüllt zu bekommen, und streben nach einem Gleichgewicht zwischen unseren Bedürfnissen und den Quellen ihrer Befriedigung. Abraham Maslow erklärt, daß menschliche Bedürfnisse eine Rangordnung entsprechend ihrer Dringlichkeit haben. Grundbedürfnisse müssen befriedigt sein, ehe komplexere Bedürfnisse auftreten und erfüllt werden können. Unser Grundbedürfnis nach Nahrung, Luft und Wasser hat Vorrang vor dem Bedürfnis nach Schutz und Sicherheit; und erst, wenn diese Bedürfnisse gestillt sind, wird uns das Bedürfnis nach Liebe, Selbstachtung und Selbstverwirklichung bewußt.

2.1 Die Erfüllung der Bedürfnisse in der Familie

Eine Hauptfunktion der Familie ist es, eine wirkungsvolle Einheit zu bilden, in der die Bedürfnisse eines jeden Familienmitglieds erfüllt werden können. Eine gut funktionierende Familie wird meistens die Bedürfnisse aller ihrer Mitglieder befriedigen können.

Ein Grundbedürfnis ist das Verlangen nach Reizen, die von außerhalb meiner selbst kommen. *Die wirksamste Befriedigung des Reizbedürfnisses ist Körperkontakt mit einem anderen menschlichen Wesen.* Eric Berne hat diesen Zusammenhang früh in seinen Schriften erkannt und deshalb »Streicheln« als die Grundeinheit der Anerkennung zwischen zwei Personen bezeichnet. Er erwähnt die Untersuchungen von René Spitz, durch die nachgewiesen wurde, daß Säuglinge, die keine Streichelreize erfahren, nicht gedeihen und häufig sterben. Erwachsene, die Streicheln entbehren, können – wenigstens zeitweise – unter Gemütsstörungen leiden; Reizmangel ist oft die Ursache des raschen Verfalls älterer Leute, die einsam leben.

Körperliches Streicheln ist für Säuglinge immer lebenswichtig. Dabei spielt nicht nur die Streichelmenge eine Rolle; die Art, wie Babies gestreichelt werden, hilft ihnen, ihre Welt zu definieren: rauh, sanft, sicher, unbestimmt. Ausreichendes körperliches Streicheln im Kleinkindalter bildet die Grundlage, auf der wir alle wachsen und von der aus wir tatkräftig auf die Welt zugehen. Mit dem Heranwachsen werden wir auch für andere Streichelarten empfänglich: ein Lächeln, ein Stirnrunzeln, Worte des Lobes, Strafe.

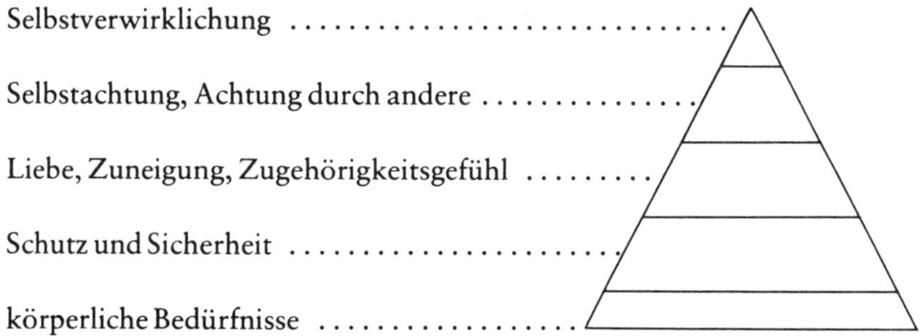

Abb. 1: Hierarchie der menschlichen Bedürfnisse

Streicheln sichert nicht nur unser Überleben; es wird als Hauptverstärker beim Lernen und zur Aufrechterhaltung unserer sozialen Verhaltensmuster eingesetzt. Wir werden gestreichelt, weil wir da sind; wir werden aber auch gestreichelt, wenn wir bestimmte Dinge tun, und nicht gestreichelt, wenn wir bestimmte andere Dinge tun. Es gibt vier verschiedene Arten des Streichelns: positives Streicheln, negatives Streicheln, bedingungsloses Streicheln und bedingtes Streicheln (s. Abb. 2). Diese Einteilung erlaubt uns, das Streicheln, das wir bekommen, näher zu betrachten. Sie kann uns auch helfen herauszufinden, welche Arten von Streicheln wir haben möchten und nicht bekommen.
In der Familie, in der wir aufgewachsen sind, haben wir unsere ganz persönliche Art gelernt, zu streicheln und gestreichelt zu werden; dieses »Familienstreichelmuster« geben wir auch unseren Kindern weiter. Die Streichelart, die wir als Kinder bevorzugt bekamen, ist auch diejenige, die wir unser Leben lang von andern zu erhalten suchen, sofern wir nicht gezielte Anstrengungen machen, unsere Vorliebe für bestimmte Arten und die Methoden, mit denen wir sie von anderen erhalten, zu ändern.

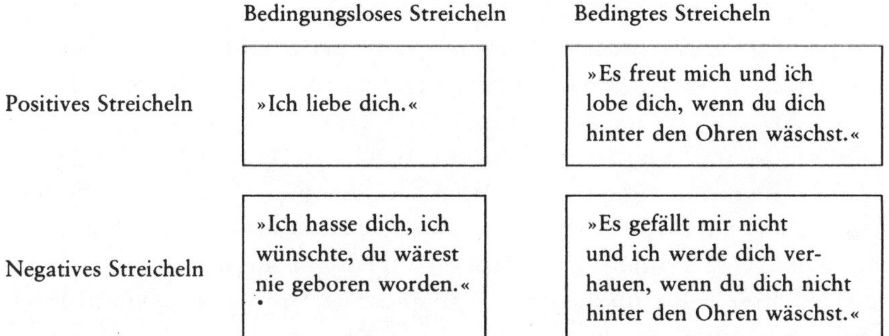

Abb. 2: Die vier verschiedenen Arten des Streichelns

In manchen Familien gibt es am meisten negatives Streicheln; in solchen Familien entwickeln die Mitglieder deshalb eine Vorliebe für negatives Streicheln. Das führt zu der Frage: Wieso entwickelt jemand eine Vorliebe für etwas, das ihm gar nicht angenehm sein kann?
Eine Vorliebe für negatives Streicheln entwickelt sich da, wo ein Kind nur beachtet wird, wenn es etwas Verkehrtes macht. *Negatives Streicheln ist besser als überhaupt kein Streicheln.* Kinder, die in Familien aufwachsen, wo man nur Beachtung findet, wenn man Schwierigkeiten macht, werden zerstörerisch und verneinend, um das Streicheln zu bekommen, das sie zum Überleben nötig haben.
Stellen Sie sich folgendes Familiendrama und seine sich verstärkende Wirkung vor, wenn es sich tausendmal in den prägenden Jahren der Kindheit wiederholt: Die Darsteller sind »Mama«, eine Hausfrau in einer Wohnsiedlung, und »Sandra«, eine lebhafte, neugierige und gesunde Dreijährige. Mama und Sandra sind allein zuhause. Mama bügelt Wäsche und schaut dabei die Fernsehsendungen des Nachmittagsprogramms an. Sie ist völlig davon absorbiert. Sandra andererseits hat alle Möglichkeiten ihres Spielzeugs ausgeschöpft und lechzt nach Streicheln. Da Sandra noch nicht »hinreichend zivilisiert« ist, bittet sie um Streicheln, ja, sie fordert es sogar (direktes Bitten um Streicheln ist später verboten), indem sie Mamas Beine umschlingt und sagt: »Nimm mich auf den Arm, Mama.« Da Mama anderweitig beschäftigt ist, erwidert sie: »Geh weg, Kind, du störst mich.« Natürlich wird Sandras Streichelbedürfnis so nicht von Mama be-

friedigt, und Sandra muß sich nach einer anderen Art des Streichelns umsehen. Auf ihrer Entdeckungsfahrt stößt Sandra auf Mamas kostbare Lampe im Wohnzimmer. Die neugierige Sandra macht einen Versuch: »Was passiert, wenn ich am Lampenkabel reiße?« Bei diesem physikalischen Experiment fällt die Lampe mit Getöse zu Boden und geht kaputt. Mamas Reaktion auf den Lärm ist abzusehen. Sie reißt sich vom Fernsehen los und eilt ins Wohnzimmer, um zu sehen, was los ist. Nach Entdekkung der Folgen von Sandras Experiment entlädt sie eine große Dosis negativen Streichelns auf Sandras Popo und eine Tirade von Schimpf-Streicheln in Sandras Ohren.

In diesem Spiel hat Sandra wichtige Erkenntnisse gewonnen: 1. »Ich bekomme kein positives Streicheln, wenn ich darum bitte, sondern ich werde nicht beachtet.« 2. »Hier gibt's nur eins, um gestreichelt zu werden: Ich muß etwas anstellen, das Mama nicht gefällt.«

Während dieses Spiels wird sich Mama überhaupt nicht bewußt, wie sie Sandras negatives Verhalten geradezu herausfordert. Wenn sie das nächste Mal mit jemandem über Kindererziehung spricht, wird sie sich wahrscheinlich sogar beklagen: »Ich weiß wirklich nicht, was in Sandra gefahren ist. Jedesmal, wenn ich ihr nur den Rücken kehre, macht sie Dummheiten.« Sofern dieses Spiel oft und lange genug wiederholt wird, entwikkelt sich Sandra zu einer vollendeten »Kick-mich«-Spielerin, die immer wieder Dummheiten macht, um »gestreichelt« zu werden.

Mit Streicheln quittiertes Verhalten wird wiederholt. Das, was durch Streicheln belohnt wird, kann man wieder bekommen. Wenn schlechtes Verhalten bestraft wird und es kein positives Streicheln für gutes Verhalten gibt, wird das schlechte Verhalten sich durchsetzen. Wenn wir wollen, daß unsere Kinder gut sind, sollten wir den Ausspruch von Wesley Becker beherzigen:

Ertappe sie beim Gutsein.

Jeder von uns ist mit einer Vielfalt von Streichelarten aufgewachsen; doch gibt es auch Familien, die eine Vorliebe für bestimmte Streichelarten haben. In einigen Familien, besonders in den leistungsorientierten, bekommen die Kinder eine sehr große Dosis bedingten Streichelns. Solche Kinder lernen, daß man etwas leisten muß, um gestreichelt zu werden. Diese Kinder können zu Arbeitssüchtigen werden, die sich nicht gestreichelt fühlen, wenn sie sich nicht anstrengen, und die nicht wissen, was sie mit ihrer Freizeit sinnvoll anfangen sollen. In anderen Familien besteht das Streicheln vor allem aus bedingungslosem Streicheln (entweder positiv oder negativ). Kinder aus solchen Familien begegnen den Anforderungen von Schule und Arbeitswelt nicht energisch genug, und sie gelten deshalb als »unmotiviert«. Was auch das Typische an einer Familiensituation sein mag – die Art und Weise, in welcher ein bestimmtes Verhalten durch Streicheln oder Streichelentzug definiert und verstärkt wird, heißt die *Familien-Streichelökonomie* (Streichelsparwirtschaft).

2.2 *Die Streichelökonomie*

Hier ist eine Geschichte über die Streichelökonomie.
Ein Märchen
von Claude Steiner.
Es war einmal vor langer Zeit, da lebten zwei sehr glückliche Leute, die Tim und Maggi hießen, mit ihren zwei Kindern Hans und Lucie. Um so richtig zu verstehen, wie glücklich sie waren, müßt ihr wissen, wie es damals zuging. Stellt euch vor, in jenen glücklichen Tagen bekam jeder bei seiner Geburt einen kleinen, weichen Kuschelbeutel. Jedesmal, wenn einer in seinen Beutel griff, konnte er ein warmes Kuschelchen herausziehen. Warme Kuschelchen waren sehr begehrt, denn wenn man einem einen warmen Kuschel gab, so fühlte er sich ganz und gar warm und weich. Leute, die nicht regelmäßig warme Kuschelchen bekamen, liefen Gefahr, einen kranken Rücken zu bekommen, was zur Folge hatte, daß sie zusammenschrumpften und starben.
Damals war es ganz einfach, warme Kuschelchen zu bekommen. Wem danach zumute war, der konnte zu dir kommen und einfach sagen: »Ich möchte gern ein warmes Kuschelchen.« Dann langtest du in deinen Kuschelbeutel und zogst eins heraus, so groß wie eine kleine Kinderhand. Sobald das Kuschelchen das Tageslicht erblickte, lächelte es und blühte auf zu einem großen, puscheligen, warmen Kuschelchen. Du legtest es der betreffenden Person um die Schultern oder auf den Kopf oder über die Knie, es schmiegte sich an und verschmolz geradewegs mit der Haut und ließ den Betreffenden sich rundherum wohlfühlen. Die Leute baten sich immer gegenseitig um warme Kuschelchen, und weil diese immer freigie-

big verteilt wurden, war es nie schwierig, genug davon zu bekommen. Es waren stets viele im Umlauf, und folglich war jedermann glücklich und fühlte sich meistens warm und wohl.

Eines Tages ärgerte sich eine alte Hexe, daß alle so glücklich waren und niemand ihre Tränklein und Salben kaufen wollte. Die Hexe war sehr gescheit und erdachte einen schlimmen Plan. Eines herrlichen Morgens schlich sie zu Tim, während Maggi mit ihrer Tochter spielte, und flüsterte ihm ins Ohr: »Sieh dir das an, Tim, all die vielen Kuschelchen, die Maggi an Lucie gibt. Weißt du, wenn sie so weiter macht, werden ihr schließlich die Kuschelchen ausgehen, und es werden keine mehr für dich übrig sein.«

Tim war erstaunt. Er kehrte sich zu der Hexe um und sagte: »Du willst mir doch nicht weismachen, daß nicht jedesmal wieder ein warmes Kuschelchen im Beutel ist, wenn wir hineinlangen?«

Und die Hexe sagte: »Doch, das meine ich. Und wenn der Vorrat verbraucht ist, dann ist's aus. Dann hast du keine mehr.« Damit flog sie auf ihrem Besen davon und lachte und kicherte böse.

Tim nahm sich das zu Herzen und begann, jedes warme Kuschelchen zu zählen, das Maggi verschenkte. Schließlich machte er sich große Sorgen und wurde aufgebracht, denn er liebte Maggis warme Kuschelchen sehr und wollte keinesfalls darauf verzichten. Er hielt es für ganz und gar nicht richtig, daß Maggi alle ihre warmen Kuschelchen für die Kinder und andere Leute verbrauchte. Jedesmal, wenn er sah, daß Maggi ein warmes Kuschelchen weggab, beklagte er sich, und weil Maggi ihn sehr gern hatte, verschenkte sie nicht mehr so oft warme Kuschelchen, sondern sparte sie für Tim.

Die Kinder merkten das und begannen bald zu glauben, daß es falsch sei, jedesmal warme Kuschelchen zu geben, wenn man darum gebeten wurde oder wenn einem danach zumute war. Auch sie wurden sehr sparsam. Sie beobachteten die Eltern aufmerksam und beklagten sich, wenn sie das Gefühl hatten, daß die Eltern zu viele warme Kuschelchen verschenkten. Sie wurden auch selbst besorgt, wenn sie selber zu viele warme Kuschelchen weggaben. Und obgleich sie immer ein warmes Kuschelchen fanden, wenn sie in ihren Beutel langten, so griffen sie doch immer seltener hinein und wurden immer geiziger damit. Bald machte sich der Mangel an warmen Kuschelchen bemerkbar, und die Leute fühlten sich immer weniger wohl. Sie begannen zu schrumpfen, und hie und da starb jemand aus Mangel an warmen Kuschelchen. Immer mehr Leute gingen zur Hexe und

kauften deren Tränklein und Salben, obschon die offenbar auch nicht halfen.
Ja, die Lage wurde wirklich sehr ernst. Die böse Hexe, die alles mitverfolgt hatte, wollte natürlich nicht, daß alle Leute starben, und so heckte sie einen neuen Plan aus. Sie gab jedermann einen Beutel, der zwar dem Kuschelbeutel sehr ähnlich sah, nur, daß dieser sich kalt anfühlte, während der Kuschelbeutel warm war. Im Hexenbeutel befanden sich kalte Gruseln. Diese kalten Gruseln gaben den Menschen nicht das Gefühl von Wärme und Wohlsein, sondern bewirkten stattdessen, daß sie sich kalt und gruselig fühlten. Jedoch verhinderten die kalten Gruseln die Rückenkrankheit und das Zusammenschrumpfen der Menschen. Von da an ging es so: Wenn jemand sagte: »Ich möchte gern ein warmes Kuschelchen« und der andere Angst hatte, sein Vorrat könne vorzeitig zur Neige gehen, dann antwortete er: »Ich kann dir kein warmes Kuschelchen geben, aber willst du vielleicht ein kaltes Gruselchen?« Manchmal gingen zwei Leute aufeinander zu in der Hoffnung, sie könnten warme Kuschelchen austauschen, aber der eine oder der andere änderte seine Meinung, und es endete damit, daß sie sich gegenseitig kalte Gruseln gaben. Das Endergebnis war, daß zwar sehr wenige Leute starben, daß aber sehr viele unglücklich blieben und sich kalt und gruselig fühlten.
Die Lage wurde noch verwickelter. Seit dem Auftreten der Hexe kamen immer weniger warme Kuschelchen in Umlauf, und so wurden warme Kuschelchen, die ursprünglich so reichlich und kostenlos wie Luft und Wasser vorhanden gewesen waren, teure Mangelware. Dies brachte die Leute dazu, sich allerhand einfallen zu lassen, um welche zu ergattern. Vor dem Auftreten der Hexe waren die Leute zu viert oder fünft zusammengekommen und hatten sich wenig darum geschert, wer wem warme Kuschelchen gab. Nach dem Eingreifen der Hexe fingen die Leute an, sich in Paaren abzusondern und alle ihre warmen Kuschelchen ausschließlich für ihren Partner zu sparen. Falls sich einer von beiden einmal vergaß und jemand anderem ein warmes Kuschelchen schenkte, fühlte er sich augenblicklich schuldig, denn er wußte, daß sein Partner den Verlust eines warmen Kuschelchens beklagen würde.
Leute, die keinen freigiebigen Partner finden konnten, mußten ihre warmen Kuschelchen kaufen und lange arbeiten, um das nötige Geld dafür zu beschaffen. Und da geschah folgendes: einige Leute nahmen kalte Gruseln, die es umsonst und in unbegrenzter Menge gab, verkleideten sie weiß

und flauschig und gaben sie als warme Kuschelchen weiter. Diese nachgemachten warmen Kuschelchen waren in Wirklichkeit Plastik-Kuschelchen, die noch mehr Schwierigkeiten machten. Da kamen z.B. zwei Leute zusammen und tauschten großzügig Plastikkuscheln aus, die ihnen angeblich gute Gefühle geben sollten, statt dessen aber gingen sie mit unguten Gefühlen davon. Da sie der Meinung waren, sie hätten warme Kuscheln ausgetauscht, wurden die Leute ganz verwirrt, merkten aber gar nicht, daß ihr kaltes und gruseliges Gefühl eigentlich daher kam, daß sie eine Menge Plastikkuscheln bekommen hatten.

So war die Lage sehr, sehr übel, und alles hatte damit begonnen, daß die Hexe die Leute glauben gemacht hatte, eines Tages, wenn sie es am wenigsten erwarteten, würden sie kein warmes Kuschelchen mehr in ihrem Beutel finden.

Vor nicht allzu langer Zeit kam eine junge Frau mit breiten Hüften, geboren im Zeichen des Wassermannes, in das unglückliche Land. Sie wußte nichts von der bösen Hexe und machte sich keine Sorge um den Verbrauch ihrer warmen Kuschelchen. Sie verschenkte sie großzügig, sogar ohne daß sie darum gebeten wurde. Man nannte sie die Hüftenfrau und mißbilligte sehr, daß sie den Kindern den Gedanken eingab, man müsse sich keine Sorgen darum machen, daß eines Tages die warmen Kuschelchen ausgingen. Die Kinder liebten sie sehr, weil sie sich in ihrer Gegenwart wohlfühlten, und sie fingen wieder an, warme Kuschelchen zu verschenken, wenn's ihnen danach zumute war. Die Erwachsenen gerieten in Sorge und beschlossen ein Gesetz zum Schutze der Kinder vor der Verschwendung ihres Vorrats an warmen Kuschelchen. Dies Gesetz erklärte die leichtsinnige Abgabe von warmen Kuschelchen zum Verbrechen. Den Kindern jedoch schien das gar nichts auszumachen, und dem Gesetz zum Trotz verschenkten sie warme Kuschelchen, wann immer ihnen danach zumute war – und ganz sicher immer dann, wenn sie darum gebeten wurden. Da es viele Kinder gab, fast so viele wie Erwachsene, schien es, als ob sich langsam ihre Einstellung durchsetzen könnte.

Bis heute ist schwer zu sagen, was geschehen wird. Werden die Erwachsenen kraft Gesetz und Verordnung die Unbekümmertheit der Kinder beenden? Werden sich die Erwachsenen der Hüftenfrau und den Kindern anschließen in der neuen Zuversicht, daß es immer so viele warme Kuschelchen gibt, wie man braucht? Werden sie sich an jene Tage erinnern, die ihnen die Kinder nun zurückzubringen versuchen, als warme Kuschelchen überreichlich vorhanden waren, weil jedermann sie freigiebig verschenkte?[1]

Tim und Maggi leben in einer Welt, in der ihr Wohlergehen vom Geben und Nehmen des Streichelns abhängt – und in einer solchen Welt leben wir alle. Wir alle leben innerhalb einer *Streichelökonomie*, in der die Regeln des Gebens und Nehmens von Streicheln festgelegt sind. Streicheln wird oft wie eine Ware behandelt, von der es nur einen begrenzten Vorrat gibt, der ausgetauscht, gehandelt und monopolisiert werden kann. Wir alle verlieren viel von unserer Fähigkeit, spontan, bewußt und intim zu sein, weil wir unter Verhältnissen aufgewachsen sind, in denen der Vorrat an Streicheln beschränkt und der dafür geforderte Preis hoch war. Um Unbefangenheit und Freiheit wiederzugewinnen, müssen wir viel von dem ablegen, was wir einst über den Austausch von Streicheln gelernt haben. Da die Streichelsparwirtschaft selten erkannt und erklärt wird, sind wir uns oft nicht bewußt, in welcher Begrenztheit wir dahinleben.

Nach Steiner gründet sich die einschränkende Streichelökonomie, in der viele von uns aufgewachsen sind, auf folgende Regeln:

1. Streichle nie, wenn du es mußt.
2. Bitte nicht um Streicheln, wenn du es nötig hast.
3. Nimm kein Streicheln, wenn du es wünscht.
4. Weise kein Streicheln zurück, wenn du es nicht möchtest.
5. Streichle dich selbst nicht.

Die Befolgung dieser Regeln hat viele falsche Annahmen über das Streicheln entstehen lassen.

2.3 *Zutreffende und falsche Vorstellungen über Streicheln*

2.3.1 *Falsche Vorstellungen*

Alles Streicheln muß verdient werden.
Es gehört sich nicht, um Streicheln zu bitten.
Körperliches Streicheln unter Erwachsenen ist immer sexuell.
Wenn Leute anfangen, um Streicheln zu bitten, werden sie gierig und unersättlich.

[1] Aus: Claude M. Steiner, Scripts People Live, Grove Press, New York 1974, 127–131, mit freundlicher Erlaubnis des Verfassers.

Es gehört sich nicht, sich selbst zu loben. Eigenlob stinkt.
Wer älter ist als fünf Jahre, ist zu alt für körperliches Streicheln.
Es ist ok, ärgerlich zu werden, wenn man um Streicheln bitten muß.

2.3.2 *Zutreffende Vorstellungen*

Es ist ok, gestreichelt zu werden, nur weil man da ist.
Die Bitte um Streicheln ist ok und vermindert den Wert des Streichelns nicht.
Körperliches Streicheln unter Erwachsenen muß nicht sexuell sein. Wir entscheiden, ob Streicheln sexuell sein soll oder nicht. Auch sexuelles Streicheln ist ok.
Da niemand Gedanken lesen kann, muß man um die Art von Streicheln bitten, die man möchte.
Man wächst sein Leben lang aus dem Streichelbedürfnis nicht heraus.
Man soll diejenigen um Streicheln bitten, die es bereitwillig geben.
Mit Streicheln geht es wie mit jedem anderen Bedürfnis: Wenn wir genug haben, hören wir auf, wie man z. B. normalerweise aufhört zu essen, wenn man keinen Hunger mehr hat.
Eigenlob zur richtigen Zeit ist ok – es ist eine Möglichkeit, die anderen wissen zu lassen, daß man sich ok fühlt. Im Gegensatz zum Volksglauben ist es der Wissenschaft nicht gelungen, nachzuweisen, daß irgend jemandem der Kopf vor Prahlerei auch nur um einen Millimeter angeschwollen sei.
Kindern ist angeboren, daß sie nach Streicheln suchen. Man beobachte gesunde Zweijährige: Wenn sie auf einem Schoß sitzen möchten, schauen sie sich nach einem geeigneten Schoß um. Wenn der erste Schoßbesitzer nicht will, daß man auf seinem Schoß sitzt, dann suchen sie jemanden mit einem einladenderen Schoß.

2.4 *Das richtige Geben und Nehmen von Streicheln*

Kleine Kinder sind sehr bestimmt und ausdauernd, die Art von Streicheln zu bekommen, die sie brauchen. Diese Fähigkeit ist einer der Überlebensinstinkte des Kleinkindes. In jedem Alter haben Kinder die Fähigkeit, die gerade benötigte Streichelart zu verlangen. Um wirklich herauszuhören, was sie brauchen, müssen wir Eltern unsere eigene falsche Programmierung über Streicheln abschalten und den Bedürfnissen des Kindes gegenüber offen und unvoreingenommen sein. Viele von uns müssen eine Neuprogrammierung für sich selbst vornehmen im Hinblick darauf, welche Streichelart ok ist und welche nicht.

2.5 *Unterschiedliches Streicheln für unterschiedliche Menschen*

Es ist faszinierend, wie Kinder in jedem Alter eine andere Streichelart brauchen. Neugeborene brauchen anschmiegendes Hätscheln; ältere Kleinkinder brauchen Ansprache ebenso wie Liebkosung, und sie brauchen das Reden über bestimmte Dinge zu bestimmten Zeiten. Kindererziehung ist wie Schießen auf ein bewegliches Ziel: das Streicheln, das für ein bestimmtes Alter paßt, ist oft für ein anderes Alter nicht mehr angebracht. (Die besonderen Streichelbedürfnisse in den einzelnen Lebensaltern werden später besprochen.)

Wie Solon Samuels bemerkt, haben wir alle auch unsere individuellen Vorlieben. Manchmal möchten wir verbales Streicheln, manchmal grobes Streicheln, manchmal Liebkosung. Bei manchen Familien erfolgt das positive Streicheln nach einem »Geheimcode«, der auf den ersten Blick wie negatives Streicheln anmutet. Wer den Schlüssel nicht kennt, sieht nur das negative und nicht das versteckte positive Streicheln.

Helen Colton sagt es so:

Tom war jetzt vierzehn Jahre. Er hatte gerade das Siegestor in einem Oberschul-Fußballmatch geschossen. Die Menge auf den Tribünen brüllte vor Begeisterung, und die Mannschaftskameraden schlugen ihm auf die Schulter. Überglücklich rannte Tom zu seinen Angehörigen und sagte grinsend: »Ziemlich gut, was?« »War das anders zu erwarten?« antwortete der Vater scheinbar herunterspielend, jedoch von heimlichem Stolz erfüllt.

Jetzt war Tom achtzehn. Er erzählte seiner Mutter von seinen großen Zukunftsplänen. »Ja, das möchte ich mal erleben«, antwortete die Mutter abschätzig, jedoch von heimlichem Stolz erfüllt.

Viele Familien streicheln auf diese indirekte Art und Weise, in jüdischen Familien besonders häufig. Nach Helen Colton ist dies eine Schutzvorkehrung – ein Schutz davor, daß jemand erfahren könnte, wie gut die Dinge stehen, und dadurch das Unglück herbeigerufen würde. Sie bemerkt: »Dieses Schutzbedürfnis ließ im Jiddischen Negativismen entstehen, mit denen viele von uns unter Demütigungen und Geringschätzung aufgewachsen sind, ohne zu wissen, daß die Botschaft auf einer anderen Ebene oft Wärme, Liebe, Stolz und Fürsorge hieß.«

Verschlüsseltes Streicheln

Negative Aussage	*Übersetzung*
Das möchte ich mal erleben.	Ich möchte diesen Tag erleben und diese zukünftige Freude mit dir teilen.
O, was für ein kleines Ungeheuer!	Ein süßes Kind, das ich herzlich liebe.
Du bist dir selber zu gescheit.	Er ist so intelligent, ich bin sehr stolz auf ihn.

Viele Familien sind insgeheim liebevoll und stolz auf ihre Mitglieder, erscheinen aber einem Beobachter, der den Geheimcode nicht kennt, feindselig, ablehnend und ironisch. Es ist wichtig, den »Schlüssel« zu kennen, wenn man die wahre Streichelökonomie einer Familie verstehen will. Da der »Schlüssel« auf magischem Denken gründet und tiefe Wurzeln hat, trägt er zu vielen Mißverständnissen und Nicht-ok-Gefühlen bei.

2.6 *Zeitstrukturierung in der Familie: Strukturhunger*

Wir alle müssen täglich zwei wichtige Probleme lösen. Erstens: »Wie bekomme ich mein Streicheln?« Zweitens: »Wie fülle ich meine Zeit aus?« Außer unserer Lieblingsmethode, unser Streicheln zu bekommen, lernen wir auch die andere zu gebrauchen: unsere Zeit zu genießen, zu verschwenden, stillstehen zu lassen oder zu verplempern. Wir erlernen die Arten der Zeitstrukturierung, die in unserer Familie oder in unserer Kultur anerkannt sind. Unsere Ansicht über die Zeit ist oft Grundlage unserer Weltanschauung.

Es gibt sechs Arten, die Zeit auszufüllen (nach Berne):
1. Rückzug
2. Ritual
3. Aktivität
4. Zeitvertreib
5. Spiele
6. Intimität

Jede Kategorie hat ihre Vorteile. Als Erwachsene können wir alle Kategorien benutzen.
Rückzug schließt keinerlei zwischenmenschliche Transaktionen ein und bietet daher wenig Risiken. Wir regeln unseren Streichelbedarf durch inneres Zwiegespräch oder durch Tätigkeiten wie Baden oder Selbstbefriedigung, die jedoch selten langfristig befriedigen. Wenn wir uns zurückziehen, können wir natürlich nicht von anderen Menschen gestreichelt werden.
Rituale sind alle festgelegten gesellschaftlichen Transaktionen. Rituale – vom einfachen »Guten Tag« bis zum ausgefeilten Gottesdienst – sind berechenbar und deshalb zuverlässig. Sie umfassen festgelegte Streichelmuster, und das Streicheln ist unpersönlich. Streichelrituale werden meistens im Alter von drei bis vier Jahren erlernt, und kleine Kinder genießen sie oft. Zum Beispiel als festes Ritual beim Zubettgehen:

		PAPI	SUSI
Streicheleinheit	Nr. 1	Gute Nacht!	Gute Nacht!
	Nr. 2	Schlaf gut!	Ja.
	Nr. 3	Laß dich nicht von den Bettwanzen beißen.	Nein.
	Nr. 4	Bis morgen früh dann.	Ja.
	Nr. 5	Soll ich die Tür offen lassen oder zumachen?	Offen lassen.
	Nr. 6	Gute Nacht!	Gute Nacht!

Würde Papi nur eine Stufe des Rituals auslassen, würde Susi das sofort merken und darauf bestehen, daß das Riutal genauestens wiederholt wird.

Bei *Aktivität* strukturieren wir die Zeit um eine bestimmte Aufgabe herum. Die daraus gewonnenen Streicheleinheiten sind auch verhältnismäßig berechenbar und direkt auf die Arbeit gerichtet. Grundschulkinder freuen sich häufig gemeinsam an komplexen Tätigkeiten und können Stunden damit verbringen, z.B. eine Burg zu bauen, eine Baumhütte zu zimmern oder eine große Höhle zu graben.

Zeitvertreib ist ein Mittel, die Zeit durch allseitig annehmbares Streicheln zu strukturieren. Er ist ein Teil des Prozesses, soziale Kontakte auszuwählen. Zeitvertreib ist ein Mittel, sich selbst auszudrücken, und bietet die Möglichkeit, andere besser kennenzulernen. Grundschulkinder vertreiben ihre Zeit gern mit Themen wie »Jungen sind besser als Mädchen«, »Käfer sind interessant«, »Ist die Schule nicht blöd?« und »Mein Vater ist besser als deiner«. Der Teenager-Zeitvertreib könnte sich darum drehen, wer wen besucht, um eine neue Band und ebenfalls darum, »daß die Schule blöd ist«.

Spiele. Ein psychologisches Spiel ist eine Folge von Transaktionen mit versteckter Absicht. Am Ende dieser Folge bekommt jeder Spieler eine »Gewinnauszahlung«, die gewöhnlich in einer bestimmten Form von negativen Gefühlen besteht. Spiele bringen intensives Streicheln mit sich, aber dieses Streicheln ist häufig unangenehm. In ausgesprochen zerstörerischen Spielen kann der Gewinn sogar in Körperverletzung oder Tod bestehen. Wir spielen, wenn wir uns weigern, bestimmte Bedürfnisse anzuerkennen (d.h. wenn wir sie abwerten). Das Spiel ist dann der unehrliche Umweg zur Befriedigung des Bedürfnisses. Am häufigsten liegt dem Spiel ein mißachtetes Streichelbedürfnis zugrunde. Für uns alle ist es wichtig, mit unserem Streichelbedürfnis vertraut zu sein und etwas zu seiner Befriedigung zu unternehmen. Wenn wir das Spielen aufgeben, verzichten wir damit auf eine Quelle intensiven Streichelns; dafür müssen wir bei anderen Streichelarten Ersatz suchen.

Intimität. In der Intimität geben wir uns ohne Abwehr bedingungslosem Streicheln hin. Intimität kann flüchtig vorkommen, kann sich aber auch über eine lebenslange Beziehung erstrecken. Glückliche Kinder besitzen eine Fähigkeit zur Intimität, die erfrischend ist für Erwachsene, die eher zurückhaltend geworden sind in ihren Versuchen, sich einem anderen

Menschen zu öffnen. Tatsächlich erscheint es oft gefährlich, sich einem anderen intim zu öffnen. Wir riskieren dabei, daß unsere Verwundbarkeit vom anderen eher zu einem Spiel ausgenutzt wird, als daß er seinerseits mit Intimität antwortet.

Schon in frühester Kindheit erlernen wir die verschiedenen Arten der Zeitstrukturierung. Man bringt uns verschiedene Techniken entsprechend unserem Familienmuster bei. Wir benutzen auch in jedem Alter eine andere Art der Zeitstrukturierung. Ein Kleinkind im Erkundungsalter (8/10 Monate bis 2/2 1/2 Jahre) verbringt den größten Teil seiner Zeit mit der Tätigkeit, Dinge zu untersuchen. Während des Sozialisierungsalters (in den Vorschuljahren) findet die Programmierung für zwischenmenschliche Transaktionen statt.

Eric Berne weist darauf hin, daß die Eltern in aller Welt ihren Kindern »Manieren« beibringen, d.h. sie lehren sie die richtigen Gruß-, Eß-, Wahl-, Werbungs- und Trauerrituale. Es wird den Kindern auch beigebracht, ein Gespräch zu irgendeinem Thema taktvoll und diplomatisch zu führen, und so lernen sie den *Zeitvertreib*. Wer die seiner sozialen und kulturellen Schicht entsprechenden Rituale und Techniken des Zeitvertreibs nicht gelernt hat, wird so lange als unzivilisiert angesehen, bis er sie lernt. Wie wir unsere Zeit mit Rückzug, Spielen und Intimität ausfüllen, ist weitgehend durch das Muster derjenigen Familie geprägt, in der wir aufwachsen.

2.7 Zusammenfassung

Wir alle streben danach, unsere Bedürfnisse zu befriedigen und uns die Quellen ihrer Befriedigung zu erhalten. Grundbedürfnisse wie die nach Nahrung und Streicheln haben Vorrang vor dem Sicherheits- und Selbstverwirklichungsbedürfnis.

Eine Hauptfunktion der Familie ist es, eine Einheit zur Befriedigung der Bedürfnisse aller ihrer Mitglieder aufrechtzuerhalten. Reize von außen sind ein Grundbedürfnis, das am besten befriedigt werden kann durch eine Vielfalt körperlichen und verbalen Streichelns durch andere Personen. »Streicheln« besteht aus allen Formen der Anerkennung. Dieser Ausdruck wird vom körperlichen Streicheln hergeleitet, das für Kleinkinder lebenswichtig ist.

Man unterscheidet vier Kategorien: positives, negatives, bedingungsloses und bedingtes Streicheln. Wir alle wissen, wie wir es anstellen müssen, um zu den verschiedenen Streichelarten zu kommen; wir ziehen bestimmte Arten anderen vor, manchmal gehört dazu sogar eine Streichelart, die uns gar nicht bekommt. Jeder einzelne lebt in einer Streichelökonomie, die die Art und Intensität des verfügbaren Streichelns regelt. Viele Streichelökonomien beruhen auf falschen Annahmen und bestimmen uns in einer Art und Weise, die für uns und unsere Familien nicht gut ist.
Kindern ist das Wissen darum angeboren, wie sie zu dem Streicheln kommen, das sie im jeweiligen Alter brauchen. Sie handeln entsprechend, auch wenn man von ihnen verlangt, daß sie ihre eigenen Bedürfnisse unterdrücken. Viele von uns müssen ihre falschen Vorstellungen über das Streicheln überprüfen und neue Wege finden, wie sie streicheln und gestreichelt werden wollen.
In der Familie lernen die Kinder die bevorzugte Art, ihre Zeit auszufüllen. Das sieht in jedem Entwicklungsstadium anders aus. Es gibt sechs Kategorien der Zeitstrukturierung vom Rückzug, der kaum Streichelgewinn bringt, bis zur Intimität mit sehr hohem Streichelwert. Wer wenig Intimität erfährt, muß mehr Zeit mit Spielen, Zeitvertreib, Ritualen oder Aktivitäten verbringen, um zu den entsprechenden Streicheleinheiten zu kommen.

2.8 *Übungen*

1. Welche Streichelarten bekommen Sie in Ihrer Familie? Zeichnen Sie eine graphische Darstellung wie die folgende, um den proportionalen Anteil jeder Streichelart, die Sie bekommen, aufzuzeigen. Nun zeichnen Sie die Darstellung nochmals so, daß sie zeigt, wie Sie gern das Streicheln in Ihrer Familie verteilt sehen möchten. Was können Sie tun, um zu dem gewünschten Streichelmuster zu kommen?
2. Stellen Sie graphisch dar, welche Streichelarten Sie selbst den anderen Familienmitgliedern zuteil werden lassen. Nun zeichnen Sie die Darstellung nochmals so, daß sie zeigt, welche Streichelarten Sie den anderen Familienmitgliedern geben möchten. Was können Sie tun, um Ihre Streichelarten entsprechend zu ändern?

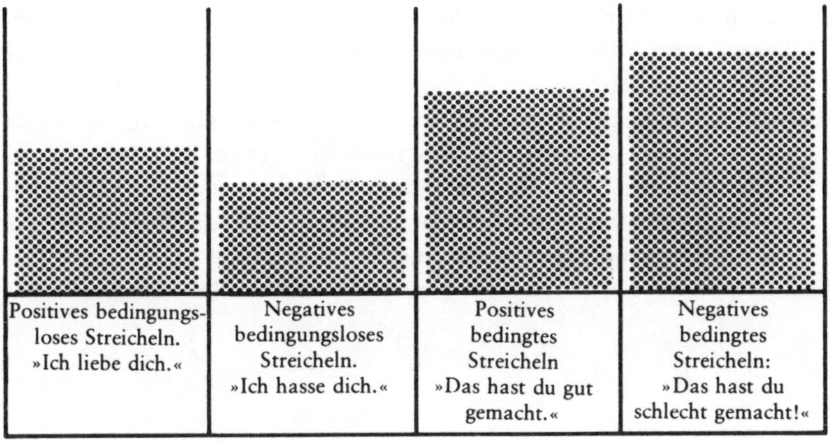

Positives bedingungsloses Streicheln. »Ich liebe dich.«
Negatives bedingungsloses Streicheln. »Ich hasse dich.«
Positives bedingtes Streicheln »Das hast du gut gemacht.«
Negatives bedingtes Streicheln: »Das hast du schlecht gemacht!«

Abb. 3: Beispiel einer graphischen Darstellung der Streichelarten

3. Fragen Sie sich selbst und jedes Familienmitglied: »Welches Streicheln hast du am liebsten?« Sie werden feststellen, daß einige Familienmitglieder gern verbales Streicheln haben, andere Liebkosungen, andere die ungeteilte Aufmerksamkeit Dritter, und wieder andere lieben die Art von Streicheln, die entsteht, wenn man einen gemeinsamen Plan verfolgt.

Rückzug »Tagträumen«
Rituale »Kirche«
Aktivitäten »Arbeit«
Zeitvertreib »Ist das nicht blöd«
Spiele »Jetzt habe ich dich erwischt, du Schweinehund «
Intimität »Ich liebe dich «

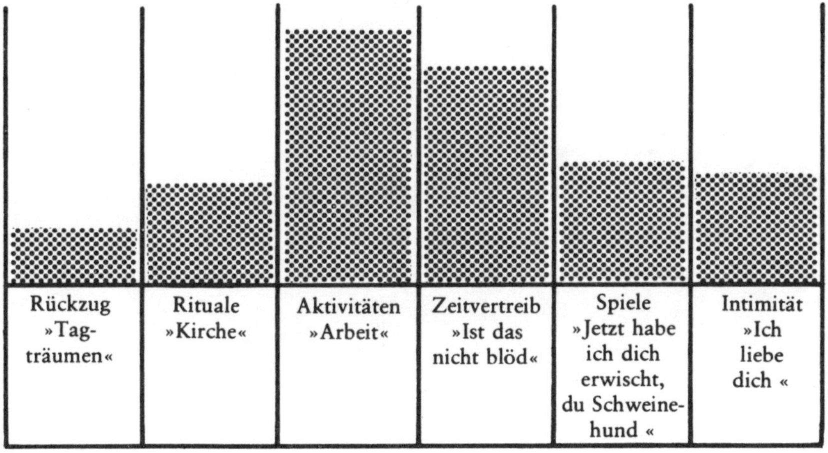

Abb. 4: Beispiel einer graphischen Darstellung der Zeitstrukturierung

Häufig streicheln wir auf die Art, wie wir selber gern gestreichelt werden möchten. Welche Streichelart wenden Sie an, weil Sie sie selber nicht bekommen?

4. Nun stellen Sie die Zeitstrukturierung in Ihrer Familie dar. Die unten gezeigte Skizze soll kein Ideal sein; machen Sie es auf Ihre Weise. Dann zeichnen Sie die Darstellung nochmals so, daß sie zeigt, auf welche Art Sie die Zeit mit Ihrer Familie lieber zubringen würden. Was können Sie zur entsprechenden Änderung tun?
5. Zeichnen Sie ein warmes Kuschelchen und ein kaltes Grusel.

3 Die Persönlichkeit des Erwachsenen

Die große Zeitspanne des Wachstums, die nur beim Menschen so lange dauert, ist wichtig für die Entwicklung der komplexen Zivilisation, in der wir leben, und für unsere Vorbereitung auf das Erwachsenenleben in dieser Zivilisation. Niemand kommt darum herum, einmal Kind gewesen zu sein; die Ereignisse und Erfahrungen der Kindheit sind fest gespeichert in unserer einzigartigen Persönlichkeit. Im vorliegenden Kapitel umreißen wir die hauptsächlichen Bestandteile der Erwachsenenpersönlichkeit.

3.1 Eltern-Ich, Erwachsenen-Ich, Kindheits-Ich

Diese Ich-Zustände sind organisierte Einheiten, mit deren Hilfe wir Realität definieren, Informationen verarbeiten und auf die Umwelt reagieren. Eltern-Ich, Erwachsenen-Ich und Kindheits-Ich sind die Namen, die wir für die drei verschiedenen Ich-Zustände gebrauchen, die wir alle haben. Diese drei Ich-Zustände geben uns recht viel Beweglichkeit im Umgang mit unserer Umwelt. Sie sind aber auch ausschlaggebend für viele offensichtliche Unstimmigkeiten, denn wir haben immer wenigstens drei Möglichkeiten, auf das zu reagieren, was in unserem Leben geschieht. Die drei Ich-Zustände lassen sich durch drei Kreise darstellen.
Die drei Kreise des Diagramms bedeuten, daß jeder Zustand eigenständig, getrennt vom anderen und durch verschiedene Inhalte und Handlungsweisen gekennzeichnet ist. Bei der Geburt haben wir nur unser Kindheits-Ich, das weder zum Denken noch zur Fürsorge für uns selbst oder andere ausreicht. Um diesem Mangel abzuhelfen, erschafft das Kindheits-Ich im Verlaufe unserer langen Kindheit das Erwachsenen-Ich und das Eltern-Ich. Erwachsenen- und Eltern-Ich sollen besser für unser Kindheits-Ich sorgen und angemessene Mittel zur Befriedigung der Bedürfnisse des Kindheits-Ichs bereitstellen.

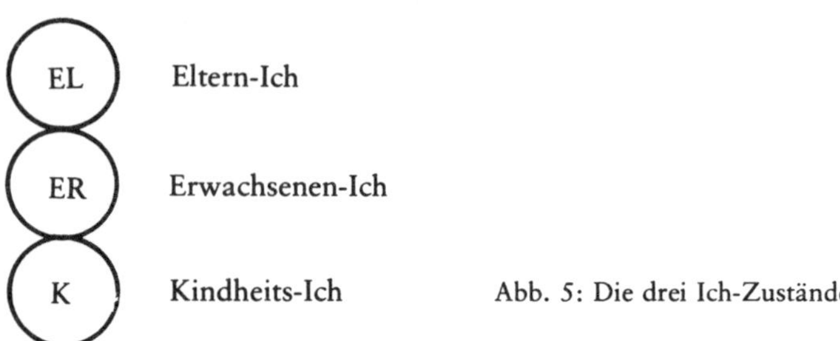

Abb. 5: Die drei Ich-Zustände

3.2 *Das Kindheits-Ich*

Eric Berne stellt fest (Spiele der Erwachsenen, 32/34): »*Tatsächlich ist das Kindheits-Ich in vieler Hinsicht der wertvollste Bestandteil der Persönlichkeit, und es kann für das Leben des Individuums den gleichen Beitrag leisten, den ein wirkliches Kind zum Familienleben beisteuert: Anmut, Freude und schöpferischen Impuls. Im Kindheits-Ich wohnen Intuition, Kreativität, sowie Spontaneität und Freude.*«

Das Kindheits-Ich ist der Speicher unserer Gefühle und unseres eigentlichen Selbstbewußtseins. Da das Kindheits-Ich dieses Identitätsbewußtsein einschließt, ist jedes Kindheits-Ich eine Sie oder ein Er. Niemals ein Es.

In uns ist nicht nur ein erwachsenes Kind, das unser Kalenderalter hat; wir haben auch ein Kind in uns, das alle wichtigen Gefühlsereignisse seit frühester Kindheit aufgezeichnet hat.

Manchmal reagieren wir auf Ereignisse der Gegenwart, als wären sie identisch mit solchen aus der Vergangenheit. Das läuft dann folgendermaßen: Fritz Müller hat eine Stelle. Mit dieser Stelle hat er einen Chef. Und dieser Chef hat eine Sekretärin. Diese Sekretärin hat ein Telefon. Ab und zu ruft sie Fritz Müller an und sagt: »Herr Müller, der Chef möchte Sie um zwei sprechen. Würden Sie bitte kommen?« Fritz Müller sagt: »Ja«, legt den Hörer auf und bekommt Angst. Er denkt, vielleicht gibt es Unannehmlichkeiten, und er denkt über alles nach, was er jemals bei der Arbeit falsch gemacht hat. Um ganz sicher zu gehen, daß er wirklich Angst hat, denkt er sogar an Dinge, die er getan haben *könnte.* Jetzt hat Fritz Müller ernsthaft Angst und ist ganz sicher, daß Unannehmlichkeiten auf ihn zukommen.

Als Fritz Müller dann vor seinem Chef steht, stellt er fest, daß es keine Unannehmlichkeiten gibt; der Chef wollte nur einige Auskünfte. Fritz Müller hatte viele Stunden in Angst verbracht, und doch hatte er gar keinen wirklichen Grund zur Angst. Er hatte die angstmachenden Dinge einfach erfunden.

Warum jagt Fritz Müller sich selbst Angst ein? Nun, als er auf der Oberschule war, bekam er ab und zu einen Zettel von seinem damaligen »Chef«, dem Klassenlehrer, darauf stand: »Bitte beim Klassenlehrer melden.« Wenn er dann ins Lehrerzimmer kam, mußte er feststellen, daß es Unannehmlichkeiten gab, und das war schlimm. Wenn Fritz, als er noch sehr klein war, etwas Dummes angestellt hatte, sagte die Mutter: »Warte nur, bis Vater heimkommt, dann wirst du was erleben.« Wenn Vater dann heimkam, ging Mutter mit ihm in die Küche, und sie flüsterten miteinander. Daraufhin sagte Vater zu Fritz: »Komm her, Fritz.« Und das war schlimm, Fritz bekam eine Tracht Prügel für das, was er angestellt hatte.

Schließlich nahm Fritz Müller sich vor, keine Angst mehr vor seinem Chef zu haben. Er dachte darüber nach, warum er eigentlich Angst hatte. Der Klassenlehrer fiel ihm ein und sein Vater, und er machte sich klar, daß sein Chef weder der Klassenlehrer noch der Vater war, und folglich brauchte er keine Angst vor ihm zu haben. Und so hörte seine Angst auf. Wenn Fritz Müller früher zum Chef gerufen wurde, war das Kind in ihm nicht 35 Jahre alt, sondern fühlte sich wie sieben. Jetzt hat Fritz Müller gelernt, seine erwachsenen Eltern-, Erwachsenen- und Kindheits-Ichs mitzunehmen, wenn er zum Chef geht, und nicht nur das verängstigte Kind.

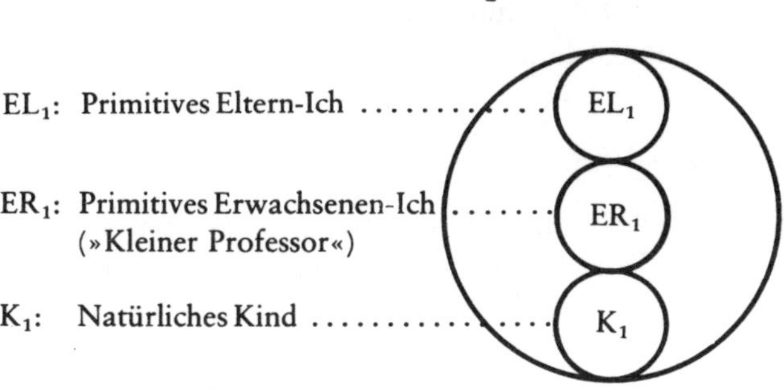

Abb. 6: Der Kindheits-Ich-Zustand (K_2)

Wir haben unser Kindheits-Ich, lange bevor Erwachsenen- und Eltern-Ich sich entwickeln. Das Kindheits-Ich schafft ein primitives Erwachsenen- und ein primitives Eltern-Ich als Überlebenshilfe, bis die reifen Erwachsenen- und Eltern-Ich-Zustände ausgebildet sind. Diese primitiven Ich-Zustände sind in Abb. 6 dargestellt.

3.2.1 *Das natürliche Kind (K_1)*

Als Neugeborene haben wir noch nichts gelernt. Wir reagieren jedoch automatisch auf unsere Bedürfnisse. Ein hungriges Baby schreit. Der Ich-Zustand, in dem wir geboren werden, heißt das natürliche Kind (K_1). Dieser Teil von uns ist am besten vertraut mit unseren inneren Bedürfnissen. Dieser Teil von uns nimmt vom Tage der Geburt an den Standpunkt ein: »Ich will, was ich will und wann ich es will, und es gibt keinen Grund, warum ich es nicht bekommen sollte.«

3.2.2 *Der »Kleine Professor« (ER_1)*

Das primitive Erwachsenen-Ich im Kind (ER_1) heißt »Kleiner (Psychologie-)Professor«. Der Kleine Professor ist ein schöpferischer, intuitiver Teil von uns, der eine Antwort auf die Frage sucht: »Was muß ich tun, um in dieser Welt zu überleben?« Der Kleine Professor ist außerordentlich neugierig auf den Lauf der Welt, und im primitiven Erwachsenen-Ich haben wir eine grundlegende Vorstellung darüber, wie die Welt beschaffen ist. Diese Vorstellung bildet sich, wenn wir als Kleinkinder die ersten physikalischen und psychologischen Versuche machen: »Was geschieht, wenn ich meine Milch über den Kinderstuhl schütte? Läuft sie *immer* nach unten? Was machen Mama oder Papa dann?«

3.2.3 *Das primitive Eltern-Ich (EL_1)*

Das primitive Eltern-Ich ist der zumeist mißverstandene Teil unserer Persönlichkeitsstruktur. Deshalb hat es eine ganze Reihe von Namen bekommen, z.B. »Elektrode«, »Übernatürliches Kind«, »Schweine-Eltern«. Viele Leute, besonders diejenigen, die es »Schweine-Eltern« nennen, glauben, daß dieser Teil in uns nur schädlich wäre und nicht benutzt werden sollte. Andere TA-Theoretiker sind durchaus der Meinung, daß das

primitive Eltern-Ich auch positive Funktionen hat, da es sonst nicht bestehen würde.
Wir wissen sicher, daß das primitive Eltern-Ich derjenige Teil in uns ist, der sich den Forderungen der Erwachsenen in unserem Leben anpaßt. In der Kindheit sichert diese Anpassung unser Überleben. Es hilft uns auch, uns in die menschliche Gesellschaft einzufügen und Kompromisse zu finden zwischen unseren Bedürfnissen und den Anforderungen unserer Kultur. Manchmal ist die Anpassung gut und manchmal nicht. Gut ist es, wenn wir uns anpassen, indem wir anerkannte Mittel der Zeitstrukturierung erlernen. Nicht gut ist es, wenn Anpassung z.B. heißt, das Töten von Menschen in Ordnung zu finden. Bis jetzt haben wir erst in den Fällen von dem primitiven Eltern-Ich Kenntnis, wo es destruktive Botschaften aufgenommen hat und sie ausführen will. Solche dem primitiven Eltern-Ich innewohnenden destruktiven Botschaften können etwa lauten: Sei nicht vorhanden! Werde nicht erwachsen! Sei kein Kind! Sei nicht du selbst!

3.3 Wie können wir unsere verschiedenen Ich-Zustände identifizieren?

Wir bedienen uns abwechslungsweise des Eltern-, Erwachsenen- und Kindheits-Ichs, je nach den Umständen und nach dem, wie wir gelernt haben, auf die Umwelt zu reagieren. Es gibt einige Merkmale, um festzustellen, welcher Ich-Zustand gerade vorherrscht.

3.3.1 Fünf Hinweise darauf, wie das Kindheits-Ich identifiziert werden kann:

3.3.1.1 Wortschatz

Wer sein Kindheits-Ich benutzt, gebraucht fortwährend kindgemäße Ausdrücke wie »wau«, »äää«, »o je«, »Scheiße«. Das Kindheits-Ich singt in der Badewanne, macht Gedichte und flucht.

3.3.1.2 Stimme

Wenn wir uns im Kindheits-Ich befinden, klingt unsere Stimme kindlich: laut, sanft, wimmernd, singsang. Im Kindheits-Ich fallen wir oft in den Dialekt zurück, in dem wir aufgewachsen sind. Sonja lebte bis zu ihrem fünften Geburtstag in Niederbayern und zog dann ein paar hundert Kilometer nach Norden. Wenn sie sich in ihrem Kindheits-Ich befindet, hat sie oft einen niederbayerischen Akzent.

3.3.1.3 Verhalten

Im Kindheits-Ich wackeln wir, sitzen krumm, tun schüchtern, sind nervös, sitzen mit aufgestütztem Kopf und hören mit Hintergedanken zu wie diesen: »Was ist da für mich drin?«

3.3.1.4 Reaktion der anderen

Wenn jemand in seinem Kindheits-Ich anziehend und verspielt ist, gehen wir mit dem eigenen verspielten Kind in uns darauf ein. Wenn jemand hilflos handelt, werden wir mit unserem helfenden Eltern-Ich antworten; wenn ein widerspenstiges Kindheits-Ich auftaucht, schalten wir vermutlich unser eigenes tadelndes Eltern-Ich ein. Wir können somit aus unserer Reaktion schließen, in welchem Ich-Zustand sich der andere gerade befindet.

3.3.1.5 Geschichte

Wie das Beispiel von Fritz Müller zeigt, hat unser Kindheits-Ich viele Mitteilungen aus unserer Vergangenheit gespeichert. Das Wissen um die Geschichte unserer Gefühle können wir heranziehen, wenn wir verstehen wollen, was in uns vorgeht, wenn wir uns nicht so fühlen, wie wir gern möchten. Außerdem haben wir in unserem Kindheits-Ich gelernt, Gefühle auf eine bestimmte Art auszudrücken. Wir alle bevorzugen bestimmte schlechte Gefühle in Übereinstimmung mit den Gefühlen, die in unserer Familie erlaubt waren. Solche gelernten Gefühle heißen *Racket*-Gefühle. Sie sind ein Ersatz für echte, authentische Gefühle. Wer sich in Situationen z.B. ärgerlich oder beleidigt fühlt, in denen die anderen traurig wären, drückt vermutlich ein Racket-Gefühl aus. Leute mit Racket-Gefühlen sind wie Rabattmarkensammler. Sie sammeln Ungerechtigkeiten und schlechte Gefühle, bis sie sich berechtigt glauben, diese für irgendeinen »Gewinn« einzulösen, so wie Rabattmarken im Laden gegen Geld eingelöst werden. Ein sehr eifriger Sammler kann eine sehr große Menge ansammeln, um sie dann z.B. für einen schuldfreien Mord oder Selbstmord einzutauschen.

3.3.1.6 Die Funktion der Gefühle

Gefühle erleben wir mit dem Kindheits-Ich. Unsere Gefühle sind Anzeichen dafür, ob unsere Bedürfnisse angemessen befriedigt werden. Ein Neugeborenes kann nur auf zwei Arten Gefühle ausdrücken: durch Ruhe, wenn es sich wohlfühlt; und durch Erregung, wenn es sich unwohl fühlt. Ziemlich rasch beginnt der Säugling auch, Furcht und Ärger so auszudrücken, daß sie voneinander unterschieden werden können. Um es einfach zu sagen: Das Kind ab etwa einem Monat hat drei elementare Gefühle: Ärger, Freude und Angst. Die meisten Kinder lernen mit etwa einem Jahr noch ein viertes Gefühl, nämlich Trauer. Dieses Gefühl kann eine Kombination von Ärger und Angst sein. Wir nennen diese vier Gefühle – Freude, Ärger, Angst und Trauer – »echte, authentische Gefühle«, um sie von den Racket-Gefühlen zu unterscheiden, die die echten Gefühle verdecken. Es ist wichtig, uns unserer echten Gefühle bewußt zu sein, denn sie sind genaue Anzeichen unserer inneren Bedürfnisse. Sobald uns diese Gefühle bewußt geworden sind, müssen wir darüber nachdenken und etwas unternehmen.

Unsere echten Gefühle geben uns stichhaltige Hinweise auf die Maßnahmen, die wir ergreifen müssen.

Ärger: Wenn ich ärgerlich bin, dann möglicherweise deshalb, weil ich eingeengt oder in irgendeiner Art manipuliert werde; ich muß mir überlegen, was ich gegen diese Einengung und Manipulation tun kann.

Angst: Wenn ich Angst habe, dann möglicherweise deshalb, weil ich einen Halt verloren habe – körperlichen Halt oder den psychischen Halt der Berechenbarkeit. Wenn ich Angst habe, muß ich mir überlegen, was ich tun kann, um den verlorenen Halt wiederzugewinnen. Körperliches Streicheln kann mir Halt geben durch Gehaltenwerden, Berührtwerden, mit einer Decke Zugedecktwerden, oder aber psychische Unterstützung kann mir Halt geben, wenn ich nämlich etwas erfahre, was eine Situation für mich berechenbar macht.

Trauer: Wenn ich traurig bin, dann möglicherweise deshalb, weil es mir an Streicheleinheiten fehlt oder weil ich eine wichtige Streichelquelle verloren habe. Als Reaktion auf dieses Gefühl muß ich andere Streichelquellen suchen.

Freude: Froh sein bedeutet, daß alles ok ist, daß das, was ich tue, erfolgreich ist, und daß ich es beibehalten kann. Freude ist ein vorübergehendes Gefühl. Dies aus zwei Gründen:

1. Vieles kann schiefgehen und unseren Nachschub an Freude beeinträchtigen.
2. Wenn wir ein Bedürfnis haben und das Bedürfnis befriedigt ist, dann sind wir gesättigt. Eine Zeitlang spüren wir dieses Bedürfnis nicht mehr, statt dessen aber vielleicht ein in der Bedürfnishierarchie höher stehendes. Wenn wir nicht gerade Hunger leiden, können wir an Schutz und Sicherheit denken; wenn wir Schutz und Sicherheit haben, können wir an Zuneigung und Liebe denken.

Wer sich seine Bedürfnisse nicht eingesteht, hat oft den Eindruck, als ob ein bestimmtes Bedürfnis unstillbar sei. Z.B. glauben Menschen, die an akutem Streichelmangel leiden, daß sie nie genug Streicheleinheiten bekommen können, selbst dann nicht, wenn sie darum bitten. Sie wissen nicht, daß es – wie bei allen Bedürfnissen – einen Sättigungspunkt gibt. Wenn ein Baby hungrig ist, schreit es, und sein Nahrungsbedürfnis kann im wahrsten Sinn des Wortes gestillt werden. Daraufhin spürt das Baby dieses Bedürfnis nicht mehr und wendet sich anderem zu. Ähnlich werden Leute, die genug gestreichelt worden sind, nicht mehr danach verlangen und sich nach einer anderen Art Reiz umsehen. Sie können sich sogar vom Streicheln zurückziehen und eine Zeitlang gar nichts tun.

3.3.2 Wie das Erwachsenen-Ich identifiziert werden kann

Obwohl zwar das Kindheits-Ich bereits denkt, denkt es nicht logisch. Wir benutzen Ahnungen, denken in Analogien und denken intuitiv. Im Erwachsenen-Ich (ER_2) folgen wir den Gesetzen der Logik, um zu Rückschlüssen zu kommen. Wir machen Voraussetzungen, befassen uns mit objektiven Erkenntnissen und wägen Wahrscheinlichkeiten ab. Wenn Hanna auf dem Weg in die Schule eine Straße überqueren muß, stellt sie vielfältige Berechnungen an, um Fakten zu bestimmen, wie z.B. über ihre Laufgeschwindigkeit, die Geschwindigkeit eines herannahenden Autos und den angenommenen Punkt, an dem ihre Lauflinie die Bahn des Autos kreuzt. Sie berechnet all das in weniger als einer Sekunde, indem sie ihr Erwachsenen-Ich benutzt; und sie ist in der Lage, alles so rasch zu berechnen, weil ihr Gehirn rund 12 Milliarden Nervenzellen hat.

Unser Erwachsenen-Ich ist erstmals wirklich verfügbar im Alter von etwa drei Jahren. In diesem Stadium fehlt unserem Erwachsenen-Ich noch viel an Erkenntnis, und seine Logik ist noch unverfeinert. In der Tat können

Kinder erst ab etwa vierzehn Jahren ganz systematisch und abstrakt logisch denken. Die Zustände des Erwachsenen-Ichs können im Vernünftigkeitsgrad unterschiedlich sein, aber wir alle besitzen ein funktionsfähiges Erwachsenen-Ich. Dieser Ich-Zustand stellt uns das vollendetste Computersystem zur Verfügung, das wir kennen – das menschliche Gehirn.
Es folgen einige Merkmale, aus denen wir schließen können, ob ein Mensch sein Erwachsenen-Ich gebraucht.

3.3.2.1 Wortschatz

Das Vokabular des Erwachsenen-Ichs enthält unvoreingenommene Information und Wahrscheinlichkeitsschätzungen: z.B. »Die Temperatur betrug heute um 14.00 Uhr 23 Grad Celsius; die Wahrscheinlichkeit eines meßbaren Niederschlages beträgt 20%.«

3.3.2.2 Stimme

Die Stimme des Erwachsenen-Ichs ist gewöhnlich etwas eintönig und verändert sich in der Modulation kaum. Die Stimmlage von Astronauten, die mit dem Bodenkontrollzentrum sprechen, ist ein ausgezeichnetes Beispiel für die Stimme des Erwachsenen-Ichs.

3.3.2.3 Verhalten

Im Erwachsenen-Ich sitzen die Leute verhältnismäßig still und haben eine aufmerksame Haltung mit eher langsamem und regelmäßigem Lidschlag.

3.3.2.4 Reaktion der anderen

Eine normale zwischenmenschliche Reaktion auf jemanden im Erwachsenen-Ich ist die Aufmerksamkeit des Erwachsenen-Ichs.

3.3.2.5 Geschichte

Im Verlauf der Geschichte unserer Erziehung empfängt unser Erwachsenen-Ich sowohl theoretisch als auch praktisch verschiedene Erkenntnisse über vielerlei Themen. Der historische Inhalt des Erwachsenen-Ichs kann mit der Frage nachgeprüft werden: »Welche tatsächlichen Erkenntnisse habe ich zu diesem Thema?«

3.3.3 Wie das Eltern-Ich identifiziert werden kann

Das Eltern-Ich ist derjenige Teil von uns, der alle Regeln darüber enthält, was sein darf und was nicht sein darf. Es ist sozusagen unsere Abteilung für Moral und Manieren. Unser Eltern-Ich bestimmt auch, was wichtig ist. In unserer Kultur haben wir zum Beispiel nur wenige Wörter für Schnee. In der Eskimo-Kultur ist es wichtig, sehr viel über Schnee zu wissen. Folglich haben die Eskimos ein Klassifizierungssystem für Schnee, das dreißig Kategorien kennt. Das Erwachsenen-Ich liefert die eigentlichen Erkenntnisse über Schnee; die Klassifikation stammt aus dem Eltern-Ich und wird von Generation zu Generation weitergegeben.

Das Eltern-Ich hat viele Strukturen (Strukturen sind wie Computerprogramme für unser Tun und Denken). So enthält das Eltern-Ich Instruktionen für alles, was wir wissen müssen, um in unserem Kulturkreis gut durchzukommen. Wenn diese Strukturen nützlich sein sollen, so müssen sie regelmäßig vom Erwachsenen-Ich her überprüft und dabei von wertlos gewordenen Informationen befreit werden.

Laura Ingalls Wilder beschreibt in ihrer autobiographischen Heimatgeschichte »Kleines Haus in der Prärie« die Erwartungen ihres Vaters im Blick auf richtiges Verhalten. Die Familie lebte in einer unwirtlichen Gegend, und es wurde erwartet, daß die Kinder dem Vater sofort und ohne Frage gehorchten. Gehorsam war mitunter eine Frage des Überlebens. Als Papa den Mädchen befahl, den Hund an die Kette zu legen, als die Indianer auf Besuch kamen, hing die Sicherheit der Familie vom sofortigen und fraglosen Handeln ab. Nachdem die Indianer wieder weggegangen waren, fragte Laura, was passiert wäre, wenn der Hund Jack nicht angekettet gewesen wäre. »Jetzt merkt ihr Mädchen euch ein für allemal«, sagte er mit schrecklicher Stimme, »daß ihr immer tun müßt, was euch befohlen wird. Nicht im Traum dürft ihr daran denken, nicht zu gehorchen. Hört ihr?«

»Ja, Papa«, flüsterten Laura und Mary. »Wißt ihr, was passiert wäre, wenn ihr Jack losgekettet hättet?« fragte Papa. »Nein, Papa«, flüsterten sie. »Er hätte die Indianer gebissen«, sagte Papa. »Dann hätte es Unannehmlichkeiten gegeben. Böse Unannehmlichkeiten. Versteht ihr?« »Ja, Papa«, sagten sie. Aber sie verstanden es nicht. »Hätten sie Jack getötet?« fragte Laura. »Ja. Und das wäre noch nicht alles gewesen. Merkt ihr Mädchen euch ein für allemal: Ihr habt zu tun, was euch befohlen wird, ganz gleich, was passiert.« »Ja, Papa«, sagte Laura, und Mary sagte: »Ja, Papa.« Sie waren froh, daß sie Jack nicht losgebunden hatten. »Tut, was euch geheißen wird«, sagte Papa, »und euch wird nichts Böses geschehen.«[1]

Auf der Prärie war absoluter Gehorsam den Eltern gegenüber eine Überlebensnotwendigkeit. Viele Eltern betrachten Gehorsam immer noch so, als ob das Überleben der Familie davon abhinge. Wenn es darum geht, den Abfall hinauszubringen oder eine Mahlzeit zuzubereiten, dann ist es klar, daß »unbedingter Gehorsam« keine Überlebensfunktion mehr hat. In Wirklichkeit behindert sogar blindes Befolgen der Eltern-Ich-Anweisung: »Tu das, was dir gesagt wurde« das selbständige Nachdenken über Probleme.

Das Eltern-Ich kann sich, wenn es aktiviert wird, auf andere richten, indem es ihnen vorschreibt, was sie zu tun und zu lassen haben, oder indem man für sie sorgt. Es kann sich auch in einem inneren Dialog ausdrücken, in dem unser Eltern-Ich unserem Kindheits-Ich sagt, was es zu tun hat, oder in dem es die Sorge für unser Kindheits-Ich übernimmt. Im inneren Dialog kann unser Kindheits-Ich sich entscheiden, die Mitteilung des Eltern-Ichs zu mißachten, oder es kann die Botschaft anhören und sich entweder fügen oder dagegen auflehnen.

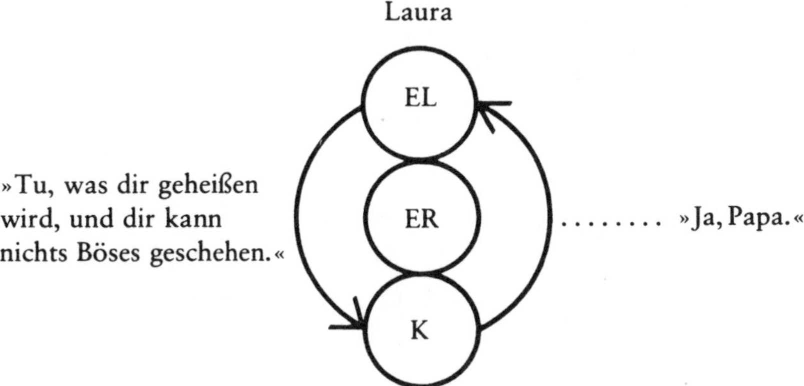

Abb. 7: Innerer Dialog

[1] Aus: »Little House on the Prairie« von Laura Ingalls Wilder. Nachdruck mit freundlicher Genehmigung des Verlags Harper & Row.

Hier einige Merkmale, an denen das Eltern-Ich zu erkennen ist:

3.3.3.1 Wortschatz

Das Eltern-Ich urteilt über Werte und redet oft absolut. Im Eltern-Ich sind die Dinge »gut« oder »böse«, »richtig« oder »falsch«; alles wird an diesen Werten gemessen. »Tu, was dir gesagt wird, und dir kann nichts Böses geschehen.« »Brave kleine Kinder müssen immer schön ihren Spinat aufessen.« »Böse Gedanken sind eine Sünde.« »Lies immer erst die Gebrauchsanweisung, bevor du etwas zusammensetzt.«

3.3.3.2 Stimme

Die Stimme des Eltern-Ichs kann streng und befehlend klingen oder aber sanft und fürsorglich.

3.3.3.3 Verhalten

Das Eltern-Ich kann eine starre, strenge oder aber eine fürsorglich-zuwendende Haltung einnehmen. Ein häufiges Kriterium für das Eltern-Ich ist der erhobene Zeigefinger, der Mahnung, Mißbilligung oder Schelte ausdrückt.

Abb. 8: Häufige Geste des Eltern-Ichs

3.3.3.4 Reaktion der anderen

Eine typische Reaktion auf jemanden im Eltern-Ich besteht darin, daß die Zuhörer ins Kindheits-Ich schlüpfen und nach Mitteln und Wegen suchen, um sich entweder zu fügen oder aufzulehnen.

3.3.3.5 Geschichte

Die Geschichte unseres Eltern-Ichs kann meistens mit folgenden Fragen erhoben werden: »Was haben meine Eltern zu diesem Thema gesagt, gedacht und gefühlt? Handle ich, wie meine Mutter oder mein Vater oder wie mein Lehrer oder Pfarrer in dieser Lage gehandelt hätten? Welche Botschaften befolge ich?«

3.4 *Transaktionen*

Eine Transaktion ist ein Austausch von Streicheleinheiten zwischen zwei Menschen. Wenn ich dich streichle und dies regt dich dazu an, mich zu streicheln, so haben wir zwei uns in eine Transaktion eingelassen. Deine Antwort kann dann Anregung für eine erneute Reaktion meinerseits sein – und das wäre wiederum eine Transaktion. Eine gewöhnliche Unterhaltung über nichts Besonderes kann einige hundert Transaktionen enthalten, was bedeutet, daß jeder Teilnehmer einige hundert Streicheleinheiten gibt bzw. empfängt.

Bei Transaktionen setzen wir unsere Ich-Zustände ein. Die Art, wie wir dies tun, ergibt verschiedene Kommunikationsmuster. Es gibt drei Grundregeln der Kommunikation;

1. Wenn die Reaktion aus dem Ich-Zustand kommt, der angesprochen wurde, kann die Kommunikation unbegrenzt weitergehen. Diese Art der Transaktion heißt *komplementäre (parallele) Transaktion.*

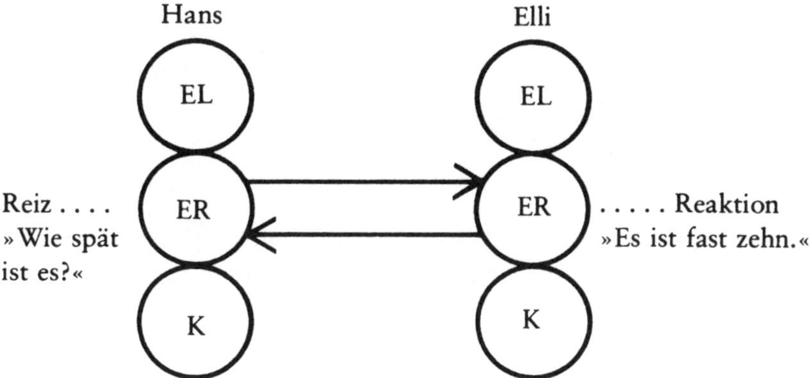

Abb. 9: Komplementäre Transaktion

Wer sich in komplementäre Transaktionen einläßt, kann in verschiedenen Ich-Zuständen Streicheleinheiten austauschen. Es kann sich um Klatsch handeln (eine Transaktion von Eltern-Ich zu Eltern-Ich), um eine Problemlösung (eine Transaktion von Erwachsenen-Ich zu Erwachsenen-Ich), man kann miteinander spielen (Transaktion von Kindheits-Ich zu Kindheits-Ich), oder einer kann den anderen tadeln (Transaktion von Eltern-Ich zu Kindheits-Ich).

2. Wenn die Reaktion nicht aus dem angesprochenen Ich-Zustand kommt, bricht die Kommunikation ab, das nennt man dann eine *gekreuzte Transaktion*. Durch eine Überkreuz-Transaktion geht das ursprüngliche Thema verloren, es sei denn, die Transaktion wird erfolgreich nochmals gekreuzt. Jugendliche im Gespräch mit ihren Eltern sind besonders geschickt im Kreuzen von Transaktionen.

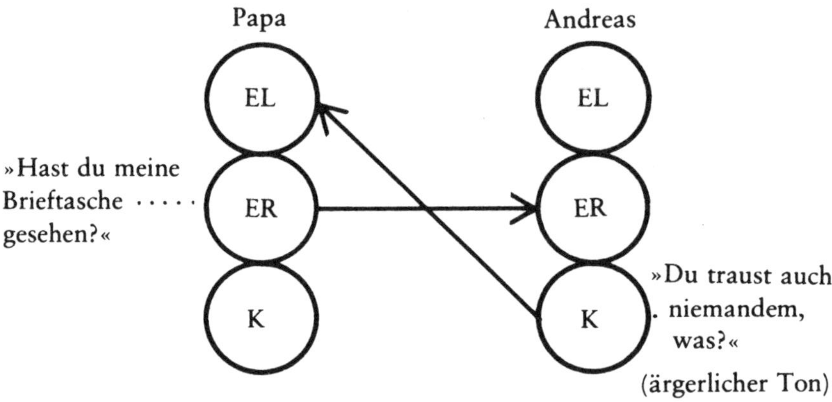

Abb. 10: Gekreuzte Transaktion

3. Wenn eine verdeckte psychologische Mitteilung unter der sichtbaren Mitteilung liegt, so wird auf die verdeckte Mitteilung reagiert. Psychologische Spiele werden mit *verdeckten Transaktionen* eröffnet. Die offene Mitteilung liegt gewöhnlich im Wortlaut, während die verdeckte Botschaft in Nebenbedeutungen der Worte, in Stimme und Gestik liegt.

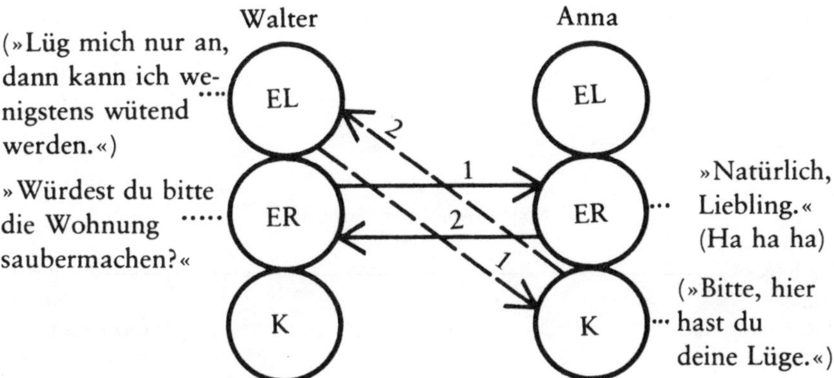

Abb. 11: Verdeckte Transaktion

3.5 *Spiele*

Psychologische Spiele sind eine Folge von verdeckten Transaktionen, die zu einem »Gewinn« von intensiven Gefühlen führt. Spiele sind ein Mittel, um gestreichelt zu werden, um die Zeit auszufüllen und um einen Lebensplan auszuleben. Der Gewinn ist eine Möglichkeit, Gefühle zu rechtfertigen, die wir bereits haben. Man kann Spiele am besten mit Hilfe des »Drama-Dreiecks« betrachten.

3.5.1 *Drama-Dreieck*

Das Drama-Dreieck ist eine Möglichkeit zu analysieren, was in einer Familie vorgeht, wenn ein Spiel gespielt wird. Sobald wir in das Drama-Dreieck hineingeraten, sind wir nicht mehr in der Lage, Probleme zufriedenstellend zu lösen. Im Drama-Dreieck gibt es drei Rollen: den Verfolger, den Retter und das Opfer. Jeder dieser drei Spieler nimmt eine vorgeschriebene Rolle ein, und dann – damit die Sache interessanter und dramatischer wird – werden die Rollen getauscht.
Das erste Drama-Dreieck (s. Abb. 12) umreißt ein Familiengeschehen, wie es häufig vorkommt. Das zweite zeigt, wie es meist weitergeht, und das dritte beschreibt den Schlußakt, wenn jedes Familienmitglied je einmal die Rolle des Verfolgers, Retters und Opfers inne hatte. Wer im Drama-Drei-

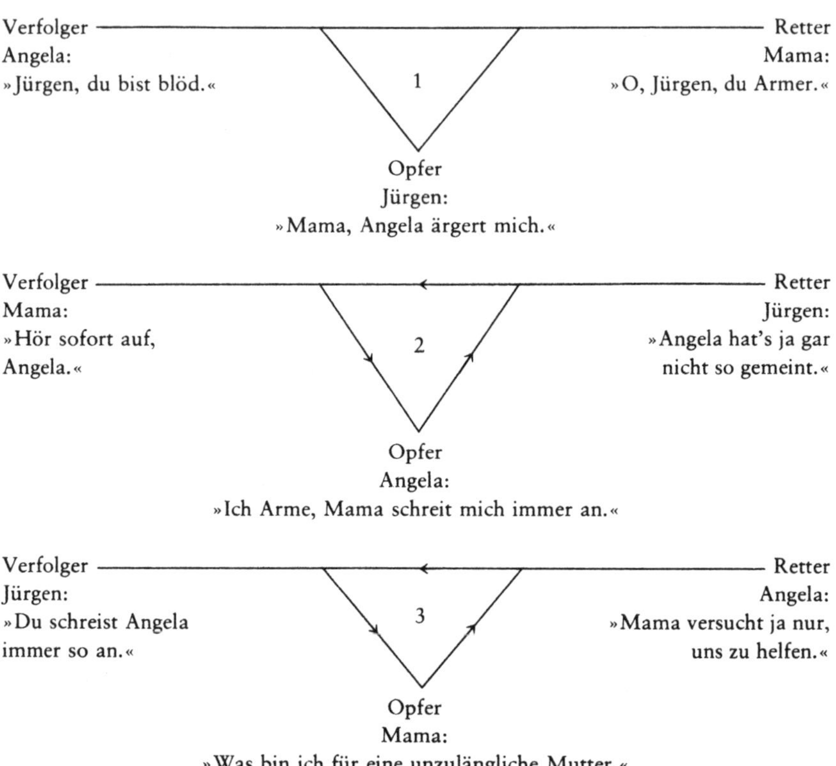

Abb. 12: Drama-Dreieck (in drei Stufen)

eck mitmacht, weigert sich, seine Denk- und Problemlösungsfähigkeiten wahrzunehmen; gewöhnlich werden viele negative Streicheleinheiten ausgetauscht.

3.6 Lebensposition

Schon früh im Leben, sobald wir zwischen uns und anderen unterscheiden können, entscheiden wir uns für eine Grundposition, die uns in unseren Beziehungen zu anderen Menschen definiert. Nachdem wir diese Entscheidung getroffen haben, sammeln wir Erfahrungen, die unsere Position bestätigen. Es gibt vier Grundpositionen: »Ich bin ok – du bist ok«; »Ich bin ok – du bist nicht ok«; »Ich bin nicht ok – du bist ok«; und schließlich: »Ich bin nicht ok – du bist nicht ok«.

Jede dieser vier Lebenspositionen enthält ein Programm, wie Probleme zu lösen sind. Auf lange Sicht kann man nur mit der Haltung »Ich bin ok – du bist ok« Probleme zufriedenstellend lösen. Bei der Haltung »Ich bin ok – du bist ok« löst man Probleme, indem man herausfindet, was getan werden kann, und es dann tut. Jemand mit der Haltung »Ich bin ok – du bist nicht ok« denkt oft: »Wenn es Schwierigkeiten gibt, dann ist das deine Schuld; nicht ich, sondern du mußt dich ändern! Wir können das Problem lösen, indem wir dich loswerden.« Ein Mensch mit der Haltung »Ich bin nicht ok – du bist ok« denkt etwa so: »Wenn etwas zwischen uns nicht stimmt, dann deshalb, weil ich unfähig, blöd, dumm und krank bin, also sollte ich weggehen.« Leute mit der Haltung »Ich bin nicht ok – du bist nicht ok« fühlen sich hilf- und hoffnungslos in jeder Problemlage und stellen es so an, daß sie überhaupt nicht weiterkommen.

Wenn die zweijährige Eva über den ganzen Wohnzimmerteppich Honig vertropft, kann Vater Verschiedenes machen.

Ich bin ok – du bist ok: Er ist ärgerlich über das Kind, reinigt den Teppich von der klebrigen Masse und überlegt, was zu tun ist, damit so etwas nicht wieder vorkommt.

Ich bin ok – du bist nicht ok: Er gibt der Tochter einen kräftigen Klaps und besteht darauf, daß sie das Geschmier selber wegputzt (bei einer Zweijährigen ergibt das eine noch größere Schmiererei), schickt sie für den Rest des Tages ins Bett und sagt: »Du bist dumm und böse, ich könnte dich für diesen Unsinn, den du da gemacht hast, umbringen.«

Ich bin nicht ok – du bist ok: Er wird den Honig wegputzen und die Tochter nicht strafen, statt dessen sich hinsetzen und weinen und sich selbst Vorwürfe machen, daß er ein so dummer und unzulänglicher Vater ist. Er geht in sein Zimmer und gibt sich für den Rest des Tages diesem Gefühl hin.

Ich bin nicht ok – du bist nicht ok: Er bleibt mitten in dem Geschmier sitzen und weint und unternimmt überhaupt nichts dagegen.

Wenn wir uns einmal für eine bestimmte Grundposition entschieden haben, können wir uns auch entschließen, diese unsere Grundposition zu ändern und anders zu reagieren. Die meisten von uns nehmen in verschiedenen Situationen unterschiedliche Grundpositionen ein. Zum Beispiel kann Jörg die Haltung »Ich bin ok – du bist ok« seinen Clubkameraden gegenüber einnehmen, die Haltung »Ich bin ok – du bist nicht ok« gegenüber Frau und Kindern, »Ich bin nicht ok – du bist ok« gegenüber seinem Chef, und »Ich bin nicht ok – du bist nicht ok« gegenüber dem Steuerprüfer. Wir können die Nicht-ok-Positionen ändern, indem wir über das Problem nachdenken und beschließen, was wir tun wollen, um zu der Haltung »Ich bin ok – du bist ok« zu kommen, die uns allein zur Problemlösung helfen kann.

Abb. 13: Die vier grundlegenden Lebenspositionen

3.7 *Das Lebensskript*

Wir alle müssen unserem Leben einen Sinn geben und Pläne machen, wie unsere Zukunft aussehen soll. Der umfassende Lebensplan, den wir (gewöhnlich in der Jugend) entwickeln, ist das Programm, wie wir unser Leben leben wollen und wie es enden soll. Es enthält viele dramatische Elemente, wie sie in einem Film vorkommen, mit bestimmten Charakterrollen und einer Tendenz. Man nennt es deshalb ein Lebensskript. Wenn wir einen Plan für das Lebensskript machen, bauen wir frühere Lebenserfahrungen darin ein. Es umfaßt alles, was wir gelernt haben, z. B. die Art des Streichelns in unserer Familien-Streichelökonomie, die von uns bevorzugten Formen der Zeitstrukturierung, unsere bevorzugten Transaktionen, die psychologischen Spiele, die wir erlernt, die von uns gewählte Grundposition und die kulturellen und geschichtlichen Einflüsse, die sich uns eingeprägt haben. Skriptentscheidungen werden oft wie Beschlüsse abgefaßt: »Also, wenn das so ist, dann werde ich von jetzt an immer ...« (oder »niemals mehr ...«). Zum Beispiel: Inges Mutter war der Meinung, daß Männer schlecht sind. »Sieh dir den Trunkenbold von Vater an, den du hast.« Vater unterstützte Mutters Annahme, indem er Inge regelmäßig im Rausch verdrosch. Etwa im Alter von zwölf Jahren beschloß Inge: »Also, wenn die Männer so sind, dann soll mir niemals ein Mann zu nahe kommen.« Sie bestätigte ihre Skriptentscheidung durch das Sammeln weiterer Informationen, die ihr recht gaben, indem sie sich in der Oberschulzeit mit fragwürdigen Burschen verabredete und später Arbeitsplätze suchte, bei denen die männlichen Arbeitgeber zudringlich waren. Schließlich heiratete sie einen Trinker – genauso wie ihre Mutter – und lebte weiterhin ihrem unglücklichen Skript nach. Ihr Skript aber gründete auf einem Beschluß, den sie mangels genügend anderer Erfahrungen gefaßt hatte. Ihre Grundannahme war, daß alle Männer wie ihr Vater seien; und sie machte sich daran, das zu beweisen. Wenn Inge wollte, könnte sie ihr Skript ändern durch die Aufnahme neuer Informationen und durch neue Entscheidungen, die auf einem neuen Verstehen dessen beruhen, wie positivere Männer ausschauen.

Skripte lassen sich nach ihrem Verlauf und Ausgang klassifizieren. Manche sind tragisch und enden mit Krankheit, Gefängnis, Schande oder vorzeitigem Tod. Manche erfordern einen Gewinner, der Fortschritte erzielt und die gesetzten Ziele erreicht. Andere zielen auf Verlierer, die sich Ziele setzen, um sie niemals zu erreichen. Es gibt langweilige und nichtssagende (banale) Skripte, in denen nicht viel läuft. In den Kapiteln über die Entwicklung werden wir ausführlicher auf das Skriptmuster eingehen.

3.8 Passives Denken und passives Verhalten

Gut disponierte Erwachsene sind beweglich im Gebrauch aller ihrer Ich-Zustände. Manchmal aber haben wir alle einmal den Wunsch, in ein früheres Stadium zurückzukehren, als andere noch für uns dachten. Wenn wir unsere eigene Fähigkeit zum Denken – oder Fühlen – vernachlässigen, wird es uns schwerfallen, Probleme zu lösen. Die Art und Weise, in der wir uns selbst behindern, wird von Aaron und Jacqui Lee Schiff *passives Denken* und *passives Verhalten* genannt.

3.8.1 Passives Denken

Wenn wir passiv denken, dann benutzen wir das Wissen nicht, das uns über uns selbst, über andere oder über die Situation zur Verfügung steht. Passives Denken wird »Abwerten« genannt, weil wir Informationen abwerten (mißachten), über die wir verfügen. Infolgedessen werden wir z. B.:

1. das Problem abwerten, als ob gar keines vorhanden sei.
Die Familie besucht den Grand Cañon. Der dreijährige Ben steht vor seinen Eltern, nur einen halben Meter von dem 300 Meter tiefen Abgrund entfernt. Die Eltern blicken weiter nur auf die Aussicht und unterhalten sich darüber.
2. die Bedeutung des Problems abwerten.
Wenn wir die Bedeutung eines Problems abwerten, dann erkennen wir zwar sein Vorhandensein an, leugnen aber, daß es von Bedeutung ist. Beispiel: Der vierjährige Johann hat soeben seine kleine Schwester mit einem Stock geschlagen. Vater sagt zu Mutter: »Jungen sind eben Jungen (Seufzer).«
3. die Lösbarkeit des Problems abwerten.
Wenn wir das tun, erkennen wir zwar an, daß es ein Problem gibt und daß es von Bedeutung ist, aber wir schließen jegliche Lösungsmöglichkeit aus. Wenn z. B. im vorangegangenen Beispiel die Mutter dem Vater antwortet: »Es ist einfach unmöglich, dieses Kind unter Kontrolle zu halten«, dann wertet sie die Lösbarkeit des Problems ab.
4. die eigene Person abwerten.
Wenn wir uns selbst klein machen, erkennen wir zwar an, daß es ein Problem gibt, daß es von Bedeutung und lösbar ist, aber wir verneinen, daß *wir* es lösen können. Zum Beispiel: »Ich kann Hänschen nicht dazu bringen, besser aufzupassen, aber der Babysitter kann es.«
Diese Arten passiven Denkens führen zu verschiedenen Verhaltensweisen.

3.8.2 Passives Verhalten

Durch passives Verhalten erreichen wir, daß unser Problem andere Personen mehr stört als uns selbst: Wir versuchen, jemand anderen dazu zu bringen, das Problem für uns zu lösen.

Es gibt vier Arten passiven Verhaltens:
1. *Nichts tun:* Die zweijährige Angela hat soeben Honig über den ganzen Küchenboden getropft. Mutters Freund Hans sieht das Geschmier und tut nichts. Schließlich übernimmt eines der älteren Kinder die Sache und macht sauber.
2. *Überanpassung:* Wenn wir uns überanpassen, bestimmen wir bei einer Problemlösung nicht unser eigenes Ziel, sondern wir versuchen das zu erreichen, von dem wir annehmen, daß es das Ziel eines anderen ist. Beispiel: Angelas Mutter bittet den Babysitter, das Geschirr wieder abzuwaschen, das er und Angela für ihren Imbiß benutzen. Der Babysitter tut das, außerdem wischt er den Tisch ab, das Küchenbuffet, den Herd und den Kühlschrank und leert den Abfalleimer. Er macht das, weil er glaubt, Angelas Mutter damit einen Gefallen zu tun. Aber während der Babysitter diese Hausarbeiten erledigt, verschmiert Angela im oberen Stock alles mit Mutters Lippenstift und Hautcreme.
3. *Agitiertes Verhalten:* Dieses sich ständig gleichförmig wiederholende Verhalten ist nicht zielgerichtet. Es verbraucht Energie, die zur Problemlösung eingesetzt werden könnte. Zum Beispiel hat Angela Honig auf den Boden geschüttet. Mama kommt herein und sieht die Bescherung. Sie rennt hin und her, ringt die Hände und klagt immer wieder: »Ach je, ach je, was soll ich nur machen?«
4. *Sich unfähig machen oder gewalttätig sein.* Wenn wir dazu Zuflucht nehmen, so sind andere gezwungen, im Augenblick für uns einzuspringen. Zum Beispiel: Angelas Mutter sieht die Bescherung und schreit: »Das kann ich nicht aushalten!«, steigert sich in eine Migräne hinein und legt sich zu Bett. Sie macht sich selbst unfähig. Oder gewalttätig werden: Angelas Mutter kommt herein, sieht die Bescherung und verhaut Angela kräftig, statt das Problem anzupacken.

Im Laufe unserer Entwicklung vom hilflosen Neugeborenen zum selbständigen Erwachsenen erlernen wir Fähigkeiten, die wir anwenden, um für uns selber gut zu sorgen. Wir machen aber auch Versuche mit passivem Denken und Verhalten, um zu sehen, ob nicht andere unseren Mangel an Verantwortlichkeit unterstützen. Erwachsene, die passives Denken und Verhalten bei ihren Kindern unterstützen, erweisen ihnen einen schlechten Dienst. In jedem der verschiedenen Kapitel über Entwicklung werden wir Formen vorstellen, wie Eltern ihren Kindern zu effektivem Denken und verantwortlichem Verhalten verhelfen können.

3.9 Zusammenfassung

Erwachsene besitzen drei funktionsfähige Ich-Zustände. Das *Eltern-Ich* definiert die Sicht der Welt, die wir für wichtig halten, und enthält Programme für die Kindererziehung. Das *Erwachsenen-Ich* wägt Möglichkeiten ab, bedient sich der Logik und sortiert Erkenntnisse. Das *Kindheits-Ich* umfaßt Gefühle, Intuition und »magisches Denken«. Es ist der ewig jungbleibende Teil unser selbst.
Voll funktionsfähige Personen müssen sich sowohl ihres Gefühls als auch ihres Denkens bewußt sein und beide einsetzen, um Probleme zu lösen. Die vier Grundgefühle sind Freude, Trauer, Ärger und Angst. Jedes wirkt als Signal, das beachtet werden muß, wenn wir Probleme lösen wollen. Viele verwechseln oft Fühlen mit Denken; diese Verwechslung beeinträchtigt ihre Funktionsfähigkeit.
Eine *Transaktion* ist der Austausch von Streicheleinheiten zwischen zwei oder mehr Menschen. Wir bestimmen, in welchem Ich-Zustand wir eine Transaktion vollziehen; damit stärken oder behindern wir unsere Kommunikation mit anderen.

Wir alle leben von einer Grundposition her, die uns selbst in unseren Beziehungen zu anderen abgrenzt. Diese Grundposition kann sich den Umständen entsprechend ändern, aber die meisten Menschen behalten eine einmal angenommene Grundposition bei. Die Grundpositionen sind: Ich bin ok – du bist ok; Ich bin ok – du bist nicht ok; Ich bin nicht ok – du bist ok; Ich bin nicht ok – du bist nicht ok.
Jeder von uns hat sein Lebensskript geschrieben, d. h. einen – nur teilweise bewußten – Plan gemacht, wie sein Leben ablaufen soll. Es gibt spannende, langweilige und tragische Skripte. Zusätzlich zum allgemeinen Skript haben wir besondere Skript-Botschaften darüber, wie man Kinder erzieht und wie man sich als Eltern verhalten soll.
Zeitweise möchten wir alle in ein früheres Stadium zurückkehren, da andere für uns dachten; wir können versuchen, andere mit Tricks dazu zu bringen, für uns zu denken (oder zu fühlen). Das geschieht durch *passives Denken* (Abwerten des Problems, seiner Bedeutung, seiner Lösbarkeit oder unserer Fähigkeit, es zu lösen). Passives Denken zeigt sich in *passivem Verhalten.* Bei passivem Verhalten tun wir nichts, passen uns übermäßig an, agitieren mit monotonem Verhalten oder machen uns selbst un-

fähig, das Problem zu lösen. Wenn wir so etwas häufig tun, werden wir bald Schwierigkeiten mit unserer Funktionsfähigkeit haben.

3.10 Übungen

3.10.1 Ich-Zustände

Eltern-Ich

1. Schreiben Sie drei Dinge auf, die Ihre Eltern taten, als Sie klein waren, die Ihnen gefielen.
2. Schreiben Sie drei Dinge auf, die Ihre Eltern taten, als Sie klein waren, die Ihnen nicht gefielen.
3. Machen Sie etwas von dem heute selbst?

Erwachsenen-Ich

1. Wie planen Sie Ihren Tag?
2. Nennen Sie drei Fertigkeiten, die Sie haben und an denen Sie sich freuen.

Kindheits-Ich

1. Was taten Sie als Kind zu Ihrem Vergnügen?
2. Tun Sie das heute noch? Wenn nicht, warum nicht?
3. Wie fühlten sich die Leute in Ihrer Familie, wenn etwas schief ging? Fühlen Sie sich heute noch genauso, wenn etwas schief geht?
4. Wie klingt Ihre Kinderstimme? Üben Sie es und hören Sie es sich an.

3.10.2 Gefühle

1. Was denke und tue ich, wenn ich ärgerlich bin?
2. Was denke und tue ich, wenn ich Angst habe?
3. Was denke und tue ich, wenn ich traurig bin?
4. Was denke und tue ich, wenn ich mich freue?

3.10.3 Transaktionen

1. Denken Sie an ein Beispiel von komplementärer Transaktion.
2. Denken Sie an ein Beispiel von gekreuzter Transaktion. Was dachten Sie, als das geschah? Was fühlten Sie? Was taten Sie?

3. Denken Sie an eine verdeckte Transaktion, die Sie kürzlich erlebten. Was kam dabei heraus?

3.10.4 Grundposition

Welche Grundposition drückt sich in den folgenden Feststellungen aus?
1. »Alle Teenager sind faul und nichtsnutzig.«
2. »Als Eltern haben wir unseren Kindern gegenüber versagt.«
3. »Das einzige, was sicher ist, ist der Tod und die Steuer.«
4. »Was können wir tun, damit die Hausarbeit erledigt wird?«

3.10.5 Lebensskript

1. Stellen Sie sich Ihr Leben als ein Schauspiel vor. Was für ein Schauspiel ist es? Drama, Tragödie, Melodrama, Komödie? Wie reagiert das Publikum, das dieses Schauspiel betrachtet?
2. Sind Sie mit der Handlung zufrieden? Wenn nicht, wie wünschen Sie sich die Handlung?

3.10.6 Passives Denken und passives Verhalten

1. Wenn Hausarbeiten zu erledigen sind, was tue ich und/oder andere dann: zaudern, hilflos sein, ärgerlich werden und anderen die Schuld zuschieben, Kopf- oder Magenschmerzen bekommen?
2. Gibt es jemanden in meinem Leben, in dessen Nähe ich mich immer dumm oder hilflos verhalte?

4 Programmierungen für Kindererziehung

Zusätzlich zu unserer umfassenden und allgemeinen Programmierung durch das Skript haben wir auch sehr bestimmte Programmierungen im Hinblick auf Ehe, Kinder und Erziehung. Diese Programme beeinflussen unser Leben als Eltern und die Art und Weise, wie wir unsere Kinder erziehen.

4.1 Ehe-Skripte

Eric Berne spricht von verschiedenen Arten von Ehen, die alle auf den Skripten der beteiligten Partner beruhen. Er unterscheidet verschiedene Ehetypen.

1. Das Paar, das es irgendwie schafft: Die Partner sind weit auseinander, aber bald finden sie eine verbindende Gemeinsamkeit (vielleicht durch ein neues Baby). Im Laufe der Zeit kommen sich die zwei immer näher, bis sie schließlich zusammenfinden (und dann führen sie eine Ehe, die wirklich stimmt).
2. Die Partner beginnen weit auseinander, kommen sich aber niemals auch nur ein bißchen näher: die Ehe wird nur von einem einzigen Band zusammengehalten; im übrigen geht jeder Partner in die Richtung, in die er ursprünglich wollte.
3. Die Ehe beginnt und endet damit, daß das Paar zu einer Einheit zusammengeschmiedet wird.
4. Das Paar dreht sich im Kreise, kommt nirgendwohin, wiederholt dieselben Muster, bis die Ehe durch Tod oder Trennung endet.
5. Das Paar wandert umher und sucht nach Glück, findet es bis zu einem gewissen Grade, kommt aber dann nicht mehr weiter, und »beide Partner bleiben enttäuscht und verwirrt zurück und sind rechte Kandidaten für eine Psychotherapie, da es genug Gründe gegen eine Scheidung gibt«.
6. Die Partner beginnen nah beieinander, entwickeln sich aber bald auseinander – vielleicht nach der Hochzeitsreise, vielleicht schon nach der ersten Nacht.

7. Die Partner beginnen weit auseinander, doch an einem Punkt gibt es ein tieferes Erlebnis. »Sie warten auf eine Wiederholung, aber die kommt nicht, und bald treiben sie auseinander, um nie wieder zusammenzufinden.«
8. Das Paar erlebt einen guten Anfang, aber die Schwierigkeiten häufen sich. Bald entwickelt jeder Partner seine eigenen Interessen und geht seinen eigenen Weg.
9. Die autonome Ehe, in der die Partner gleichberechtigte Individuen bleiben, jeder mit einer starken Neigung zum anderen, mit gemeinsamem Wachstum und gemeinsamer Veränderung die ganze Ehe hindurch.

Der Ehetyp (oder das Arrangement, innerhalb dessen eine unverheiratete Frau Kinder hat) wird vom Lebensskript bestimmt. Es kann sehr wichtig sein, sich der Skriptmuster bewußt zu werden, wenn die Partner ihre Ehe ändern wollen. Das Eheskript beeinflußt unsere Entscheidung darüber, ob wir Kinder haben wollen oder nicht, wann wir Kinder haben wollen und wieviele Kinder wir haben wollen.

Die Skriptentscheidungen bezüglich der Kinder können sehr unterschiedlich sein: 1. keine Kinder haben; 2. Empfängnis und Geburt von Kindern sehr gewissenhaft planen; 3. jegliche Form der Schwangerschaftsverhütung vermeiden; 4. Kinder adoptieren; 5. verwahrloste Kinder aufnehmen. Solche Entscheidungen haben aber nur teilweise Einfluß darauf, wie und wann Kinder kommen. Da sind immer noch Probleme der Fruchtbarkeit, Kindersterblichkeit, der Krankheit und andere Schicksalsschläge, die die endgültige Familienkonstellation mitbestimmen.

4.2 *Kinder haben*

Bis zu dem Zeitpunkt, da wir selber Kinder haben, ist unser hauptsächliches Wissen über Kindererziehung vom Eltern-Ich programmiert, d.h. es ist in unserem Kopf aufgezeichnet, ohne vom Erwachsenen-Ich daraufhin durchgeforstet worden zu sein, was wirklich unnütz und was den Bedürfnissen des Babys dienlich ist. Wenn unser Eltern-Ich-Programm ok ist – d.h. wenn wir uns selbst gut fühlen, lebenstüchtig, gesund und glücklich sind –, dann haben wir eine gute Grundlage für die Erziehung unserer

Kinder. Doch selbst das beste Kindererziehungsprogramm muß immer wieder auf den neuesten Stand gebracht werden. Jacqui Schiff weist darauf hin, daß kindlicher Widerstand u. a. die Funktion hat, die Eltern zu einer Revision ihres Erziehungsprogramms zu veranlassen[1]. Deshalb müssen Eltern ihre Programmierungen im Eltern-Ich erforschen, sich der Aufzeichnungen darin bewußt werden und sich andererseits klar machen, was man heute über gute Elternschaft, über kindliches Wachstum und kindliche Entwicklung weiß. Mit solchen Informationen muß unser Wissen über Kindererziehung laufend ergänzt werden.

Unsere Eltern-Ich-Programmierung gibt wichtige Auskünfte darüber, wie Kinderhaben »sein sollte«. Es können Sätze einprogrammiert sein wie:

»Das Leben ist großartig, bis Kinder kommen.«

»Kinder sind ein Segen und eine Freude, und man sollte so viele wie möglich haben.«

»Die einzige Erfüllung als Frau findet man in Kindern.«

»Väter verstehen nichts von Kindererziehung.«

Und so weiter. Was die Kindererziehung betrifft, wurden wir auf verschiedenen Ebenen programmiert: 1. Was unsere Eltern über Kindererziehung *sagten;* 2. was unsere Eltern bei unserer Erziehung *taten;* 3. was unsere Eltern hinsichtlich der Kindererziehung *fühlten.*

Wenn also Mama im Blick auf die Reinlichkeitserziehung nervös gespannt war und dies Maria wiederholt spüren ließ, so wird *Marias Eltern-Ich* die Mitteilung enthalten: »Sei innerlich gespannt im Blick auf Reinlichkeitserziehung.«

Neben einer Sammlung von einprogrammierten Botschaften aus dem eigenen Eltern-Ich haben viele Menschen noch einen Bestand von *Beschlüssen ihres Kindheits-Ichs,* die sie bei der Kindererziehung anwenden. So lautet z.B. eine sehr verbreitete Entscheidung des Kindheits-Ichs: »Wenn *ich* einmal eigene Kinder habe, werde ich sie *nie* schlagen.« Sind dann die eigenen Kinder einmal da, stellen die Eltern vielleicht mit Entsetzen fest, daß sie diese genau so verhauen, wie sie selber verhauen worden sind. Auch sind Mitteilungen einprogrammiert, wie man mit Kindern umgehen soll und wie man sich dabei fühlen muß. Einprogrammiert ist etwa: Was tun, wenn das Baby schreit? – Was tun, wenn das Kind etwas kaputt

[1] Persönliche Mitteilung von Jacqui Lee Schiff an die Autoren.

macht? – und (am wichtigsten vielleicht): Was tun, wenn man sich nicht mehr zu helfen weiß?

Wenn schließlich ein Baby ankommt, eröffnet sich eine neue Dimension. Vor der Ankunft des Babys dachten wir über Kinder entweder in Form eines inneren Dialogs nach oder mit Hilfe von Gesprächen mit unserem Ehepartner oder anderen Erwachsenen. Wenn das Baby dann kommt, so ist da ein echtes, lebendiges Wesen vorhanden, mit dem wir in Beziehung treten. Das Baby zeigt bereits spezifische Verhaltensmuster und ganz bestimmte Reaktionen auf verschiedene Reize. Andererseits weiß das Baby gar nichts davon, wie Babies gemäß unserer Eltern-Ich-Programmierung »sein sollten«. Daß das Baby nichts davon weiß, führt zu einer unmittelbaren Schwierigkeit. Werden wir Eltern darauf hören, was das Eltern-Ich in unserem Kopf sagt, oder werden wir mit dem Erwachsenen-Ich objektive Erkenntnisse über dieses bestimmte Baby sammeln, und werden wir dann auch das tun, was wir für das Beste halten? In jedem von uns ist auch eine Programmierung vorhanden im Blick auf Flexibilität, einschließlich einer Wertung, ob es sich empfiehlt, im Umgang mit dem Baby neue Wege zu gehen, die Erkenntnisse des Erwachsenen-Ichs anzuwenden und die Intuition des Kleinen Professors zu nutzen.

In dem Maße, wie wir unser Elternsein vom Eltern-Ich (EL_2) oder dem primitiven Eltern-Ich (EL_1) her bestimmen, wird es starr und unnachgiebig und den Bedürfnissen dieses bestimmten Kindes schlecht angepaßt sein. Wenn die Programmierung unseres Eltern-Ichs Unbefangenheit zuläßt, entdecken wir neue Wege, um mit Problemen fertigzuwerden und die Bedürfnisse des Babys einfallsreich und gezielt zu befriedigen. Ein typisches Kleinkinderproblem sind Koliken.

Alfreds Mutter vermochte es, flexibel und erfinderisch zu sein. Sie entdeckte schnell als bestes Mittel, ihren kleinen Sohn über eine Kolik hinwegzubringen, wenn sie ihn in seinem Kindersitz auf die Waschmaschine stellte. Die Schwingungen der Maschine lullten ihn bald in friedlichen Schlaf. Andere Eltern können die Mitteilung einprogrammiert bekommen haben, daß man bei einer Kolik des Babys nichts anderes tun könne, als es leiden zu lassen.

Die Verhaltensmaßregeln im Blick auf ein Neugeborenes umfassen viele andere bedeutsame Vorschriften – wie man ein erstes Kind behandeln muß, wie man ein männliches Erstgeborenes zu behandeln hat, wie man ein weibliches erstes Kind behandeln muß, wie mit einem Wunschkind umzugehen wäre, wie ein unerwünschtes Kind zu behandeln ist, wie ein Menopausen-Baby, wie ein Baby, das nicht ganz »vollständig« ist, wie ein außereheliches Kind und so weiter. Die ganze Programmierung ist recht komplex. Das erklärt, warum Kinder aus derselben Familie so verschieden sind. In jedem Elternteil kann einprogrammiert sein, was man zum Beispiel mit einer adoptierten dritten Tochter tun soll, die nicht gesund ist. Unsere Skript-Programmierung für unsere Kinder ist größtenteils maßgebend für die individuellen Unterschiede, die sie bei ihrer Entwicklung an den Tag legen.

Da das Skript einen Lebensplan darstellt, enthält es Programmierungen dafür, wie man sich zu den verschiedenen Lebensaltern einzustellen hat und wie man fühlen, denken und handeln muß, wenn die Kinder heranwachsen und die Familie verlassen.

Ein Frauenskript bezieht die grundlegenden Ok-Gefühle meist aus der Rolle der »Mutter«. Wenn alle Kinder »das Nest verlassen« haben, gerät die Muter unter Druck, weil sie glaubt, nur in ihrer Mutterrolle ok sein zu können. Um diese Schwierigkeit zu vermeiden, sorgen einige Mütter dafür, daß ihrem jüngsten Kind eingeprägt wird: »Werde nicht erwachsen.« Sofern das jüngste Kind diese Einschärfung annimmt, kann Mami weiterhin ihr Kleines pflegen (vielleicht bis zum Alter von fünfzig Jahren oder mehr) und ihr Ok-Gefühl aufrechterhalten, da sie ja immer ein »Baby« zu versorgen hat. Andere Mütter, deren Skript sie nur ok sein läßt, solange sie »bemuttern«, werden freiwillige Helferinnen in Kindergärten oder programmieren ihre Töchter darauf, möglichst bald schwanger zu werden, so daß Mama Oma werden und ihre Bedürfnisse nun aus dem Großmuttersein heraus befriedigen kann. Wieder andere Frauen beschließen, ihre Skript-Programmierung zu löschen und ihr Ok-Gefühl auf andere Weise zu beziehen.

4.3 Die Grundlegung des Skripts

Das Skript eines kleinen Kindes beginnt lange vor seiner Empfängnis. Aufgrund ihrer beider Skripte haben sich die Eltern als Partner gewählt. Die Entscheidung, ein Kind zu haben, wurde wenigstens teilweise durch das Skript gesteuert. Immer noch haben viele Paare Kinder deshalb, weil sie annehmen, daß es von ihnen erwartet wird und daß etwas nicht stimmt, wenn man keine Kinder will. So empfangen und gebären sie Kinder aus einer Annahme des Eltern-Ichs heraus, statt aus einer Entscheidung des Erwachsenen-Ichs. Diese Annahme des Eltern-Ichs wird durch viele andere Menschen verstärkt. Z. B. können die Eltern oder Schwiegereltern fragen: »Wann bekommt ihr endlich ein Baby (so daß ich ein Enkelkind bekomme)?« »Was, ihr seid schon zwei Jahre verheiratet und habt noch immer kein Kind?« Die solchen Fragen innewohnende Botschaft heißt: »Ihr sollt mehr für Kinder übrig haben als für euch selbst.« Solche Mitteilungen engen die Entscheidungsfreiheit eines jungen Paares ein. Das Paar selbst muß entscheiden, *ob* es Kinder will, *wieviele* Kinder es will und *wann*. Ehe unser Jahrzehnt zuende geht, können sie vielleicht sogar entscheiden, welches Geschlecht das Kind haben soll.

4.3.1 Empfängnis

Ob die Eltern eine Schwangerschaft planen oder nicht, kann bei unserem heutigen großen Wissen um die Fruchtbarkeit zu einer entscheidenden Frage werden. Jacqui Schiff rechnet damit, daß, obwohl uns heute so viele Verhütungsmittel zur Verfügung stehen, 50% der Schwangerschaften ungeplant sind[2]. Wichtiger noch: Was für Botschaften erwarten das Kind? »Du warst eine Panne« kann viel heißen. Es kann heißen: »Uns wäre lieber, du wärest tot«, »Wir haben unser eigenes Leben nicht unter Kontrolle« oder »Ich wollte dich, aber ich wollte es nicht zugeben«, was übersetzt heißt: »Sei nicht aufrichtig im Hinblick auf deine Bedürfnisse.« Wenn das Kind in späteren Jahren darüber aufgeklärt wird, daß es geplant war, wird auch das Verschiedenes heißen, z. B.: »Wir waren wie die Häschen und hofften auf Erfolg«, was übersetzt heißt: »Sex ist ein Vergnügen, und wir hatten Glück, dich zu bekommen, du kannst in der Liebe glücklich sein.« »Ich habe sechs Jahre lang täglich meine Temperatur gemessen, außer wenn ich schwanger war« oder »Wir haben jedes von euch Kindern innerhalb des geplanten Monats bekommen«, was übersetzt heißt: »Die wissenschaftliche Methode ist die richtige. Benutze immer dein Erwachsenen-Ich, besonders bei der Fortpflanzung.« »Wir waren bereit, Kinder zu haben, so erwarteten wir eben, daß wir einige haben würden« heißt übersetzt: »Du bekommst, was du erwartest, sei nur bereit dafür.« Es gibt

[2] Persönliche Mitteilung, Februar 1974. Diese Schätzung schließt sowohl die in Fehlgeburten als auch die in Geburt endenden Schwangerschaften ein.

noch viele andere Einstellungen im Blick auf Empfängnis, die den Kindern vermittelt werden. Wir müssen uns immer vor Augen halten, daß wir durch unser Reden und Handeln unseren Kindern Informationen für ihr Skript vermitteln.

4.3.2 *Schwangerschaft*

Die meisten Eltern haben gegenüber der Schwangerschaft gemischte Gefühle. Viel kann zu solchen gemischten Gefühlen beitragen, jedoch die im Skript der künftigen Eltern enthaltenen Informationen bezüglich Schwangerschaft haben den größten Einfluß, besonders bei der ersten Schwangerschaft. Ist Schwangerschaft freudige Erfüllung, besteht sie aus neun Monate langem Erbrechen, ist sie eine Zeit, in der die Ehepartner sich voneinander entfernen oder in der das Paar seine eheliche Gemeinschaft verstärkt? Die künftige Mutter muß auch mit ungewohnten körperlichen Veränderungen fertig werden, und sie hat genug Zeit, darüber nachzudenken, wie ihr Leben sein wird, wenn das Kind erst einmal da ist. Die Zeit der Schwangerschaft ist oft erfüllt von Phantasien über den neuen Erdenbürger.

Schwangerschaft ist auch eine Zeit, in der künftige Eltern schlechte Gefühle sammeln bei dem Gedanken »Wenn nur ...«. Zum Beispiel: »Wenn ich nur jetzt nicht schwanger geworden wäre«, »Wenn ich mich nur zu einem Abbruch entschlossen hätte«, »Wenn ich nur wüßte, wie ich als Mutter zu sein habe« usw. Eine andere Art, sich selber Angst zu machen, ist »Was, wenn?« »Was, wenn ich Fünflinge bekomme?« »Was, wenn das Baby einen Geburtsfehler hat?« »Was, wenn ich den Rest meines Lebens schwanger bleibe und dieses Kind nie zur Welt bringe?« »Was, wenn« und »Wenn nur« halten uns davon ab, hier und jetzt unsere eigentlichen Gefühle wahrzunehmen. Wir machen uns damit elend durch Nachdenken über eine Vergangenheit, die wir nicht ändern, und durch Spekulationen über eine Zukunft, die wir nicht vorhersagen können.

Oft ändert sich die Streichelökonomie eines Paares während einer Schwangerschaft. Es ist typisch für unsere Kultur, daß eine schwangere Frau viel positives Streicheln von anderen Leuten bekommt: Anerkennung für ihre Schwangerschaft, Glückwünsche. (Glücklicherweise sind jene Zeiten wohl vorbei, als eine schwangere Frau sich bei fortgeschrittener Schwangerschaft aus der Öffentlichkeit zurückziehen mußte.) Werdende Väter hingegen bleiben oft unbeachtet oder werden gar gemieden; sie müssen zur Kenntnis nehmen, daß die Partnerin so völlig durch die Schwangerschaft in Anspruch genommen ist, daß sie weniger Streicheln von ihr bekommen als vorher. Die Sorge, von dem kommenden Kind beiseite geschoben zu werden, ist weit verbreitet; sie wird sowohl von dem Umstand genährt, daß die Mutter so sehr mit der Erwartung des Kindes beschäftigt ist, als auch von der Tatsache, daß ein Kleinkind wirklich viel Zeit und Pflege beansprucht. Die Schwangerschaft ist eine Zeit, in der beide Elternteile gut mit ihrem Streichelvorrat haushalten und dafür sorgen müssen, daß *beide* den Rückhalt und die Fürsorge bekommen, die sie brauchen.

4.3.3 Namensgebung

Die für das Neugeborene gewählten Namen verkörpern häufig die Erwartungen, die die Eltern in das Kind setzen. Deshalb ist es wichtig, die Tragweite eines Namens zu bedenken, den jemand dann lebenslang hat. In Amerika kann der Name »Francis« Zweifel aufkommen lassen, ob es sich um einen Jungen, und der Name »Joe«, ob es sich um ein Mädchen handelt. »Clarence« ist in England ein ganz annehmbarer Name; in einer Slum-Gegend der Vereinigten Staaten wird er aber wahrscheinlich dem Träger einige Schwierigkeiten einbringen. Während »Horst« in Deutschland während der dreißiger Jahre ein geschätzter Jungenname war, ist er heute nur noch selten anzutreffen; ebenso »Sieglinde«, wie die meisten Namen aus der nordischen Mythologie, die in Deutschland einmal recht beliebt waren, indessen aber einer größeren Vielfalt Platz gemacht haben. Kinder, die nach ihren Eltern – mit Namen aus der Familientradition – benannt werden, erhalten damit Prägungen über den Wert der Tradition. In manchen Fällen mag diese Prägung sogar das Verbot enthalten, irgendetwas anderes zu tun und zu sein als die übrige Familie.

Das Geschlecht des ungeborenen Kindes ist wichtig für die Eltern, manchmal noch wichtiger für die weitere Verwandtschaft. Man hat künftige Großeltern schon sagen hören: »Wenn der Kleine nur gesund ist, das ist die Hauptsache« (beachte »der Kleine«).

Häufig sind angehende Eltern völlig bereit, ihr Kind zu lieben, ganz gleich, ob es ein Junge oder ein Mädchen ist; aber ihr angepaßtes Kindheits-Ich zwingt sie, bestimmten Erwartungen anderer mehr zu folgen. Eltern können sich z.B. verpflichtet fühlen, eine Tochter zu bekommen, weil Tante

Sylvia dem ersten weiblichen Nachkommen in der Familie ihr beträchtliches Vermögen vererben will. Unser Kindheits-Ich glaubt sogar daran, daß wir das Geschlecht des erwarteten Kindes bestimmen könnten. Dieser Glaube steht im Widerspruch zum Wissen unseres Erwachsenen-Ichs, daß es bis heute noch kein sicheres Mittel gibt, das Geschlecht eines Kindes vorherzubestimmen. Am schwierigsten wird es, wenn Eltern sich auf magisches Denken (häufig auch »Altweibersprüche« genannt) einlassen und dies dann für Informationen des Erwachsenen-Ichs halten.

Bereits die Reihenfolge der Geburten in einer Familie kann bestimmend sein für wichtige Skript-Prägungen und Einflüsse. Erstgeborene kommen vielleicht besser mit Erwachsenen aus als mit den Geschwistern. Darüber hinaus ändert das Erstgeborene den sozialen Status der Eltern. Aus einem »Ehepaar« ist eine »Familie« geworden. Wenn Mutter und Vater bis dahin gewöhnt waren, nach eigenem Belieben zu kommen und zu gehen, können sich die frischgebackenen Eltern nun wie in einer Falle vorkommen, eingesperrt durch Anforderungen, die das Baby an sie stellt – mit dem Ergebnis, daß sie dies dem Kind übelnehmen.

Eltern, die ihr erstes Kind erwarten, sind gewöhnlich ängstlicher als solche, die schon Kinder haben. Die Wahrscheinlichkeit ist größer, daß die Eltern versuchen werden, ihren eigenen nicht erfüllten Ehrgeiz auf ihr Erstgeborenes zu übertragen. Untersuchungen haben gezeigt, daß Erstgeborene häufiger höhere Schulen besuchen, beruflich weiter aufsteigen und häufiger an Gemütsstörungen leiden.

Alles, was in diesem Abschnitt gesagt wurde, soll Eltern bewußt machen, daß sie den Grundstein zum Lebensskript ihres Kindes legen, lange bevor es geboren wurde. Das Skript entsteht, ob es den Eltern bewußt ist oder nicht. Wir müssen uns mit den Botschaften befassen, die wir dem noch ungeborenen Kind in unserer Familie mitgeben werden. Je vielseitiger und je flexibler die Skriptbotschaften sind, desto mehr Auswahl wird das Kind später im Leben haben, um sich ein brauchbares und konstruktives Skript zu schaffen.

4.4 Neue Informationsquellen

Heute besitzen wir Informationsquellen, die frühere Generationen nicht hatten: Erkenntnisse über die psychische Entwicklung und neues Wissen um die menschlichen Bedürfnisse in den verschiedenen Lebensaltern. Wir wissen heute, daß die menschliche Entwicklung sich von der Geburt bis zum Tod erstreckt und daß wir uns alle fortwährend verändern. Wir wissen, daß unsere Bedürfnisse und unsere Fähigkeiten, sie auszudrücken, sich viele Male während unseres Lebens ändern. Innerhalb eines weitgefaßten Rahmens läßt sich unsere Entwicklung einigermaßen vorhersagen, können wir auch unsere wechselnden Bedürfnisse im voraus bestimmen und für sie sorgen.

Wenn es auch zutrifft, daß die menschliche Entwicklung ein ständig fortschreitender Prozeß ist, so ist doch auch zu sagen, daß sie in bestimmten Phasen vor sich geht. Sowohl unser Wissen über Sinn und Zweck dieser Phasen als auch unsere Kenntnis der Merkmale der einzelnen Phasen erlauben uns, unsere eigenen Bedürfnisse wie auch die unserer Kinder flexibler zu befriedigen. Wenn wir in eine neue Phase eintreten, erforschen wir bestimmte Aspekte unserer Persönlichkeit und des menschlichen Verhaltens. Sobald wir uns das nötige Wissen darüber angeeignet und die nötigen Erfahrungen gesammelt und uns damit vertraut gemacht haben, sind wir so weit, zur nächsten Phase weiterzugehen.

Eine der Hauptaufgaben von Kindern ist, ihre Ich-Zustände auszubilden. Wir kommen mit einem sehr primitiven Kindheits-Ich auf die Welt. Um die Bedürfnisse dieses Kindheits-Ichs besser befriedigen zu können, schaffen wir uns selbst ein Erwachsenen-Ich, das die Wirklichkeit einschätzt, und ein Eltern-Ich, das für uns sorgt. Eltern-, Erwachsenen- und Kindheits-Ich werden aus Erfahrungen gebildet, die wir während verschiedener Entwicklungsphasen machen. Der zweite Teil dieses Buches beschreibt den Ablauf dieser Phasen. Wir sprechen auch darüber, wie Eltern in den verschiedenen Altersstufen auf ihre Kinder wirksam eingehen können, und erörtern Möglichkeiten, wie Eltern gleichzeitig mit den Bedürfnissen ihrer Kinder auch ihre eigenen zu erfüllen vermögen.

4.5 Zusammenfassung

Das *Lebensskript* besteht aus genauen Vorschriften in unserem Eltern-Ich, wie wir etwas tun und wie wir uns dabei fühlen sollten. Wir haben Programme in uns, die besagen, die Ehe müsse gut oder schlecht, erfüllend oder frustrierend sein. Wir wählen unseren Ehepartner so, daß die Richtigkeit unseres Lebensplanes bestätigt wird. Der Lebensplan enthält auch unsere Erwartungen im Blick auf Kinder. Diese Erwartungen sind oft sehr präzis, wie z.B.: »Ich plane zwei Kinder; das ältere ist ein Junge, das jüngere ein Mädchen.« Nicht immer stimmt das Schicksal mit unseren Plänen überein, und es mag vorkommen, daß Geschlecht und Anzahl unserer Kinder nicht zu unserem Skript passen. Wenn Wirklichkeit und Planung nicht übereinstimmen, müssen die Eltern Anpassungen vornehmen. Mitunter werden die Eltern versuchen, das Kind in Einklang mit ihrem Skript zu bringen. Wenn z.B. das Erstgeborene ein Junge sein soll, aber ein Mädchen ist, könnten sie, ohne daß sie dies bewußt beabsichtigen, dem Kind vermitteln: »Sei kein Mädchen.« Jeder Versuch, das Kind dem Skript anstatt das Skript der Wirklichkeit anzugleichen, ist schädlich. Das Skript enthält auch Einzelheiten darüber, was für Freuden oder Sorgen daraus entstehen, wenn Kinder das Elternhaus verlassen, oder welche Freuden bzw. welche Einsamkeit das Alter bereithält. Da der Lebensplan ein Skript ist, das jeder für sich geschrieben hat, können wir es auch umschreiben, wenn wir nicht mehr damit zufrieden sind.

Kenntnisse über die psychische Entwicklung und die Entstehung der Ich-Zustände sind von großer Hilfe, wenn wir unsere Vorstellungen von Kindererziehung ändern wollen.

Die menschliche Entwicklung dauert von der Geburt bis zum Tod. Wir alle verändern uns fortwährend. Auch unsere Bedürfnisse und unsere Möglichkeiten, sie auszudrücken, ändern sich. In einem sehr allgemeinen Rahmen ist menschliche Entwicklung berechenbar, und die wechselnden Bedürfnisse können erkannt und vorausgesagt werden. Der Schwerpunkt wird offensichtlich immer dann von einem Bedürfnis auf ein anderes verlagert, wenn wir beschließen weiterzukommen. Ein Kind hat das einmal so ausgedrückt: »Ich habe es satt, fünf Jahre alt zu sein.« Sobald wir mit einer Etappe vertraut sind und ihre Möglichkeiten ausgeschöpft haben, sind wir bereit, Neues auszuprobieren. Das Wissen um diese Änderungsmuster sowohl in uns selbst als auch in unseren Kindern erlaubt uns, besser auf die Bedürfnisse der ganzen Familie einzugehen.

Eine Hauptaufgabe des Kindes ist es, seine Ich-Zustände zu entwickeln. Wir werden mit einem sehr primitiven Kindheits-Ich geboren. Um die Bedürfnisse dieses Kindheits-Ichs zu stillen, schaffen wir uns ein Erwachsenen-Ich, das die Wirklichkeit einschätzt, und ein Eltern-Ich, das für uns sorgt. Eltern-, Erwachsenen- und Kindheits-Ich werden aus Erfahrungen gebildet, die wir während des Heranwachsens machen. Der zweite Teil dieses Buches beschreibt die Reihenfolge der Entwicklungsstadien und die Entstehung der Ich-Zustände.

4.6 Übungen

Die folgenden Fragen sollen Sie anregen, darüber nachzudenken, wie Sie selbst hinsichtlich der Kindererziehung programmiert sind.

1. Was hat es für einen Sinn, Kinder zu haben? Wozu sind Kinder da?
2. Welche Entschlüsse habe ich gefaßt oder werde ich fassen im Blick auf das Kinderkriegen?
   a) Unter welchen Umständen ist es ok, Kinder zu haben?
   b) Unter welchen Umständen ist es nicht ok, Kinder zu haben?
3. a) Was bedeutet es für Mütter, Kinder zu haben?
   b) Was bedeutet es für Väter, Kinder zu haben?
   c) Was bedeutet es, Großeltern zu sein?
4. Wie faßten meine Eltern die Erziehung von
   a) Jungen
   b) Mädchen an?
   c) Was sagt mein eigenes Eltern-Ich zur Erziehung von Jungen bzw. Mädchen?
5. Für welche Vornamen bin ich besonders eingenommen?
   a) Was bedeuten diese Namen für mich?
   b) Was bedeuten diese Namen für die meisten Leute?
   c) Was sagen diese Namen über ihre Träger aus?

Teil II

Die psychische Entwicklung

Wachstum ist der einzige Beweis für das Leben.
John Henry Kardinal Newman

5 Vertrauen lernen (Zugehörigkeit)[1]

Die erste Phase des psychischen Wachstums außerhalb des Mutterleibes dient dem Aufbau einer vertrauensvollen Beziehung (Zugehörigkeit). Das Baby richtet in dieser Zeit seine meiste Energie darauf, eine Beziehung zu einem oder mehreren Menschen, d.h. psychische Nähe herzustellen. Eine solche Beziehung zu entwickeln, ist für die Gesundheit des Kindes lebensnotwendig. In den ersten Lebensmonaten bildet es eine Einheit mit der Person bzw. den Personen[2], die am meisten seine Bedürfnisse befriedigen. Bei der Geburt hat es noch eine relativ einfache Persönlichkeitsstruktur. Die Beziehung zwischen dem Baby und demjenigen, der Tag und Nacht für dieses sorgt, gestaltet sich sehr eng. Während der ersten Wochen stellen die beiden untereinander einen ähnlich angenehmen Rhythmus wieder her, wie zu der Zeit, als das Kind in Mutters Bauch war. Wir nennen diese enge Beziehung Symbiose.

5.1 Die Symbiose

In der Biologie wird der Begriff Symbiose für die Beziehung zwischen zwei Organismen verwendet, die in sehr enger Verbindung zusammenleben. Jeder Organismus braucht den anderen, um bestimmte Teile seines Lebenskreislaufs zu ergänzen; zum Beispiel brauchen wir Menschen bestimmte Bakterien in unserem Verdauungssystem, um bestimmte Vitamine herzustellen. Die Bakterien dagegen brauchen die Nahrung, die wir verdauen. Symbiose bezeichnet also eine Verbindung, die auf *beiderseitigem* Nutzen beruht und nicht eine einseitige parasitäre ist.
Therese Benedek verwendet den Begriff »emotionale Symbiose«, um die

[1] Zur Dauer der einzelnen Phasen s. Anhang I: Phaseneinteilung des Lebenszyklus.

[2] Es ist eine westliche Vorstellung, nur das Kind und die Mutter als Einheit zu sehen. In anderen Kulturen wird der Säugling oft von einer kleinen Gruppe aufmerksamer und liebevoller Erwachsener betreut.

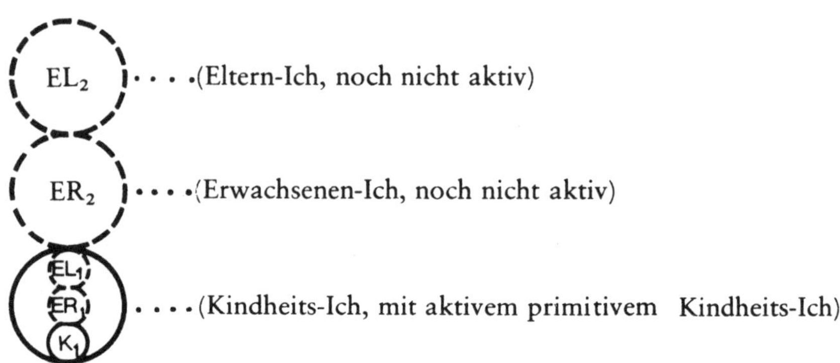

Abb. 14: Die Persönlichkeitsstruktur bei der Geburt

frühe enge Beziehung zwischen Mutter und Kind zu bezeichnen. In dieser Beziehung entspricht das Bedürfnis der Mutter nach ihrem Kind dem Bedürfnis des Kindes nach seiner Mutter. Das Gefühl des Selbstvertrauens beim Kind ist mit dem der Mutter verwoben.

Jacqui Schiff und ihre Familie haben am meisten dazu beigetragen, die emotionale Symbiose im Bezugsrahmen der TA zu bestimmen. Sie haben dabei ein Diagramm zur Darstellung dieser Beziehung entwickelt (s. Abb. 15).

Die Mutter besitzt ein Eltern-Ich, das bestimmt, was wichtig ist und wert, beachtet zu werden. Dazu hat sie ein Erwachsenen-Ich, das wahrnimmt, denkt und Probleme löst. Ihr Kindheits-Ich ist mit dem des Kindes verschmolzen. Vieles von dem, was dem einen von beiden passiert, passiert auch dem anderen. Wenn das Kind Schmerzen hat, geht es der Mutter ebenso; wenn die Mutter aus dem Gleichgewicht gerät, fühlt sich auch das Kind unwohl; wenn eines von beiden zufrieden ist, dann ist es auch das andere. Das Baby fühlt und hat ausgeprägte Bedürfnisse, und es lernt schnell viele Arten, diese Bedürfnisse auszudrücken; aber es hat noch kein Erwachsenen-Ich, das Probleme erkennt und dafür Lösungen findet, und es hat noch kein Eltern-Ich, mit dem es sich selbst schützt und die Realität bewertet. Das Stillen ist ein sehr anschauliches Beispiel für eine befriedigende Symbiose[3]. Wenn der Säugling seinen leeren Magen spürt, schreit er vor Schmerz und/oder sucht intensiv mit seinem Mund nach Nahrung.

[3] Eine Symbiose entsteht auch dann, wenn das Füttern mit der Flasche mit liebevoller und zärtlicher Fürsorge verbunden ist.

Das Saugen ist ein sehr intensives Erlebnis. Das Baby wird rosig, spannt sich an und sein Pulsschlag und Blutdruck steigen.

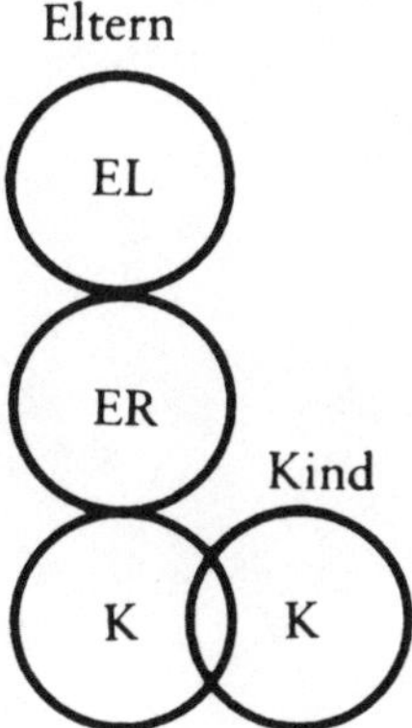

Abb. 15: Die ursprüngliche Symbiose

Sobald das Baby anfängt, an der Brustwarze der Mutter zu saugen, findet im Körper der Mutter eine komplizierte Kette von hormonellen Reaktionen statt. Diese Hormone bewirken, daß die Milch der Mutter zu fließen beginnt und die Gebärmutter sich zusammenzieht. Stillende Mütter berichten, daß ihre Milch zu fließen anfängt, wenn sie ihre Kinder schreien hören oder wenn sie nur an sie denken. Das Stillen kann für die Mütter ein sehr starkes Erlebnis sein. Während das Baby sich an die Brust schmiegt und daran saugt, reichen die Empfindungen der Mutter von leichter Erregung bis zum Orgasmus. Obwohl viele Frauen in unserer Gesellschaft solche sexuellen Reaktionen nicht erwarten, sind beide doch üblich und durchaus normal. In der symbiotischen Beziehung beginnen Babies, ein grundlegendes Vertrauen (auch Urvertrauen genannt) zu lernen. Sie entwickeln das Vertrauen, fähig und erfolgreich zu sein. Innerhalb weniger Tage lernen sie, die Quelle ihrer Nahrung zu finden. Sie suchen mit dem Mund und treffen die Brustwarze immer besser.

Die Babies lernen außerdem, darauf zu vertrauen, daß ihre Umgebung auf sie eingeht. Die Erwachsenen wiederum lernen, die Bedürfnisse der Babies genauer zu erkennen. Mit jedem nachfolgenden Kind gelingt es den Eltern besser, ihre Aufgabe bei der Gestaltung der Eltern-Kind-Beziehung zu bewältigen.

In manchen Familien bilden mehrere Personen eine Symbiose mit dem

Baby. Die typische Kleinfamilie besteht aus Mutter, Vater und dem Baby. Eine andere, häufig vorkommende Verbindung besteht aus Mutter, Großmutter und Kind. Die folgende Abbildung zeigt, wie die Symbiose von zwei Erwachsenen mit dem Baby in einem Strukturdiagramm aussieht:

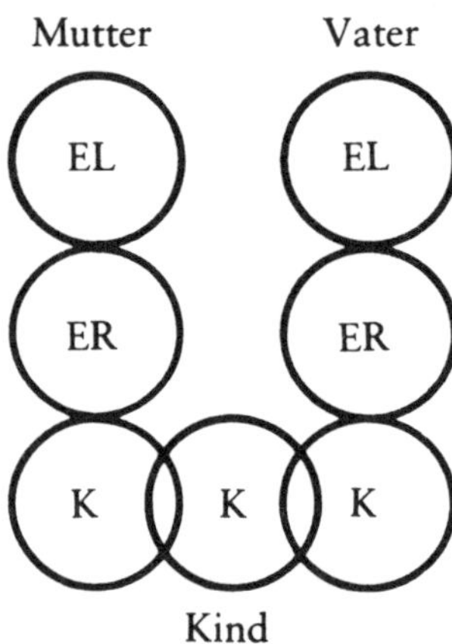

Abb. 16: Die Symbiose mit mehr als einem Erwachsenen

Von Anfang an zeigen die Babies jeden Tag neue Seiten ihrer Persönlichkeit. Säuglinge unterscheiden schon sehr früh hell und dunkel, verschiedene Umrisse und Muster. Sie reagieren auf vertraute Stimmen. Innerhalb weniger Wochen drehen sie ihren Kopf, um hellen Gegenständen mit ihren Augen zu folgen. Obwohl sie noch nicht denken können, um Probleme zu lösen, sammeln sie doch eifrig Informationen und lernen sehr viel. Das Strukturdiagramm eines Säuglings zeigt schon für die ersten Lebensmonate etwas Energie im primitiven Erwachsenen-Ich (s. Abb. 18). Während dieser frühen Phase, die durch rasche innere und äußere Entwicklung gekennzeichnet ist, brauchen die Säuglinge fürsorgliche Eltern, die angemessen auf ihre Bedürfnisse nach Nahrung, Luft und Zuwendung eingehen und für Schutz vor überwältigendem Schmerz durch äußere Reize sorgen.

Betreuungspersonen von Säuglingen in dieser frühen Phase haben folgende Aufgaben:

1. Für das Baby denken: Schmerzsignale zu hören, wahrzunehmen, was vor sich geht, und herauszubekommen, was das Baby braucht.

2. Das Baby nähren: für das Baby angemessen zu sorgen, so daß es sich sicher und wohl fühlt und gewiß sein kann, daß seine Bedürfnisse beachtet werden.

5.2 *Die Erziehung zu unterschiedlichen Verhaltensweisen*

Babies aus verschiedenen Familien und Gesellschaften unterscheiden sich schon sehr früh voneinander. Einige dieser Unterschiede sind genetisch bedingt, wie z.B. die Augenfarbe oder das Nervensystem; aber viele andere Unterschiede sind erlernt.

An der Art, wie Eltern auf ihre Babies reagieren, wird deutlich, wie sie sich Säuglinge vorstellen. Diese Vorstellungen sind von der jeweiligen kulturellen Umgebung abhängig und beantworten Fragen wie etwa diese: Wie empfindlich, leistungsfähig, verantwortlich und aggressiv sind Babies?

In der Regel werden erstgeborene und behinderte Babies sowie solche, die nach einer Reihe von erfolglosen Schwangerschaften am Leben bleiben, als sehr empfindlich angesehen. Die Eltern berühren diese Kinder sehr vorsichtig und manchmal auch nur sehr wenig (wie z.B. in früherer Zeit die Brutkasten-Babies). Eltern, die davon ausgehen, daß ihr Kind sehr empfindlich ist, bemühen sich darum, jedes Bedürfnis ihres Kindes vorauszuahnen. Sie achten auf jede geringste Zugluft und strengen sich an, ihren Sprößling vor jeder denkbaren Gefahr zu schützen (bösartige Bakterien, Viren, Temperaturschwankungen usw.).

In unserer Gesellschaft werden Initiative und Selbständigkeit sehr geschätzt. Wir gehen davon aus, daß unsere Kinder aggressiv und kompetent sind. Wir erwarten heutzutage, daß unsere Kinder uns wissen lassen, wenn sie etwas brauchen, und daß sie zunehmend aktiv werden. Unser westliches Weltbild prägt unsere Vorstellung von dem, was das Baby als nächstes lernen sollte – nämlich, ein primitives Verständnis der folgenden Aussage zu entwickeln: »Wenn ich aktiv bin, werden mir meine Bedürfnisse befriedigt.«[4] Das Diagramm beschreibt die einzelnen Lernschritte:

Bedürfnis	→	Handlung	→	Reaktion	→	Erfolg
(Schmerz, Hunger)		(Weinen, Suchen)		(Zuwendung, Nahrung)		(Vergnügen)

[4] Pam Levin benutzt diesen Satz und das nachfolgende Diagramm, um die Entwicklungstheorie zu erklären, die sie ihren Behandlungsmethoden zugrundelegt.

Für die Babies ist es wichtig, daß sie sich immer mehr ihrer Bedürfnisse bewußt werden, daß sie aktiv werden, um ihre Bedürfnisse zu befriedigen, und daß sie für ihre Bemühungen belohnt werden. Jedesmal wenn sie ihr Ziel erreichen, lernen sie, auf welche Weise sie erfolgreich sein und ihre Fähigkeiten steigern können.

Wenn das Baby gewohnt ist, am Körper der Mutter getragen zu werden, und dabei ihre Haut berührt, wird es immer wieder mit dem Mund nach Nahrung suchen. Dieses Suchen beginnt als Reflexhandlung. Wenn das Baby damit Erfolg hat, wird es die Form sein, in der es hauptsächlich ausdrückt: »Ich bin hungrig!« Liegt das Baby die meiste Zeit in seinem Kinderbett, lernt es kräftig zu schreien, damit Vater oder Mutter mit einer Flasche Milch reagieren. Welche Umstände auch immer gegeben sind, das Baby lernt einiges im Blick auf die Umwelt und welches Verhalten am meisten Erfolg verspricht. Wenn auf die Anstrengungen der Babies eine positive Antwort der Erwachsenen folgt, haben sie ein Gefühl von Macht, Kompetenz und Wichtigkeit: »Ich habe Einfluß!« Ist die Symbiose erst einmal gefestigt, sollten wir Eltern in der Lage sein, unseren Geschäften nachzugehen, ohne bei jedem Quietscher unseres Babys gleich in Aufregung zu geraten. Die Extreme der Überbesorgtheit wie der Vernachlässigung sollten wir vermeiden.

Überbesorgtheit führt zu Passivität und der Vorstellung, daß Menschen Gedanken lesen können: »Mutter wußte es, warum du nicht?« »Wenn du mich liebtest, wüßtest du, was ich brauche.« Wenn wir Eltern die Bedürfnisse unserer Kinder bestimmen, bevor sie sich selbst unwohl fühlen, hindern wir sie daran, zu lernen, ihre Bedürfnisse selber zu fühlen und anzumelden.

Vernachlässigung führt ebenfalls zu Passivität und der Vorstellung, daß man anderen Menschen nicht vertrauen kann. Die extremste Form der Nichtbeachtung besteht darin, das Unbehagen des Babys zu überhören. Wir können dies tun, indem wir staubsaugen, fernsehen, »abschalten« oder »vergessen«, nach dem Baby zu sehen. Eine andere Art der Abwertung besteht darin, daß man die kleine Lisa sich in einen hysterischen Wutanfall hochsteigern läßt, mit der Begründung: »Es ist gut für ihre Lungen; alle Babies schreien.« Aus einer derartigen Abwertung lernt Lisa: »Meine Bedürfnisse zählen nicht, ich kann nichts tun, damit meine Bedürfnisse wirklich befriedigt werden.«

Eine weitere Falle, die wir vermeiden sollten, ist, uns für hilflos zu halten und unsere Kinder für unser Wohlbefinden verantwortlich zu machen. Dies tun wir, wenn wir die passive Position einnehmen: »Es gibt nichts, was ich tun kann, um das Unwohlsein meines Kindes zu lindern.« Der kleine Herbert empfängt die Botschaft, daß sein Vater und seine Mutter sein Schreien nicht ertragen können. Infolge dieses Druckes wird Herbert in Zukunft dieses Verhalten (Schreien) aufgeben und seine eigenen Bedürfnisse abwerten, da es für sein Überleben wichtiger ist, sich die einzige Quelle von Nahrung und Streicheln (nämlich Mutter und Vater) zu erhalten. Unter solchen Umständen lernt Herbert, Einschärfungen nachzukommen wie: »Fühle nicht!«, »Weine nicht!« und »Nimm körperliches Unbehagen nicht wahr!«.

Das Kindheits-Ich des Vaters, verzweifelt und verwirrt, vermittelt die Botschaft, daß er die Gefühle und das Weinen von Herbert nicht ertragen kann (Verhalten, das Bedürfnisse ausdrückt). Der Vater müßte eigentlich sein Erwachsenen-Ich benutzen, um eine neue Lösung herauszufinden oder neue Informationen zu gewinnen; außerdem wäre es notwendig, daß er sein Eltern-Ich einschaltet, um sein verwirrtes inneres Kind zu besänftigen. Stattdessen kehrt der Vater die Symbiose um und erwartet, daß ein anderer (in diesem Fall Herbert) das Problem für ihn löst. Da Herberts

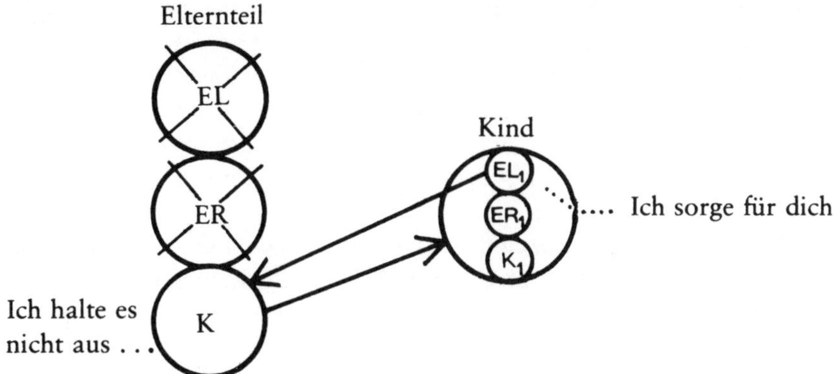

Abb. 17: Die umgekehrte Symbiose[5]

[5] Jon und Laurie Weiß stellten dieses Diagramm und die Überlegungen, die es veranschaulicht, auf der ITAA-Sommerkonferenz im August 1972 vor.

Überleben demnach von der Fürsorge für seinen Vater abhängig ist, macht er mit. Vorzeitig besetzt Herbert das primitive Eltern-Ich in seinem Kindheits-Ich mit Energie. Herbert sorgt für seinen Vater, indem er seine eigenen Bedürfnisse nicht beachtet. Eine Symbiose dieser Art ist verdreht und entstellt, aber dient dazu, Herbert am Leben zu erhalten.
Eltern, die ihre Kinder mißhandeln, kehren ebenfalls die Symbiose um. Sie erwarten, daß ihr Kind sie liebt, und sie machen das Baby für ihr eigenes Unbehagen verantwortlich. Sie »bestrafen« ihr Kind dafür, daß es »undankbar«, »trotzig« usw. ist. Oft sterben solche Babies. Die, die überleben, lernen Eltern zu werden, die selbst wieder ihre Kinder mißhandeln.

5.3 Das Baby streicheln

Luft, Nahrung, Wasser und Streicheln sind die grundlegenden menschlichen Bedürfnisse. Säuglinge brauchen bedingungsloses positives Streicheln. Sie lenken liebevolle Zuwendung, die sie zum Leben brauchen, auf sich. Die meisten Erwachsenen, unabhängig davon wie verknöchert sie sind, reagieren warmherzig auf schlafende oder vor sich hin brabbelnde Babies. Es macht Spaß, ihre samtige Haut, ihre ausgestreckten Händchen, ihre winzigen Zehen und ihre »Knopfnasen« zu berühren.
Babies sind sehr anpassungsfähig. Sie lernen, das Streicheln zu bevorzugen, das sie hauptsächlich bekommen können: Tragen, Tätscheln, Rubbeln, Knuffen, Zudecken, Üben, Baden, Wiegen (Schaukeln), Sprechen, Singen.
Zum Streicheln, das Bauchschmerzen mildert, gehört: auf die Seite legen, in Vaters Schoß kuscheln, Tätscheln des Körpers des Babies, im Schaukelstuhl schaukeln, mit dem Auto oder dem Kinderwagen über eine holprige Oberfläche fahren usw.
Die Art und Weise, wie Babies betreut werden, beeinflußt ihre Selbstwahrnehmung und welche Art von Streicheln sie als vertraut, angenehm, annehmbar usw. empfinden. Babies, die nur von einer Person gestreichelt werden, gewinnen Zutrauen zu ihrer eigenen Kompetenz und ihrem Wert, und sie entwickeln intensive Zweier-Beziehungen. Sie lernen, einer einzigen Person im höchsten Maße zu vertrauen. Babies, die gleichmäßig eine

wirkungsvolle Betreuung von einer kleinen Gruppe liebevoller Erwachsener erfahren, fühlen sich ebenfalls kompetent und haben einen besonders guten Start, um zu lernen, anderen zu vertrauen. Babies entwickeln sich gut, wenn sie von einer kleinen Gruppe von Betreuungspersonen, die sie zärtlich und zuverlässig streicheln, versorgt werden.

In vielen Kulturen hat das Baby seinen Platz am Körper (auf dem Rücken oder Bauch) seines Vaters oder seiner Mutter oder eines betreuenden Verwandten. Die Russen erwarten von Fremden genauso wie von Verwandten, daß sie ihre Kinder streicheln. In Straßenbahnen und Bussen kommt es häufig vor, daß Fremde ihre Kinder denjenigen, die sitzen, auf den Schoß setzen. Die Erwachsenen beginnen dann sofort mit den kleinen Fremden in einen Austausch einzutreten. Glücklicherweise sind heute Vorrichtungen ähnlich den alten Tragetüchern oder Rucksäcke sehr beliebt, um Babies mit sich zu führen.

Häufig helfen Babysitter bei der Betreuung von Babies. Säuglinge, die von Anfang an gute Erfahrungen mit Babysittern machen, entwickeln sich zu Kindern, die mühelos die Betreuung von Außenstehenden annehmen. Ein anderer Mechanismus, mit dem die amerikanischen Kleinfamilien ihren »Clan« vergrößern, besteht in der »Adoption« von Nachbarn und Freunden. Diejenigen, die in einer Wohngemeinschaft oder Kommune leben, ziehen es ebenfalls vor, sich den eigenen »Clan« selbst zu wählen, anstatt ihn zu »erben«.

Wir leben heute in einer komplexen, sich sehr schnell verändernden Welt. Wir müssen unsere Kinder so darauf vorbereiten, daß sie mit relativer Gelassenheit mit Wandel und Komplexität umgehen und fertig werden können. Indem wir ihnen verschiedene Reize anbieten, helfen wir ihnen zu lernen, sich auf Veränderungen einzustellen und sie zu bejahen. Babies, die ausgiebig in verschiedener Weise gestreichelt werden, haben die besten Voraussetzungen, zu ihrer vollständigen Leistungsfähigkeit sowohl in körperlicher als auch in geistiger Hinsicht heranzuwachsen.

Babies können jedoch auch mit Streicheln überfüttert werden. Einige Babies reagieren auf zuviel Streicheln, indem sie das Streicheln einfach ausblenden. Andere dagegen reagieren darauf mit Reizbarkeit und Ruhelosigkeit und einem erschreckten Aussehen. Gesunde Babies zeigen gewöhnlich, daß sie genug gestreichelt worden sind, indem sie einschlafen. Babies wissen viel über ihre Bedürfnisse, und wir Eltern können von unseren Kindern lernen.

5.4 Psychische Aufgaben für Eltern kleiner Babies

Wir finden als Eltern Erfüllung entsprechend unserem individuellen Lebensskript. Elternsein bestätigt unsere Sexualität. Mit unserem eigenen Körper, in einem Augenblick der Leidenschaft, haben wir ein neues menschliches Leben geschaffen. Unsere Liebe hat Früchte getragen. Es ist offensichtlich, daß wir sexuell intim miteinander waren.
Wir haben einen neuen Status; wir werden als Erwachsene angesehen und wir sind in der gleichen Position unseren Kindern gegenüber, in der unsere Eltern uns gegenüber waren.
Außerdem beenden wir eine Zeit der Freiheit und beginnen eine Zeit der Verpflichtung und Verbindlichkeit, die 16 bis 20 Jahre und mehr dauert.
Wir Eltern haben sehr verschiedene Gefühle unseren Babies gegenüber; vor allem gegenüber dem ersten Kind, in abgeschwächter Weise auch jedem folgenden Baby gegenüber, je nachdem, wie erfolgreich wir unsere Gefühle in bezug auf das erste Kind psychisch verarbeitet haben.
Wenn wir unsere Babies sehen, durchleben wir alte Gefühle aus unserer Kindheit neu; unsere ersten Monate waren Zeiten von Betreutwerden und Unbehagen. Die schlechten Gefühle in Verbindung mit dem Unbehagen steigen wieder in einem Teil unseres primitiven Kindheits-Ichs auf. Solche »Rückblenden« können sehr qualvoll sein. Wenn wir sie jedoch als das ansehen, was sie sind, haben wir die Möglichkeit, das ursprüngliche Problem noch einmal aufzunehmen. Diesmal können wir eine bessere Lösung finden; als Erwachsene können wir reden, denken und sagen, was wir fühlen, und herausfinden, was wir brauchen. Eine emotionale Störung, die in diesem Zusammenhang in unserer Gesellschaft häufig vorkommt, ist das Gefühl des Zurückgewiesenseins bei jungen Vätern und der Depression bei jungen Müttern. Da jeder von uns Gefühle aus seiner frühen Kindheit wiedererweckt, empfindet der Ehepartner genauso ein Aufwallen der Gefühle aus seiner frühen Kindheit.
In unserer Gesellschaft fühlen sich junge Väter häufig vernachlässigt. Die Beziehung des Mannes zu seiner Frau wird durch ihren Krankenhausaufenthalt und die Ansprüche des hilflosen Babys unterbrochen. Während das Eltern-Ich des Vaters für die Familie sorgen will und sein Erwachsenen-Ich einsieht, daß das Baby vollständig abhängig ist, bleibt sein Kindheits-Ich bedürftig, verletzbar jung und hungrig nach Zuwendung. In unserer Gesellschaft verlangen die Lebensskripte üblicherweise, daß der Va-

ter draußen bleibt, wenn Mutter und Kind eine Symbiose miteinander begründen. Die Pflegegewohnheiten für Mütter und Neugeborene in unserer Gesellschaft haben zu dieser Isolation beigetragen. Wenn der Vater mit Geschwistern zusammen aufgewachsen ist, wird er außerdem mit seinen alten Gefühlen gegenüber Rivalen konfrontiert. Er vermißt Streicheln in Form von sexuellem Kontakt. Die Zeitspanne, in der er ohne Sex auskommen muß, entspricht nicht seinen Bedürfnissen und wird bestimmt durch die Meinung und Gefühle anderer. Frauenärzte sind sich nicht darüber einig, wann es ungefährlich ist, mit dem Geschlechtsverkehr wieder anzufangen. Die Kulturen schreiben verschiedene Regeln vor, und die Frauen wollen unterschiedlich schnell wieder sexuelle Kontakte mit ihren Ehepartnern. In unserer Gesellschaft werden die Männer nicht ermutigt zu lernen, wie sie ihre Bedürfnisse äußern und wie sie auf verschiedene Weise Zuwendung bekommen können. Von ihrer frühesten Kindheit an hören sie Sätze wie: »Sei keine Heulsuse« und »Jungen weinen nicht!«. Die Geburt eines Kindes ist für eine Frau ein besonders starker Impuls, die eigene Kindheit nochmals zu wiederholen. Während sie ihr Kind beobachtet, kehrt sie in ihre eigene Kindheit zurück. Sie vergegenwärtigt sich die ersten Transaktionen mit ihrer Mutter, ihre ersten Empfindungen beim Nachahmen der Mutter, als sie ihre Puppen herumtrug und ihnen Lieder sang. Aber das ist nicht alles. Dieses Baby ist keine Puppe. Man kann einen bedürftigen, weinenden Säugling nicht einfach zur Seite legen, um wegzugehen und zu spielen oder irgendetwas anderes zu tun, da das Überleben des Neugeborenen von der sofortigen verantwortlichen Betreuung durch die Eltern abhängig ist. Depressionen sind in unserer Gesellschaft die am häufigsten vorkommenden schlechten Gefühle, die Frauen nach der Geburt erleben.

Johannas Bericht ist typisch für viele junge Familien in unserer Gesellschaft:

»Ich erinnere mich an den Alptraum der Wochen ohne genügenden Schlaf, von Kämpfen, Verzweiflung und Schuldgefühlen: ›Ich liebe mein Kind, was ist bloß verkehrt bei mir?‹ Die vorübergehende Depression nach der Geburt, von der ich gelesen hatte, war für mich wie ein Abgrund, der alles ein für allemal verschlingt. Ich erinnere mich an die Niedergeschlagenheit, als es bei mir mit dem Stillen nicht klappte. Ich war verzweifelt und fühlte mich isoliert. Immer wieder sagte ich mir: ›Ich habe zwei Examen in Psychologie gemacht. Ich sollte wissen, was zu tun ist, und es ist meine Aufgabe, alles alleine zu schaffen.‹ Als ich mich auf meine Elternrolle vorbereitete, hatte ich die Wirkung solcher schlechten Gefühle nicht vorausgesehen. Ich war verwirrt; ich kam zu dem Schluß, daß mit mir etwas nicht in Ordnung sein kann. Für die Bauchschmerzen von Tanja gab ich mir selber die Schuld und tat mich nicht nach Hilfe um. Wen sollte ich auch fragen? Meine Eltern waren zweitausend Meilen von mir entfernt und mittellos. Sie konnten es sich nicht leisten zu kommen; ich war mir auch gar nicht sicher, ob ich sie überhaupt bei mir haben wollte. Immer, wenn ich an meine Mutter dachte, fühlte ich mich unfähig und stieg der Ärger in mir hoch. Meine nächsten Nachbarn waren kränklich. Die Hausgehilfin war so ungeschickt, daß sie mit Möbelpolitur Fingerabdrücke auf unseren verglasten Bildern hinterließ. Ohne sie war ich besser dran!

Ich tat, was ich immer bei Problemen tat: ich untersuchte den Gegenstand. Ich folgte dem Rat bekannter Erziehungsbücher. Dr. Spock sagt: ›Vertrauen Sie auf sich selbst und versuchen Sie ...› Also beobachtete ich das Baby genau, probierte die Methoden, von denen ich gelesen hatte, und fand so schließlich heraus, wie ich mit Tanja umzugehen hatte.

Mein Mann behandelte das Problem in der Art und Weise, wie er es gewohnt war; er arbeitete in seinem Beruf härter als je zuvor, machte sich Sorgen um unsere Zukunft und überließ mir die Betreuung des Babys. Er dachte sich, ich als Kinderpsychologin würde wohl besser wissen, was zu tun sei. Wir waren uns beide darin einig, daß dies meine Aufgabe sei. Die wichtigste Hilfe, die er beisteuerte, war, an den Wochenenden, wenn er am nächsten Tag nicht arbeiten mußte, nachts für Tanja aufzustehen. Es war nicht einfach für mich, zu schlafen, wenn ich sie im Wohnzimmer weinen hörte und er schimpfte, aber ich tröstete mich dann auch – schließlich brachte ja nicht ich das Baby zum Weinen, und er konnte das Baby auch nicht viel besser zur Ruhe bringen als ich!«

Als junge Eltern haben wir auch mit unserem Ärger und unseren Frustrationen umzugehen. Es ist durchaus nicht ungewöhnlich, dem Baby gegenüber mörderische Gefühle zu haben. Die meisten Eltern kontrollieren solche Regungen, indem sie z.B. ihr Baby zu verständnisvollen Verwandten oder Nachbarn bringen: »Nimm sie, bevor ich sie umbringe. Ich werde jetzt etwas trinken, ein Nickerchen machen, eine Tablette schlucken oder spazieren gehen!«

Eltern, die ihre Kinder mißhandeln, sind in ihrer Kindheit meist selbst mißhandelt worden. Sie bekamen nicht viel Zuwendung. Heute halten sie sich selbst von den üblichen Quellen, wo sie Streicheln bekommen könnten, fern (Freunde, Zusammenkünfte, Verwandte usw.). Für sie ist es notwendig, daß sie die Verantwortung für die Stärke ihrer schlechten Gefühle übernehmen und daß sie bei Situationen mit extremer Belastung Sicherheitsvorkehrungen für ihre Babies treffen. In den USA gibt es beispielsweise die Organisation »Anonyme Eltern«, in der Eltern, die dazu neigen, ihre Kinder zu mißhandeln, sich gegenseitig helfen. Sie unterstützen sich, ihr Verhalten zu kontrollieren und auf ihre eigenen Bedürfnisse zu achten. Heute gibt es bereits in einigen Gemeinden Pflegestellen für Krisensituationen. Dorthin können Eltern ihre Babies zu ihrer vorübergehenden Entlastung und zur sicheren Unterbringung geben. Die beste Behandlung für solche Eltern besteht darin, selbst einmal viel Pflege und viel positives Streicheln von jemandem zu bekommen, der bereit ist, sie zu betreuen und zu unterstützen, ohne daß sie dafür etwas tun müssen.

5.5 Die Bedürfnisse der Eltern kleiner Babies

Eltern kleiner Babies haben ähnliche Bedürfnisse wie diese: sie brauchen gute Ernährung, eine gute Pflege ihrer Gesundheit und viel Streicheln. Wie lange die Erholung der Mutter dauert, hängt unverkennbar von einer guten Ernährung ab. Eine gute Diät stellt sicher, daß ihr Körper sich wieder ganz erholt und Milch geben kann, ohne sich zu sehr zu belasten. Bei gutem Essen fühlt sich die Mutter gut versorgt. Eine gute Ernährung ist aber auch für den Vater wichtig. Wir verbinden Essen mit unseren ersten Erfahrungen, Zuwendung zu erhalten; und wohl die meisten von uns fühlen sich mehr geliebt und besser versorgt, wenn wir gut ernährt sind. Bestimmte Vitamine beeinflussen direkt unser Nervensystem und bewirken, daß wir uns gelassener verhalten.

Zu einer guten Pflege der Gesundheit gehört, Pausen einzuhalten. Jeder, der für ein neugeborenes Baby sorgt, schläft nicht nach seinen bisherigen Gewohnheiten. Wir müssen unseren eigenen Rhythmus aufgeben und uns auf den des Babys einstellen. Deshalb ist es wichtig, daß wir unser Erwachsenen-Ich gebrauchen, um Wege herauszufinden, wie wir Energie sparen können und wie wir neue Möglichkeiten finden, um Pausen zu machen. Wir brauchen unser nährendes Eltern-Ich für uns selbst, um sicherzustellen, daß wir berechtigt sind, Pausen zu machen, und um unsere Prioritäten neu zu bestimmen. (Ausgeruhte Eltern und ein gut versorgtes Kind sind wichtiger als ein sauberes Haus.)

Manche Kurse für junge Eltern und LaLeche-Gruppen (die in Fragen des Stillens beraten) räumen der Diskussion über die Bedürfnisse junger Eltern einen breiten Raum ein. Sie nehmen damit einige alte Volksweisheiten wieder auf, die unsere unmittelbaren Vorfahren nicht beachtet haben. Manche Gesellschaften kennen bis heute noch Bräuche, mit denen für die Betreuung junger Eltern gesorgt wird. So gehen in einigen Völkern die jungen Eltern zu ihren eigenen Eltern zurück. Die junge Mutter erlebt die ihr aus ihrer eigenen Kindheit vertraute Betreuung, während sie gleichzeitig lernt, wie sie ihr Baby versorgen kann. Einige Gesellschaften haben eigens dazu ausgewählte Mitglieder, die ins Haus kommen und dort die Hausarbeit machen, die Mahlzeiten zubereiten und dadurch dazu beitragen, daß die junge Mutter sich entspannen und nur um ihr Baby kümmern kann, während der junge Vater gut versorgt und ernährt ist.

Einige wichtige Fragen sollten Eltern bedenken, die sich jemanden als Hilfe auswählen:

1. Wie fühlen wir uns in Gegenwart dieser Person?
2. Fühlen wir uns entspannt, versorgt, wichtig genommen, gut aufgehoben?
3. Neigt der Helfer dazu, alles zu übernehmen und unsere eigenen zaghaften Bemühungen als Eltern zunichtezumachen? Oder unterstützt uns der Helfer und gibt uns das Gefühl, daß wir fähige Eltern sind?

Junge Familien in Wohngemeinschaften schaffen sich ihre eigene Sippe, mit der sie zusammen leben wollen. Freunde, deren Nerven zu der Zeit nicht so sehr belastet sind, geben den jungen Eltern die nötige Zuwendung und helfen aus, indem sie für eine Weile das Baby hüten, damit die Eltern einmal etwas Ruhe haben, einen Spaziergang machen, sich ungestört liebhaben oder auch ins Kino gehen können.

Männer in unserer Gesellschaft sind dazu erzogen, nur sexuelles Streicheln zu erwarten und zu begehren. Wie wäre es, wenn wir einander einmal auf neue Art sexuelles Vergnügen bereiten würden? Wie wäre es, wenn wir einander Streicheln gäben, das nicht unbedingt sexuell sein muß, wie zum Beispiel Stirn- und Rückenmassage, Fuß- und Handmassage, neue Zärtlichkeiten und so einfache Dinge wie eine Umarmung oder Halten der Hand?

Andere Formen von Streicheln sind Liebeserklärungen und Anerkennung, sorgfältiges Zuhören und Antworten auf das, was wir einander sagen. Vera, eine junge Mutter, berichtet, daß sie sich besonders geliebt und umsorgt fühlt, wenn ihr Mann ihr eine große Tüte mit gebrannten Mandeln, ihre Lieblingssüßigkeit, mit nach Hause bringt. Wir können klar, direkt und bestimmt sein im Aussprechen dessen, was wir brauchen.
Eltern, die die psychischen Aufgaben ihres Elternseins beim ersten Kind gut bewältigen, erleben ihre weiteren Babies mit mehr »Gewußt-wie« und größerer Gelassenheit. Diejenigen, die das nicht geschafft haben, erleben stets aufs Neue die ungelösten Probleme und bleiben solange unglücklich, bis sie ihre Gefühle klären und das bekommen, was sie brauchen.

5.6 Zusammenfassung

Babies brauchen bedingungslose Liebe und Zuwendung zusätzlich zu Luft, Nahrung und physischem Schutz. Wenn Babies Streicheln erhalten, lernen sie, daß sie das Leben meistern können und ebenfalls, daß sie darauf vertrauen können, daß die Erwachsenen auf sie reagieren, wenn sie ihre Bedürfnisse äußern. Dieses Vertrauen erwächst gewöhnlich zwischen der leiblichen Mutter (oder ihrem Ersatz) und dem Baby.
Symbiose ist der Begriff in der TA, der die enge Beziehung beschreibt, die zwischen dem Baby und seiner primären Betreuungsperson besteht. Diese Beziehung ist für das Wohlergehen des Babys lebensnotwendig; in dieser Symbiose stellen Mutter und Kind miteinander wieder den Rhythmus her, den sie vor der Geburt erlebt haben. Vom Tag ihrer Geburt an lernen Babies sehr schnell. Ihre Verhaltensweisen beruhen anfangs auf Reflexen und entwickeln sich später zu gelerntem Verhalten. Sie lernen, welche Art von Aktivität für die Menschen in ihrer Umgebung annehmbar ist. Die Eltern bringen den Babies bei, sich in das Streichelsystem der Familie einzufügen. In unserer heutigen Gesellschaft sind die Streichelmuster in jeder Familie verschieden. Die elterlichen Aufgaben in der Fürsorge für das neugeborene Kind umfassen zwei Hauptfähigkeiten. Erstens ist es wichtig, die Aktionen des Kindes wahrzunehmen und herauszubekommen, was das Baby braucht; dazu gehören solche Dinge wie Nahrung, Streicheln oder auch eine frische Windel. Zweitens ist es notwendig, für das Baby in einer liebevollen und aufgeschlossenen Weise zu sorgen, so daß es

die Botschaft aufnimmt: »Wenn ich aktiv bin, kann ich meine Bedürfnisse befriedigt bekommen.«
Auch die Bedürfnisse der jungen Eltern sind wichtig. Viele von uns erschrecken, wenn sie entdecken, daß wir die psychischen Aufgaben unserer eigenen Kindheit noch einmal aufzunehmen haben und daß wir mit den bedürftigen Seiten unseres Kindheits-Ichs in Berührung kommen. Dieses *Wiedererleben* einer früheren Lebensphase wird durch das Neugeborene, für das wir sorgen, angeregt. Es erweckt Kindheitsbedürfnisse in uns, die wir bisher ignoriert hatten. Beide Eltern brauchen eine besondere Zuwendung, und sie sollten Wege finden, um diese auch zu bekommen – voneinander und von unterstützenden Verwandten, von einer selbstgewählten Gruppe oder von vertrauenswürdigen Freunden.

5.7 Übungen

1. Vertrauensübung (Blindführen): Mit Hilfe dieser Übung kann man sich in die symbiotische Beziehung zwischen Eltern und Kind einfühlen und einige der Strukturen, die beim Aufbau einer vertrauensvollen Beziehung entstehen, erleben.

Regeln:	Zweck der Regeln:
Nicht sprechen,	– um das vorsprachliche Stadium wiederherzustellen.
Der Geführte schließt die Augen,	– um das Erwachsenen-Ich auszuschalten und einen Zustand der Abhängigkeit herzustellen.

Lesen Sie die Übung durch, bevor Sie anfangen.

a) Wählen Sie einen Partner.
b) Entscheiden Sie, wer zuerst blind ist und wer zuerst führt.
c) Die blinde Person: Schließen Sie Ihre Augen.
   1. Bleiben Sie in Kontakt mit Ihren Gefühlen.
   2. Beachten Sie alle Ihre Wahrnehmungen: Berührung, Geruch, Körperhaltung (Arme, Beine usw.).

3. Beachten Sie, was mit Ihrem Gefühl von Wohlbefinden und von Vertrauen geschieht, wenn Sie verschiedene Dinge erleben.

d) Der Blindenführer:
   1. Helfen Sie Ihrem Partner dabei, soviel von seiner Umgebung zu erleben, wie es für ihn ungefährlich ist.
   2. Schützen Sie Ihren Partner davor, sich zu verletzen oder zu erschrecken.
   3. Denken Sie darüber nach, wohin Ihr Partner sich bewegt, und nehmen Sie dabei mögliche Folgen vorweg.
   4. Gehen Sie nach fünf bis zehn Minuten zum Ausgangspunkt zurück.

e) Tauschen Sie sich darüber aus:
   1. Als blinde Person geben Sie dem Führer darüber feedback, wie sicher Sie sich gefühlt haben, was Sie wahrgenommen haben, und was Sie auf Ihrem Spaziergang gut und was Sie nicht gut gefunden haben.
   2. Als Führer erzählen Sie dem Partner, was Sie gesehen haben und was Sie getan haben, um ihn zu beschützen.

f) Tauschen Sie die Rollen.

g) Tauschen Sie sich aus, wie unter e) beschrieben.
   1. Haben Sie als Führer aufgrund Ihrer Erfahrungen als Blinder irgendwie anders geführt?

2. *Beleben Sie Ihr eigenes Lebensskript wieder:*

a) Beschreiben Sie Ihre Familie. Denken Sie über alle wichtigen Familienmitglieder nach, einschließlich wichtiger Tanten, Onkel und auch Lieblingstiere. Rekonstruieren Sie, wie Ihre Familie zum Zeitpunkt Ihrer Geburt aussah. Denken Sie an das Ereignis, bei dem Sie der Familie vorgestellt wurden (Familientreffen z.B. anläßlich der Taufe, Geburt, Beschneidung). Nehmen Sie sich Zeit, diese Phantasie zu entfalten. Lassen Sie jeden, der in Ihrer Phantasie vorkommt, zwei Bemerkungen über Sie machen: eine, die Sie gut finden, und eine, die Sie ablehnen. Beachten Sie Ihre körperlichen Reaktionen, wenn Sie sich diese frühen Botschaften wieder ins Gedächtnis rufen.

b) Wie beeinflussen diese Botschaften jeweils heute Ihr Leben? Sind Sie mit irgendeiner Botschaft einverstanden oder wehren Sie sich gegen irgendeine Botschaft? Haben Sie irgendeine der Botschaften geändert?

3. Stellen Sie sich vor, welches Lebensskript Sie Ihrem Kind vermitteln:
   a) Malen Sie sich aus, wie Ihr Kind ist, wenn es
      – ein Jahr älter ist als heute
      – zur Schule kommt
      – zehn Jahre älter ist als heute
      – zwanzig Jahre älter ist als heute.
   b) Denken Sie darüber nach, wie Sie sich Ihr Kind in jeder Altersstufe wünschen. Beachten Sie, wie Sie sich fühlen, wenn Sie daran denken, daß Ihr Kind zur Schule geht, aus dem Haus zieht. Stellen Sie sich vor, was Sie realistischerweise von Ihrem Kind in jedem Alter erwarten können.
   c) Was erhoffen Sie sich am meisten für Ihr Kind?
   d) Wie können Sie gerade jetzt Ihrem Kind diese Botschaften vermitteln? Was wollen Sie jetzt für sich tun, um selbst die Fähigkeiten zu entwickeln, die Sie sich für Ihr Kind wünschen?
   e) Welches sind die größten Ängste, die Sie in bezug auf Ihr Kind haben?
   f) Was können Sie im Moment tun, um diese Ängste bei sich selbst abzubauen?

6 Erforschen der materiellen Umwelt (Erkundung)

6.1 *Der Hunger nach Anregung*

Babies treten in die *Erkundungsphase* ihrer psychischen Entwicklung ein, wenn sie zeigen, daß Luft, Nahrung und Zuwendung allein ihnen nicht mehr genügen. Sie suchen aktiv nach mehr Anregung und beklagen sich, wenn dies Bedürfnis nicht befriedigt wird. Sie zeigen ein starkes Verlangen nach mehr und verschiedenen Erfahrungen. Ihr »kleiner Professor«, der primitive Erwachsene in ihrem Kindheits-Ich, sammelt eifrig weitere Informationen. In dieser Phase strengen sich Babies sehr an, um zu sehen, was geschieht, auch wenn sie ihren Kopf noch gar nicht alleine heben können. Kindersitze, moderne Liegeschalen sowie Rückentragetaschen sind in diesem Stadium der Entwicklung sehr nützliche Gegenstände. Kindersitze sind sehr leicht und gut zu tragen. Sie passen in die Körbe der Einkaufswagen im Supermarkt und können im Haus von Raum zu Raum getragen werden. Die Babies haben festen Halt, können aufrecht sitzen und fast ungestört einschlafen. Babies, die etwas älter sind, können sich auf dem Rücken der Eltern nach Herzenslust umsehen und ebenso friedlich einschlafen.

Ungefähr mit sechs Monaten, je nachdem, wann die Babies Zähne bekommen, wird das Saugen schmerzhaft. Beißen und Kauen verletzen das zarte Zahnfleisch des Babies, und doch sind es diese Betätigungen, die schließlich den Schmerz erleichtern und dazu beitragen, daß die Zähne durch das Zahnfleisch stoßen. Die Babies erfahren in dieser Phase beides: Schmerz und Freude. Dieses Dilemma, gleichzeitig positive und negative Gefühle gegenüber ein und derselben Person oder ein und demselben Gegenstand zu haben, nennen wir *Ambivalenz* (Zwiespältigkeit). Zusätzlich zu dieser Erfahrung von Ambivalenz lernen Babies, daß nicht alle Probleme leicht lösbar sind. Sie haben Einfluß darauf, ob sie saugen oder nicht, aber sie können nicht kontrollieren, ob sie dabei Schmerz empfinden oder nicht. Das Stillen wird auch für die Mutter problematisch, bis das Baby lernt, wie es weiterhin saugen kann, ohne in die Brustwarze der Mutter zu beißen.

Die Freude, die das Baby dabei hat, die Welt in den Blick zu bekommen, führt bald dazu, daß es die Welt auch berühren will. Zuerst schaffen es die Babies, Dinge zufällig zu greifen und zu halten; gelegentlich berühren sie leicht ihren Mund und beginnen, an den Fingern zu saugen und zu kauen. Babies sind von dieser Wirkung so begeistert, daß sie bald lernen, es absichtlich zu tun. Als kleine Forscher suchen sie nach Gegenständen, die sie halten können, reiben diese Gegenstände an ihren Gesichtern, riechen an ihnen und schließlich schmecken sie auch daran. Alles, was ihnen unter die Finger kommt, stecken sie in den Mund, um es zu untersuchen.

Bei den Mahlzeiten wird der glänzende Löffel zu einem reizvollen Gegenstand, dem das Baby hinterherblickt und den es zu erhaschen sucht. Es ist sinnvoll, auf solche Anstrengungen einzugehen und dem Baby den Löffel zu geben. Sehr geschickte Babies verlangen vielleicht sogar gleich zwei Löffel. In dieser Situation können Eltern ihren Babies erlauben, allein zu essen, oder sie helfen mit einem dritten Löffel nach, den das Baby dann schnell interessanter findet als die beiden, die es bereits erobert hat.

Babies sind dann soweit, daß sie allein mit den Fingern essen können, wozu sich lange Bohnen und zarte Fleischstückchen eignen. Breiartige Nahrung ist zwar gut zum Matschen und zum Malen mit den Fingern, aber nicht, um damit allein essen zu lernen.

Allein zu essen unterstützt die Babies bei ihren ersten Schritten zu Unabhängigkeit und Körperbeherrschung. Eltern, die weiterhin darauf bestehen, die Kontrolle zu behalten, vermitteln ihren Kindern eher ein Rivalitätsverhalten, das sich in Machtkämpfen ausdrückt. Wenn Eltern den Kampf wählen, indem sie z. B. die Hände des Babys nach unten drücken, werden sie sicherlich gewinnen (wir Erwachsenen sind allemal größer, klüger und stärker), aber was die Babies lernen, ist: »Entweder du oder ich, und im Moment bist du es.« In dem vorangegangenen Beispiel gewannen die Eltern die Auseinandersetzung um Macht, Tüchtigkeit oder Sauberkeit (je nachdem, welches Bedürfnis ihres angepaßten Kindheits-Ichs die Eltern gerade befriedigen), aber sie gewannen auf Kosten ihres Kindes.

Rivalität ist ein Denkmuster, das auf der Vorstellung beruht: »Wenn einer gewinnt, dann muß ein anderer verlieren« – wie in einem Wettlauf oder bei einem Pokerspiel. Im Leben wetteifert man: entweder man gewinnt oder man verliert; nur einer kann im Kindheits-Ich und damit bedürftig sein; nur einer kann ok sein, und so geht es weiter.

Es gibt aber auch noch andere Möglichkeiten. Die kooperative Struktur setzt voraus, daß mehrere gewinnen können. Jeder ist wichtig. Jeder kann Bedürfnisse haben, und jedem können die Bedürfnisse befriedigt werden. Niemand muß verlieren. Das Baby kann wachsende Überlegenheit und Fähigkeit erfahren. Die Eltern können sich ebenfalls darüber freuen, daß sich ihr Baby immer besser behauptet, und sich selbst dazu beglückwünschen, daß sie diese Selbständigkeit fördern und allerlei Durcheinander dulden.

Die Sprache ist eine andere Fertigkeit, die Babies allmählich beherrschen. Wenn wir das Geplapper unserer Babies nachmachen, erfreut sie das sehr; sie reagieren darauf, indem sie sich immer mehr bemühen, richtig zu »sprechen«. Mit etwa sieben Monaten nimmt ihre Aufmerksamkeit gegenüber bestimmten Wörtern zu. Ihre Kommunikation ändert sich. Zu ihrem bisherigen Gurren, Glucksen und Plappern kommt jetzt ein großes Interesse an bestimmten Tönen. Die Babies hören zu und nehmen Wörter auf, die sie häufiger hören. Sie reagieren, als ob sie wüßten, wer mit »Mutter«, »Vater« und mit »Hund« gemeint ist, und was »nein – nein« und »Auf Wiedersehen« bedeuten. Bald fangen sie an, Schlüsselwörter zu imitieren. Eltern sollten in dieser Phase darauf achtgeben, für was sich das Baby gerade interessiert, und es benennen: »Nase«, »Zehe«, »Licht«. Außerdem können sie Eigenschaftswörter wie »weich« oder Temperaturangaben wie »kalt« benutzen, wenn das Baby gerade etwas berührt. »Oben« und »unten« können sie einführen, wenn Eltern und Kind Spaß am Üben haben. Die Fähigkeit, ein verstehbares Wort zu sagen, tritt gewöhnlich vor dem ersten Geburtstag auf. Zu den ersten Wörtern gehören die Namen von wichtigen Erwachsenen – »Mama«, »Papa« – und Gegenständen – »Ba« (z.B. für Ball).

Ihre kleine Tochter entwickelt schon sehr früh wesentliche Vorstellungen davon, wie und wann sie ok ist. Ihr Selbstbild entspricht recht genau ihren körperlichen Fähigkeiten, der Art, wie sie ihre Umwelt beherrscht, und der Weise, wie wichtige Erwachsene sie behandeln.

Mit acht oder neun Monaten hat sich das primitive Erwachsenen-Ich (ER_1) schon so weit entwickelt, daß Ihr Töchterchen beginnt, eine Sache zu kennen und sich an sie zu erinnern, auch wenn sie gerade nicht zu sehen ist. Sie sieht nach und krabbelt um Ecken, um die Ursache eines Geräusches zu entdecken, besonders dann, wenn sie ihr schon bekannt ist: der Vater oder eine andere wichtige Person. Wenn die Mutter ihre Lieblingsrassel unter einem Kissen versteckt, während ihre kleine Tochter zusieht, wird diese das Kissen hochheben und die Rassel finden.

Das geistige Wachstum der Babies zeigt sich auch in der Fähigkeit, Fremde von Personen zu unterscheiden, mit denen sie regelmäßig zusammen sind. Babies, die »fremdeln«, protestieren vielleicht lautstark oder legen zumindest eine leichte Mißbilligung gegenüber Fremden an den Tag. Zu den Fremden gehören für sie auch vernarrte Großeltern, die nicht in der Nähe wohnen und die sie nicht erkennen. Ihre Toleranz gegenüber Fremden wächst allerdings in dem Maße, wie sie sich bei einem der Eltern auf dem Arm sicher fühlen.

Vieles von dem, was Kinder während der Erkundungsphase lernen, bringen sie sich selbst bei, indem sie alles, was sie erwischen können, berühren, schmecken, umdrehen, kauen und beriechen. Sie brauchen Zeit, um diese Aktivitäten zu wiederholen, ihre Beobachtungen bestätigt zu finden und um den Zusammenhang von Ursache und Wirkung wahrzunehmen: »Wenn ich das hinschmeiße, dann kracht es; wenn ich schreie, kommt jemand.« Ihre natürliche Neugierde steht am Anfang des Lernprozesses. Die Freiheit, neugierig sein zu dürfen, regt ihre Entdeckerfreude an. Je mehr sie entdecken, desto neugieriger werden sie, und desto mehr sind sie lernbegierig.

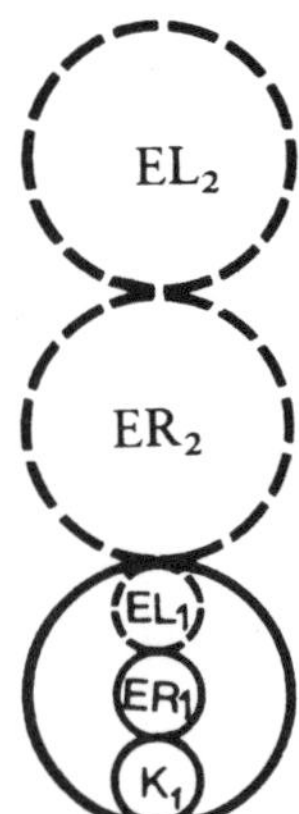

Abb. 18: Strukturdiagramm von einem Kind in der Erkundungsphase

Babies wiederholen dieselben Aktivitäten immer wieder und erweitern damit ihre motorischen Fähigkeiten. Um sicher zu gehen, wiederholen sie wie gründliche Wissenschaftler ihre Experimente. Sie ziehen an Dingen und beobachten, was geschieht. Vieles von dem, was sie lernen, ist für sie ganz und gar neu. Sie haben keine anderen Informationen, um das, was sie lernen, zu vergleichen. Sie müssen viele Versuche machen, um ein physikalisches Gesetz zu verstehen, und sehr viel mehr, um zu »überprüfen«, ob es auch wirklich ein Gesetz ist.

Während der Erkundungsphase wird die Familie ständig daran erinnert, daß sie ein Baby hat. Susie ist damit beschäftigt, den Dingen auf den Grund zu gehen, und lernt gerade die ersten Anfänge in der Kunst zu klettern. Sie plappert vor sich hin und hat Freude daran, Geräusche nachzumachen. Spiele wie »Backe-Backe-Kuchen« und »Winke-Winke« machen ihr viel Spaß. Beim Stillen ist sie geselliger (nach einigen Schlucken lächelt sie und verspritzt Milch).

Im Alter von neun Monaten erkunden die Kinder ihre Umwelt sehr intensiv. Die meisten können sich dann in irgendeiner Weise bewegen: auf dem Hosenboden umherrutschen, rückwärts krabbeln, herumzappeln usw., und dabei murmeln sie ein Kauderwelsch vor sich hin (es hört sich zwar an wie eine Unterhaltung, ist aber kein Deutsch). Die Babies können die Bewegungen von Händen und Augen immer besser koordinieren; sie können sich z. B. mit Daumen und Zeigefinger einem kleinen Gegenstand nähern und ihn aufheben. Sie ziehen an niederen Schränkchen und Schubladen, an Lampenschirmen und Windeleimern und beobachten dabei die verschiedenen Auswirkungen. In der Schublade unter dem Herd gibt es meist eine große Auswahl von Trommeln und Becken (Töpfen und Pfannen), die stabil sind und mit denen man herrlichen Lärm machen kann.

Das Baby durchlebt während seines Wachstums immer wieder aufregende Perioden. In den ersten Lebensjahren wird Unbehagen oft durch einen neuen Zahn verursacht. Während der abwechselnden Phasen von Unzufriedenheit und Wohlbefinden ist es jetzt möglich, die ersten Ablösungsversuche zu unternehmen und dem Baby beizubringen, auch Frustrationen zu ertragen.

Krabbeln die Babies erst einmal auf dem Boden herum und werden sie dabei auch schmutzig, dann sehen sie nicht mehr so niedlich aus wie früher. Ihr Weinen wird lauter und fordernder. Die geringere Anziehungskraft und wachsende Ruhelosigkeit fördert eine allmähliche und natürliche Trennung von Eltern und Kind, die noch eine Symbiose miteinander bilden.

Das Kind, das zu krabbeln beginnt, braucht auch weiterhin körperliche Zuwendung, zusätzlich zu besonderer Aufmerksamkeit und besonderem Schutz.

6.1.1 Leitfaden für die Betreuung von kleinen Entdeckern

1. Sorgen Sie für eine sichere Umgebung.
2. Schaffen Sie Gelegenheit zu Experimenten mit Oberflächen, Maßen, Bewegung, Schwerkraft, Entfernungen usw.
3. Lassen Sie, innerhalb sicherer Grenzen, auch die folgenden dieser Experimente zu:
4. Erlauben Sie eine wachsende Selbständigkeit beim Essen und beim Spielen.
5. Erlauben Sie Ihrem Kind, selbst etwas von seiner Zeit zu strukturieren.
6. Entwickeln Sie ein neues Gleichgewicht zwischen bedingungsloser und bedingter Zuwendung. Auf diese Weise erlebt das Kind, daß es dafür, daß es bestimmte Dinge tut, Zuwendung bekommt. Geben Sie immer, wenn das möglich ist, positive Zuwendung.
7. Verschaffen Sie erste Fähigkeiten zum Lösen von Problemen, wenn das Kind bereit ist zu lernen.
8. Erlauben Sie Ihrem Kind eine immer größer werdende Auswahl von Gefühlen: Freude, Zufriedenheit, Aufregung, Ärger, Furcht, Enttäuschung, Ambivalenz usw.
9. Achten Sie bewußt auf die Botschaften, die Sie mit Körper und Gesicht vermitteln. Dies ist die Sprache, die Ihr Kind versteht.
10. Benennen Sie Gegenstände, für die sich Ihr Kind interessiert, mit einzelnen Worten: z. B. »Nase«, »Zeh«, »Ball« usw.

6.2 Sicherheit

Die Eltern sollten in dieser Zeit für eine sichere Umgebung sorgen, damit die kleinen Forscher in Sicherheit experimentieren können. Ein angemessener Schutz ist für die Entwicklung der Persönlichkeitsstruktur des Kindes sehr notwendig. Babies, die nicht genügend Schutz bekommen, verwenden ihre Energie schon frühzeitig auf das Denken, wobei sie sich hauptsächlich darauf konzentrieren, wie sie überleben können. Wenn Babies sich nicht sicher fühlen, haben sie zu wenig Energie, mit der sie das Forschen genießen, obwohl dies für ihre Entwicklung doch gerade so wichtig ist.

Sicherheit ist aber nicht allein für die Entwicklung der Persönlichkeitsstruktur notwendig, sondern wir müssen uns auch darüber im klaren sein, daß Unfälle die Haupttodesursache von Kindern im Alter zwischen ein und vier Jahren sind. Am häufigsten sind dabei Autounfälle. Verbrennungen, Ertrinken, Vergiftungen und Stürze zählen zu den nächsthäufigen

Unfallarten. Badezimmer, Keller und Küche sind für das Kind die gefährlichsten Räume im ganzen Haus.
Um das Haus kindersicher zu machen, sollte man so viele gefährliche Gegenstände wie möglich hochlegen oder entfernen. Halten Sie Ihr Kind immer von der Gefahr fern, d.h. jedesmal, wenn das Kind sich der Gefahr nähert. Sparen Sie sich ein »Nein« für die wenigen wirklich wichtigen Gelegenheiten; Ablenkung wirkt während der ersten zwei Jahre noch sehr gut. Sobald Ihr Kind gerne etwas tun möchte, zeigen Sie ihm einen sicheren Weg, es zu tun.
Wenn Karin beigebracht wird, wie sie etwas gefahrlos tun kann, dann hat sie die Möglichkeit, sich auf vielfältige Weise zu entwickeln. Sie lernt die Folgen ihres Handelns und sie lernt Naturgesetze kennen; sie wird mit ihrem eigenen Körper und seinen Grenzen vertrauter; sie entwickelt immer mehr Selbstbeherrschung und Selbstbestimmung. Zum Beispiel kann Karin, während sie ißt, verschiedene Informationen sammeln. Sobald sie lernt, die Hand zum Mund zu führen, beginnt sie damit, allein essen zu können. Wie bei allen neuen Fähigkeiten, gelingt es ihr nicht sofort ganz vollkommen. Sie lernt es aber sehr schnell, weil sie sich selbst mit Leckerbissen belohnt. Die Eltern können ihre Erfolgsaussichten verbessern, indem sie ihr ein Essen anbieten, das sie leicht greifen kann. Wenn Karin warmes Essen bekommt, sagt der Vater dazu das Wort »heiß«. Karin lernt dann schnell, das Wort »heiß« mit dem Dampf in Verbindung zu bringen. Sie nimmt die Hitze wahr und nähert sich dem Essen vorsichtig mit einem Finger. So lernt sie gefahrlos und direkt, was »heiß« bedeutet. Später, wenn sie sich einem heißen Herd nähert und die Mutter dann »heiß« sagt, reagiert Karin ganz aufmerksam und macht nichts falsch (sie hat jetzt schon mehr die Fähigkeit, sich an etwas zu erinnern).

6.3 Veränderungen in der Streichelökonomie

Es ist für dieses Alter sinnvoll, ein neues Gleichgewicht von bedingungsloser und bedingter Zuwendung sowie selbständiger Aktivität herzustellen. Kinder in der Erkundungsphase können sich schon selbst beschäftigen. Zuviel Aufmerksamkeit und Schutz hindert die Babies daran, sich durchzusetzen. In diesem Alter ist es entscheidend, ob man von seinem Kind erwartet, daß es lernt, seine Zeit selbst zu strukturieren. Zuviel Schutz stört das Wachstum. Wenn Babies nicht herumkrabbeln dürfen (weil sie dabei vielleicht schmutzig werden), dann kann es sein, daß sie daraus die Botschaft entnehmen, Erforschen sei schlecht und gefährlich; dies führt dann möglicherweise zu Einschärfungen wie »Denke nicht!« oder einer seiner Varianten: »Gehe den Dingen nicht auf den Grund!« »Sei nicht aufmerksam!«, »Sei nicht selbständig!« Überbetreuung führt dazu, daß die Kinder passiv und abwartend sind. Dieses passive Verhalten bewährt sich für die Kinder, solange sie mit ihren vernarrten Eltern zusammenleben; aus diesem Grund lernen sie es ja auch. Aber sobald sie aus ihrem Elternhaus fortgehen und erwarten, daß andere für sie sorgen, ist ihre Passivität nicht mehr sehr nützlich für sie.

Es ist charakteristisch für dieses Alter, daß die Kinder sich sehr leicht ablenken lassen. Durch Ablenkung kann man Babies dazu ermutigen, Dinge zu tun, die ihnen Spaß machen. Dies ist immer noch besser, als wenn sie frustriert bei einer Sache bleiben, mit der sie noch nicht umgehen können. Die kleinen Forscher lernen so die Grundvorstellung kennen, daß sie die Wahl zwischen mehreren Möglichkeiten haben: »Wenn ich dies nicht haben/schaffen kann, kann ich etwas anderes haben/schaffen.« Einige Eltern lenken ihre Kinder viel zu oft ab. Sie nehmen ihr Baby hoch und spielen mit ihm, sobald es Unbehagen zeigt. Ein derartiges Elternverhalten verhindert, daß die Kinder mit ihren Bedürfnissen, Enttäuschungen und anderen Gefühlen in Kontakt kommen. Es kann sein, daß die Eltern mit ihrem »angepaßten Kind« auf Äußerungen ihres eigenen »kritischen Eltern-Ichs« reagieren, wie z. B.: »Gute Mütter haben immer glückliche Babies« oder »Laß dein Baby nicht weinen.« Überbetreuung schützt das Kindheits-Ich der Eltern auch davor, sich über ein quengeliges Baby zu ärgern.

Manche Eltern sind nicht dazu bereit, ihren eigenen Kleinkram wegzuräumen. Sie verwenden viel Kraft darauf, ihrem Baby beizubringen, was es alles nicht anfassen darf. Fred, der ein sehr kluges und aufmerksames Baby ist, lernt, entweder sich zu fügen oder sich zur Wehr zu setzen. Dafür braucht er Kraft. Das Problematische an diesem Lernprozeß ist, daß Fred, sobald er sich darauf konzentriert, gehorchen zu lernen, weniger Kraft hat, um selbständig zu denken. Er ist in diesem Alter noch zu jung, um Selbstdisziplin üben zu können. Seinen »kleinen Professor« kann er besser entwickeln, wenn er herumkrabbeln, erkunden und probieren darf, wie es seinen inneren Impulsen entspricht.

In der Zeit, nachdem sie laufen gelernt haben, haben die Kleinkinder unterschiedliche Persönlichkeitsstrukturen. Wenn sie immer die Erlaubnis hatten zu wählen, dann wissen sie, mit wem und was sie spielen wollen. Wenn die Babies herumlaufen, gehen sie auf fast jeden zu, der ihnen gegenüber freundlich ist. Wenn sie sich danach fühlen, verlangen sie mit weit ausgestreckten Armen nach Zuwendung.
Haben die Babies einmal gelernt, wie sie werfen können, dann können sie auch Gegenstände absichtlich wieder loslassen. Diese Fähigkeit entwikkeln sie gute sechs Monate, nachdem sie zugreifen gelernt haben. Haben sie das erst einmal herausgefunden, werden sie nicht müde, es mit Begeisterung immer wieder zu tun: sie lassen Essen von ihrem Kinderstühlchen herunterfallen, werfen Spielzeug aus ihrem Bett usw. Hier haben die Eltern eine Gelegenheit, ihrem Kind zu ermöglichen, daß es etwas über die Auswirkungen seines Verhaltens lernt. Sie vermitteln ihrem Kind damit gleichzeitig die ersten Grundlagen davon, wie es Probleme lösen lernt. Es kann nun passieren, daß sich aufmerksame Eltern, die alles etwas zu schnell wieder aufheben, als erschöpfte Opfer eines endlosen Zeitvertreibs wiederfinden. Aber es gibt durchaus auch noch andere Möglichkeiten: 1. Lassen Sie das Essen oder Spielzeug liegen. 2. Erlauben Sie Maria, auf dem Fußboden zu spielen oder auch zu essen, so daß sie selbst heruntergefallenes Essen wiederfinden kann. 3. Binden Sie das Spielzeug an Fäden und führen Sie das »Angelspiel« ein. 4. Geben Sie ihr gerade so viel zu essen, daß sie satt wird (z.B. immer nur ein Stück zur Zeit).
Erklärungen nützen zu dieser Zeit noch nichts. Da die Kinder selbst erst sehr wenig sprechen können, verstehen sie nur unsere Körpersprache. Jetzt werden auch einige Wertvorstellungen im primitiven Eltern-Ich (EL_1) im Kindheits-Ich festgelegt. Das Baby lernt diese Wertvorstellungen durch Streicheln, das an Bedingungen geknüpft ist. In Familien, in denen Aktivität und Vitalität geschätzt werden, ist auch lautes, heftiges Spielen erlaubt. In diesen Familien bekommen aktive Babies Zuwendung. In Familien, in denen dagegen Sauberkeit und Gehorsam sehr wichtig sind, bekommen die Babies Zuwendung, wenn sie sauber und gehorsam sind. Kleine Forscher können das Wort »nein« verstehen, und sie werden – zumindest für einen Moment – ihre Beschäftigung abbrechen, wenn sie es hören.
Vieles von dem, was in diesem Alter festgelegt wird, ist sehr dauerhaft, und es fällt schwer, es später wieder rückgängig zu machen. Zu vielen Bot-

schaften, die das primitive Eltern-Ich (EL_1) ohne Worte speichert, erhält man später durch das normale Gedächtnis keinen Zugang, da dies mit der Fähigkeit zu sprechen verbunden ist. Entscheidungen, die in diesem frühen Lebensabschnitt getroffen werden, werden später gewöhnlich in Zwangssituationen und bei Lebensgefahr sichtbar und wirksam. Kinder, die sich im allgemeinen sicher fühlen, treffen in dieser Zeit seltener wichtige Lebensentscheidungen und benutzen ihr primitives Eltern-Ich nicht sehr oft. Eine andere große Schwierigkeit bei frühen Lebensentscheidungen besteht darin, daß sie üblicherweise aufgrund von unangenehmen und verzerrten Informationen getroffen wurden, die das noch sehr kindliche primitive Erwachsenen-Ich (ER_1) gesammelt hatte.

Jörg zeigt, wann er Streicheln braucht, und er sucht es in der Form, die er in seiner Familie bekommen kann. Wenn er immer nur dann beachtet wird, wenn er Schwierigkeiten hat (bedingte negative Zuwendung), dann kann es sein, daß er sich dazu entschließt, immer Schwierigkeiten zu haben, um sicherzustellen, daß er immer genug Streicheln bekommt. Dabei lernt er die Einschärfungen »Sei nicht glücklich!« und/oder »Schaff es nicht!«. Jörg entwickelt dabei wichtige Grundvorstellungen über seinen Wert, seine Bedeutung und seine Fähigkeit zu lernen.

Wenn Jörg Schwierigkeiten hat, braucht er die Unterstützung seiner Eltern, um herauszufinden, was das Problem ist (z.B. ist er unter einem Tisch stecken geblieben, kann ein Spielzeug nicht freibekommen, ist müde) und wie er es lösen kann. Es ist wichtiger für ihn, so unterstützt zu werden, als mit einem anderen Spiel oder einem Keks abgelenkt zu werden. Später, wenn er älter ist, ist es für Jörg wichtig, daß er lernt, wie er seine Probleme allein lösen kann.

Eines Tages krabbelte Jörg zur Kellertreppe und weinte, denn unten sah er Kinder spielen, hörte ihre Begeisterung und wollte auch dorthin. Die Mutter hätte ihn jetzt ablenken können, wenn die Kellertreppe zu gefährlich oder aus anderen Gründen verboten wäre (s. auch den Abschnitt über Ablenkung auf S. 108). Es ist für Jörg wichtig zu lernen, daß es Zeiten gibt, wo er nicht alles bekommen kann, was er haben will. Nehmen wir jedoch an, die Kellertreppe war sicher und die größte Schwierigkeit für Jörg wären die Stufen gewesen, die er noch nicht hinunterklettern konnte. Wenn die Mutter ihn davon ablenkte, würde Jörg lernen: »Klettere nicht!«, »Erforsche nicht!«, »Sei nicht frustriert!«. Die Mutter könnte damit jetzt zwar Zeit sparen, aber sie würde Jörg in einem Augenblick am Lernen hindern, in dem er dazu sehr motiviert ist. Sie kann auch für Jörg das Problem lösen, indem sie ihn hinunterträgt. Aber wenn sie das tut, dann lernt Jörg: »Immer wenn ich ein Problem habe, brauche ich mich nur aufzuregen und zu warten, bis jemand kommt und für mich das Problem löst.« (Auch: »Gehe Probleme nicht an!«, »Strenge dich nicht an!«) Wenn die Mutter Jörg beibringen will, wie er sein Ziel erreichen kann, dann dreht sie ihn so herum, daß er seinen Rücken den Stufen zuwendet. Dann setzt sie Jörgs Knie auf die oberste Stufe herunter, macht das gleiche mit dem anderen Knie usw. Jörg lernt in diesem Alter *durch seinen Körper.*

6.4 *Die Energiekrise*

Wir Eltern empfinden diese frühen Lebensabschnitte als sehr kraft- und zeitraubend. Einerseits ist die schiere Lebensfreude der Krabbelkinder wunderbar und mitreißend, auf der anderen Seite brauchen wir sehr viel Energie, um für ihre Sicherheit zu sorgen, ohne ihre Freiheit übermäßig zu beschränken.
Frauen, die die traditionelle Rolle der Kinderpflege und Haushaltsführung in isolierten Kleinfamilien übernehmen, verspüren oft einen Kräfteverschleiß. Ihre eigene Versorgung mit Streicheln wird durch typische Konflikte in Frage gestellt (s. Abb. 19).

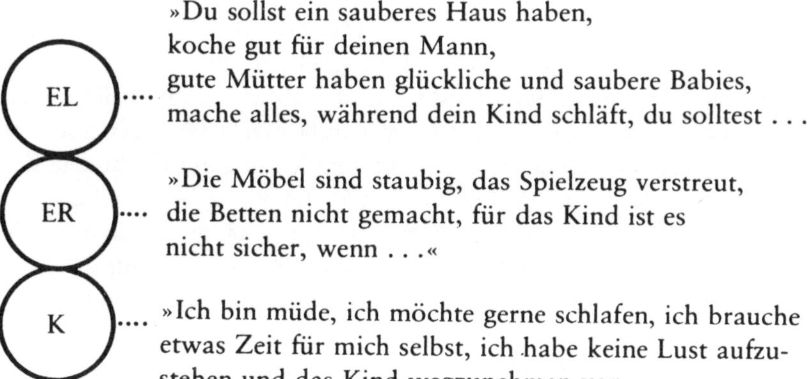

Abb. 19: Strukturanalyse einer Mutter, die sich »eingesperrt« fühlt

Die Mutter neigt dazu, sich gemäß der »Konkurrenzstruktur« zu verhalten, wenn sie ihr Selbstwertgefühl nur auf ihr Dasein als Mutter gründet. (Um eine Mutter zu sein, mußt du ein Kind um dich haben.)
Während unsere Kinder die Erkundungsphase durchlaufen, erleben wir Eltern diese Phase unserer Kindheit neu. Diejenigen von uns, die befriedigende Erlebnisse als Kinder hatten, ermutigen automatisch zu Aktivität und sorgen mit beiläufiger Wachsamkeit für die Sicherheit ihres Kindes, während sie weiter ihr Erwachsenenleben leben. Diejenigen von uns, die eingeschränkt oder nur unzulänglich geschützt wurden, haben einige Schwierigkeiten. Wir können entweder das Skript, das wir bekommen haben, wiederholen oder uns genau entgegengesetzt dazu verhalten. Zum Beispiel eine Mutter, die sich selbst vernachlässigt und mißachtet fühlte, achtet jetzt zu viel auf ihr Kind, das seine Umwelt erforscht. Ein Vater, der die Möglichkeit hatte, gefährliche Dinge zu tun (und es überlebte), trifft nicht die üblichen Vorsichtsmaßnahmen und paßt zu wenig auf sein neugieriges Kind auf (z.B. schläft er beim Fernsehen ein, und sein Sohn zieht über sich eine Schublade mit Messern heraus). Wenn unsere Eltern unsere Bedürfnisse, die wir als Kinder hatten, vorwegnahmen, kann es sein, daß wir später von unseren Ehepartnern erwarten, daß sie uns ihre Liebe dadurch beweisen, daß sie wissen, was wir brauchen, ohne daß wir es sagen. Wenn wir während der Erkundungsphase schwere Gefahren erlebt haben, kann es sein, daß uns plötzlich eine starke Angst überkommt, für die wir keine Erklärung haben. (Eine junge tüchtige Mutter stellte plötzlich fest, daß sie Angst hatte, Auto zu fahren, was sie jahrelang getan hatte.)
Wenn wir uns vornehmen, unsere Kinder anders zu erziehen, als wir es gelernt haben, haben wir oft innere Konflikte. Es kann vorkommen, daß wir unseren Kindern eine Botschaft aus unserem nährenden Eltern-Ich geben und gleichzeitig aus dem »angepaßten Kind« etwas Entgegengesetztes mitteilen. Diese mangelnde Übereinstimmung bedeutet nun nicht, daß wir Lügner oder schlecht sind. Es heißt vielmehr, daß wir selbst es mit einigen unerledigten Aufgaben aus unserer Erkundungsphase zu tun haben. Als Erwachsene können wir jetzt allerdings unsere Bedürfnisse mit unserem Erwachsenen-Ich erkennen und etwas unternehmen, um das zu bekommen, was wir brauchen. Es gibt verschiedene Möglichkeiten, um das Problem zu lösen: 1. Wir lernen von anderen erfolgreichen Eltern, die wir mögen; 2. wir finden eine fürsorgliche Person, die uns gibt, was wir brauchen; 3. wir gehen in Therapie, um das Problem aufzuarbeiten usw.

Ein aktives forschendes Baby beansprucht von uns Ausdauer wie von einem erstklassigen Sportler. Wir haben eine zweifache Aufgabe: erstens erleben und bearbeiten wir unsere eigene Erkundungsphase neu, und außerdem müssen wir gleichzeitig mit unseren wachsenden Kindern schritthalten. Unsere Bedürfnisse und die der Babies sind sich sehr ähnlich: Ruhe, Nahrung, Zuwendung und neue Reize. Es ist wichtig, daß wir dafür sorgen, daß sowohl unsere eigenen wie auch die Bedürfnisse des Kindes befriedigt werden.

Ruhe: Machen Sie ein Nickerchen, wenn Ihr Baby ebenfalls schläft. Wenn Sie mehrere kleine Kinder haben, die einen unterschiedlichen Rhythmus besitzen, bringen Sie ihnen einen bei, der für alle günstig und bequem ist. Der Haushalt ist nicht so wichtig. Er kann warten. Bitten Sie Ihren Ehepartner oder eine andere fürsorgliche Person, auf die Ihr »Kindheits-Ich« hört, um Erlaubnis, ausruhen und entspannen zu dürfen.

Verwenden Sie Ihre Zeit sinnvoll. Verschieben Sie anstrengende Vorhaben auf die Zeit, in der Ihr Kind im Vorschulalter ist. Nutzen Sie Kontakte zu anderen Eltern, mit denen Sie sich beim Kinderhüten abwechseln können. Denken Sie darüber nach, wie sie Kräfte sparen und sich bei Laune halten können. Ein Haus oder eine Wohnung mit einem Park in der Nähe oder einem eingezäunten Garten ist sehr wichtig, wenn die Kinder klein sind. Einfache Mahlzeiten lassen sich schnell zubereiten. Pflegeleichte Kleidung braucht nur wenig oder gar nicht gebügelt zu werden.

Wenn die Mutter den ganzen Tag zu Hause damit beschäftigt war, hinter Terry herzujagen, kann es sein, daß sie so mit ihren Nerven am Ende ist, daß sie ihn unbedingt loswerden möchte. Kommt der Vater zum Abendbrot nach Hause, ist er wahrscheinlich müde von seiner Arbeit, aber er hat noch nicht genug von seinem Kind – deshalb ist er bereit zu helfen. Er kann z.B. bis zum Abendbrot mit Terry draußen herumtoben oder auf dem Fußboden im Wohnzimmer einen Ringkampf mit ihm veranstalten. Terry und sein Vater könnten auch einen Spaziergang machen. Außerdem gibt es die Möglichkeit, daß der Vater das Abendbrot macht, während die Mutter spazierengeht.

Ernährung: Ernährung ist für junge Eltern sehr wichtig. Wir ernähren uns nicht nur, sondern wir schöpfen neue Kräfte, wenn wir gut essen. Wir sollten selbst so sorgfältig essen, wie wir unseren Säugling füttern: z.B. Vitamine, Hefe – alles was als besonders nahrhaft bekannt ist. Trinken Sie auch immer ein Glas Saft, wenn Sie Ihrem Kind eines geben.

Streicheln: Wenn wir Streicheln brauchen, sind wir selbst dafür verantwortlich, Streicheln zu erbitten. Es ist jetzt der Zeitpunkt, an dem wir wieder neu lernen können, daß wir selbst dafür zuständig sind, unsere Bedürfnisse anzumelden. Wir können jetzt lernen, so zu fragen, daß wir auch Zuwendung bekommen, die ok ist (nicht wenn unser Ehepartner gerade wütend ist oder eilig zur Abendschule muß oder einen Braten aus dem Ofen nimmt). Wenn wir zu Hause nicht genug Streicheln bekommen, ist es für uns Zeit auszukundschaften, wer uns auch sonst noch positive Zuwendung geben könnte.
Anregung: Was wollen wir für uns selbst in dieser Phase unseres Lebens? Vielleicht wollen wir etwas erleben, erforschen? Möglicherweise veranstaltet die Volkshochschule einen unterhaltenden oder einen anregenden Kurs an einem Abend, an dem der Ehepartner bereit ist, das Baby zu hüten. Finden Sie heraus, ob Sie Ihr Kind zu viel betreuen. Wenn wir die Bedürfnisse unserer Kinder nach Wachstum und Unabhängigkeit mißachten, mißachten wir gleichzeitig auch uns selbst als vollwertige Personen.

6.5 *Zusammenfassung*

Babies, die in der Erkundungsphase sind, haben bald genug davon, in den Armen der Eltern oder in ihren Kinderbetten zu liegen. Sie sind eifrig bemüht, die Welt zu sehen. Sobald sie die Bewegungen der Augen und Hände koordinieren können, greifen sie nach allem, was sie erreichen können. Zu ihren ersten Experimenten gehört auch, daß sie auf allem kauen und alles probieren, was ihnen in die Finger kommt.
Das Zahnen ist im Leben der Babies ein bedeutsames Ereignis. Es verursacht Unwohlsein und hält mit Unterbrechungen die ersten drei Lebensjahre an. Die Babies lernen durch diesen schmerzhaften Vorgang Ambivalenz, verschiedene negative Gefühle, Getrenntsein und die Erkenntnis, daß einiges nicht beeinflußbar ist, kennen.
Sobald die Babies sich vorwärts bewegen können, erforschen sie jeden Ort, den sie krabbelnd erreichen können. Ihre wachsende Körperbeherrschung ermöglicht ihnen, ständig größere Bereiche zu erkunden, ihre Umwelt kennenzulernen. Sie lernen, sich ihre Zeit selbst einzuteilen und wie sie sich selbst unterhalten können. Sie lernen Gefühle sowie Frustra-

tionen kennen. Die Seite seiner Persönlichkeit, die das Kind in der Erkundungsphase aktiviert, wird als das primitive Erwachsenen-Ich im Kindheits-Ich bezeichnet (ER_1). Der »kleine Professor«, wie sie auch genannt wird, sammelt Informationen, bevor das Baby sprechen kann, und erkennt intuitiv Probleme. Das Gedächtnis wird erst dann wichtig, wenn das Kind sich an Gegenstände, die es nicht sehen kann, erinnert und zwischen Gesichtern, die ihm fremd oder vertraut sind, unterscheidet.
Kinder in dieser Entwicklungsphase brauchen bei ihren Erkundungen Sicherheit. Sie brauchen Schutz vor ernsthaften Verletzungen; gleichzeitig ist es wichtig für sie, in geschützter Form die Folgen ihres Handelns zu spüren, damit sie daraus lernen. Sie sollten Spielraum ohne Gefahren und Verbote haben.
Wir erleben mit unseren Kindern unsere eigene Erkundungsphase neu; wir tun dies entweder mit Freude oder mit Schmerz, je nachdem wie unsere Erfahrungen in der Kindheit waren. Wir spüren wieder die damit verbundenen Gefühle: Begeisterung, Ambivalenz, Frustration usw. Ungelöste psychische Probleme müssen wir neu bearbeiten. Diejenigen von uns, die für ein Krabbelkind sorgen, müssen ständig mit ihrem eigenen Energiehaushalt rechnen. Es ist eine Zeit, in der Müdigkeit und Streß die Verständigung der Erwachsenen untereinander behindern. Es kann leicht möglich sein, daß sich Eltern in dieser Zeit auseinanderleben.
Unsere Bedürfnisse sind denen der Babies ähnlich, wenn auch auf einer höheren Entwicklungsstufe. Grundsätzliche Bedürfnisse wie Ruhe und Ernährung brauchen genauso viel Beachtung wie die unserer Babies. Es sollte sorgfältig überlegt werden, wie man Arbeit und Zeit sparen und Hilfe von anderen bekommen kann.
Genauso wichtig ist es, daß wir auf unsere Bedürfnisse nach Spaß und Anregung als Erwachsene achten. Wenn wir unser Gefühl, daß wir ok sind, ausschließlich nur auf unser Elternsein gründen, werten wir sowohl uns selbst wie auch unsere Kinder ab.

6.6 *Übungen*

Krabbeln: Der Zweck dieser Übung besteht darin, Ihnen zu helfen, sich in die Erkundungsphase Ihrer eigenen Kindheit einzufühlen und neu zu erleben, was es bedeutet, ein Kind in diesem Alter zu sein und zu versorgen.

1. Wählen Sie sich einen Partner.
2. Bevor Sie anfangen, lesen Sie die Anweisung ganz durch.
3. a) Entscheiden Sie, wer von Ihnen zuerst klein sein soll. Als »Forscher« stellen Sie sich vor, daß Sie sehr klein sind und noch nicht reden und laufen können. Krabbeln Sie umher. Sehen Sie sich Ihre Umgebung an. Berühren, probieren, ziehen und stoßen Sie, was Sie interessiert. Sie können Menschen noch nicht als Menschen erkennen; sie sind für Sie eher interessante Gegenstände, die Ihnen Spaß machen und die Ihre Aufmerksamkeit auf sich lenken, wenn sie in Ihr Blickfeld kommen.
   b) Als »Forscher« beobachten Sie, wie sich jeder Teil Ihres Körpers anfühlt.
   c) Als »Betreuer« überprüfen Sie die Umgebung. Behalten Sie Ihren Partner im Auge. Sorgen Sie für die Sicherheit Ihres »Krabbelkindes«. Lenken Sie Ihr »Krabbelkind« mit Bewegungen und sprechen Sie, um Dinge zu benennen.
4. Besprechen Sie Ihre Erfahrungen.
5. Tauschen Sie die Rollen.
6. Besprechen Sie auch diese Erfahrungen miteinander.

7 Die Entscheidung zum Denken (Trennung)

Die psychischen Hauptaufgaben, die Kleinkinder zu bewältigen haben, sind: weitere Sprachfertigkeit zu erwerben, mehr zu erfahren über ihre eigenen Gefühle und die der anderen, einige ihrer grundlegenden Lebensprobleme zu lösen, eigenständige Individuen zu werden und schließlich ihr Erwachsenen-Ich zu stärken und zu entwickeln.

Mit 18 Monaten beherrschen die meisten Kleinkinder mehr als 20 Wörter. Sie sprechen in kurzen Sätzen wie »Weg, Blase!« (»Ihr Seifenblasen, hört auf, so groß zu werden und meine Hände zu bedecken!«), »Papa, zugucken!« (»Guck mir zu, wie ich diesen Zaun hochklettere!«) und »Dir zeigen!«. Die Aufmerksamkeitsspanne wächst, so daß sie einige Minuten lang sitzen und etwas in ihrer Hand betrachten können, ohne sich zu langweilen. Sie entwickeln auch mehr Zeitgefühl. Sie wissen, wann »jetzt« ist und daß »später« nicht »jetzt« ist.

Kinder in diesem Entwicklungsstadium befassen sich mit dem, was ihnen gehört, weil sie zwischen sich selbst und anderen zu unterscheiden beginnen. Dies zeigt einen erwachenden Sinn für die eigene Identität. Kinder, deren Erwachsenen-Ich noch nicht genügend gestärkt ist, spielen in der Nähe von Gleichaltrigen, aber nicht mit ihnen. Sie brauchen noch eine Weile, um mit den wechselseitigen Gefühlen fertig zu werden. Ein älteres Kind, das bereit ist, sein Erwachsenen-Ich (ER_2) zu benutzen, kann sich ziemlich gut in sozialen Beziehungen zurechtfinden: es kann nachgeben, ablenken und taktvoll sein.

Die größere Beweglichkeit der Handgelenke in diesem Entwicklungsstadium bedeutet, daß Kleinkinder sich teilweise selbständig an- und ausziehen und daß sie Türklinken bewegen können (um dann z.B. nachts auf die Straße zu laufen!). Sie werden geschickter, z.B. beim Einschenken und Leeren von Tassen, beim Reinstecken und Rausziehen, und es gelingt ihnen nun besser, Teile zusammenzufügen. Darüber hinaus nehmen sie die Ergebnisse ihrer Experimente wahr, da sie allmählich in die Phase ihres Erwachsenen-Ichs hinübergleiten.

Außer der Fähigkeit, ihren Körper besser im Gleichgewicht zu halten, lernen Kinder allmählich, rückwärts zu gehen und sich rückwärts auf einen

Stuhl zu setzen. Das ist ein sehr wichtiger intellektueller Schritt. Kinder müssen in der Lage sein, den Gedanken zu erfassen, daß der Stuhl (und darüber hinaus der Rest der Welt hinter ihnen) auch dann noch existiert, wenn sie ihn nicht mehr sehen. Ebenso müssen sie das Bild des Stuhles in ihrem Kopf mit dem Gefühl in Verbindung bringen, das sie haben, wenn sie etwas unter ihren Beinen spüren.

7.1 Sauberkeitserziehung

Kinder in diesem Entwicklungsstadium bekommen eine Vorstellung davon, daß sie eine Rückseite haben. Sie nehmen ihren Po und ihre Abfallprodukte wahr. Sie zeigen an, daß sie sich ihrer verschmutzten Windeln bewußt sind, indem sie breitbeinig laufen. Kinder lernen, auf ihren Darmreflex zu achten – das ist ein leichtes Zusammenziehen, das die Ankunft von weiterem Stuhlgang im letzten Teil des Dickdarms signalisiert und das Verlangen erzeugt, ihn zu leeren. Es braucht Zeit und Übung, um zu lernen, wie man den Schließmuskel entspannt und gleichzeitig kräftig drückt. Eine solche Koordination lernt man am besten in entspannter Atmosphäre und in Hockstellung. Viele Hämorrhoiden sind entstanden, weil diese Fähigkeit nicht erfolgreich gelernt wurde.

Sauberkeit wird nach und nach erlernt. Bevor Kinder es fertigbekommen, willentlich in den Topf zu machen, lernen sie, ihren Urin und Kot zurückzuhalten (genauso wie sie das Greifen sechs Monate vor dem Loslassen lernen).

Wenn Kinder ihre Blase und ihren Darm einigermaßen kontrollieren können (d.h. eine längere Zeit trocken bleiben), ist es angemessen, an die Sauberkeitserziehung zu denken. Andere wichtige Anhaltspunkte für ihre Bereitschaft sind:

1. eine fortgeschrittene Stufe der Beherrschung des Bewegungsapparates (sie können mühelos rennen, gehen, klettern);
2. Wahrnehmung der verschmutzten Windeln und Unzufriedenheit darüber;
3. ein ausreichend entwickeltes Verständigungssystem, mit Hilfe dessen sie den Eltern mitteilen können, was los ist;
4. Wissen um die Benutzung des Töpfchens durch Beobachtungen anderer.

Sauberkeitserziehung ist ein Teil der Sozialisierung. In Familien, die das Badezimmer ungezwungen und selbstverständlich benutzen, lernen Kinder leicht. Manche Eltern lassen sich jedoch eher von Verwandten und anderen wichtigen Bezugspersonen bestimmen, anstatt ihr eigenes Erwachsenen-Ich zu benutzen, um festzustellen, wann ein bestimmtes Kind soweit ist.

Familien unterscheiden sich in ihrer allgemeinen Atmosphäre, z. B. geht es bei einigen leiser zu als bei anderen, einige reagieren strenger auf widerspenstiges Verhalten als andere. In jedem Haushalt jedoch gibt es *ein* Thema, an dem man das Problem der Kontrolle mit den Kindern zu lösen sucht. Das Badezimmer, der Eßtisch und das Schlafzimmer sind in unserem Kulturkreis die beliebtesten Arenen. Wir erwarten, daß unsere Kinder etwas tun, das mehr unserer Bequemlichkeit und unserem Vergnügen entspricht als ihren eigenen Impulsen. In der Tat drängen wir sie zu einem so-

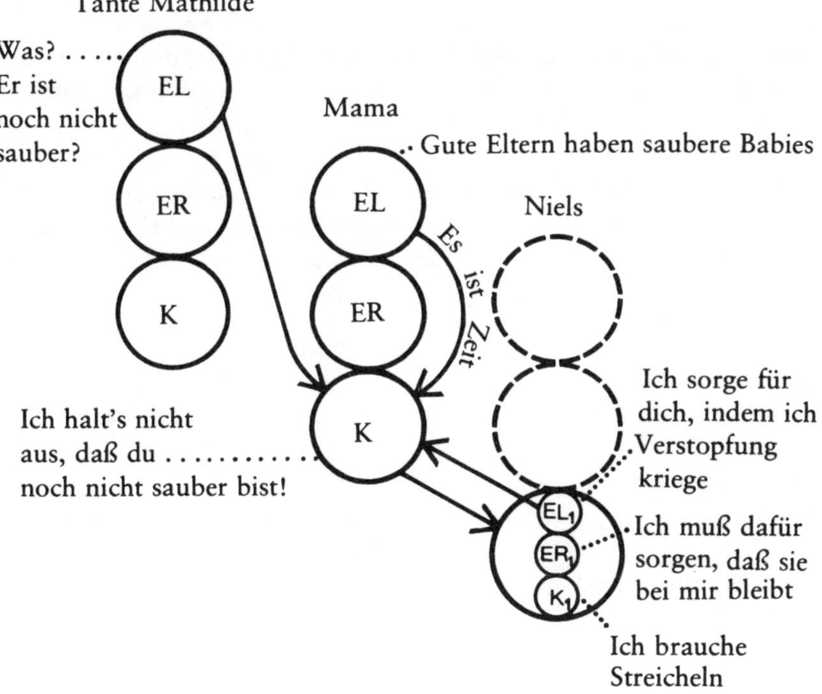

Abb. 20: Sauberkeitserziehung aus dem angepaßten Kindheits-Ich der Mutter

zialen Vertrag: sie sollen einen Teil ihrer Autonomie aufgeben, um dafür das Vergnügen unserer Gesellschaft zu haben; und sie sollen anfangen, über Lösungen für einige ihrer persönlichen Probleme nachzudenken. Während der Ablösungsphase übernehmen die Kinder die Verantwortung dafür, sich sauber und trocken zu halten, ihren Hunger zu stillen, schlafen zu gehen und sich an bestimmte elementare Sicherheitsregeln zu halten. Ein Elternteil, der eine Rivalitätshaltung einnimmt, neigt an diesem Punkt dazu, solche Aufgaben in einen Machtkampf zu verwandeln; das führt beim Kind schließlich dazu, daß es wichtige Situationen für Gewinner/Verlierer-Situationen hält: »entweder du *oder* ich«.

7.2 »Nein-Nein« oder positive Anweisungen

Kleine Kinder haben die Fähigkeit und die Phantasie, mit jedem Tag etwas Neues zu entdecken. Sie sind oft unzufrieden mit dem, was sie tun dürfen. Sie werden gereizt und aufsässig und irritieren die Erwachsenen, mit denen sie in einer Symbiose leben. Sie tun dauernd Dinge, die sie nicht tun sollen. Diese Vorliebe für verbotene Dinge ist ein Grund dafür, warum wir Eltern so leicht in die Gewohnheit verfallen, bei jeder Gelegenheit zu sagen: »Laß das!«

»Laß das!« ist sehr hemmend. Viele weitere Anordnungen beginnen damit und stammen von daher. Mit etwas Nachdenken und Unterstützung von unserem kreativen »kleinen Professor« können wir »Laß das!«-Botschaften in positive Anweisungen umwandeln:

statt:	*gebrauche:*
Renne nicht!	Gehe langsam!
Tu dir nicht weh!	Guck nach beiden Seiten!
	Benutze deine Augen!
Sei nicht dumm!	Denke nach!
Heul nicht!	Das tut weh! (in den Arm nehmen, küssen)
Geh nicht allein raus!	Warte auf Mama/Papa
Mach's nicht schmutzig!	Wasch deine Hände!
Mach's nicht kaputt!	Sei vorsichtig!
Hab keine Angst!	Du hast Angst, Klaus (in den Arm nehmen).

Die empfohlenen Aussagen bestehen alle aus kurzen Sätzen, da ein Kind genauere Erklärungen in diesem Alter nicht versteht. Was Klaus in diesem Alter wissen muß, ist, daß seine Gefühle Namen haben, daß sie wichtig sind und daß eine starke und kompetente Bezugsperson da ist, um ihn zu beschützen. Später wird seine Sprache sich weiterentwickeln, und sein Denken wird anspruchsvoller. Komplexere Forderungen und Erklärungen können hinzugefügt werden, wenn das Kind bereit dazu ist, besonders während der Aufbauphase.

Es ist das Stadium, in dem Kinder von der experimentellen Physik zur experimentellen Psychologie übergehen. Nachdem sie die *Dinge* in ihrer Umwelt einige Zeit lang erforscht haben, wenden sie ihre Aufmerksamkeit nun vermehrt den *Menschen* ihrer Umgebung zu. Während der vorangegangenen Phase haben sie Dinge getan, um zu sehen, was passiert; aber jetzt, in der Trennungsphase, beobachten sie, wie Leute auf sie reagieren, besonders diejenigen, mit denen sie in einer Symbiose leben. Mit der Zeit überprüfen sie uns mehr und mehr. »Nein« wird ihr Lieblingswort.

7.3 Trennung = Verärgerung

Gabi, die gerade ihren zweiten Geburtstag hinter sich hat, geht ziemlich rechthaberisch mit Mama und Papa um. Wenn sie mit Kindern ihres Alters spielt, endet das meist mit Kämpfen und Tränen: »Das gehört mir! Mir!« Sie drückt die Ambivalenz ihrer Gefühle mit Wörtern aus wie » Ja – Nein« und »Halt – weiter!« Mutter sagt (mit einer großen Portion Gereiztheit): »Gabi, du scheinst nicht zu wissen, was du willst.« Man kennt die »schrecklichen Zweijährigen«. Diese Verärgerung ist ein Hinweis für uns Eltern, daß sich unser Kind dem Ende der Trennungsphase nähert. Es ist wichtig, unsere eigenen Gefühle den Kindern gegenüber wahrzunehmen und sie auf uns einwirken zu lassen.

Kinder, die sich ablösen, empfinden das Gegenteil ihrer symbiotischen Partner. Gabi, die in einer Symbiose mit Mama lebt, fühlt sich dann immer scheußlich, wenn ihre Mutter glücklich ist. Wenn Mutters Kindheits-Ich sich elend fühlt, ist Gabi ganz zufrieden. Wir sehen deutlich das Vorhandensein zweier verschiedener Personen, wenn beide im Kindheits-Ich sind und jedes »Kind« ein anderes Gefühl erlebt.

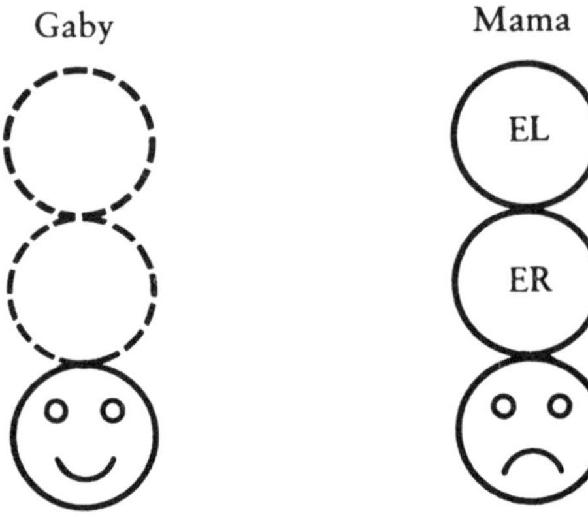

Abb. 21: Zwei Kindheits-Ichs

Der Ablösungsprozeß verläuft gewöhnlich stürmisch; eines der hauptsächlichen Gefühle, die sowohl von Kindern als auch von Eltern wahrgenommen werden, ist Ärger. Wir nehmen auch Verwirrung und Enttäuschung wahr. Wenn wir Eltern unsere Gefühle benennen, reimen sich unsere Kinder Worte und Körpersprache zusammen. Es ist wichtig, daß sie lernen, daß jeder von uns diese Gefühle hat, daß jedes Gefühl einen Namen hat, daß es in Ordnung ist, diese Gefühle zu haben, und daß man von uns erwartet, daß wir etwas mit dem Gefühl, das wir haben, anfangen. Unsere Kinder lernen dadurch, daß sie uns zugucken, wie wir uns zu ihnen verhalten.

7.4 Der Sinn des Ärgers

Manchmal behindern Eltern, die Ärger für tabu halten, unabsichtlich den Lernprozeß ihres Kindes, wie man mit Ärger erfolgreich umgeht. Wir Eltern tun dies immer dann, wenn wir versuchen, unsere eigenen Gefühle zu unterdrücken oder abzuleugnen. Verleugnung von Ärger lehrt das Kind, daß Ärger schlecht, gefährlich usw. sei: »Wenn ich ärgerlich bin, dann wird etwas Schlimmes passieren. Mama kann das nicht aushalten. Vielleicht wird es sie verletzen. Es ist besser, ich werde nicht ärgerlich.«
Andere Eltern fühlen sich schuldig, wenn sie Ärger zeigen, und dann »versuchen« sie, es an den Kindern wieder gutzumachen. Die Kinder lernen, das zu kriegen, was sie wollen, indem sie uns so manipulieren, daß wir sie

»verfolgen«. Dann können die »armen kleinen Opfer« von uns bekommen, was sie wollen, unabhängig davon, ob wir das für klug halten oder nicht.

Vier wichtige Probleme entstehen aus diesem Spiel:

1. Kinder lernen nicht, ihre Gefühle direkt zu äußern;
2. sie lernen nicht, auf angemessene Art und Weise mit ihrem Ärger umzugehen;
3. sie lernen, alle drei Positionen des Dramadreiecks zu spielen (s. S. 59).

So können Menschen lernen, Verfolger, Retter und Opfer zu sein, um in der Symbiose zu bleiben: »Solange ich dich dazu bringen kann, meine Probleme zu lösen, muß ich keine Verantwortung für meine eigenen Gefühle, Bedürfnisse und Handlungen übernehmen.« Menschen tun dies, um Ablösung zu vermeiden, weil »Spieler« glauben, Trennung sei gefährlich. Die vierte psychologische Gefahr bei diesem Spiel ist, daß Kinder lernen, das zu bekommen, was sie haben wollen, wenn sie die »Opfer«-Position einnehmen. Sie werden dann dafür belohnt, nicht in Ordnung zu sein.

Ein anderer Weg, die normale Lösung der Symbiose zu behindern, ist, daß wir zu sehr versuchen, »gute Eltern« zu sein, im Kopf bleiben, eine ungeheure Menge Energie darauf verwenden, die Bedürfnisse unserer Kinder

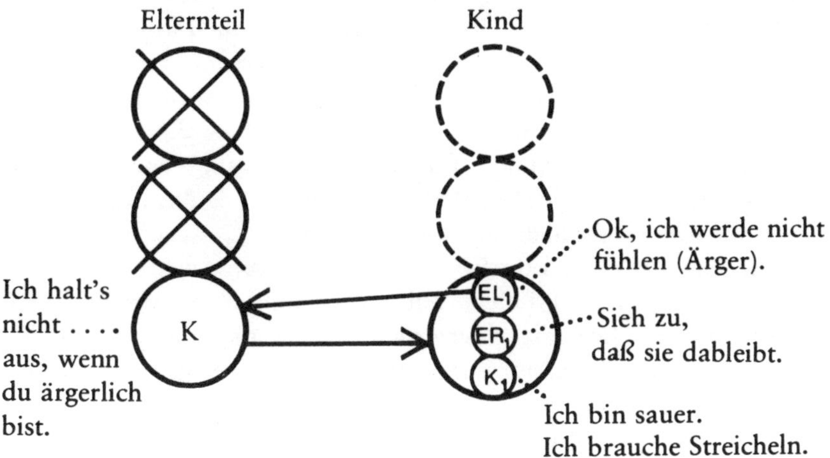

Bild 22: Weitergabe der Einschärfung: »Fühle nicht (Ärger)!«

vorauszuahnen, und uns viel zu sehr anstrengen, Konflikte zu vermeiden. Wenn wir uns so verhalten, bringen wir unseren Kindern bei, daß Konflikte und Trennung etwas Schlechtes sind.
Um dieses Dilemma aufzulösen, brechen wir die Symbiose auf und bestehen darauf, daß das Kind für sich selbst denkt: »Ich habe es satt, ich bin es müde, alle deine Probleme für dich zu lösen. Von jetzt an mußt du einige deiner Probleme selbst lösen. Ich gehe nicht weg, ich will auch weiterhin für dich sorgen, dich vor Gefahr beschützen und dir bei den Problemen helfen, mit denen du wirklich noch nicht umgehen kannst.« Diese Versicherung ist lebenswichtig. Kinder müssen sicher sein, daß sie allein sein können und daß wir nicht weggehen werden. Sie müssen wissen, daß es für sie gut ist zu denken, und daß wir von ihnen auch erwarten, daß sie denken.

7.5 Intellektuelle Entwicklung

Das Denkenlernen ist ein schrittweiser Prozeß. Neugierige Babies beherrschen Saugen, Gucken, Zuhören, Greifen, Loslassen, Laute von sich geben und sensorische Bewegungsfähigkeiten. Mit der Beherrschung dieser Fähigkeiten entsteht auch eine Grundkompetenz und die Bereitschaft, jetzt zur nächsten Phase überzugehen. Sie gehen weiter zu anspruchsvollerem Bewußtseinsniveau, zu Urteil und dem Gebrauch von Symbolen (Wörter und Als-Ob-Spiele). Bereits zu Beginn der Trennungsphase haben Kleinkinder einen Begriff von Ursache und Wirkung (»Wenn ich ein Ding loslasse, fällt es immer herunter!«). Mit dem Abschluß dieser Phase berichten sie, was sie denken und worüber sie nachdenken. Wenn Kinder die Aufgabe gelöst haben, sich abzulösen und selbst zu denken, fühlen sich sowohl die Kinder als auch die Eltern erleichtert.
Wenn Kinder erst einmal ihr Erwachsenen-Ich gebrauchen, können sie denken und einige ihrer Probleme selbst lösen und sich als getrennte Personen betrachten. Die Fähigkeit erfordert einen bestimmten Reifegrad ihres Nervensystems. Ihr Gehirn hat fast die Größe eines Erwachsenengehirns erreicht, und alle größeren hinein- und herausführenden Nervenbahnen sind relativ vollständig ausgebildet. Sie können ihren Körper viel besser kontrollieren und mehr Zeit ihrer weiteren Umwelt widmen. Sie brauchen nicht mehr soviel Mühe, sich selbst zu steuern.

Kinder schreiten in ihrer intellektuellen Entwicklung sehr schnell fort. Das macht sich in Olivers Sprache deutlich bemerkbar. Er beginnt kleine Geschichten aus der »Vergangenheit« zu erzählen und zeigt damit sein Gedächtnis und seine Zeitwahrnehmung an. Er macht Aussagen wie »ich an Hund denkt« und zeigt damit, daß er weiß, daß er denken kann. Er kann die Zeichnung eines Kreuzes abmalen, aber seine Bilder sind immer noch ziemlich schwer zu identifizieren.

7.5.1 *Elterliche Unterstützung zum Denken*

1. Ermutige Körperfreiheit und Körperbeherrschung.
2. Erlaube dem Kind, Gefühle zu äußern, positive wie negative.
3. Drücke deine eigenen Gefühle klar und angemessen aus, positive wie negative.
4. Betrachte negative Gefühle als ein Anzeichen für ein Problem, das zu lösen ist.
5. Zeige dem Kind, wie es durch Handlung und kurze Sätze Probleme lösen kann.

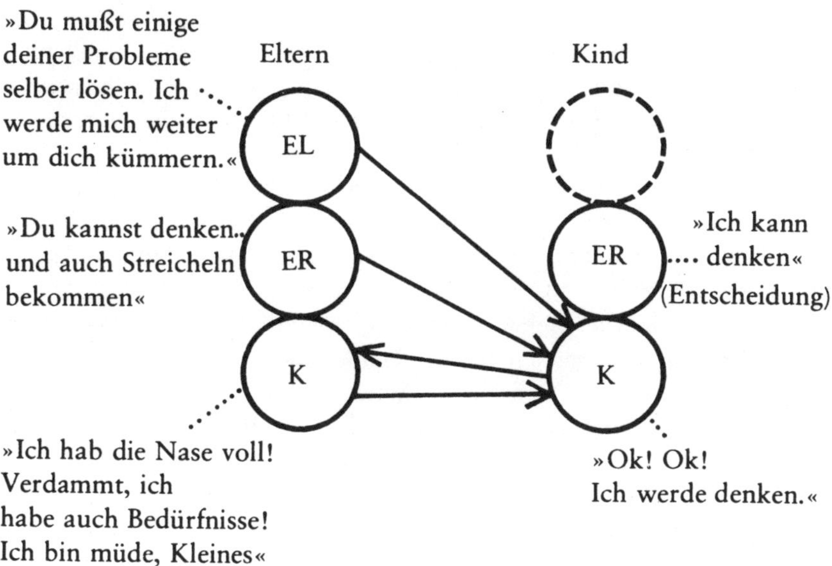

Abb. 23: Strukturanalyse von Eltern und Kind in der Auflösung der Symbiose

6. Spreche deine Forderungen und Befehle in Begriffen des kindlichen Vorstellungsvermögens aus, klar, positiv und realistisch.
7. Biete Bezeichnungen für Dinge, Aktivitäten, Menschen und Gefühle an.
8. Ermutige Unabhängigkeit und eigenes Denken.
9. Laß das Kind wissen, daß sie/er getrennt sein kann und daß du weiterhin zur Verfügung stehst, um es zu beschützen und zu streicheln.
10. Ermutige verbale Kommunikation, indem du auf die Bemühung des Kindes, sich sprachlich auszudrücken, reagierst.

7.6 *Die psychische Aufgabe der Eltern in der Trennungsphase*

Die Trotzphase eines Kindes ist verwirrend, ermüdend und läßt leicht zwei sehr verdrießliche Eltern daraus hervorgehen. Es ist daher wichtig, daß wir unsere Gefühle in die richtige Richtung lenken, uns z.B. eher über das negative Verhalten unseres Nachwuchses ärgern, als uns gegenseitig zu beschuldigen, »dieses kleine Baby total verzogen zu haben«.
Kinder, die mit Denken beginnen, benehmen sich oft ganz intelligent, wenn sie mit Erwachsenen zusammen sind, mit denen sie nicht in einer Symbiose leben, aber sie denken überhaupt nicht in Gegenwart ihrer symbiotischen Partner. Sara z.B. denkt sehr gut, wenn sie mit Papa oder dem Babysitter zusammen ist, aber sie denkt sehr wenig, wenn sie bei Mama ist (mit der sie in einer Symbiose lebt). Es ist dann weder hilfreich noch richtig, wenn Papa und der Babysitter davon ausgehen, daß Mama irgend etwas falsch macht.
Manchmal kann es geschehen, daß wir es schwierig finden, uns von einem bestimmten Kind zu trennen. Das erleben wir oft beim letzten oder bei einem behinderten Kind. Vielleicht vermitteln wir sehr subtil die Botschaft, daß unser Kind so niedlich/behindert ist, daß es wirklich noch nicht größer zu werden braucht.
Lola und Don erwarteten von ihren vier ersten Kindern, daß sie sich rechtzeitig entwickelten, aber mit Marie, ihrer Jüngsten, nahmen sie es leichter. »Wir sind lockerer bei ihr«, so erklärten sie es sich, und vermieden, sie zurechtzuweisen. Wann immer Marie ihre Schwestern ärgerte, schimpfte

Don mit den Älteren und erwartete von diesen, daß sie nachgäben. Lola stellte Don jedesmal zur Rede, wenn er das tat, aber schließlich ließ sie es sein, weil Don darauf bestand, daß die Älteren schließlich diejenigen seien, die es besser wissen sollten. Auch ihre Freunde und die Großmutter sprachen Don und Lola auf ihre Nachsichtigkeit an. Dennoch fuhren sie fort, Entschuldigungen anzuführen, bis das älteste Kind Lola gegenüber in offenen Widerspruch trat und Marie sich Don gegenüber sehr gehässig benahm. Erst dann begannen sie, darauf zu bestehen, daß Marie erwachsener wird.

Wenn wir mit der wachsenden Individualität unserer Kinder konfrontiert werden, wiederholen wir unsere eigenen frühen Denkbemühungen; wir erfahren noch einmal die Angst, getrennt und auf uns selbst gestellt zu sein. Der Ärger und die Verwirrung über unseren negativ agierenden Nachwuchs läßt unseren eigenen Zorn wieder aufleben.

Eltern, die diese Phase als sehr bedrückend empfinden, haben wahrscheinlich ihre eigene Trennungsaufgabe nicht gelöst; das gilt besonders für solche von uns mit den Einschärfungen »denke nicht; werde nicht erwachsen!« usw. Wir können mit unserem Schmerz so umgehen, daß wir ihn übergehen, unseren Kindern dann solche Einschärfungen weitergeben oder neue Wege entdecken, die uns beide befreien.

Indem wir unseren Kindern helfen, ihre Entwicklungsaufgaben zu lösen, können wir daran denken, alten Ärger aufzugeben, der jetzt keine nützliche Funktion mehr hat. Wir können unseren Zorn wirksam werden lassen, indem wir darauf bestehen, daß unsere Familie uns als selbständige menschliche Wesen behandelt und nicht nur als »Fels der Familie«, als »Wundertäter« usw. Um diese Aufgaben erfolgreich zu bewältigen, müssen wir unseren Bedürfnissen genug Aufmerksamkeit schenken. Wir müssen es auch riskieren, unsere Bedürfnisse laut zu äußern, neue Wege auszudenken und zu gehen, Wege, die uns manchmal Angst machen.

Wir sind durchaus Menschen, die ein Recht haben zu leben. Wir brauchen unsere Existenz nicht dadurch zu rechtfertigen, daß wir Jürgens Mama oder Papa sind. Wenn wir unserem natürlichen Kindheits-Ich Aufmerksamkeit entgegenbringen, so werden wir Wege finden, die uns Spaß machen und die zu uns als Individuen passen, ungeachtet unserer Verpflichtungen als Eltern. Es ist viel leichter für uns, alte nutzlose Botschaften abzustellen, wenn unser natürliches Kindheits-Ich lebendig ist und das Leben genießt. Was macht uns Spaß? Kegeln? Tanzen? Sex? Manche Leute wollen ihren Spaß planen, andere wollen lieber spontan spielen. Jeder Stil hat Vorteile, entscheidend ist jedoch, daß wir uns freuen.

7.7 *Zusammenfassung*

»Nein« ist die charakteristische Aussage, die den Beginn dieser Entwicklungsphase (Trennung) anzeigt. Kinder werden zunehmend ablehnender, nehmen eine Position ein, die unserem Standpunkt entgegengesetzt ist, ganz gleich bei welchem Problem. Kinder bewegen sich von der »experimentellen Physik« zur »experimentellen Psychologie«: bereits mit zwölf Monaten lassen sie Dinge fallen, weil sie üben, ihre Finger willentlich zu öffnen; einige Monate später lassen sie Dinge los, um zu sehen, ob sie *immer* herunterfallen; danach tun sie es, um zu sehen, ob Glas genauso hoch springt wie ein Ball. Mit zwei Jahren lassen sie Gläser fallen, um zu sehen, was wir dann tun.

Kinder in der Trennungsphase gehen dauernd an Grenzen heran, bis unser eigenes Kindheits-Ich verärgert genug ist, um »Halt« zu sagen: »Jetzt reichts mir!« Das Ziel dieser Transaktion ist, uns so zu bedrängen, daß wir darauf bestehen, daß sie selbst zu denken anfangen. Ganz offensichtlich ist diese Ablösung schwierig, und gewöhnlich vollzieht sie sich mit einer beträchtlichen Menge Ärger.

Der Teil der Persönlichkeitsstruktur, der in dieser Phase entwickelt wird, ist das Erwachsenen-Ich. Es ist noch sehr jung, aber es trägt die Hauptcharakteristika dieses Persönlichkeitsaspekts.

Kinder haben es nötig, von uns zu hören, daß sie denken müssen, daß es kein Risiko ist, wenn sie sich ablösen, daß sie dennoch ihre Bedürfnisse erfüllt bekommen können, und daß wir sie nicht im Stich lassen werden. Unsere Kinder müssen lernen, daß auch andere Leute Gefühle haben und daß die Gefühle aller zählen. Indem sie uns beobachten und zuhören, lernen sie, mit ihren verschiedenen Gefühlen umzugehen.

Übergewissenhafte Eltern, die versuchen, ihren natürlichen Kindheits-Ich-Ärger zu unterdrücken, und fortwährend zu viel für ihre Kinder tun, stören die natürliche Ablösung, die diesem Alter angemessen ist. Eine andere Gefahr, die man vermeiden muß, ist die, in ein Schuld-Racket hineinzugeraten: wütend zu werden und sich dann schuldig zu fühlen und aufzuhören, genug vom Kind zu fordern.

Wenn Kinder sich dazu entscheiden, ihr Erwachsenen-Ich zu gebrauchen, entspannen sie sich und denken. Sie haben Erinnerungen, von denen sie berichten, und sie erzählen uns, was sie für Gedanken haben. Sie sind auch bereit, einige ihrer wichtigsten persönlichen Probleme zu lösen, wie z.B. sauber und trocken zu bleiben, zu schlafen und darauf zu achten, wann sie Hunger haben.
Während wir unseren Kindern helfen zu denken, erleben wir unsere eigenen Trennungsvorgänge wieder. Wir haben Gelegenheit, ungelöste Probleme unserer eigenen Kindheit nochmals durchzuarbeiten, und wir können dieses Mal mit viel mehr Informationen wichtige neue Entscheidungen treffen.
Wir Eltern, die wir unser eigenes Ok-Sein zu sehr von unserem Elternsein abhängig machen, geraten sehr oft in die Falle, nicht genug darauf zu bestehen, daß unsere Kinder anfangen, selbst zu denken. Wir können uns gegenseitig helfen, auf der Trennung zu bestehen, indem wir das Kindheits-Ich unseres Ehepartners mit Dingen locken, die mit Elternsein nichts zu tun haben: Kegeln, Tanzen, Sex, Kino usw.

7.8 Übungen

1. Was würden Sie tun, wenn Ihr 18 Monate alter Sohn seinen Nachtisch voraus essen möchte?
2. Ihre zweijährige Tochter verläßt am Abend das Bett und möchte sich nicht wieder hinlegen. Was würden Sie tun oder zu ihr sagen?
3. Schreiben Sie eine originelle Gute-Nacht-Geschichte mit Bildern für ein zwei- oder dreijähriges Kind. Finden Sie Bilder oder malen Sie sie selbst. Schreiben Sie eine Geschichte über irgend etwas Wichtiges im Leben eines Kindes in diesem Alter. Probieren Sie die Geschichte bei Ihrem Kind aus. Wenn Sie kein eigenes Kind haben, probieren Sie es bei einem Nachbarskind oder einem kleinen Verwandten.
4. Ziel der folgenden Übung ist es, in Kontakt mit Gefühlen zu kommen, die während eines Konflikts oder bei Machtkämpfen auftauchen.
   a) Wählen Sie sich einen Partner.
   b) Fassen Sie sich bei den Händen und drücken Sie gegeneinander so stark Sie können:

i. Wer hat gewonnen?
ii. Wie haben Sie gewonnen?
iii. Verlierer: Wie lange haben Sie gekämpft, bevor Sie sich entschlossen aufzugeben?
iv. Warum haben Sie sich entschlossen aufzugeben?

c) Diskutieren Sie darüber in der Ausdrucksweise eines Elternteils und der eines kleinen Kindes.

5. Stellen Sie sich drei Armlängen voneinander weg.
a) Entscheiden Sie, wer »Ja« und wer »Nein« sagen will.
b) Als »Ja«-Person denken Sie absolut »Ja«. Denken Sie dabei an etwas, zu dem Sie starke und unzweifelhaft positive Gefühle haben.
c) Als »Nein«-Person denken Sie: »Nein«, »Niemals«, »Auf keinen Fall«. Denken Sie an etwas, zu dem Sie in sehr starkem Widerspruch stehen, von dem Sie denken, daß das ganz falsch ist.
d) Nähern Sie sich einander, indem jeder nur sein Wort sagt: Ja/Nein. Sagen Sie es laut und nachdrücklich.
e) Was passiert?
f) Wechseln Sie die Positionen.

8 Das Lebensskript: Erster Entwurf (Sozialisation)

Die wichtigsten psychischen Aufgaben von Kindern während der Sozialisationsphase sind: Entscheidung über ihre Position in Familie und Gesellschaft, Gestaltung von ersten Entwürfen ihres Skripts, Verbesserung ihrer Kommunikationsfähigkeiten, sexuelle Identifikation, Lernen ihrer Rollen in der Gesellschaft, Erweiterung ihrer Vorstellungen und Erlangung einer vorläufigen Fähigkeit zur Kontrolle ihrer Impulse. Wenn sie die anderen als von ihnen getrennte Individuen wahrnehmen, entscheiden Kinder über ihr eigenes ok-Sein in Beziehung zu anderen.

Sie lernen »Ich bin ok – du bist ok« beispielsweise in einer Familie, die viel Raum und Bewegungsfreiheit bietet und wo die Einrichtung die Botschaft vermittelt, daß sie alles berühren, überall sitzen und dazugehören dürfen. Sie bekommen gleichviel positives bedingtes wie bedingungsloses Streicheln und sie erhalten negatives bedingtes Streicheln, wenn sie ihre Fähigkeit zu denken ausschalten oder wenn sie andere Leute mißachten.

Sie lernen »Ich bin ok – du bist nicht ok«, wenn sie mit lieblosen und mißhandelnden Eltern zusammenleben. Sie lernen, die Erwachsenen zu vermeiden und sich selbst zu streicheln, bis sie so streichelhungrig sind, daß sie Mißhandlungen besser finden als gar nichts.

Sie lernen »Ich bin nicht ok – du bist ok« in einer Familie mit einer Unmenge von schönen, zerbrechlichen Dingen, die man nicht anfassen darf (Dinge sind wichtiger als meine Bedürfnisse). Sie lernen die Nicht-ok-Position auch, wenn sie vor allem negatives bedingtes oder negatives bedingungsloses Streicheln bekommen. Kinder, die nur dann vor allem positives Streicheln bekommen, wenn sie krank oder unglücklich sind, lernen ebenfalls diese Nicht-ok-Position.

Kinder lernen »Ich bin nicht ok – du bist nicht ok«, wenn sie in einer Atmosphäre von Hoffnungslosigkeit und Ablehnung leben und ihre Umgebung unabsehbar oder absehbar unbefriedigend ist. Ihre Bedürfnisse werden unzureichend befriedigt, und sie erleben selten einen Erfolg.

8.1 Überlegungen zum zukünftigen Lebensskript

»Wenn ich mal groß bin, dann werde ich...« ist eine typische Aussage von Kindern, die anzeigt, daß sie sich ihr Lebensskript für die Zukunft überlegen. (Vorläufige) Entscheidungen über die Zukunft zu treffen, ist in diesem Stadium angemessen. Entscheidungen, die früher getroffen wurden, sind entwicklungshemmend. Es ist schwierig, sie herauszufinden und zu verändern.

Wenn unsere Kinder feststellen, daß sie die Absicht haben, Müllmann, Astronaut, Mutter und Vater zu werden, brauchen sie für ihre inneren Vorstellungen unsere Unterstützung. Je mehr Skripte sie sich überlegen, desto mehr Wahlmöglichkeiten erlauben sie sich selbst. Unsere Reaktionen ermutigen oder entmutigen solche Freiheit. Zum Beispiel kündigt Susi am Dienstag an, daß sie Müllmann werden will. Papa sagt: »Ja, Müllmänner sind sehr starke, gesunde Leute. Sie arbeiten jeden Tag draußen in der frischen Luft und in der Sonne; ich wette, das macht Spaß.« Am Mittwoch sieht Susi im Fernsehen eine liebliche Ballerina und drückt ihr Interesse an einer solchen Karriere aus. Papa sagt ihr, sie sei hübsch und anmutig und sie könne in die Schule gehen und tanzen lernen. Am Donnerstag beschließt Susi, daß sie groß werden und ein Vater sein wird. Papa erzählt ihr, daß sie ein Mädchen ist, und Mädchen wachsen und werden Frauen wie Mutti. Jungen wachsen und werden Männer wie Papa. Susi besteht darauf, daß sie keine Mama werden will. Papa erforscht mit Susi zusammen, was ungut daran ist, eine Mama zu sein, und findet heraus, daß Mamas Babies haben (Susi ist wenig begeistert von dem neuen Baby). Papa erzählt Susi, daß sie keine Mama zu werden braucht, daß sie das entscheiden kann, wenn sie groß ist. Papa konfrontiert Susi auch mit ihren Gefühlen im Blick auf das neue Baby. Er erklärt ihr, daß kleine Kinder eifersüchtig sind, wenn sie Streicheln brauchen, und daß er von Susi erwartet, daß sie um Streicheln bittet, wenn sie dies braucht.

In dem vorhergehenden Beispiel ermutigt der Vater die Phantasien seiner Tochter, korrigiert Informationen und nimmt auf, wenn seine Tochter Kummer ausdrückt.

Kinder können in diesem Alter etwas eingehendere Erklärungen verstehen. Sie sind bereit, mehr über verschiedene Gefühle und den angemessenen Ausdruck dieser Gefühle zu lernen. Zum Beispiel: Freddie weint im Kindergarten. Freddie sagt: »Ich möchte jemanden haben, mit dem ich spielen kann.« Die Kindergärtnerin erklärt ihm, daß »man weint, wenn man traurig ist« – wenn du den besten Freund oder eine Puppe verloren hast, – und daß man weint, wenn man sich wehgetan hat – »wenn du hingefallen bist und dein Knie aufgeschlagen hast. Wenn du aber mit jemandem spielen möchtest, solltest du einen fragen, ob er mit dir spielt«. Freddie sagt: »Oh« und sucht jemanden, den er fragen könnte.

Wenn Kinder die Kontrolle der Schließmuskeln von Darm und Blase meistern und zeigen, daß sie denken, sind sie bereit für den Kindergarten. Mädchen sind insgesamt nachts früher trocken als Jungen. Bei beiden Geschlechtern gibt es Rückfälle in Streßperioden, bei Geschwisterrivalität, Krankheit usw. Viele Dreijährige können schon das Töpfchen alleine benutzen. Häufig berichten sie das auch und zeigen, daß sie für ihre Fertigkeiten gestreichelt werden möchten. Vielleicht müssen sie noch abgeputzt werden oder brauchen Hilfe bei schwierigen Kleidungsstücken. Eltern, die Unabhängigkeit fördern möchten, kaufen Kleidungsstücke, die in der Mitte geteilt sind, so daß man sie leicht abstreifen kann, z.B. Hosen mit elastischen Gummibändern. Kleinkinder können solche Kleider selbst herunterziehen. Erfahrene Eltern behalten solche Probleme im Auge und vermeiden Kleider mit vielen Knöpfen u.a.

Wenn das Erwachsenen-Ich einmal verfügbar ist, kann ein kleiner Mensch mit einem anderen Kind spielen in dem beginnenden Bewußtsein, daß der andere eine selbständige Person und nicht nur ein Ding ist. Freddie lernt dadurch mehr über »Kompromisse schließen« und »an die Reihe kommen«. Er kann kooperatives Verhalten lernen und an einfachen Gruppenspielen teilnehmen wie »Goldne, goldne Brücke«. Er ist jedoch noch nicht in der Lage, den Standpunkt eines anderen zu verstehen oder sich in eine andere Person hineinzuversetzen. Obwohl Kinder in der Sozialisationsphase noch nicht an weiter in der Zukunft liegende Dinge denken, entwickelt sich ihr Zeitgefühl weiter. Zeitverständnis ist eines der Konzepte, die durch Kinderprogramme im Fernsehen belebt werden. Sie verstehen jetzt, daß man auf das Läuten des Weckers warten kann. Sie verstehen den Satz »Wenn es Zeit ist«, und sie unterscheiden zwischen gestern und heute. Eine Zeitlang verwechseln sie wohl diese Begriffe, z.B. »Morgen bin ich zur Tante Maria gegangen.« Manchmal verwechseln sie auch die Bezeichnungen von Tag und Nacht. Insgesamt beschleunigt sich ihre Sprachbeherrschung. Man kann sie mit Reden gut unterhalten, und sie können sich selbst mit Reden gut unterhalten. Sie lieben neue Wörter und sind gefesselt von Aussagen mit Wörtern wie »Überraschung« und »Geheimnis«. Leiser sprechen und flüstern ist eine ausgezeichnete Methode, ihre Aufmerksamkeit zu gewinnen.

Sozialwissenschaftler legen großen Wert auf die Fähigkeit, Symbole zu gebrauchen – Worte. Viele halten die gesprochene Sprache für einen der Hauptunterschiede zwischen uns und den höher entwickelten Tieren. (Neuere Experimente haben gezeigt, daß zumindest einige der größeren Affen in der Lage sind, eine Zeichensprache zu erlernen. Vielleicht müssen wir bald nach einem anderen Mittel suchen, um unsere Überlegenheit zu dokumentieren.) Das heutige Fernsehen hat kleine Kinder dazu gebracht, Symbole eher als frühere Generationen zu verstehen. Sie sind vielen Wörtern, die leicht zu lernen sind, auf intensive Weise ausgesetzt; ihre hauptsächlichen Sprachmuster jedoch sind die ihrer Familie. Kinder stellen in diesem Stadium eine Menge »Warum«-Fragen. Diese Frage dient vielen Zwecken: Kinder üben ihr Erwachsenen-Ich, wenn sie »warum« fragen. Sie stellen immer wieder die rhetorischen Fragen von Wissenschaftlern und Philosophen, sie suchen nach Erklärungen für Dinge und sie prüfen, ob Erwachsene alles wissen. Die Fragen werden differenzierter wie »Wozu ist das da?«, »Wie geht das?«, »Wie sieht der liebe Gott aus?«, »Ist er ein Mann?«, »Wo wohnt er?« Monika fragt viel. Sie weiß viele Antworten. Aus ihren Antworten können wir heraushören, wie ihr Erwachsenen-Ich (ER_2) verschiedene Theorien ausprobiert.

Einige Eltern-Ich-Tonbänder stehen auf Abruf zur Verfügung, aber bestimmen nicht direkt das Verhalten. Klaus erzählt uns, daß man nicht mit Fremden gehen soll (EL_1), schließt sich aber dann dem erstbesten Menschen mit einem freundlichen Gesicht an (natürliches K). Er beruft sich auf seine eigenen Eltern, wenn er einen Eltern-Ich-Zustand braucht. Wenn er Hunger hat, sagt er zur Mutter seines Spielgefährten: »Meine Mama sagt, du sollst mir ein Glas Milch geben.« Kinder nehmen viele Botschaften in das primitive Eltern-Ich ihres Kindheits-Ichs auf (EL_1), häufig mit einer viel stärkeren Starrheit als wir uns das wünschen würden. Sie gebrauchen ihre primitiven Eltern-Ich-Botschaften, um andere für Irrtümer auszuschelten, die für uns Eltern wichtig oder unwichtig sein mögen. »Bitte« und »Danke« werden in Familien gebraucht, in denen man Wert darauf legt; Klaus hört das z. B. sehr häufig und bekommt positives bedingtes Streicheln, wenn er solche Rituale praktiziert. Die meisten Kinder mögen Familienrituale sehr gerne: Geburtstage, Kerzen anzünden und die Aufregung in den Ferien. Wahrscheinlich haben sie einige Vorstellungen davon, was sie an Weihnachten oder Ostern erwartet, ganz besonders auch durch die vielen Hinweise durch das Fernsehen. Sie lernen auch die in ihrer Familie gebräuchlichen Spiele und Formen der Abwertung. »Sieh, was du mich hast tun lassen« ist ein sehr häufiges Spiel in der Vorschulzeit. Kinder haben am meisten Spaß an Familienunternehmungen, die die größte körperliche Aktivität erlauben, wie Picknick und Besuche im Zoo. Sie sind abenteuerlustig und eifrig dabei, die Welt in vollen Zügen zu erforschen. Sie mögen Bewegungsaktivitäten wie zum Beispiel Dreiradfahren. Je mehr Übung sie durch Fahrzeuge bekommen, die sie selbst antreiben, desto mehr Gelegenheit haben sie, Tiefen- und Raumwahrnehmung zu entwickeln. Sie lernen auch körperliche Reflexe auf ihre Gefühle wahrzunehmen, z. B. wenn Johanna ärgerlich ist, merkt sie, daß es ihr heiß wird.

Während dieses Vorschuljahrs gibt es einen allgemeinen Abfall in der Wärmeproduktion und ein Nachlassen des Appetits. Die Wachstumsge-

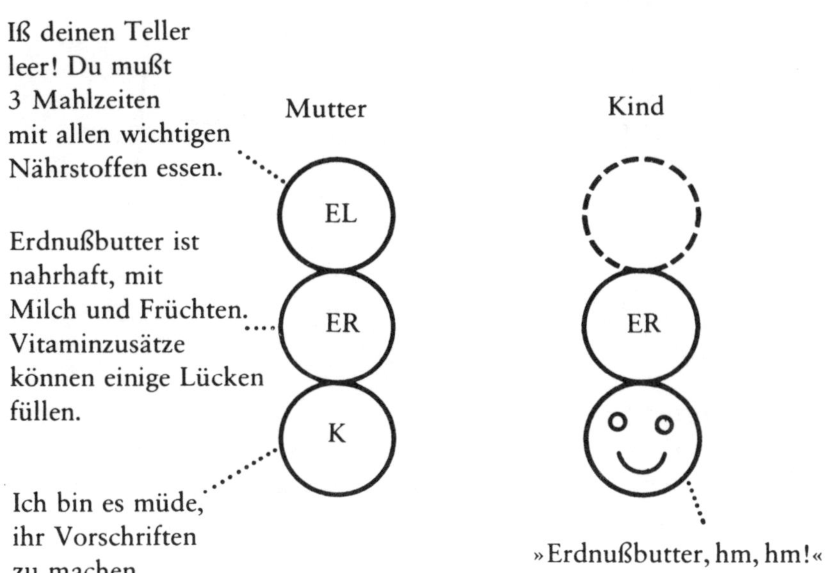

Abb. 24: Ernährung: richtig gegen kreativ

schwindigkeit verlangsamt sich, und die Kinder benötigen tatsächlich weniger Essen. Diese Information hilft vielleicht den Eltern, sich zu entspannen, deren eigene Eltern immer wieder auf »ordentlich essen« Wert gelegt haben. Eltern, die auf leere Teller Wert legen (EL_2), beachten (ER_2) den verminderten Appetit ihrer Kinder und servieren realistische Portionen. Kinder veranstalten in diesem Alter Feinschmeckerorgien; Pamela will Erdnußbutter zum Frühstück, zum Mittagessen, zum Abendessen, zusätzlich zu den Teelöffelportionen, die sie zwischen ihren Rutschbahntouren im Garten lutscht. Ihre Mutter schwankt zwischen »Iß drei verschiedene Mahlzeiten mit den vier wichtigen Grundnahrungsmitteln«[1] und dem Wunsch, weniger rigide zu sein als ihre eigenen Eltern. Kinderzeichnungen werden – wenn auch nicht hundertprozentig – von dem beeinflußt, was Kinder sehen. Rosi (eine aufgeweckte Dreijährige) konnte ein prächtiges Porträt einer Person zeichnen, aber die Milchflasche war etwas schwer zu erkennen. Das paßt zu dem, was wir wissen, daß Kinder stärker auf Leute reagieren als auf unbelebte Objekte.

Abb. 25: Portraits

8.2 *Sexualität*

Kinder erhalten von Geburt an Botschaften darüber, was ihre Sexualität bedeutet. Mütter in unserem Land stillen kleine Mädchen doppelt so

[1] Die vier wichtigen Grundnahrungsmittel sind: Vollkornbrot und Getreideflocken; Obst und Gemüse; Fleisch, Fisch, Geflügel; Hülsenfrüchte und Milchprodukte.

gerne wie kleine Jungen, während sie kleine Jungen lieber anfassen und eher mit ihnen spielen. Eines der Hauptprobleme der Vorschulkinder ist es, sich ihrer Sexualität bewußt zu werden und was diese vom Standpunkt der Skriptentscheidungen für sie bedeutet. »Wenn ich nicht ein Teil meiner Mutter bin, wer bin ich dann?« »Und wer ist Mutter, Vater, Schwester, Bruder?« Sie zeigen auch mehr, daß sie Unterschiede wahrnehmen. In einer Gesellschaft, die kaum Kleidung trägt, sehen Kinder die Unterschiede zwischen sich selbst, dem anderen Geschlecht, den Erwachsenen, den Pubertierenden etc., während sie heranwachsen. In unserer Kultur sind Geschlechtsunterschiede weniger sichtbar. Kinder benutzen die Unterschiede, die sie sehen (Haarschnitt, Kleidung, Aktivitäten), um zwischen männlich und weiblich zu unterscheiden. Der Junge weiß, daß er männlichen, und das Mädchen, daß es weiblichen Geschlechts ist. Wenn sie gefragt werden: »Woran erkennst du, daß er ein Junge ist?« antworten sie ebenso oft: »Weil er so stark ist« wie: »Weil er einen Penis hat«. Es wird interessant sein, zu beobachten, welche Unterscheidungsmerkmale kleine Kinder bei unserem heutigen Trend zur Angleichung betonen werden.

Sexualität ist ein weites Feld; sie umfaßt mehr als nur anatomische Unterschiede und Fortpflanzung; sie schließt ein: Mann/Frau-Transaktionen, Mann/Mann-Transaktionen und Frau/Frau-Transaktionen; ebenso verschiedene sexuelle Rollen und Botschaften über angemessene sexuelle Paarbindungen etc. Tommy lernt die Tabus und Gewohnheiten seiner Familie hinsichtlich Sexualität. Er erfährt Konkurrenzgefühle seinem Vater gegenüber ebenso wie Identifikation mit ihm. Kinder drücken häufig Eifersucht aus, wenn ihre Eltern einander Zuneigung zeigen, und wollen, daß sie aufhören, sich zu küssen. Kleine Mädchen machen ihren Vätern oft Heiratsanträge. Einige Mädchen versuchen, im Stehen zu pinkeln, und kleine Jungen reden davon, daß sie Babies kriegen. Typischerweise will der kleine Junge seine Mutter heiraten. In der traditionellen Stadtfamilie ist die Mutter das Zentrum für beide, Jungen und Mädchen. Jedes Geschlecht lernt eine Menge darüber, was es bedeutet, ein Mann oder eine Frau zu sein, und fällt dementsprechend seine Skriptentscheidungen.

Kinder in dieser Phase sind gewöhnlich am Ursprung der Dinge interessiert, wie z.B. »Woher kommen die Babies?« In Familien, in denen Neugierde ermutigt wird, werden sie neugierig sein: »Warum hab' ich keinen Papa?«, »Was ist das?« (der Penis des Bruders oder des Vaters). Einige

Kinder drücken ihre Neugier verbal aus (wie oben). Andere gucken, stöbern und finden es selbst heraus.

8.2.1 Ok-Botschaften

Eine Liste von Ok-Botschaften über Sex und soziale Rollen enthält:

1. Du bist in Ordnung.
2. Dein Körper ist in Ordnung.
3. Du bist ein Mädchen, weil du eine Scheide hast und Brüste kriegst; du bist ein Junge, weil du einen Penis und Hoden (Eier) hast.
4. Du bist eine sexuelle Person.
5. Dein Geschlecht ist in Ordnung.
6. Das andere Geschlecht ist auch in Ordnung.
7. Es gehört sich nicht ... (z.B. in der Öffentlichkeit zu masturbieren).
8. Wenn du groß bist, kann es sein ... (wirst du vielleicht, wirst du nicht usw.)
9. Jungen (Männer) sind wichtig. Sie machen das, was Frauen machen, wie z.B. ...
10. Heiraten ist ok, eine Möglichkeit, wird erwartet usw.

In unserer Gesellschaft werden die Sätze 7 bis 10 oft in gegensätzlicher Weise ergänzt. Nur wenige Paare haben heute genau übereinstimmende Vorstellungen davon, was Männer und Frauen sein und tun »sollten«. Mädchen lernen Frauen zu sein, indem sie ihre Mütter und älteren Schwestern beobachten, indem sie zusehen, wie Männer mit ihren Müttern umgehen, und indem sie erfahren, wie sie von Männern behandelt werden. Mädchen ahmen die Modelle nach, die sie sehen: Kochen, Nähen, zur Arbeit gehen usw.

Jungen lernen Männer zu sein, indem sie ihre Väter und älteren Brüder beobachten, zusehen, wie Frauen ihre Väter behandeln, und indem sie beobachten, wie Männer mit Frauen umgehen. Ein Junge, der seinen Vater selten sieht, lernt, daß Männer das Familienleben geringschätzen, während ein Junge, dessen Vater immer etwas daheim zu tun hat, diese Aktivität zu schätzen lernt.

Vieles von dem Programm, wie ein Mann zu sein hat, kommt von dem, was seine Mutter und seine Lehrerin ihm erzählen und was er im Fernsehen sieht. Das Fernsehen ist gewöhnlich eher konservativ, und der Junge

ist typisch männlichen Stereotypen ausgesetzt: Cowboy, Detektiv, Supermann. Jungen basteln Dinge, denken, konkurrieren und kämpfen. Kinder, die in ihrer Umgebung, in Filmen etc. der Brutalität ausgesetzt sind, neigen eher zu grausamem Verhalten als solche, bei denen das nicht der Fall ist.
Kinder aller Altersstufen zeigen eine erstaunliche Flexibilität, wenn sie lernen, was von ihnen erwartet wird, sogar dann, wenn diese Erwartungen sich widersprechen.

8.3 Typische banale Skripte

Ein banales Skript ist ein Skript, das innerhalb einer Kultur zwar funktioniert, aber einengt. »Du kannst ok sein, wenn ...« (bestimmte Aspekte deiner Möglichkeiten entwickelst du damit nicht).
Das typische banale Skript eines Mannes unserer Gesellschaft erlaubt ihm, den mit Vorurteilen besetzten Teil seines Eltern-Ichs, sein computerartig arbeitendes Erwachsenen-Ich und den rebellischen Aspekt seines angepaßten Kindheits-Ichs mit Energie zu besetzen. Das typische banale Skript für die Frau erlaubt ihr, den nährenden Teil ihres Eltern-Ichs, den nachgiebigen Aspekt ihres angepaßten Kindheits-Ichs sowie ihren kleinen Professor (Intuition) zu gebrauchen.
Andere dagegen lernen, daß Frauen kompetent sind und etwas erreichen, während Männer hilflos sind und am besten wie kleine Jungen behandelt werden.

8.3.1 Meinungen, die Stereotype erzeugen

Häufig vorkommende Meinungen, die eine Programmierung solcher stereotypen banalen Skripte fördern, sind z.B.:

Männer		Frauen	
Kritisches Eltern-Ich:	Warte, bis dein Vater heimkommt! Jungen spielen nicht mit Puppen.	*Fürsorgliches Eltern-Ich:*	Ist das nicht niedlich (die Art, wie sie sich um ihre Puppen kümmert)? Genau wie die Mami.

Erwachsenen-Ich:	Mein Sohn soll werden: Arzt Rechtsanwalt Verwaltungsbeamter So bringt man einen Dübel an!	*Erwachsenen-Ich:*	Sie ist so albern und flatterhaft. Frauen sind unlogisch. Ihr Herz regiert den Verstand.
Angepaßtes Kind:	Er macht Sachen kaputt, wie Jungen das eben tun! Ich kann Frauen einfach nicht verstehen. Jungen weinen nicht. Sei ein Mann!	*Angepaßtes Kind:*	Papas kleines Mädchen. Schau, Liebes, ist das nicht süß?
		Kleiner Professor:	Wie hast du das gewußt? (»weibliche Intuition«) Du solltest ... fühlen.

Ein Mädchen, dessen Mutter arbeiten geht, bekommt eine andere Botschaft als ein Mädchen, dessen Mutter tagsüber zu Hause ist, näht oder kocht. In unserem Land stehen Männer in größerem Ansehen. Sie sind die Führer, die Denker, die Starken, die Mächtigen und die Beschützer. Individuen mit den oben genannten »maskulinen« stereotypen Eigenschaften werden allgemein bewundert, wenn nicht sogar geliebt. Männer bezahlen jedoch einen Preis für ihren höheren Rang: ihr nährendes Eltern-Ich, ihre Intuition und ihr natürliches Kind werden abgewertet.

Jungen, die Babies und Puppen mögen und weinen, wenn sie sich wehtun, bekommen negatives Streicheln. Männliche Babysitter sind noch verhältnismäßig selten. Man erwartet nicht, daß Männer Frauen verstehen, die mit einem geheimnisvollen Etwas operieren, das man »Intuition« nennt. Sogar Freud hatte es aufgegeben, sie zu verstehen. Männliche Erwachsene haben wenig Gelegenheit, ihr natürliches Kindheits-Ich zu zeigen. Einem Mann ist es erlaubt, zu fluchen und zu schreien, wenn er beim Fußball zusieht oder wenn er sich bei einer manuellen Arbeit verletzt, aber es steht ihm nicht zu, sich sonst etwas nachzugeben. Es ist ihm freilich erlaubt, Spaß an Sex zu haben.

Das Erwachsenen-Ich (die Fähigkeit, zu denken) und das natürliche Kindheits-Ich der Frau werden abgewertet. Allgemein erwartet man nicht, daß Frauen viel Verantwortung übernehmen. Sie sollen das tun, was man ihnen sagt, und hübsch aussehen. Viele Männer und Frauen, die eine Psychotherapie in Anspruch nehmen, leiden an wachstumshemmenden Variationen des oben angesprochenen Themas. Einige ihrer typischen Einschärfungen lauten:

Männer	*Frauen*
Fühle nicht	Denke nicht
Weine nicht	Hab keinen Erfolg
Laß dich auf keine Nähe ein	Sei nicht selbstsicher
Berühre nicht	Tue nicht …
Zeige deine Gefühle nicht	Konkurriere nicht
Sei nicht zärtlich	Sei nicht stark
Spiele nicht	Führe nicht
Brauche nichts	Überprüfe nicht
	Geh nicht fort

Viele Anteile des Skripts bezüglich Männlichkeit und Weiblichkeit werden während dieser Jahre geformt. Kinder lernen von dem, was sie sehen – die Erwachsenen in ihrer Umgebung (Nachbarschaft, Fernsehen) – und was sie hören, genauso wie sie aus den Reaktionen der Erwachsenen auf das, was Kinder tun, lernen. Häufig sind diese Unterschiede sehr fein. So erkannte Martha, daß sie ihre Tochter drängt, auf Schönheit zu achten, wohingegen sie ihrem Sohn Dinge erklärt. Selbsterfahrungsgruppen für Männer und Frauen helfen uns, darüber mehr Klarheit zu gewinnen, wie wir in stereotypen Mustern denken.

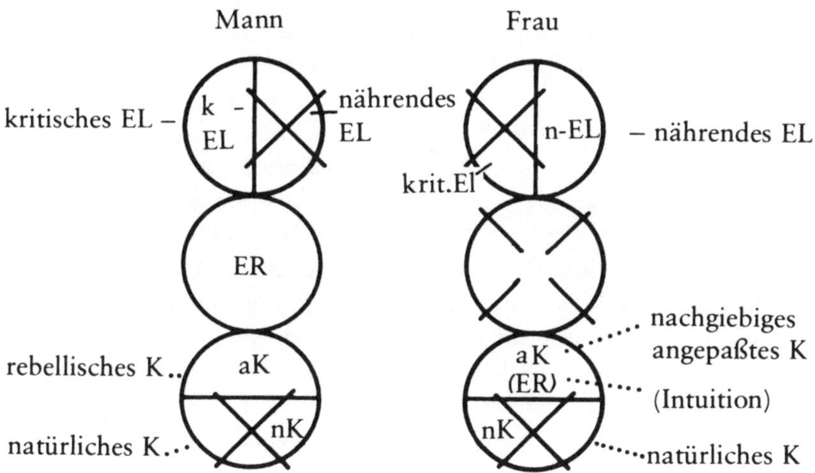

Abb. 26: Typische banale Skripte in westlichen Kulturen, die Symbiose und Konkurrenz fördern

Die wirklichen Unterschiede zwischen Männern und Frauen sind anatomischer Art. Unterschiede im Verhalten wechseln von Kultur zu Kultur, verschiedene Eigenschaften wie z.B. aggressiv, kalt, freundlich, emotional, flatterhaft sind in der einen Kultur männliche, in einer anderen weibliche Merkmale.

8.4 Die Position in der Familie

Andere Einflüsse auf das Skript beziehen die Geburtsfolge und die Größe der Familie mit ein. Eva, die Älteste, war eine Zeitlang das einzige Kind. Sie ist diejenige, die wahrscheinlich am meisten die Wucht der elterlichen Skripte fühlt. Häufig erwartet man von ihr, daß sie ein nachgiebiges, angepaßtes Kindheits-Ich entwickelt, und sie bekommt die stärkere kritische Zuwendung ihrer Eltern. Ihre Eltern neigen dazu, sie stark in die Richtung zu programmieren: »Sei perfekt, und sei die Beste!« Wahrscheinlich bekommt sie häufig enthusiastisches, bedingtes positives Streicheln (z.B. Lob) für das, was sie leistet, z.B. für Gehen, Sprechen, gute Noten usw.
Das erste Kind wird wahrscheinlich mehr im Entdeckerstadium gehemmt – die Eltern träumen noch davon, daß Eva ein liebes, puppenähnliches Baby ist. Später jedoch wird man von ihr erwarten, daß sie die Führung übernimmt und viel Eltern-Ich entwickelt: »Du bist die Älteste, du solltest es besser wissen, sei ein Vorbild!« Die Eltern lernen an Eva, Eltern zu sein. Sie ist der Pionier der Familie. Sie lernt am ehesten die Einschärfungen ihrer Eltern und bekommt mehr Skript unter Druck vermittelt.
Bei mittleren Kindern ist es weniger wahrscheinlich, daß sie so programmiert werden wie einer ihrer Elternteile, es sei denn, sie sind das erste Kind ihres Geschlechts. Wahrscheinlich erben sie eher das Skript von Tante Anna oder Onkel Wilhelm. Mittlere Kinder finden es schwieriger, etwas Besonderes zu sein. Was sie tun, ist weniger geeignet, das begeisterte Streicheln hervorzurufen, das das Erstgeborene erfahren hat. Einige entwikkeln spezielle Talente, die ihnen bedingtes positives Streicheln bringen (wie Musik oder Wissenschaft). Andere spezialisieren sich auf das rebellische Kind oder auf den schwierigen Esser, was ebenfalls Streicheln, aber mehr negativer Art auf sich zieht. Mittlere Kinder werden von erfahrenen Eltern erzogen. In mancher Hinsicht ist der Programmierungsprozeß weniger schwerwiegend. Wenn sie den Älteren altersmäßig nahe genug sind

und hart genug mit ihnen konkurrieren, bekommen sie vielleicht dieselben Privilegien wie diese. Häufig beklagen sich mittlere Kinder darüber, daß die Älteren sie hänseln oder beherrschen wollen, und daß ihnen verboten wird, sich gegen Belästigung durch die jüngeren Geschwister zu verteidigen.

Das jüngste Kind erhält wahrscheinlich die Einschärfungen: »Geh nicht fort!«, »Werde nicht erwachsen!« Das hört man an Ausdrücken wie »Das ist mein Baby«, die sogar dann noch gebraucht werden, wenn Siegfried schon voll entwickelt ist. Das jüngste Kind wird wahrscheinlich von jedem in der Familie erzogen. Wenn Eltern müde sind, Eltern zu sein, dann bekommt das Jüngste das meiste von seinen älteren Geschwistern ab. In vielen Familien erhält das jüngste Kind das meiste bedingungslose positive Streicheln. Es wird ermutigt, das natürliche Kindheits-Ich zu entwickeln. Es hat Gelegenheit, sein Erwachsenen-Ich (ER_2) zu stärken, und es lernt mehr durch Beobachten, als daß es persönliche Konsequenzen erfahren müßte. Wenn ältere Geschwister die Ambitionen der Eltern voll erfüllt haben, erleben die jüngsten Kinder ein lockereres Programm. Haben die anderen Kinder versagt, empfinden sie allerdings den Druck des »Du bist unsere letzte Chance«.

Kinder aus großen Familien berichten, daß sie offenere Skripte haben mit mehr Möglichkeiten, wie sie sein können. Sie erfahren auch weniger Streicheln von ihren Eltern. Sie haben früher reiche Erfahrungen, wie man kooperiert, aufeinander angewiesen ist, sich versöhnt, miteinander wetteifert, gewinnt und verliert, und treu ist. Diese Erfahrungen fördern Gelegenheiten zur Konfrontation, denen man nicht so leicht entrinnen kann. Kinder aus großen Familien lernen früh die Bedeutung des Gruppendrucks und von gegenseitiger Abhängigkeit. Oft bilden sie kleine Einheiten innerhalb der Familie. Entweder sind sie einem Elternteil besonders nahe, oder sie haben ein paar Geschwister, die sie erziehen oder von denen sie erzogen werden. In einer großen Familie lernen Kinder mehr an Wahlmöglichkeiten, weil sie aneinander sehen, wie sie auswählen, welche Elternbotschaften einverleibt und welche zurückgewiesen werden. Sie können ebenso mehr darüber lernen, wie man Streicheln begehrt. Gewöhnlich ist irgend jemand da, der sich gut genug fühlt, um einige warme Streichler zu geben. In einer großen Familie geschieht Sexualerziehung auf natürliche Weise, und die Kinder haben mehr Gelegenheit, enge Beziehungen zu Gleichaltrigen des anderen Geschlechts einzugehen. Ein Einzelkind bekommt wahrscheinlich ein stärker bindendes Skript und erfährt eine engere Symbiose. Johannes ist der einzige, der die Erwartungen der Eltern erfüllen soll. Er fühlt sich als etwas Besonderes und gezwungen, Ansprüche zu erfüllen. Manche Kinder mögen es, alles verfügbare Streicheln zu bekommen; später jedoch haben sie vielleicht Schwierigkeiten, mit Konkurrenz in Gruppensituationen umzugehen. Johannes ist nachgiebig. Er benimmt sich annehmbar bei Erwachsenen-Aktivitäten. Er übernimmt die Einschärfung: »Sei kein Kind!«; während sein Erwachsenen-Ich gestärkt wird, wird sein natürliches Kindheits-Ich abgewertet. Manchmal ist ein Einzelkind eher geduldet als willkommen. Den Eltern erschien es ungehörig, an eine Abtreibung zu denken, aber sie wollten das Kind nicht wirklich. Es bekommt die Einschärfung: »Existiere nicht!«, »Bitte um nichts!«, »Sei nicht nahe!« Hoffentlich werden die zunehmenden Informationen über Geburtenkontrolle Eltern ermutigen, Kinder zu haben, die sie bereit sind zu lieben und in ihre Fürsorge aufzunehmen.

8.5 Ausweitung der Phantasie

Die Jahre zwischen zwei und sechs sind erfüllt mit magischem Denken. Während dieser Jahre entwickeln sich Kinder intellektuell sehr stark. Ihr Verhalten und ihre innere Vorstellung werden reichhaltiger. Dreijährige klettern um des Kletterns willen. Fünfjährige klettern, um »wie eine Weltraumrakete in die Luft zu steigen«.
Viele Kinder zwischen zweieinhalb und vier Jahren haben eine Art von Phantasiefreund. Das Erfinden imaginärer Freunde zeigt an, daß ihre Phantasie sich weiterentwickelt hat (und bedeutet nicht unbedingt Einsamkeit oder schlechte Anpassung). Viele freundliche Kinder aus großen Familien haben imaginäre Freunde. Wenn Johanna sich einen Phantasiefreund aussucht, dann experimentiert sie mit neuen Persönlichkeitsstrukturen und sieht, wie sie zu ihr passen. Sie entwickelt kühnere und abenteuerlustigere Gedanken, als sie sie sich normalerweise erlauben würde. Sie probiert Erwachsenenverhalten, das sie beobachtet hat. Sie kann sich Eltern denken, die fürsorglicher und weniger kritisch sind als ihre wirklichen Eltern. Sie kann auch komplementäre Rollen ausprobieren, indem sie beides ist, Führer und Gefolgsmann, Mädchen und Junge.
Da Michael sich weiterentwickelt, wird auch sein Spiel mit anderen an-

spruchsvoller. Er probiert viele Rollen aus: Papa, große Schwester, Pirat, Feuerwehrmann, Doktor usw. Die Rollen, die er wählt, sind beeinflußt von seiner persönlichen Vorliebe, der Verfügbarkeit von Modellen und der Verfügbarkeit von Spielkameraden. Michael nahm z.B. während einer Spielstunde an zwei Gruppen teil. An einem Ende des Kellers, wo eine »Hochzeit« stattfand, wurde er aufgefordert, den Bräutigam zu spielen. Ein paar Minuten später wurde er am anderen Ende des Kellers dazu abkommandiert, zu verhindern, daß das »Piratenschiff sinkt«. Jedes Spiel hatte einen Leiter, der ihm sagte, wo er stehen und was er sagen sollte.
Während dieser Vorschuljahre vergleichen sich Kinder mit anderen, z.B.: »Jimmy kann besser rennen; aber ich kann besser werfen.« Ihr Selbstbild ist groß und wird größer und zeigt sich in Gesprächen. Ein solches Selbstverständnis wird in einer Familie beschleunigt, in der Kinder im Blick auf ihr Wachstum einiges zu sehen und zu hören bekommen.

Kinder denken nicht wie Erwachsene, aber einige ihrer Ideen kann man in unserem Aberglauben (El_1), in dem Denken primitiver Völkerstämme und in isolierten Gemeinschaften wiederfinden, als ob sie Überbleibsel unseres früheren Denkens wären:

»Der Mond und die Sonne folgen dir, wenn du dich bewegst.«
»Alles, was sich bewegt, ist lebendig.«
»Alle Träume sind wirklich.«
»Wenn mir etwas einfällt, dann muß es Wirklichkeit sein. Es ist eine Tatsache – wenn ich dran glaube, dann mußt du auch dran glauben.«
»Steine, Wolken, Stühle usw. haben Gefühle und Macht.«

Ebenso glaubt Ulrike, wenn sie ein neues Wort bildet, jedermann wisse, was sie damit meint.

Einige der oben genannten Theorien haben Sie wahrscheinlich schon gehört, wenn Sie eine Zeitlang mit kleinen Kindern zusammen waren. Wenn Sie sie vorher noch nicht gehört haben, nehmen Sie sich Zeit, Kinder zu fragen und ihnen zuzuhören.

Wenn Kinder ihrem magischen Denken freien Lauf lassen, erforschen sie ebenso die Grenzen ihrer Phantasie, wie sie auch aus unzureichenden Daten oder entstellter Information Schlüsse ziehen. Einige Teile ihres magischen Denkens stammen aus magischem Glauben: »Wenn ich daran denke, ist es wirklich, dann trifft es auch ein.« Sie haben Schwierigkeiten, einen Unterschied zwischen Wunschdenken und Realität zu machen. Einer der magischen Glaubenssätze, der die Ursache für die meisten Schwierig-

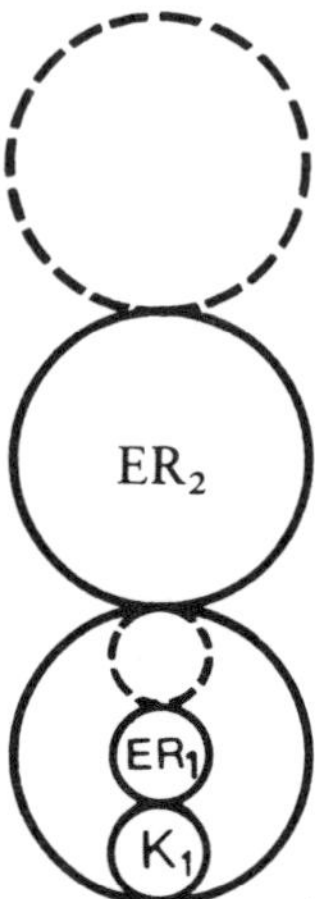

Abb. 27: Strukturdiagramm eines kleinen Kindes während der Sozialisationsphase

keiten ist, lautet: »Wenn ich etwas empfinde oder denke, wird das auch eintreffen, z.B. wenn ich auf meine Mutter böse bin, wird sie das verletzen. Wenn ich mir wünsche, daß sie tot ist, und sie stirbt oder wird krank, dann habe ich das getan.«

Kinder experimentieren auch damit, verschiedene Gefühle auszudrücken, um zu sehen, was passiert. Einige Kinder finden z.B. heraus, daß gut gespielte Wutausbrüche (sagen wir mal im Laden) ihnen eine Extrabehandlung zukommen lassen.

Normale Kinder haben ambivalente Gefühle ihren Eltern gegenüber, und sie haben ihnen gegenüber sexuelle Gefühle, zusätzlich zu der Unzahl von anderen Gefühlen. Tod und Sexualität sind die zwei hervorstechenden Tabubereiche in unserer Gesellschaft, infolgedessen erfahren Kinder Schwierigkeiten am wahrscheinlichsten in diesen beiden Bereichen. Sie bekommen die Botschaft, daß es weniger erwünscht ist, magischen Glauben bezüglich dieser Themen zu überprüfen als bei anderen.

Alpträume resultieren aus unterdrückten Gefühlen in den Bereichen der Sexualität und der Todeswünsche, der Angst vor Gewalt und der Angst vor Kontrollverlust. Wenn Kinder Alpträume haben, machen sie sich gewöhnlich selbst Angst vor einer Situation, von der sie glauben, daß sie nicht mit ihr umgehen können. Was sie brauchen, ist die Versicherung, daß wir die Kontrolle behalten und sie vor gewaltsamen Eindringlingen und ihren eigenen ängstigenden Impulsen beschützen.

Melanie ängstigte sich eine Nacht nach der anderen und wachte jedesmal ganz entsetzt auf; ihre Eltern gingen zu ihr und halfen ihr von ihrem fürsorglichen Eltern-Ich aus, wachzuwerden. Ihre Alpträume hielten an. Schließlich fragten sie Melanie: »Wovor hast du Angst?« Sie antwortete mit einer Frage: »Was würdet ihr tun, wenn ich zu Papa ins Bett ginge und hätte nichts an?« Mama und Papa versicherten ihr, daß sie das nicht erlauben würden. Sie würden ihr sagen, sie solle etwas anziehen, und dann könne sie wiederkommen. Sie stellten entschieden klar, daß sie nicht zulassen würden, daß sie Dinge täte, die sie nicht tun sollte. Melanie hatte keine Alpträume mehr und begann statt dessen darüber zu argumentieren (Aufbauphase), warum sie ihr Bett zu machen habe, bevor sie zur Schule ginge.

Roberts Alpträume bezogen sich auf Gewalt. Seine Mutter und ihr Freund kamen nicht gut miteinander aus. Sie stritten jeden Abend miteinander. Tagsüber machte sich Mama darüber viele Sorgen. Roberts Alpträume hörten auf, als Mama ihren Freund los wurde.

8.6 Psychische Aufgaben der Eltern in dieser Phase

Wenn wir als Eltern mit unserem eigenen Skript in Berührung kommen, können wir es mit unserem Erwachsenen-Ich überprüfen und können entscheiden, was wir aufgeben, behalten oder neugestalten wollen. Unsere eigenen psychischen Aufgaben im Zusammenhang mit der Bildung des Sexualskripts umfassen: die Überprüfung unserer eigenen Überzeugungen, unserer sexuellen Stereotypen und Skriptentscheidungen, den Umgang mit unseren eigenen sexuellen Gefühlen, die durch unsere Kinder hervorgerufen werden, unsere Bewertung der Rollen von Männern und Frauen in der Zukunft und die Neuentscheidungen für unser eigenes Skript (siehe Kap. 12 mit mehr Informationen über das Skript).

8.7 Zusammenfassung

Wenn Kinder einmal begonnen haben, zu denken und eigenständige Individuen zu werden, entscheiden sie sich für eine Grundposition im Blick auf ihr Ok-Sein in Beziehung zu anderen Menschen. Viel von dem Ok-Sein eines Kindes hängt davon ab, was passiert, wenn ein Kind beginnt, laut zu denken und Fragen zu stellen. Diese Fragen dienen dazu, Fakten zu bestätigen und neue Informationen zu sammeln: »Papa, warum klingelt das Telefon, wenn Michael uns anruft?« Andere Fragen sind Übungen für den Denkprozeß an sich. Noch andere werden erdacht, um herauszufinden, ob Erwachsene alles wissen. Kinder lernen durch Fragen, welche Gesprächsthemen diskutiert werden können und welche Gesprächsthemen in ihrer Familie tabu sind.

Viele Fragen sind rhetorischer Art; durch sie drücken Kinder ihre sich entwickelnde Phantasie aus und ihre Vorliebe für magisches Denken. Kinder entwickeln einen primitiven Eltern-Ich-Aspekt ihres Kindheits-Ichs, den man beobachten kann, wenn sie elterliches Verhalten nachahmen. Der Zweck dieses Persönlichkeitsaspekts ist nicht ganz klar. Man glaubt, daß er der Aufbewahrungsort für sehr frühe Verbote ist, die das Kind gelernt hat, noch bevor es sprechen konnte. Einige Theoretiker glauben, daß Alpträume und magisches Denken Manifestationen dieses Persönlichkeitsaspekts sind, die Kinder benutzen, um sich bis in die Verhaltensweisen hinein selbst Angst zu machen (eine Form primitiver Kontrolle).

Sexuelle Identifikation zu erlangen ist eine wichtige Aufgabe in diesem Stadium, entsprechend den sexuellen Rollen, die in der Umgebung dieses bestimmten Kindes akzeptiert sind. Sätze wie »Wenn ich groß bin ...« und »Ich werde nie ...« zeigen, daß das Kind dabei ist, wichtige Skriptentscheidungen zu treffen und versuchsweise Lebenspläne zu gestalten. Skriptentscheidungen zeigen sich im Spiel der Kinder. Nachdem sie andere Leute als eigenständige Individuen sehen, können sie mit anderen spielen und beginnen, die gesellschaftlichen Regeln zu lernen, wie man Beziehungen zu anderen herstellt.

Kinder sollen wissen, daß alle ihre Gefühle wichtig sind, daß schlechte Gefühle bedeuten, daß sie etwas brauchen, und daß sie nicht nach ihren Impulsen handeln müssen. Sie sollen die Rolle jedes Geschlechts in ihrer Gesellschaft kennenlernen, und daß beide Geschlechter in Ordnung sind. Die Programmierung, die Kinder während der Sozialisationsphase erhalten, ist ein bedeutsamer Faktor in ihrem Skript. Heutige Eltern haben die sexuellen Stereotypen zu überprüfen, mit denen sie erzogen wurden. Viele dieser Vorstellungen werden völlig veraltet sein, wenn unsere Kinder einmal Erwachsene sind. Wir Eltern können sehr viel Nutzen für uns selbst aus der Überprüfung unserer eigenen Skripte ziehen. Wir haben tatsächlich die Wahl, unserem Skript automatisch zu folgen oder bestimmte Entscheidungen zu revidieren.

8.8 Übungen

1. Eine Skript-Reise: Suchen Sie sich einen Partner, der Ihnen während der Übung die Anweisungen vorliest. Schließen Sie Ihre Augen und stellen Sie sich die folgende Szene vor: (Nehmen Sie sich Zeit, bis sich ein Bild einstellt.)
   a) Du bist in einem Theater, auf dem besten Platz. Stelle dir den Anblick einer Bühne vor, mit schweren Samtvorhängen. Welche Farbe?
   b) Der Vorhang geht hoch, und auf der Bühne siehst du deine Mutter und deinen Vater, bevor du geboren wurdest. Sie sprechen über dich. Wer und was ist außer ihnen auf der Bühne? Was sagen sie? (Warte) Der Vorhang fällt.
   c) Der 2. Akt: Du bist ein kleines Kind im Alter zwischen drei und fünf. Sieh dich auf der Bühne. Wer befindet sich außer dir auf der Bühne? Welche bedeutsamen Erwachsenen? Was sagen sie? (Warte) Der Vorhang fällt.
   d) Der 3. Akt ist eine Szene aus deinem jetzigen Leben. Was tust du und sagst du gerade? Zu wem?
   e) Der Vorhang fällt wieder. Es ist Pause. Wie reagiert das Publikum? Folge ihnen hinaus ins Foyer. Was sagen sie soweit über das Stück?
2. Suchen Sie sich eine Gruppe, die bereit ist, mit Ihnen an einer Übung teilzunehmen, in der man sehr klein ist: Sei fünf Jahre alt und benutze kurze Wörter. Befreie deine Phantasie und denke magisch. Erzähle Geschichten von dem, was du jetzt gerade siehst und hörst. Beantworte dabei die folgenden Fragen:
   a) Was ist Donner?
   b) Aus was ist eine Wolke gemacht?
   c) Was ist ein schlimmes Wort?
   d) Was bedeutet tot?
   e) Was ist ein Katholik?, ein Jude?, ein Neger?, ein Dingsbums?

3. Vervollständigen Sie des öfteren den Satz: »Wenn ich groß bin ...«, während die anderen darauf reagieren.

Kehren Sie dann zu Ihrem jetzigen Alter zurück, und überprüfen Sie den Rest der Fragen:

4. Was habe ich bisher im Blick auf Mann-Sein und Frau-Sein gelernt?
5. Welchen Einschärfungen gehorche ich immer noch?
6. Will ich diese Einschärfungen an mein Kind weitergeben? Wie ist die Realität jetzt? Was soll mein Kind fühlen, tun und denken, um heute ein(e) erfolgreiche(r) Mann/Frau in dieser Umgebung, in diesem Lebensbereich zu sein?
7. Was ist meine Voraussage im Blick auf den Zustand der Welt in 20 Jahren?
8. Was wird man in dieser Zukunft von Männern und Frauen erwarten?

9 Der kleine Rechtsanwalt (Aufbauphase)

Die Aufbauphase entspricht in etwa den Grundschuljahren. Beim Eintritt in die Schule zeigen Kinder ganz deutlich die Skript-Entscheidungen, die sie getroffen haben. Auch die Lehrer stellen über die Skripte ihrer Schüler Vermutungen an, wobei sie in der Beurteilung von ihren eigenen Skripten geleitet werden und von ihren Definitionen, wer ein Gewinner und wer ein Verlierer ist:

Gewinner sind:	*Verlierer sind:*
gehorsam	leicht zu führen
ruhig	lethargisch
bemüht zu gefallen	unausstehlich
gepflegt	weichlich
Führer	Stänkerer
lebendig	laut
unabhängig	ungehorsam
einfallsreich gekleidet	abstoßend

9.1 Die Grundschuljahre

Die psychischen Hauptaufgaben der Kinder im Grundschulalter sind: Phantasie und Wirklichkeit auseinanderzuhalten; die Erwachsenen-Ich-Funktionen des Erinnerns, der Logik, des Überprüfens der Wirklichkeit und der Problemlösung weiter einzuüben; zahlreiche Fertigkeiten zu entwickeln und sich spezieller Begabungen bewußt zu werden; Informationen über die Welt außerhalb ihrer direkten Nachbarschaft zu sammeln; die Regeln und den Lebensstil der eigenen Familie mit dem anderer Familien zu vergleichen und ihr eigenes Eltern-Ich zu festigen. Manche dieser Aufgaben werden mit Hilfe von vielen Argumenten und »Warum«-Gefrage und anderen Formen von Spitzfindigkeit gelöst. Kleine Kinder wollen unbedingt größer werden, und sie können es kaum erwarten, älter zu sein. Sie sind bereit und willens zu lernen, wie man die Dinge anpackt. Ihre eigenen Stärken und Schwächen wissen sie realistisch einzuschätzen; Unterschiede zwischen sich und ihren Kameraden nehmen sie wahr. In weißen Wohngebieten nehmen weiße Kinder ihre Hautfarbe als Selbstverständlichkeit an und gehen davon aus, daß alle Kinder weiß sind, wobei sie kaum auf unterschiedliche Haar- oder Augenfarbe achten. Kinder anderer Hautfarben – schwarz, braun, gelb oder rot – erleben ihre Hautfarbe und die ihrer Umgebung viel bewußter.

Mädchen zeigen bereits im Kindergarten ihr Interesse an den Beziehungen zu ihren Spielgefährten; sie wissen, wer beliebt ist und welche Freunde zusammengehören. Jungen zeigen erst etwas später dieses soziale Bewußtsein und zu einem geringeren Grade. Sie wissen, wer der größte, schnellste, stärkste usw. ist. Kinder, deren Skripte eine Menge Botschaften über Konkurrenz enthalten, vergleichen intensiver und schenken solchen Erscheinungen mehr Aufmerksamkeit. Unser westliches Schulsystem fördert das Konkurrenzverhalten des einzelnen, während andere Gesellschaften dem Team-Geist mehr Bedeutung beimessen. Eltern befinden sich hierbei in einer schwierigen Lage: obwohl sie sich vielleicht wünschen, daß ihre Kinder kooperative Beziehungen bevorzugen, leben wir doch in einer stark ausgeprägten Konkurrenz-Struktur. Wenn wir unseren Kindern ein Beziehungsmuster mitgeben, das sich wesentlich von dem ihrer Gefährten unterscheidet, oder wir sie Werte lehren, die im Widerspruch zu den von ihren Lehrern vertretenen stehen, werden sie das außerhalb ihres Zuhauses schmerzlich zu spüren bekommen und Anstoß erregen. Kinder brauchen heute ein flexibles Eltern-Ich, das ihnen erlaubt, problemlos mehr als ein Bezugssystem zu tolerieren.

In den ersten Schuljahren glauben die Kinder noch immer, daß ihre Gedanken einfach schon deswegen, weil sie sie gedacht haben, gültig sind. Sie klammern sich an eine Art magisches Denken (ER_1), selbst wenn sie viele Informationen (ER_2) haben, die das Gegenteil besagen. Debbie wußte z.B. mit sieben Jahren genau über den Nikolaus Bescheid – solange, bis wieder Weihnachten war und die Stiefel aufgestellt werden sollten. Da vergaß sie ihre ganze Aufklärung und glaubte bereitwillig wieder an den St. Nikolaus: sie schaute den Kamin hoch, schälte Möhren für seine Rentiere und tanzte ums Haus, um den Himmel nach Zeichen seiner Ankunft abzusuchen.

Kleine Kinder vermischen großzügig Tatsachen und Phantasie. Das tun sie teils aus Spaß, als Phantasieübung oder als Ausschmückung bei Gesprächen. Kinder müssen lernen, daß Phantasieren Spaß macht, denn es ist für viele Denkvorgänge nützlich. Unsere Gesellschaft ist auf diese Fähigkeiten angewiesen, um mit den schnellen Veränderungen Schritt halten zu können. Kinder müssen jedoch auch lernen, Tatsachen und Phantasien zu unterscheiden, und wissen, wann die eine oder die andere Denkart angemessen ist.

Im folgenden Gespräch erhält Dirk einige Informationen darüber, wie er den Unterschied zwischen Ereignissen, von denen er gehört hat, und solchen, bei denen er Augenzeuge war, feststellen kann:

Dirk: Mutter, Martin war in Afrika und sein Haus geriet in Brand!

Mutter: (lächelnd) Na, der hat ja ein aufregendes Leben geführt!

Dirk: (beleidigt) Das ist wirklich wahr, ich lüge nicht!

Mutter: (nährendes Eltern-Ich) Liebling, ich behaupte nicht, daß du lügst! (Erwachsenen-Ich) Wie hast du denn erfahren, daß er in Afrika war?

Dirk: Er hat's mir erzählt!

Mutter: Hast du Bilder von ihm aus Afrika gesehen?

Dirk: Nein.

Mutter: Hast du das Feuer gesehen?

Dirk: Nein, aber er hat's mir erzählt!

Mutter: Dann sag doch: »Martin hat mir erzählt, daß er in Afrika gelebt hat. Er hat gesagt, sein Haus habe gebrannt.« Es ist wichtig, den Unterschied zwischen dem, was du gehört, und dem, was du mit eigenen Augen gesehen hast, zu erkennen.

Dirks Mutter belehrte ihren Sohn darüber, wie man berichtet. Er hatte erkennen lassen, daß er es ernst meinte, weil er weder mit heuchlerischer noch mit neckender Stimme sprach und beleidigt reagierte, als sie lächelte.

9.1.1 Necken

Das Necken enthält Elemente des positiven und des negativen Streichelns. Es ist aufregend und würzt Transaktionen. Necken ist wie Chili-Pfeffer; der Geschmack hängt von der Menge ab: ein wenig davon würzt das Mahl, während zuviel davon brennt und schmerzt. Zuviel kann außerdem zu Verdauungsstörungen und zu länger dauerndem Unwohlsein führen. Außer seinem Streichelwert hat das Necken auch als Form geistigen Parierens Bedeutung. Durch Necken lernen Kinder, skeptischer zu sein. Sie lernen, Eltern-Ich-Aussagen in Frage zu stellen und ihr eigenes Erwachsenen-Ich zu gebrauchen und Informationen zu überprüfen, bevor sie diese übernehmen. Sie versuchen, sich gegenseitig mit Aussagen über Fremdartiges hereinzulegen und belachen die Leichtgläubigen: »Auf deinem Arm sitzt ein Käfer ... April, April!«

Wir Eltern können das Necken als Spaß in Transaktionen vom Kindheits-Ich zum Kindheits-Ich untereinander oder mit unseren Kindern einsetzen. Michaels Vater z.B. verdreht oder mißversteht absichtlich immer wieder »gleichklingende« Worte. Michael freut sich dann immer diebisch, seinen Vater bei »Fehlern zu erwischen« und bekommt dadurch eine Möglichkeit, zur Abwechslung einmal den Vater zu korrigieren.

Michael: Vater, wir haben morgen in der Schule eine Feier!

Vater: Was? Heute morgen war in der Schule ein Feuer?

Michael: Aber Vater, kein Feuer, es brannte nicht, sondern wir feiern morgen in der Schule!

In diesem Alter sind solche »Mißverständnisse« spaßig und geben der kleinen Person eine Chance, sich groß zu fühlen. Zu einem früheren Zeitpunkt, in der Zeit der Trennung und Sozialisation, wären solche Neckereien frustrierend und grausam. Kinder können Ironie und Sarkasmus besser verstehen, wenn sie viel mehr Kenntnisse davon besitzen, wie Sprache aufgebaut ist.

In den ersten Schuljahren haben Fragen eine andere Funktion als in den Vorschuljahren. In der Aufbauphase stellen Kinder Fragen, weil sie Informationen wollen. Manche Fragen können sie mit Hilfe der Eltern durch Nachforschen klären. Bis sie ohne Schwierigkeiten lesen können, brauchen Kinder für Informationen aus Büchern die Hilfe Erwachsener. Schon kleinere Kinder können Gegenstände klassifizieren (Spatzen und Zaunkönige sind beide Vögel) und auch Gegenstände in eine sichtbare Ordnung bringen (Stäbchen vom kürzesten bis zum längsten sortieren). Sie erkennen nach und nach die verschiedenen physikalischen Gesetze und brauchen einige Jahre, bis sie verallgemeinern und das auf einem Gebiet Gelernte auf ein anderes übertragen können.

So sind z.B. Kinder unter sieben und acht Jahren der Meinung, daß die Wasseroberfläche in einem geradestehenden Gefäß und in einem gekippten gleich aussieht.

Sogar wenn sie es vor Augen haben, werden sie sagen: »Oh, der Rand steigt hoch«; es dauert noch einige Jahre, bis sie zwischen der Ebene der

Abb. 28: Zeichnung eines gekippten Wasserglases (von einem Sechsjährigen)

Wasseroberfläche und der Schwerkraft einen Zusammenhang erkennen. Konkretes Denken bleibt in der Aufbauphase erhalten. Ein Kind von neun oder zehn Jahren weiß, daß zwei gleichgroße Lehmkugeln in Gewicht und Menge identisch bleiben, auch wenn eine der Kugeln flachgedrückt wird; dennoch wird es davon überzeugt sein, daß eine der Kugeln dann mehr Raum einnimmt als die andere.

Daß Kinder logische Operationen und andere Arten mehr differenzierten Denkens besser verstehen können, hängt zum Teil von dem Grad ihrer Kenntnis der praktischen Welt ab und von der Art des Denkens, für das sie belohnt werden. In unserer industrialisierten Welt wird z. B. logisches, geordnetes, eingleisiges Denken hoch geschätzt, weil diese Art zu denken für das Programmieren von Maschinen und zur Durchführung bestimmter wissenschaftlicher Experimente äußerst nützlich ist. Für diese Art denken zu können werden Männer in unserer Gesellschaft belohnt, während man bei Frauen mehr Intuition erwartet. Mehrdimensionales Denkvermögen wird häufig für oberflächlich gehalten, als Anzeichen für eine Unfähigkeit zur Konzentration. Künstlern, Träumern, Sonderlingen und Psychoforschern (nimm einen, dann hast du einen) sieht man »schweifendes« Denken nach, aber nur solange, als sie sich damit nicht allzu sehr von der üblichen Denkweise in ihrer Umgebung abheben. In der westlichen Welt zeichnet sich derzeit ein Trend ab, mehrdimensionalem, kreativem Denken mehr Raum zu geben und den Bezugsrahmen zugunsten von Mystik und anderen östlichen Denkweisen zu erweitern.

Kinder der mittleren Grundschulstufe sind bereit, ihr Repertoire an Fähigkeiten zu erweitern. In dem Maße, wie sich ihr Denken entwickelt, wächst auch die Merkfähigkeit, die zur Entwicklung spezieller Talente erforderlich ist.

Im allgemeinen lernen Kinder am besten, wenn ihnen die neuen Informationen über alle Kanäle ihrer Wahrnehmung (Ohren, Mund, Augen, Nase, Hände und Körper) vermittelt werden. Kinder unterscheiden sich darin, welche Kanäle bei ihnen am besten funktionieren und welche Kanäle von ihrer Umgebung am meisten bevorzugt werden. Ein Kind aus einer Familie, die Sprechen schätzt, lernt zu sprechen, Fragen zu stellen und zuzuhören. Dirk lernt z. B. dadurch, daß er seinem Vater zuschaut, soviel über Automechanik, daß er sich bei Autos besser auskennt als mancher Erwachsener.
Die Wahrnehmungsfähigkeit der Kinder entwickelt sich nicht gleichmäßig. Carola will z. B. von ihrem Vater etwas über Dinosaurier wissen. Vater nimmt das Lexikon und läßt Carola daraus vorlesen. Nachdem sie eine Weile gelesen hat, klagt sie darüber, daß sie die Worte nicht versteht. Vater erklärt ihr dann in einfacheren Worten das Gelesene. Carola lernt dabei, daß man aus dem Lexikon Informationen erhalten kann und daß ihr Vater ihr und ihren Fragen Aufmerksamkeit schenkt. Carolas Fähigkeit, Worte auszusprechen, war besser entwickelt als ihre Fähigkeit, diese zu verstehen.
Kinder lernen es, Tatsachen über die Außenwelt, Meinungen und innere Gefühle zu trennen. In der folgenden Transaktion lernten Lisa und Theresa ihre Gefühle auszudrücken, ohne sich gegenseitig Nicht-Ok-Gefühle zu verschaffen. Sie waren aufeinander wütend und Lisa schrie: »Du bist doof!« Die Mutter, die in der Nähe war, forderte sie auf: »Sag lieber, was du fühlst, als Theresa zu beschimpfen. Sag lieber: »Ich bin wütend auf dich, weil ...!«
Allzu häufig sind wir Eltern versucht, die zwischenmenschlichen Probleme unserer Kinder für sie zu schlichten, insbesondere dann, wenn die Lautstärke der Auseinandersetzungen das für uns erträgliche Maß überschreitet. Kinder lernen mehr, wenn sie nach dem Empfang geeigneter Informationen diese selbst ausprobieren.

9.1.2 *Ausprobieren der Familien-Regeln*

In unserem Zeitalter technologischen Fortschritts und entsprechend vielfältiger Ansprüche müssen Kinder neue Ideen und neue Verhaltensweisen ausprobieren und versuchen, ihren Gesichtskreis zu erweitern, sobald sie

dazu fähig sind. Sie müssen mit zunehmender Eigenverantwortlichkeit und bei abnehmender elterlicher Überwachung zu neuen Erfahrungen vorstoßen. Allerdings brauchen sie während der Aufbauphase auch weiterhin in beträchtlichem Umfang das »Beeltern« durch einen anderen. Gruppenerfahrungen z.B. in Jugendverbänden, beim Zeltlager und als Pfadfinder vermitteln Kindern eine große Vielfalt von »Beeltert-Werden« und die Möglichkeit, mit neuen Rollen zu experimentieren.
Katrin verspürte hinsichtlich des geplanten Zeltlagers ein beträchtliches Unbehagen, zu dessen Bewältigung sie Hilfe brauchte. Hier bot sich eine gute Gelegenheit, die Fähigkeit, mit Problemen umzugehen, zu stärken, und Namen für einige dieser Unsicherheitsgefühle zu finden. Katrins Mutter half ihr bei der Vorbereitung auf dieses Experiment, zum ersten Mal mehr als eine Nacht von zuhause fort zu sein, denn Katrin verfügte noch nicht über ein Eltern-Ich, das ihr die Hilfe, die sie brauchte, hätte geben können.

M: (emsig in der Küche hantierend) Komm herein, Liebes, und iß.
K: Ich habe keinen Hunger.
M: Für die nächsten fünf Stunden wirst du keine Gelegenheit zum Essen haben.
K: Mein Bauch tut weh.
M: Wo?
K: Hier (zeigt auf den Oberbauch).
M: Was ist los?
K: Ich weiß nicht.
M: Weißt du nicht, ob du es mir sagen willst, oder weißt du nicht, wie du es mir sagen sollst?
K: Ich weiß nicht, wie ich es sagen soll.
M: Komm her (setzt sich und deutet auf ihren Schoß) und sag mir, was du sagen kannst, und ich werde es dir erklären.
K: Einerseits möchte ich ins Zeltlager, andererseits aber auch nicht.
M: Oh, das nennt man »gemischte Gefühle«.
K: Ich fürchte mich davor, hinzufahren und dann vielleicht wieder heim zu wollen.
M: Das nennt man »Heimweh«. Erinnerst du dich daran, das schon mal gehabt zu haben?
K: Ja, beim letzten Ausflug, als wir in einer Scheune übernachteten.
M: Was passierte mit diesem Gefühl?

K: Es hat mir dann solchen Spaß gemacht, daß ich es vergaß.

M: Nun gut, dann weißt du ja schon, daß du zwar ein wenig Heimweh bekommen kannst, daß es aber bald vergeht und du dann Spaß hast.

K: Was aber, wenn ich mich einsam fühle und heimkommen will?

M: Eines sollst du wissen: wenn du dich wirklich ganz verlassen fühlst und heimkommen willst, werden wir dich abholen. Wenn es jedoch mehr darum geht, daß du gestreichelt werden möchtest, kannst du darum bitten.

K: Ja, das kann ich (erleichtert).

M: Es ist wichtig, jemanden um Streicheln zu bitten, der es dir geben kann. Am besten schaust du dich nach einem Erwachsenen mit einem netten Gesicht um.

K: O ja, Frau Fröhlich kommt ja mit, und die kann so gut streicheln.

M: Und sorge dafür, daß sie weiß, wann du Streicheln brauchst. Sag: »Frau Fröhlich, ich habe Heimweh, können Sie mich mal in den Arm nehmen?« Dann weiß sie, was dir fehlt. Wenn du ihr aber nur sagst, dein Bauch tue weh, bittet sie wahrscheinlich die Krankenschwester, dir dafür eine Medizin zu geben, obwohl das ja nicht das ist, was du wirklich brauchst.

K: Jetzt fühle ich mich viel wohler – kann ich etwas zu essen haben?

Katrin kannte das Gefühl der Ambivalenz bereits. Kinder lernen dieses Gefühl schon im Alter von sechs Monaten kennen. Bei der Wiederholung einer Kombination einander widersprechender Gefühle fiel ihr jetzt die kindliche Bezeichnung für Ambivalenz ein – »gemischtes Gefühl«. Zum Kennenlernen der verschiedenen Kombinationen brauchen Kinder einige Zeit:Liebe-Haß, Liebe-Furcht, neugierig-ängstlich usw. Katrins Mutter rief ihr eine bereits vorhandene Information ins Gedächtnis zurück, daß nämlich einige unangenehme Gefühle nur vorübergehender Art sind und dem Vergnügen keinen Abbruch tun müssen. Auch ging die Mutter mit Katrin den Unterschied zwischen Einsamkeit, Angst und Magenbeschwerden durch. Es ist wichtig, Kindern beizubringen, daß sie Menschen, die zum Geben bereit sind, um das bitten, was sie brauchen, insbesondere dann, wenn sie von zuhause fort sind. Kinder bezeichnen häufig »nährende Eltern« als Menschen, die »nette Gesichter« haben.

Fast ein halbes Jahrzehnt lang entwickeln Kinder ihr Eltern-Ich. Sie müssen zahlreiche Regeln, Definitionen und Werte verinnerlichen und sie zu einem vernünftig funktionierenden Eltern-Ich organisieren, um für die

meisten Gelegenheiten einen guten Führer zur Seite zu haben, der ihnen hilft, gut mit sich umzugehen.
Früher, als das Leben noch gemütlicher lief und Veränderungen viel langsamer vonstatten gingen, konnten Kinder die Überzeugungen ihrer Eltern ungeprüft übernehmen und innerhalb ihres Kulturkreises damit gut über die Runden kommen. Unsere Kinder müssen in einer Welt leben, die noch nicht erfunden ist, so daß wir ihnen längst nicht alle Überlebensfähigkeiten vermitteln können, die sie brauchen werden. Wir müssen daher bereit sein, unsere eigenen Überzeugungen und Ansichten laufend zu überprüfen, um unseren Kindern ein Eltern-Ich anbieten zu können, das ihnen nützen wird. Unsere Kinder sollen ermuntert werden, unsere Ansichten und Überzeugungen vor der Übernahme durchaus in Frage zu stellen und ihr eigenes Eltern-Ich im Verlaufe ihres Lebens immer wieder zu überprüfen und auf den neuesten Stand zu bringen.
Viele von uns wurden mit dem Hinweis »Kinder darf man sehen, aber nicht hören« aufgezogen. Diese Ansicht steht im Widerspruch zu einigen Empfehlungen dieses Kapitels. »Achtet die Alten« ist eine weitere sehr bekannte Regel. Achtung kann unterschiedlich definiert werden: zum einen so, daß Ältere ok sind, aber Jüngere nicht. Eine andere Auffassung besagt, daß Junge wie Alte ok sind. Kinder können Achtung dadurch erweisen, daß sie vor Äußerung ihrer Meinung eine angemessene Zeit warten, oder, daß sie Äußerungen ihres rebellischen Kindheits-Ichs unterdrücken oder daß sie sich die Antworten auf ihre Fragen geduldig anhören.
Im Vergleich zur Sozialisierungsphase ändern sich die Gespräche in der Aufbauphase. Aus dem kleinen »Fragekasten« wird der kleine Rechtsanwalt, der diskutierfreudig ist, Schlupflöcher aufspürt, unsere Logik auseinandernimmt, die Fehler in unseren ungenauen logischen Begründungen findet und mit der phantastischen Fähigkeit begabt ist, jeden neuen Bezugsrahmen zu entdecken, der mit unserem eigenen in Konflikt steht. Eltern von Kindern dieses Alters beklagen deren Frechheit, Respektlosigkeit, Verlust an jeglichen Manieren, die sie einmal hatten, ihre Kritiklust und ihre ständigen Vergleiche mit den Eltern anderer Kinder. Tatsächlich haben diese Kinder aber nicht die Absicht, ihre Eltern zu überfahren. Sie versuchen lediglich, in einer sich ändernden Gesellschaft mit unterschiedlichen Bezugsrahmen ein brauchbares Eltern-Ich zu formen. Viele von uns wuchsen in einer Nachbarschaft auf, deren Denkweise der unseren entsprach und wo die wenigen Andersdenkenden als nicht-ok angesehen

wurden. In sich langsamer entwickelnden Gemeinwesen hatte eine ganze Stadt dieselben Wertvorstellungen, und nur Fremde (die suspekt waren) wichen davon ab. Widerspruch ist einer der Preise, die wir dafür zahlen müssen, daß wir denkende Kinder haben, die daran glauben, daß jedermann ok ist.

Eine bei Kindern sehr beliebte Form, die Familienregeln zu testen, ist, ein Thema aufzubringen, das mit »alle anderen Kinder dürfen ...« beginnt. Vielleicht haben sie gehört, daß das in anderen Familien wirkungsvoll ist, und wenden nun ein wenig »Psychologie« auf uns an. Ihr »kleiner Professor« findet so heraus, ob der bundesrepublikanische Traum vom »Schritthalten mit den Nachbarn« auch in ihrer Familie wesentliche Bedeutung hat. Sie spüren vielleicht auch, daß wir verletzlich sind an dem Punkt, weniger gute Eltern zu sein als unsere Nachbarn (die Konkurrenzstruktur auf uns angewandt).

Es gibt Möglichkeiten, darauf zu reagieren, ohne Schuldgefühle zu entwickeln oder die anderen Eltern für nicht-ok zu erklären, und dennoch fest zu den Dingen zu stehen, die wir für wichtig halten. Wolf und seine Tochter Doris hatten ein solches Gespräch:

D: Karin hat alles und wir haben nichts.

W: Also hör mal, das ist ja wohl übertrieben. Was hat sie denn nun bekommen?

D: Sie hat im Garten ein Karussel.

W: Das ist toll. Aus deinem Gesicht und deiner Stimme kann ich ablesen, daß dir ihre Spielsachen gefallen.

D: Und wie!

W: Das verstehe ich. Wieviele Kinder gibt es in ihrer Familie?

D: Eines.

W: Bei vier Kindern in unserer Familie müssen wir unser Geld mehr strecken.

D: Schon, aber ihre Eltern kaufen ihr immerzu Sachen.

W: »Immer« ist schon wieder so ein übertriebenes Wort. Ihre Eltern kaufen ihr viele Sachen, und das ist ihre Sache. In unserer Familie wird Ausbildung für wichtiger gehalten, und die kostet viel Geld. Wir sparen, um euch allen vieren den Schulbesuch zu ermöglichen. Da wir nicht sehr reich sind, mußten wir uns entscheiden, und wir haben uns zum Sparen entschlossen, anstatt mehr Spielzeug zu kaufen. Du hast doch auch ein paar schöne Sachen, nicht wahr? Was hast du?

D: Den Kletterturm und den Sandkasten.
W: Ja, das ist richtig. Wie kannst du es machen, daß du auf Karins Karussel mitspielen kannst?
D: Ich kann sie hierher zum Spielen mit meinen Sachen einladen und danach mit hinüber gehen, um mit ihren zu spielen.
W: Die Überlegung finde ich prima.

Kinder nehmen anderer Leute Wohnung wahr entsprechend den Wertmaßstäben, die in ihrer eigenen Familie gültig sind, und nach den Wertmaßstäben, die sie lernen. Andere Wohnungen kommen ihnen größer, kleiner, ordentlicher oder unordentlicher vor als ihre eigenen. Sie stellen fest, welche Kinder welche Art von Spielzeug haben. Sie merken, ob andere Eltern freundlich oder kühl sind. Kinder, die sich vernachlässigt fühlen, geben acht auf Kinder, die viel mehr haben als sie. Kinder, die sich ok fühlen und nicht wissen, was Hunger ist, werden solche Unterschiede zumeist nur dann wahrnehmen, wenn sie darauf trainiert wurden: »Wir sind besser, weil wir sauberer, ordentlicher, besser organisiert sind, härter arbeiten als sie …«

Kinder werden beeinflußt von dem, was sie außerhalb ihres Hauses sehen und tun, z.B. dann, wenn sie umziehen oder neue Freundschaften schließen. Innerhalb von zehn Jahren zieht die Hälfte der amerikanischen Bevölkerung um, so daß die Kinder höchstwahrscheinlich solchen Veränderungen ausgesetzt werden. Begüterte Eltern haben es in der Hand, den Umgang ihrer Kinder zu bestimmen, indem sie nur in bevorzugte Wohngegenden ziehen und ihre Kinder auf ausgewählte Schulen schicken.

Andere Eltern üben ihren Einfluß aus, indem sie ihre Kinder auf »Wir sind ok – die anderen sind nicht ok« programmieren. Diese Art der Programmierung kann Kindern eine große Hilfe sein, »Gewinner« zu bleiben in Gegenden, in denen hauptsächlich »Verlierer« leben. Ein Preis dafür ist dann jedoch die lebenslange Einstellung, als wäre das Gestreicheltwerden durch Nichtfamilienmitglieder nichts wert. Solange die Familie intakt ist, bleibt die Streichelökonomie ausreichend; wenn jedoch die Eltern sterben und die Geschwister fortziehen, haben solche Menschen keine Erfahrung darin, wie man Zuwendung von einer Vielfalt von Freunden und Nachbarn erhält.

Die Selbstwahrnehmung nimmt bei Kindern in der mittleren und späteren Kindheit in wachsendem Maße zu. Ted beschreibt sich beispielsweise im Alter von acht Jahren und neun Monaten so:

Ich habe das Gefühl, ich werde erwachsen; ich bin kein Heulbaby mehr. Ich spiele mehr Fußball und solche Sachen und turne. Jetzt versuche ich sogar den Ball zu fangen, wovor ich früher immer Angst hatte. Ich bin bei den Pfadfindern und der Lieblingsschüler meines Lehrers. Ich interessiere mich für viele Dinge und bin auf Abenteuer aus, fahre häufiger mit dem Rad zum Einkaufen und in den Park. Ich trainiere meinen Körper mehr und bin aktiv. Ich denke ans Wegziehen, an alte Freunde, die weggezogen sind und überlege, wie ich mich bei einem Umzug fühlen würde. Ich überlege mir, was ich werden will, wenn ich erwachsen bin: Tierarzt, Arzt oder Ozeanograph. Ich erinnere mich, wie ich als kleiner Junge weggelaufen bin (im Alter zwischen vier und acht). Ich packte mir einen Koffer und nahm eine Decke und rannte um den Häuserblock und kam dann zurück. Das ist jetzt vorbei. Jetzt denke ich an die Ferien und daran, unten an der Straße eine Burg zu bauen.
Ted glaubt nicht mehr dran, daß seine Träume konkrete Wesen seien, die des Nachts in sein Zimmer kommen, aber er glaubt an Vorahnungen, daß Träume manchmal wahr werden.

9.2 *Kinder und Verträge*

Kinder dieser Entwicklungsstufe können Verträge machen. Verträge stärken die Kooperationsstruktur (wie können wir beide bekommen, was wir haben wollen) im Gegensatz zur Konkurrenzstruktur (dies ist ein Wettkampf: einer von uns wird gewinnen und der andere verlieren).
Als Vorbereitung auf verantwortliches Verhalten muß gelernt werden, aktiv zu sein. Kinder sollten davon abgebracht werden, passiv zu sein und andere für sich denken zu lassen. Wirkliche Verträge verlangen beiderseitiges Einverständnis. Manche Erwachsenen behaupten Verträge zu schließen, wenn sie in Wahrheit nur eine Mitteilung machen. Es ist wichtig, diesen Unterschied zu sehen und mit unseren Kindern Verträge nur in solchen Angelegenheiten zu schließen, bei denen wir dazu bereit sind. Wenn wir nur bestimmte Regeln durchsetzen wollen, dann ist es wichtig, daß wir dies auch deutlich so sagen. Das folgende Gespräch zeigt eine Vertragsverhandlung von der »Ich bin ok – du bist ok«-Position aus.

1. Das ist es, was ich möchte.
2. Was möchst du?
3. Wie können wir beide bekommen, was wir uns wünschen?

4. Was bist du bereit aufzugeben, um möglichst viel von dem, was du möchtest, erfüllt zu bekommen?
5. Was werde ich aufgeben, um möglichst viel von dem, was ich möchte, zu erhalten?
6. Wie fühlst du dich dabei?
7. So fühle ich mich.

Kinder in den ersten Schuljahren mögen Regeln sehr gern. Zunächst glauben sie, daß ihre häuslichen Regeln heilig sind. Wenn z.B. zwei Kinder »Verstecken« spielen und erkennen, daß sie dafür unterschiedliche Regeln kennen, besteht jedes von ihnen darauf: »Das sind die Regeln! Und wenn du sie nicht einhältst, bist du schlecht, ein Betrüger usw.« Sie brauchen einige Zeit, bis sie merken, daß verschiedene Arten von Spielregeln in Ordnung sein können.

Im mittleren Kindheitsalter, wenn Kinder schon einige stabile Regeln kennen, sind Gruppenaktivitäten sehr gefragt, bei denen sie es leichter haben, sich an andere Spielregeln zu gewöhnen. Gruppen erfüllen vielfältige Zwecke: Kinder können dort Informationen über verschiedene Aktivitäten und Fertigkeiten sammeln, die sie in ihrer regulären Umgebung nicht erhalten. Sie befreunden sich mit anderen Kindern außerhalb der Schule und haben die Möglichkeit, Kinder mit ähnlichen Interessen kennenzulernen und sich mit Erwachsenen anzufreunden, die Kinder mögen; und all das in kleineren Gruppen als in den üblichen Schulklassen. Bei den

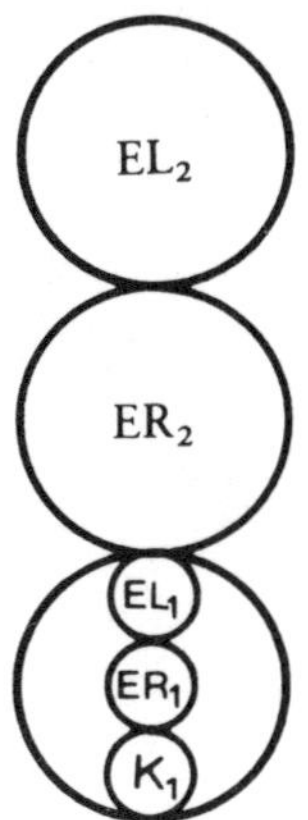

Abb. 29: Struktur-Diagramm der abgeschlossenen Aufbauphase

Pfadfindern, in Jugendgruppen usw. können Kinder solche Erfahrungen sammeln.

Das späte Kindheitsalter ist durch eine Periode besserer psychischer Disposition gekennzeichnet. Die Kinder fühlen sich besser, verhalten sich ruhiger und zivilisierter, kooperieren bei Gruppenunternehmungen und bringen es in der Schule zu Anzeichen von Selbstdisziplin. Jürgen erkannte, daß seine Ruhelosigkeit und das viele Schwätzen schlechte Angewohnheiten waren, und verabredete mit seinem Lehrer einen Vertrag, daß er für gutes Verhalten regelmäßig gelobt werden sollte. Er freute sich sehr über seine Fortschritte.

Im Verlauf des Prozesses, sich besser zu organisieren, entwickeln Kinder ihr eigenes, ganz persönliches Eltern-Ich, auf das sie sich als Beschützer verlassen können. Sie zeigen sich verantwortungsvoller, und während sie in einem früheren Stadium zwar Sicherheitsvorschriften zitieren und sich gegenseitig vorhalten konnten, verhalten sie sich jetzt aufmerksam und zeigen Rücksicht auf andere.

9.3 Führer und Gefolgsleute

Innerhalb der Aufbauphase lernen Kinder zu führen und zu folgen. Beide Rollen probieren sie aus. Jene, die in der Rolle des Führenden erfolgreich sind, spüren bereits ein gewisses Maß an Energie in ihrem Eltern-Ich. Führer verführen, überzeugen, schüchtern ein, überreden oder zwingen andere dazu, ihnen in der Weise zu folgen, wie es in ihrer Umgebung üblich ist.

Anführer glauben:
Ich kann führen.
Man erwartet von mir, daß ich die Führung übernehme.
Ich kann andere dazu bringen, daß sie tun, was ich will.
So führt man …
So sucht man sich Gefolgsleute aus …

Gefolgsleute glauben:
Ich kann gehorchen.
Man erwartet von mir, daß ich gehorche.
Ich tue, was andere sagen.
So ist man folgsam …
So sucht man sich einen Anführer …

In einigen Gegenden wird das Kind, das einen Fußball besitzt, der Anführer sein, oder dessen Mutter Hausmeisterin für die Oberschul-Turnhalle ist. In anderen Wohngebieten ist das lauteste und stärkste Kind der Anführer oder das Kind mit den aufregendsten Ideen.

Wenn zwei Anführer sich irrtümlicherweise gegenseitig für Gefolgsleute halten, befinden sie sich in einer Sackgasse, aus der es verschiedene Auswege geben kann:

1. Maria überzeugt Johanna davon, daß es lustig, aufregend und lohnend ist, Maria zu folgen.
2. Maria überzeugt Johanna, daß es weniger schmerzlich ist, sich Maria anzuschließen, als mit ihr zu kämpfen.
3. Maria veranlaßt ihre Clique, Johanna davon zu überzeugen, daß es für sie besser wäre, sich Marias Clique anzuschließen.
4. Maria veranlaßt ihre Clique, Johanna klarzumachen, daß es besser für sie ist, zu verschwinden.
5. Maria übernimmt Johannes Gefolgsleute.
6. Maria verschwindet.
7. Oder Johanna macht das oben Beschriebene mit Maria.

In den letzten Grundschuljahren, wenn sie ins Alter der Voradoleszenz kommen, isolieren Mädchen sich von den Jungen und bezeichnen sie als nicht ok. Die Jungen revanchieren sich für dieses »Kompliment«. Diese Verhaltensweisen sind mehr innerhalb der Schule als in den Wohngebieten zu beobachten; dabei konzentriert sich die Trennung hauptsächlich auf unterschiedliche sportliche Betätigung. Die Jungen spielen Fußball, und die wenigen fußballbegeisterten Mädchen spielen für sich. Mädchen spielen Hopse, und es gibt sehr wenige Jungen, die sich an diesem Spiel beteiligen.

In der Vergangenheit diente diese Art der Trennung jedem Geschlecht, sich mit seinesgleichen zu identifizieren und dessen spezielle Spielregeln zu lernen. Außerdem diente sie zur Beruhigung der Eltern, die glaubten, daß damit (wenigstens obenhin) das sexuelle Interesse am anderen Geschlecht verzögert würde.

Eine Zeitlang war es genehm, daß Mädchen jungenhaft waren. Athletische Mädchen wurden bei manchen Aktivitäten, bei denen man sie gebrauchen konnte, willkommen geheißen: »Sie ist genauso gut wie ein Junge!« Jungen hingegen wurden eher lächerlich gemacht und als »Susies« angesehen, wenn sie sich in dieser Phase allzusehr für Mädchen interessierten. Es wird interessant sein zu verfolgen, ob der Trend zum Abbau der stereotypen Geschlechtsrollen das Bedürfnis, das andere Geschlecht abzuwerten, vermindern wird.

9.4 *Beeltern von Kindern in der Aufbauphase*

Unsere Kinder lernen durch das, was wir tun und sagen. Wenn unsere Worte und Handlungen nicht übereinstimmen, lernen sie, das ebenso zu tun. Kinder dieses Alters sind froh über ausführliche Erklärungen zu wichtigen Sachverhalten, und sie brauchen sie auch, ganz im Gegensatz zu früheren Phasen, als viele Worte sie nur verwirrt hätten, und auch zur folgenden Phase, in der sie elterliche Ratschläge am liebsten überhaupt nicht mehr hören würden.
Folgende Ratschläge für das Beeltern in der Aufbau-Phase mögen nützlich sein:

1. Erwarten Sie von Ihren Kindern Ansätze zu Verantwortlichkeit und Freundlichkeit.
2. Ermutigen Sie zum Nachdenken, Fragen und Argumentieren.
3. Diskutieren Sie mit ihnen über verschiedene Regeln und über das, was in der Welt zu beobachten ist.
4. Geben Sie jedem Kind Zeit, Dinge zu tun, die den Eltern gefallen, und ebenso Zeit, für sich selbst etwas zu tun, was Kindern gefällt.
5. Lernen Sie die Lehrer und das Schulsystem Ihrer Kinder kennen.
6. Machen Sie Ihre Kinder mit Ihrem eigenen natürlichen Kindheits-Ich bekannt.
7. Lehren Sie Ihre Kinder die Funktion von Regeln und erklären Sie ihnen die Methoden, wie Regeln zustande kommen.
8. Zeigen Sie den Kindern Methoden für die Lösung von Meinungsverschiedenheiten. Argumentieren dient dem Lösen von Problemen – nicht nur dafür, Streicheln zu bekommen.
9. Definieren Sie »gut« – »schlecht«, »wichtig« – »unwichtig«, »Forderungen, die außerhalb jeder Diskussion stehen« und »Freiräume« usw.
10. Eltern sollen Regeln gemeinsam festlegen, damit Doppelbödigkeit und Manipulationsmöglichkeiten ausgeschlossen werden, so daß gemeinsam Einigkeit darüber besteht, worin sie übereinstimmen und worin nicht.

11. Lassen Sie die Kinder mehr an den häuslichen Verrichtungen teilhaben, damit sie ihren Beitrag innerhalb der Familie leisten.

Im Rahmen ihrer Entwicklung hat das Argumentieren der Kinder den Hintersinn, daß sie alle Meinungen und Werte, mit denen sie konfrontiert werden, überprüfen, um sich selbst zu entscheiden, wie die Struktur ihres eigenen Eltern-Ichs sein soll. Die wirkungsvollste Strukturierung geschieht dadurch, daß man über jede Regel und die Begründung für ihr Vorhandensein und die Konsequenzen ihrer Annahme oder Ablehnung nachdenkt.

Zum Erlernen kooperativen Verhaltens können folgende Regeln nützlich sein:

1. Wenn du diese spezielle Aufgabe nicht übernehmen möchtest, möchte ich, daß du dies sagst.
2. Wenn du nein sagst, sind dieses die Konsequenzen und Alternativen, die ich sehe.
3. Wenn dir mein Vorschlag nicht gefällt, sag es und mache Gegenvorschläge.
4. Wenn du die Arbeit nicht in der vorgesehenen Zeit erledigen kannst, möchte ich, daß du das sagst und mich wissen läßt (bei kleineren Kindern), wieviel du erledigen kannst, oder (bei älteren Kindern) wieviel Zeit du zur Erledigung benötigst.

Kinder kommen nicht zu uns und sagen: »Hallo, Mutter und Vater, ich brauche ein Eltern-Ich-Tonband über das Wetter« oder »He, ich brauche noch ein paar weitere Richtlinien zur Sicherheit beim Schwimmen«. Stattdessen argumentieren sie vielmehr so lange, bis sie das hören, was für sie notwendig ist. Sie brauchen vielleicht eine Reihe guter Gründe oder auch nur einen Grund als Gegenposition in einer Debatte, die sie gehört haben. Vielleicht brauchen sie strengere Ermahnungen, um Verlockungen zu widerstehen; häufig ist Kindern durchaus klar, wenn eine geplante Unternehmung unklug ist, aber ihr Eltern-Ich ist nicht stark genug, der Versuchung zu widerstehen. Annette kannte durchaus die Regeln in ihrer Familie in puncto Naßmachen:

Annette: Mutter, kann ich eine Spritzflasche haben?
Mutter: Für eine Wasserschlacht ist es nicht warm genug!
Annette: Aber Peter hat mich angespritzt! Und außerdem erlaubt es Frau Sauer ihren Kindern auch.

Mutter: Die Sonne geht schon unter, und es wird zunehmend kälter. Frau Sauer ist für ihre Kinder verantwortlich, und wir tragen Verantwortung für dich. Du gehst heute abend nicht mehr hinaus (die Versuchung wäre zu groß). Zieh trockene Kleider an. Wenn es draußen wieder wärmer wird, kannst du dich an einer Wasserschlacht beteiligen.

Wenn Ihre Kinder mit Ihnen streiten, ist es wichtig, sie wissen zu lassen, daß es gut ist, zu argumentieren. Sie sollten sie für logisches und kreatives Denken loben und könnten dabei sagen: »Wie bist du darauf gekommen?«, »Wo hast du das gehört oder gelesen?« und sie anhalten, genau zu berichten. Wichtig ist es auch, Argumentationslücken aufzuzeigen, beim Thema zu bleiben und sich nicht bei Nebensächlichkeiten festzufahren. Wenn Kinder Dinge, die schon früher geklärt wurden, wieder auf den Tisch bringen, haben sie dafür Gründe, auch wenn sie diese nicht laut sagen. Eine der Funktionen des Eltern-Ichs ist es, jederzeit für Routineprobleme eine angemessene Anzahl von Lösungsmöglichkeiten zur Hand zu haben, damit wir Zeit haben, das Leben zu genießen und neue, komplexere Probleme zu lösen. In der Aufbauphase sind Kinder in der Lage, solche Regeln aufzunehmen:

Mach es so gut wie irgend möglich.
Überleg dir, was du tust, und stell dir die Konsequenzen vor.
Stelle fest, wenn dir Informationen fehlen.
Bitte um Informationen, wenn du welche brauchst.
Stelle die Quellen fest, wo du Informationen abrufen kannst.
Es ist keine Schande, Fehler zu machen.
Wenn du Zweifel hast, tu etwas und schau dir das Ergebnis an.
Lerne aus deinen Fehlern.
Für alle Dinge gibt es Gründe.
Finde heraus, wo in deinem Denken oder Handeln ein Fehler war.
Unternimm etwas zur Korrektur des Fehlers.

Kinder, die viel erreichen, haben in ihrem Familien-Skript die Botschaft »Sei erfolgreich!«. In solchen Familien dominieren die Väter nicht über ihre Söhne, und die Mütter ermutigen ihre Kinder schon ein paar Jahre vor anderen Familien, die das Erfolgsreichsein nicht so fördern, sich in der Nachbarschaft umzutun.

Kinder mit Erfolgs-Rollenbüchern erhalten von ihren Eltern allgemein anteilnehmende Ermutigung und Unterstützung durch die elterliche Erwartung: »Du kannst das«, »Das machst du prima«. Kinder mit einem Nicht-Gewinner-Rollenbuch hören hingegen mehr zielgerichtete Aufforderungen wie »Mach es so oder so!« »Hör auf, dies oder das zu tun!«, »Streng dich mehr an!«

Im Verlauf ihrer Schuljahre werden unsere Kinder vermutlich auch Freundschaften schließen, die uns nicht recht sind. Kinder haben für die Auswahl ihrer Freunde gute Gründe, die sie uns manchmal mitteilen, manchmal aber auch verschweigen. Sie gewinnen und lernen aus jeder Handlung, ob wir uns bei ihrer Wahl wohlfühlen oder nicht. Wenn wir mit diesem Problem konfrontiert werden, haben wir verschiedene Alternativen. Eine davon ist, unsere Vorurteile zu überprüfen. Hat der Spielgefährte die falsche Hautfarbe?: »Sie werden in einer Mischehe landen« (dabei müssen sie das doch nicht entscheiden, bevor sie erwachsen sind!). Ist der Spielgefährte ein Unruhestifter?: »Er wird mein Kind ruinieren« (nicht, ohne daß Ihr Kind mitmacht). Welches Bedürfnis unseres Kindes erfüllt dieser Spielgefährte? Haben sie gemeinsame Interessen? Ist das andere Kind auf faszinierende Weise anders als unsere Familie oder die Nachbarschaft?

Eine andere Alternative ist, daß wir unserem Kind verbieten, weiterhin mit dem anderen Kind zu spielen. Wenn wir das tun, müssen wir das ganz entschieden tun und die Gründe hierfür klarlegen, vorausgesetzt, wir können die Einhaltung sicherstellen. Wir müssen unsere Kinder dann für die Befolgung loben und ihnen helfen, Freunde zu finden, die wir für passender halten.

Als weitere Alternative haben wir die Möglichkeit, unser Mißfallen auszudrücken und darauf hinzuweisen, welche Konsequenzen eine Fortführung dieser Freundschaft haben wird. Der Vater von Dieter und Detlef erinnerte die beiden daran, daß bei allen Auseinandersetzungen in der Nachbarschaft die Reuters immer auf der Seite ihrer Töchter standen: »Wenn ihr wieder mit denen spielt, kommt es sicherlich zu neuem Streit. Ich habe euch gewarnt. Die Konsequenzen habt ihr selbst zu tragen; ich werde euch nicht wieder aus dem Schlamassel helfen.«

Wir können das andere Kind aber auch als Mittel zur Belohnung oder zum Aussprechen einer wirksamen Warnung benutzen: »Seit du mit Otti befreundet bist, sind deine Noten schlechter geworden. Ich gebe dir bis zur nächsten Klassenarbeit Zeit, die Noten wieder zu verbessern, wenn du weiterhin mit ihm spielen willst. Du kannst ihn sogar über Nacht einla-

den, wenn ich von deinem Lehrer höre, daß deine Leistungen sich gebessert haben und daß du dich in der Schule besser benimmst!«
Daß unsere Kinder ein zuverlässiges Eltern-Ich haben, können wir daran erkennen, daß wir ihnen, ohne uns Sorgen machen zu müssen, gewisse Unternehmungen gestatten können:

Stufe 1 kann die Fürsorge für einen Hund übertragen bekommen;
Stufe 2 kann ohne die Begleitung Erwachsener mit einem Freund in die Nachmittagsvorstellung des Kinos gehen;
Stufe 3 kann zum Einkaufen in ein anderes Viertel, das zu Fuß erreichbar ist und wobei er belebte Straßen zu kreuzen hat;
Stufe 4 kann mit dem Fahrrad ein paar Kilometer außerhalb der Wohngegend fahren; kann während des Tages ein bis zwei Stunden als Babysitter tätig sein;
Stufe 5 kann abends einige Stunden außer Haus babysitten und ohne Begleitung Erwachsener Tagestouren mit dem Fahrrad unternehmen.

Kinder können durchaus in Teilbereichen bereits gute Eltern-Ich-Strukturen aufweisen, bevor man sich auf anderen Gebieten auf sie verlassen kann. Der Grad ihres Verantwortungsgefühls hängt zum Teil auch von den Möglichkeiten ab, die sie zu dessen Training haben.
Das frühe Jugendalter beginnt bei beiden Geschlechtern bereits schon einiges vor der Teenagerzeit. Im Blutkreislauf achtjähriger Mädchen ist bereits ein Ansteigen der Sexual-Hormone feststellbar, und bei Knaben macht sich etwa zwei Jahre später ein Ansteigen der Sexualhormone bemerkbar. Den veränderten Verhältnissen in der Blutzusammensetzung folgen die sekundären Geschlechtsmerkmale: die Mädchen entwickeln Brustwarzen, die wie Mückenstiche aussehen, und flaumige Schambehaarung (feines, helles Haar) und bei den Knaben vergrößern sich die Testikel.
Parallel zu diesen physischen Veränderungen verläuft psychisch eine Zeitspanne des Ausbrechens aus alten Mustern, »des Platzens aus allen Nähten«, der Auflösung, die jeder Ausdehnung vorausgeht.
Auch Eltern sind Menschen, und manchmal, wenn wir müde sind, fallen wir in traditionelle Antworten zurück: »Du wirst jetzt tun, was ich sage, und damit basta!« oder »keine Widerrede!« (»Schrei mich nicht an!«). So harte Äußerungen aus unserem kritischen Eltern-Ich haben deswegen Erfolg, weil die große Person mächtiger ist und die Streichel-Ökonomie

mehr kontrolliert als die kleine. Wenn wir unsere Kinder überwältigen, lehren wir sie jedoch, daß Macht der Schlüssel zum Leben ist, weil wir Macht als wichtiger erscheinen lassen als Vernunft und neue oder unterschiedliche Denkweisen. Statt sie denken zu lehren, zeigen wir ihnen, wie man Regeln rigide beachtet und ihnen gehorsam ist. Diese Art der Erziehung ist nur dann sinnvoll, wenn wir verstehen, weiterhin alle neuen Probleme für unsere Kinder zu lösen und ihnen eine Welt garantieren können, die stets entsprechend unserer Regeln funktioniert.

Nicht immer sind wir zu Erwachsenen-Ich-zu-Erwachsenen-Ich- und Eltern-Ich-zu-Eltern-Ich-Transaktionen aufgelegt, insbesondere dann nicht, wenn unser natürliches Kindheits-Ich den Konflikt mit dem unserer Kinder braucht, z. B. wenn ein Kind gerade dann etwas ausprobieren will, wenn wir Erwachsenen keine Lust haben, vernünftig oder verantwortungsvoll zu sein.

In solchem Fall sagt man am besten ehrlich: »Schau, ich bin müde, Kleines, und fühle mich momentan nicht gerade als guter Vater/Mutter. Wenn du wartest, bis wir gegessen (oder gebadet, geschlafen, spazierengegangen usw.) haben, kann ich dir vielleicht eine bessere Antwort geben; wenn ich dann mehr Geduld habe, können wir darüber reden.»

Mitunter überfallen uns Kinder mit Fragen, auf die sie »auf der Stelle« eine Antwort erwarten, die wir nicht gleich auf Lager haben. Selma sagt hierzu:

»Ich habe gelernt, immer dann, wenn ich von den Kindern mit der Erwartung überfallen werde, eine sofortige Antwort zu geben, bei mir eine rote Signallampe aufleuchten zu lassen. Meistens passiert das, wenn die Kinder jemanden am Telefon haben, den sie nicht warten lassen wollen. Ich selber habe in meinem Eltern-Ich an einer Stelle gespeichert: ›Beantworte den Anruf sofort und laß die Leute nicht warten.‹ Während ich dieser Anweisung lauschte, vergaß ich, was die Kinder alles zu tun hatten, daß sie erkältet waren usw., und ließ mich u. U. zu einer Einwilligung bringen, die hinterher betrachtet nicht sinnvoll war.

In solchen Fällen erwarte ich jetzt, daß die Kinder dem Anrufer sagen: ›Vielen Dank für die Einladung. Ich möchte dich jetzt am Telefon nicht warten lassen, denn ich muß erst mit meiner Mutter sprechen. Ich ruf dich an, wenn ich mit ihr gesprochen habe!‹«

Mit unseren Kindern erleben wir unsere eigene Aufbauphase noch einmal. Viele von uns sind allerdings auf die endlosen Diskussionen nicht vorbereitet, weil solches Benehmen zu unserer Zeit einfach nicht akzeptiert wurde. Manche von uns, die Eltern-Ich-Botschaften haben, die strikten »Respekt« fordern, finden das Argumentieren vielleicht sogar sehr ärgerlich. Wir müssen uns jedoch die Konsequenzen unserer Erziehung vor Augen halten und uns bewußt machen, was für eine Zukunft wir für unsere Kinder wollen.

Wir haben unter den Anforderungen unserer Kinder eine ausgezeichnete Gelegenheit, unser eigenes Eltern-Ich zu revidieren, und müssen nicht den Standpunkt vertreten: »Weil ich Recht habe, bin ich ok«, sondern können die Position einnehmen: »Wir beide sind ok; das ist meine Ansicht, und zwar aus folgendem Grund ...« »Ich bin nicht deiner Meinung« muß nicht gleichbedeutend sein mit »Du bist nicht ok«.

9.5 Die psychischen Aufgaben von Eltern

Beim Wiedererleben unserer Aufbauphase mit unseren Kindern kommen uns eigene frühe Erinnerungen: an unsere Anstrengung beim Lesenlernen, an den Lehrer in der zweiten Klasse, der uns unser Selbstvertrauen wiedergab, an den Kampf, den wir gegen die Clique am Ende der Straße verloren, an das Theaterstück, in dem wir die Hauptrolle spielten, an den schimpfenden Nachbarn usw.

Unsere Kinder lernen Dinge, die wir niemals kannten. Sogar in der Grundschule kommen sie schon mit Hausaufgaben, die wir nicht verstehen. Viele von uns wollen für ihre Kinder mehr, als sie selber hatten, und freuen sich über deren Talente und Tatkraft. Wir bersten vor Stolz, wenn unsere Tochter einen Preis für einen Aufsatz erhält oder unser Sohn beim Trampolinspringen einen doppelten Salto schafft. Unser Eltern-Ich ist zwar stolz auf unsere Kinder, doch unser Kindheits-Ich wird eifersüchtig angesichts dessen, was sie erreichen und wir nicht erreichten. Diese Eifersucht ist ein wichtiges Gefühl, mit dem wir zu rechnen haben.

Eifersucht resultiert aus Konkurrenzdenken. Sie geht davon aus, daß es nicht genug gibt für alle. Normalerweise sind wir Eltern durchaus bereit, Opfer zu bringen, doch auch das kann man übertreiben. Wenn wir uns selbst vernachlässigen, bringen wir unseren Kindern vielleicht bei, daß erwachsen zu sein kein Vergnügen ist, und ohne es recht zu wissen, vermitteln wir ihnen die Einschärfung: »Werde nicht erwachsen!«

Wir müssen uns selbst als Mitglieder unserer Familie sehen, die ok sind, und Wege finden, unsere Bedürfnisse zu befriedigen. Als Kind wünschte Georg sich so sehnlich ein Fahrrad, daß er jede Nacht davon träumte. Als Vater kratzte er das Geld zusammen, um seinen Kindern Räder zu kaufen. Dabei überraschte und erstaunte es ihn, daß er ihre Freude nicht mehr mitempfand. Endlich wurde ihm klar, daß er sie um ihr Glück beneidete. Darauf beschloß er, daß er als nächster dran sei. Sein Erwachsenen-Ich half ihm jetzt beim Kauf eines gebrauchten Rades mit 10-Gang-Schaltung, das sich zwar in einem schrecklichen Zustand befand, dessen Reparatur er jedoch dank der an den neuen Rädern seiner Kinder gesammelten Erfahrungen sicher bewerkstelligen kann. Er ist nun sehr glücklich über das eigene Rad.

Unser Erstaunen über das Maß an Energie unserer Kinder wird überschattet von der Erwachsenen-Ich-Wahrnehmung, daß unsere eigene Energie nicht mehr zunimmt. Wir müssen auf unsere Gesundheit mehr achtgeben und den Arztbesuch wegen unserer Kinder auch für uns nützen. Dies ist eine gute Gelegenheit, daß wir bei den Ermahnungen, die wir unseren Kindern in dieser Hinsicht geben, auch unsere eigene Gesundheitsfürsorge überdenken.

Wenn unsere Kinder längere Zeit weiter von daheim weg sind, kehren Zeiten der Ruhe für uns ein. Johanna hat alljährlich eine Erholungspause, wenn ihre Kinder im Frühherbst wieder in die Schule gehen. In dieser Phase der Kindererziehung tut eine Atempause gut – ohne ständiges Argumentieren, ohne dauernde Forderungen nach 50 Pfennigen für ein Eis und ohne Sorge um einen noch schnell vor Abfahrt des Busses zu reparierenden Badeanzug.

Diese Ruhe ist ein Vorgeschmack auf die Zeit, in der unsere Kinder erwachsen sein werden und ihre eigenen Wege gehen. Wenn wir uns ihre Gesellschaft erhalten wollen, bleiben uns nur noch ein paar Jahre, um das zu fördern. Wichtig ist, daß wir uns auf ihren Auszug einstellen. Wie sieht es mit unserer Ehe aus (s. Abb. 34 auf S. 230, Zeitdiagramm einer Ehe)? Wie gestalten wir unser Leben unabhängig von dem der Kinder? Auch wir haben in dieser Entwicklungsphase Trennungsarbeit zu leisten (s. Kap. 7). Wenn unsere Kinder uns mit gegensätzlichen Ansichten und Gruppendruck konfrontieren, haben wir Gelegenheit, unsere eigenen Überzeugungen damit zu vergleichen und unser eigenes Denken zu überprüfen. Wenn wir explodieren, merken unsere Kinder, daß es gefährlich ist, ihre außerhäuslichen Unternehmungen mit uns zu besprechen. Sie erfahren dabei auch, wie sie uns aufbringen können, wenn sie unter Spannung stehen und »Aufruhr« machen wollen.

Üblicherweise überprüfen wir unsere eigenen Regeln nicht, wir nehmen sie einfach solange hin, bis sie in Frage gestellt werden. Sicherlich haben wir in unseren Köpfen noch immer etliche Regeln gespeichert, die irgendwann einmal äußerst wichtig waren, jedoch an Bedeutung bereits verloren haben, und die für unsere Kinder vollkommen irrelevant sind. Richard berichtet z.B.:

»Ich weiß sehr gut mit einem Kohleofen umzugehen: wie man Kohle sparsam nachfüllt und die Hitze trotzdem möglichst gleichmäßig hält. Das war in der Zeit der Wirtschaftsdepression, in der ich aufwuchs, enorm wichtig. Meine Kinder haben außer einem besonders interessanten Stück Anthrazit, das Mutter für sie aufgehoben hatte, nie Kohle in der Hand gehabt.«

9.6 *Zusammenfassung*

Kinder in der Aufbauphase sammeln Unmengen von Informationen, sowohl informelle als auch in der Schule. Ihr Erwachsenen-Ich reift schrittweise mit den komplexer werdenden Denkprozessen.

Individuelle Talente auf den Gebieten der Musik, der Technik und des Sports werden sichtbar. Kinder sind jetzt zu einer längeren Aufmerksamkeitsspanne fähig und bereit, die Übungen zu machen, die zur Entwicklung von Fertigkeiten nötig sind.

Kinder lernen auch die Struktur von Regeln. Sie erkennen, wie Regeln entstehen und wofür sie gut sind, ebenso welche Konsequenzen ihre Nichtbeachtung hat. Fragestellungen, die ihnen wichtig sind, testen sie zunächst in der eigenen Familie. Beim Erforschen der weiteren Umgebung lernen sie neue Regeln kennen, die sich von ihren häuslichen unterscheiden. Das ist dann Anlaß zu einer neuen Runde von Überprüfungen.

Diese Aufbauphase äußert sich im Ausprobieren, Argumentieren und in dem Versuch, Wege zu finden, die Regeln zu umgehen.

Kinder verschwenden an die Regeln viel Energie, ebenso an die Frage: »Warum sollte ich?«, weil sie diese aktiv in ihr Eltern-Ich aufnehmen. Die beste Möglichkeit dafür ist, jede Regel mit seinem Erwachsenen-Ich zu überprüfen, bevor man sie verinnerlicht.
Das Argumentieren dient dem Denken und Auffinden von Problemlösungen. Eltern sollten effektives und kreatives Denken loben, den Sinn von Vorschriften erklären und auf der Entwicklung von Verantwortungsbewußtsein und anderer, ihnen wichtig erscheinender Charaktereigenschaften bestehen. Sie sollten mit den Vorgängen in der Schule vertraut sein und ihren Kindern dabei helfen, mit dem Schulsystem erfolgreich klarzukommen.
Als Eltern kleiner Rechtsanwälte werden wir häufig herausgefordert. Andere Autoritäten werden gegen uns ins Feld geführt: »Der Sportwart hat aber so und so gesagt ...« Unsere Kinder übertreffen uns an Energie und mitunter auch in gewissen Fertigkeiten. Eigene Kindheitserinnerungen werden wach: unsere damaligen Auseinandersetzungen mit den Nachbarskindern, Abenteuer und Risiken, unsere Triumphe und Niederlagen der Schulzeit.
Hin und wieder, in Stunden oder Tagen der Ruhe überkommt uns der Gedanke, daß unser Kind eines Tages fort sein wird. Manche Eltern setzen sich mit dieser Tatsache bewußt auseinander und überlegen sich, was sie dann tun; andere scheuen diesen Gedanken und versuchen, ihn solange wie möglich zu verdrängen.

9.7 *Übungen*

1. Diskutieren Sie über die folgenden Aussagen. Entscheiden Sie, welche Position Sie vertreten möchten; wenn beide Partner die gleiche Seite vertreten wollen, werfen Sie eine Münze und entscheiden so, wer *für* und wer *gegen* diesen Satz ist.
   a) Mädchen sind besser als Jungen.
   b) Schwarze Haut ist besser als weiße.
   c) Reichsein ist besser als glücklich sein.
   d) Eltern sollten in die Ecke gestellt werden, wenn sie nicht denken – genauso wie man es mit Kindern macht.

2. Listen Sie Ihre zehn ersten Lebensregeln auf, die Ihnen in den Sinn kommen, danach:

a) stellen Sie die drei Regeln fest, die Ihnen z. Zt. am wichtigsten sind;
b) tauschen Sie sich mit Ihrem Partner darüber aus;
c) entscheiden Sie, wer zuerst spricht;
d) befassen Sie sich mit einer der drei von Ihrem Partner genannten Regeln und finden Sie Lücken in seiner Argumentation. Denken Sie sich Ausnahmen aus und Fälle, in denen sie unmöglich anzuwenden ist.

3. Jeder von Ihnen überlegt sich etwas, das Ihr Partner für Sie tun soll. Sehen Sie zu, ob Sie Ihren Partner dazu bringen, es zu tun.

10 Verstärkung des Skripts (Ausdehnung und Konsolidierung)

> Nicht ist der Vater den Kindern ähnlich, und sie nicht dem Vater.
> Bald schon weigern sie sich, die greisen Eltern zu ehren,
> Fahren sie an und decken sie ein mit häßlichem Wortschwall.
> Versagen den Eltern den schuldigen Lohn für die Aufzucht der Kinder.
>
> Hesiod, 8. Jahrhd. v. Chr.

Die Adoleszenz beginnt mit der Entscheidung, unser Eltern-Ich für uns selbst einzusetzen. Darauf folgen verschiedene Phasen der Desorganisation, der Reorganisation und der Konsolidierung unserer Persönlichkeit. Diese Prozesse gehen ständig vor sich von der Geburt an bis zu unserem Tode, aber in diesem Entwicklungsabschnitt sind sie besonders auffällig. In unserer westlichen Kultur ist die übliche Form der Bewältigung der Adoleszenzphase die Ablösung vom Elternhaus.

10.1 Skript-Überprüfung

Unser Rollenbuch dient dazu, aus unserem bisherigen Leben sinnvolle Folgerungen zu ziehen und einen Lebensweg für die Zukunft zu entwerfen. In vergangenen Jahrhunderten, in denen Veränderungen nur sehr langsam vonstatten gingen, nahm man sein Rollenbuch als gegeben hin. Die Zukunft war voraussehbar, und man trat in die Fußstapfen seiner Vorfahren. Diese Einstellung ist nicht mehr allgemein gültig. Wir, die wir vom Fortschritts- und Aufstiegsdenken geprägt sind, erwarten von unseren Kindern die Überwindung unserer eigenen Grenzen. Schwarze und braune Eltern z.B. erhoffen für ihre Kinder ein Leben in einer vorurteilsfreien Gesellschaft; arme Eltern wünschen sich für ihre Kinder mehr von den schönen Dingen des Lebens, und Arbeiter streben für ihre Kinder eine bessere Ausbildung an. Wenn unsere Kinder ein Leben führen sollen, das sich wesentlich von dem unseren unterscheidet, dann müssen sie ihr Rollenbuch modifizieren, indem sie alle vorausgehenden Stufen ihrer psychischen Entwicklung nochmals überarbeiten. Sie tun das, während ihre Körper sich verändern und ihre Fähigkeiten zu denken und zu beobachten wachsen; und sie überprüfen ihre Skriptentscheidungen innerhalb der Gesellschaft, in der sie aufwachsen.

Folgende psychischen Aufgaben fallen beim Überarbeiten des Rollenbuches an:

1. Einsatz des Eltern-Ichs (EL_2) für sich selbst und andere.
2. Bewußtsein der Veränderung des Körpers und der physischen Leistungskraft.
3. Wiederholung und Erweiterung früherer Phasen.
4. Entwicklung einer reifen Sexualität.
5. Verfeinerung des Erwachsenen-Ichs.
6. Überprüfung der Wertvorstellungen außerhalb des kulturellen Bezugsrahmens der Familie.
7. Erweiterung des Eltern-Ichs.
8. Wiederzusammenfügung von Eltern-Ich, Erwachsenen-Ich und Kindheits-Ich.
9. Modifikation des Skripts.
10. Emanzipation von den Eltern.

Heranwachsende vergleichen ihre eigenen körperlichen Veränderungen gern mit denen anderer. Wenn ihre körperlichen Veränderungen denen ihrer Gefährten entsprechen, werden sie sie mit mehr Wohlwollen und beiläufigem Interesse hinnehmen, so wie Kinder, die sich allgemein ok fühlen. Anders Kinder, deren Körper sich nicht der anerkannten Norm entsprechend entwickeln; sie werden vermutlich viel Energie darauf verwenden, den Veränderungen und dem, was andere dazu sagen, nachzuspüren.

Hochgewachsene Kinder werden für älter gehalten als ihre Altersgenossen. In Gruppen fallen sie eher auf und werden häufig für das, was geschieht, verantwortlich gemacht. Jungen, die schnell reifen, freuen sich über ihre Länge, denn in unserem Kulturkreis ist Männlichkeit von Vorteil. Mädchen freuen sich über vorzeitigen Längenwuchs weniger. Kleinwüchsige Kinder erscheinen jünger und fühlen sich häufig zurückgesetzt. Viele von ihnen klagen, daß sie viel mehr dazu tun müssen, um beachtet und ernstgenommen zu werden.

Wir Eltern können unsere Kinder unterstützen, wenn sie sich außerhalb der Norm fühlen, daß sie damit umgehen können; hierbei müssen wir ihnen schon frühzeitig helfen, daß sie eine positive Einstellung dazu gewinnen. Wir können ihnen z.B. beibringen, daß »anders« sein und »außergewöhnlich« sein ok ist und nicht »seltsam« oder »nicht ok«. Wir kennen ihr Wachstumsmaß und das unserer Familie. Wenn wir damit rechnen müssen, daß unsere Kinder kleinwüchsig sind, können wir ihnen Botschaften wie »Wertvolles kommt in kleinen Päckchen« vermitteln und, wenn sie groß zu werden versprechen, »Groß ist elegant« usw.

Wenn ein Teenager mault und klagt, besteht die geeignetste Antwort darin, aus dem Erwachsenen-Ich zuzuhören und nachzudenken. Fürsorgliches Eltern-Ich ist nutzlos, wenn der Teenager entschlossen ist zu leiden. Wenn wir zu »helfen« versuchen, werden wir vermutlich als Opfer dabei herauskommen.

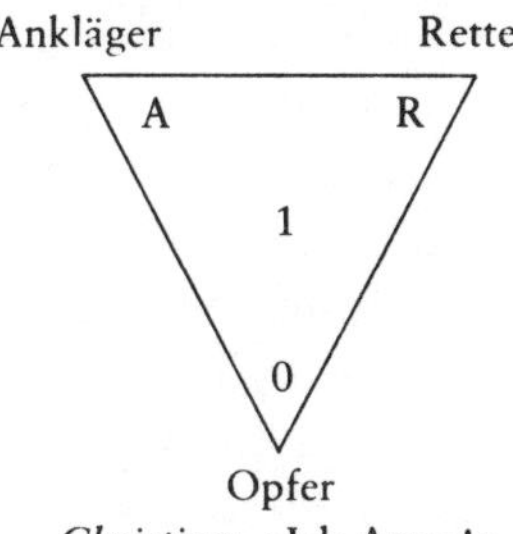

Christina: »Ich Arme!«

Mutter:
»Mein armer Liebling, du solltest dich nicht so grämen ... Als ich so alt war wie du ...«

Mutter:
»Hör jetzt endlich auf ...«

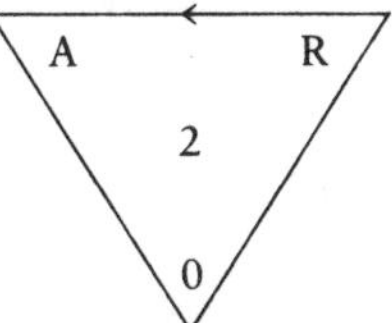

Christina klagend:
»Oh, du verstehst mich nicht!«

Christina:
»Du bist mir so eine Mutter!«

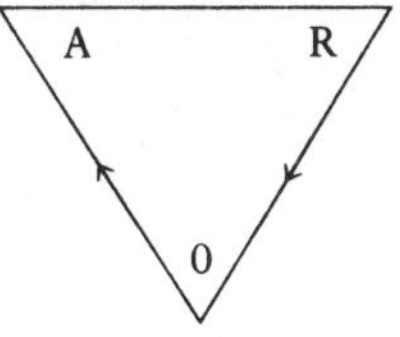

Mutter: »Ich Arme!«

Abb. 30: Das Leiden der Christina Herzweh

Wenn unsere Kinder das Spiel »armer Teufel« spielen, könnte das Spiel so laufen wie in Abb. 30. Tatsächlich aber haben wir noch andere Möglichkeiten: das Spiel vermeiden und dem jugendlichen Opfer Zuwendung entziehen. Ferner können wir das Problem konfrontieren und das Möchtegern-Opfer auffordern, zu überlegen, was ihm fehlt, um sich besser zu fühlen und aus der Nicht-ok-Haltung herauszukommen usw.

In unserer westlichen Welt geht die Persönlichkeitsentfaltung der Teenager im allgemeinen mit viel Aufruhr vor sich. Manche Heranwachsende zeigen Zeichen innerer Zerrissenheit und innerer Erregung, die in anderen Entwicklungsphasen als ernste emotionale Störungen betrachtet werden müßten. Typischerweise stehen Teenager mit ihrer Umgebung, insbesondere mit Autoritätspersonen wie Eltern, Lehrer, Polizei und den Gerichten auf dem Kriegsfuß. Sie beklagen sich, unterdrückt zu werden.

Ein großer Teil dieses Aufruhrs ist einfach Ausdruck einer gesunden Anpassung an eine sich ändernde komplexe Gesellschaft mit ihren zahlreichen Widersprüchen. Wir Erwachsenen vermitteln ihnen widersprüchliche Botschaften, wir belohnen z. B. bei Mädchen in den frühen Grundschuljahren Aufmerksamkeit, Ruhe und Passivität. Wir erzählen ihnen, daß sie als Erwachsene kreative Möglichkeiten haben werden; wenn sie diese selbst ausprobieren wollen, regen wir uns auf. Wenn unsere Söhne sich aggressiv zeigen, bewundern wir das, es sei denn, sie nerven uns mit ihrer Aggressivität.

10.2 Wiederaufnahme früherer Entwicklungsstufen

Während der Wiederholung früherer Entwicklungsphasen müssen eine Anzahl wichtiger und komplizierter Aufgaben gelöst werden. Diese Phasen werden von den Jugendlichen nicht unbedingt in der ursprünglichen Reihenfolge durchlaufen. Bestimmte entscheidende Probleme werden aufgrund des natürlichen Bestrebens nach Wachstum und Gesundheit solange wieder bearbeitet, wie es für den Jugendlichen nötig ist. Sie variieren auch die Themen und probieren Verschiedenes aus, bis sie genügend neue zufriedenstellende Erfahrungen gemacht haben. Helen z. B. wurde mit einer Gaumenspalte geboren. Als Baby konnte sie nicht normal essen und wurde sehr früh operiert. Jetzt holt sie ganz bestimmte Arten oralen Verhaltens nach. Sie sitzt lange beim Essen und ißt sehr viel langsamer als die übrige Familie. Sie kostet jeden Bissen und spielt damit in ihrem Mund. Da die Familie ihr Bedürfnis akzeptiert, hat sie viele der üblichen Eßregeln vorübergehend gelockert, z. B. im Blick auf das Herumstochern im Essen und Trödeln.

10.2.1 Zugehörigkeit

Wenn Jugendliche die Anfangsphase wiederholen, zeigen sie eine Menge oraler Verhaltensweisen. Sie entwickeln einen beeindruckenden Appetit. Rita verspeiste drei große Mahlzeiten mit ihrer Familie, dann noch eine gemeinsam mit ihrem Vater, bevor dieser zur Nachtschicht ging, und außerdem Kleinigkeiten zwischendurch.

Barbara, die Mutter von zwei wilden Fußballspielern, wundert sich heute, warum sie früher, als die Jungen kleiner waren, viel Zeit damit verbracht hatte, sich um den schlechten Appetit ihrer Jungen Sorgen zu machen. Tim telefoniert stundenlang, Horst raucht. Teenager kehren in dieser Phase vorübergehend zu früherem agitiertem Verhalten zurück wie Nägelbeißen u. a. und nehmen neue Gewohnheiten an wie Kaugummiblasen platzen lassen usw.

Ebenso wiederholen sie wieder Phasen der früheren Anhänglichkeit und des Grundvertrauens. Manche Mädchen bitten um mehr oder auch weniger Zärtlichkeit als sie das früher getan haben. Jungen weisen körperliches Streicheln von ihrer Mutter zeitweise zurück. Jugendliche brauchen das Gefühl von Verläßlichkeit und Sicherheit und müssen wissen, daß wir verfügbar sind und für sie sorgen. Viele Kinder benützen diese Phase, um mehr zu lernen, anderen zu vertrauen.

Während der ersten Schuljahre verbrachten die Kinder einen Teil ihrer Zeit mit nicht zur Familie Gehörenden, mit anerkannten Autoritäten oder engen Freunden (Lehrer, Fußballtrainer, Peters Vater, Susis Tante usw.). Jugendliche verlassen das familiäre Gehege von Jahr zu Jahr mehr. Es ist wichtig, daß sie lernen, wem sie vertrauen können und wem nicht. Zu dieser Ausweitung des Vertrauensbereichs sind sie gerüstet, wenn sie in ihrer Kindheit die damals üblichen Gefahren und Risiken auf sich genommen, ihre Begegnungen überdacht und gelernt haben, ihren kleinen Professor zu gebrauchen.

Kinder, die in Familien mit sehr engen Bindungen aufwachsen, wissen möglicherweise nicht, wann und wie man Außenstehenden vertraut. Sie werden vielleicht X-Beliebigen vertrauen und wissen zu wenig davon, wie man es anstellt, vertrauenswürdige Menschen auszuwählen. Doris z.B. schenkte Johanna ihr Vertrauen. Johanna war schon ziemlich weit entwickelt und hatte Erfahrungen mit Jungen. Nach einiger Zeit wurde Doris bewußt, daß Johanna sie ausnutzte, da Doris' Mutter als Chauffeur für die beiden Mädchen sehr brauchbar war. Bei einem längeren Schulausflug machte Johanna sich über Doris lustig und flirtete dabei mit sämtlichen Jungen. Solange Doris nicht direkt »betroffen« war, hatte sie ihre Augen vor dem ausbeuterischen Verhalten Johannas verschlossen. Erst nach diesem Vorfall suchte Doris sich Freunde, die sie besser behandelten und zu denen die Beziehung ausgewogener war.

Kinder, die in einer sehr gewalttätigen Atmosphäre aufgewachsen sind, haben dagegen eher Schwierigkeiten zu lernen, daß man Menschen auch vertrauen kann, insbesondere Menschen, von denen sie positive Zuwendung bekommen könnten.

Folgende Ratschläge für den Umgang mit Vertrauen kann man Jugendlichen geben: Du wirst glücklicher sein, wenn du Menschen eher vertrauensvoll als mißtrauisch begegnest. Lerne, dir selbst zu vertrauen, und höre auf deinen kleinen Professor. Wenn du das Gefühl hast, irgend etwas ist »nicht ok«, dann beachte es. Kinder beschreiben dieses Gefühl als »ich habe das Gefühl, daß irgend was nicht stimmt, ich habe so ein komisches Gefühl.« Erwachsenen-Ich-Information umfaßt: äußere Erscheinung, Verhalten und Sprechen. Wie verhält sich diese Person? (Kinder benutzen die Worte »seltsam« oder »komisch«, um ein Verhalten zu beschreiben, das ihnen auffällt.) Mit welchen Leuten verkehrt diese Person? Achte darauf, wie diese Person andere behandelt. Wie äußert sie sich über andere? Wenn sie schlecht über andere redet, ist sie wahrscheinlich unehrlich (d.h. wenn Doris dir Schlechtes über andere erzählt, wird sie bei anderen wahrscheinlich schlecht über dich reden). Kinder werden wahrscheinlich zu Leuten, die anders sprechen und sich anders verhalten als sie selbst, weniger Vertrauen haben. Das ist eigentlich logisch, weil das Verhalten von Menschen, die anders handeln und anders sprechen, nicht vorhersehbar ist.

Kinder führen Situationen herbei, in denen sie uns als Eltern testen können. Manche Kinder jammern: »Du vertraust mir nie«, verhalten sich aber gleichzeitig so, daß man ihnen tatsächlich nicht vertrauen kann. Es ist wichtig für uns Eltern, sowohl auf die Worte wie auf das gezeigte Verhalten zu achten und eine Nichtübereinstimmung zwischen beiden anzusprechen und dem Kind mitzuteilen. Kinder brauchen Eltern, die bereit sind, die Kontrolle wahrzunehmen, wenn es nötig ist. Das ist nicht einfach, weil man einem Kind manchmal in einem Bereich voll vertrauen kann, in einem anderen dagegen gar nicht. Christoph zum Beispiel ist ein ausgezeichneter Babysitter, seine kleinen Schutzbefohlenen vergöttern ihn, und ihre Eltern brauchen sich keine Gedanken zu machen, wenn er auf sie aufpaßt. Mit Geld dagegen geht Christoph gar nicht verantwortungsbewußt um. Sobald er etwas bekommt, gibt er es aus. Er bezahlt für seine Freunde mit und zwar von Geld, das er eigentlich für einen neuen Fußball oder Skistiefel o.a. zurücklegen sollte.

Petra ist ein reizendes Mädchen. Sie gibt viel positives Streicheln und weiß auch, wo sie für sich Zuwendung finden kann, aber sie geht nicht gut mit der Zeit um, sie schiebt alles bis zur letzten Minute auf und gerät dann in Schwierigkeiten.

Wir Eltern haben in diesem Alter nur eine begrenzte Kontrolle über unsere Kinder. Wir helfen ihnen, indem wir ihnen Unterstützung für unverantwortliches Verhalten verweigern, es konfrontieren und ihnen die Konsequenzen dieses Verhaltens nicht ersparen oder gar abnehmen.

Jugendliche müssen ein festes Zutrauen zu sich selbst haben, ein Vertrauen, mit allem, was kommt, zurechtkommen zu können; aber sie müssen auch wissen, wann sie mit einer Situation nicht allein zurechtkommen und zuverlässige erwachsene Helfer brauchen. Kinder, die sich ok fühlen, vertrauen Erwachsenen eher als Kinder, die sich nicht ok fühlen.

10.2.2 *Erkundung*

Jugendliche in diesem Alter erforschen ihren sich verändernden Körper und lernen ihn täglich von neuem kennen. Petra, zwölf Jahre alt, verbringt viel Zeit damit, sich im Spiegel anzuschauen. Sie prüft ihr Gesicht und ihre Mimik und probiert alle möglichen Kleidungsstücke aus. Sie ist schnell verletzt. »Ich sitze und starre vor mich hin, ich denke sehr viel nach, ich frage mich, wie mein Leben sein wird, was ich werden soll, Ärztin oder Anwältin. Mit meinen Leistungen in der Handballmannschaft bin ich sehr zufrieden.«

Teenager erforschen auch die Grenzen ihrer Fähigkeiten. Erich z.B. ist künstlerisch veranlagt. Er liebt den Kunstunterricht und malt sehr gut. Sportlich Veranlagte investieren viel Zeit für die Ausbildung in ihrem Lieblingssport. Thomas und Manuel reiten. Beide sind ab und zu vom Pferd gefallen und haben sich kleinere Verletzungen und Schürfwunden geholt, haben aber weitergemacht. Jetzt sitzen sie fest im Sattel und vollführen schwierige Übungen, sie können diese sogar im Galopp mit einer schweren Fahnenstange in einer Hand. Sie üben den Reitsport nun mit großem Können aus. Jugendliche gehen auf längere Reisen und reisen gerne weit weg und unabhängig von der Familie. Eines der Hauptziele dabei ist, Erfahrungen und Selbstvertrauen zu gewinnen, so daß sie triumphierend sagen können: »Ich wußte nicht, ob es gehen wird, aber ich habe es geschafft«, »Ich wußte nicht, daß ich so viel kann«. Eltern definieren Selbständigkeit sehr unterschiedlich, ebenso wie Jugendliche sehr verschiedene Auffassungen von Spaß und Abenteuer haben. Manche Jugendliche machen gerne einen Stadtbummel mit Freunden, andere Gruppen schließen Kontakte außerhalb der nächsten Nachbarschaft, andere machen Reisen mit ihrem Chor oder ihrer Jugendgruppe.

10.2.3 Trennung

»Probe, Probe 1, 2, 3 ...« Während der Wiederholung der Trennungs- und Selbständigkeitsphase führen Jugendliche Situationen herbei, um nochmals zu überprüfen, ob es für sie ok ist, zu denken und getrennt zu sein. Ihr Verhalten reicht von Kämpfen, die auf Biegen und Brechen gehen, bis zu milden Bemerkungen aus dem kritischen Eltern-Ich wie: »Ich finde es nicht gut, daß Eltern so in der Vergangenheit leben. Die Zeiten und Stile haben sich geändert. Meine Mutter und ich sind völlig verschiedener Meinung in puncto Kleidung; wenn es nach ihr ginge, müßte ich mich total altmodisch anziehen.«

Die meisten Jugendlichen in unserer Gesellschaft befinden sich in einem Dilemma. Einerseits wächst das Selbständigkeitsbestreben und das Bedürfnis nach Eigenständigkeit, andererseits brauchen sie noch die Stützung und Führung durch die Familie. Sie machen dann widersprüchliche Mitteilungen; der Satz »Ich will frei und selbständig sein« kann von einem Verhalten begleitet sein, das die Eltern zu Strenge provozieren soll.

Kleinere Ladendiebstähle sind eine Form, uns zu prüfen, ob wir als Eltern Diebstahl ablehnen. Es ist wichtig, darauf zu achten, ob die Kinder mehr Dinge besitzen, als es ihr Taschengeld erlaubt, und darauf zu bestehen, daß sie den Schaden wiedergutmachen. Wie das geschehen soll, hängt von der Familie, von der Situation und von der Häufigkeit dieses Verhaltens ab. Einige Möglichkeiten sind: die Waren dem Geschäftsleiter zurückzugeben und sich zu entschuldigen; die Kinder die Waren selbst von ihrem Taschengeld bezahlen zu lassen usw. Es ist wichtig, daß die Jugendlichen auch die Konsequenzen eines Verhaltens, bei dem sie verantwortliches Denken unterlassen haben, tragen müssen. Wenn wir Eltern unsere Kinder immer wieder vor kleineren Zusammenstößen mit Autoritäten bewahren, verhindern wir, daß sie ihre Schwierigkeiten selbst lösen lernen. Sie müssen hören, was wir von ihnen erwarten. Sie sind verantwortlich für das Nachdenken über ihre eigenen Bedürfnisse, für die Rücksicht auf andere und für ihr Erfassen der Gegebenheiten einer Situation, in der sie sich befinden.

Teenager lösen sich auch ab, indem sie uns Eltern für nicht ok erklären (meine Eltern sind alte Knöpfe usw.). Das kann von milder Mißbilligung bis zu heftigen Auseinandersetzungen reichen. Manche »scheiden« sich von ihren eigenen Eltern und »adoptieren« eine andere Familie; sie verbringen viel Zeit in dieser anderen Familie oder ziehen sogar ganz dorthin. Manche geschlossene Gesellschaften und Volksstämme ermöglichen dieses Sich-Absetzen mit relativer Leichtigkeit. In einer Gegend, in der unterschiedliche Bevölkerungsgruppen zusammenwohnen, ist es möglich, daß die Wahl, die die Kinder treffen, für die Eltern alarmierend ist. Jugendliche tun dies oft, gerade um die Eltern zu erschrecken. Indem sie uns Unbehagen bereiten, zwingen sie uns, unseren eigenen ungelösten Problemen auf den Grund zu gehen. Solche Konfrontationen finden oft vor dem Jugendrichter, in Erziehungsberatungsstellen, in Sprechstunden des Pfarrers oder Lehrers oder bei verständnisvollen Verwandten statt. Wie das verläuft, hängt davon ab, wie die Familie das Problem sieht.

Frank hat die Schule geschwänzt, bis die Autoritäten eingegriffen haben. Er hat dieses Verhalten trotzdem noch weiter gesteigert, bis er in ein Jugendzentrum kam, wo ihm die Berater halfen, das zu tun, was er brauchte: sich Gleichaltrigen gegenüber zu behaupten. Er war sehr klein und wuchs als hilfloses kleines »Opfer« auf; er erlebte sich als unzulänglich, und seine Eltern betrachteten ihn als Pechvogel. Er schien die schlimmsten

Teile des Skripts seines Vaters übernommen zu haben, obwohl der Vater für sich selbst schon die destruktiven Einschärfungen gelöst hatte: »Schaff es nicht!«, »Sag nicht, was du brauchst!«, »Streng dich an, aber sei nicht erfolgreich!« Im Jugendzentrum befand sich Frank in der Falle. Er konnte nicht mehr ausweichen! Er mußte es schaffen! Die Berater konfrontierten ihn immer wieder damit, daß er sich nicht zur Wehr setzte, sie taten dies allerdings ohne einzugreifen und ihn zu »retten«. Sie ermutigten ihn, sich handwerklich zu betätigen und einem Sportverein beizutreten.
Schließlich hatte Frank genügend Selbstsicherheit gewonnen, sich nicht mehr alles gefallen zu lassen. Für dieses Durchsetzungsvermögen bekam er auch sehr viel positives Streicheln. In den folgenden Monaten wurde er reifer: seine Haut wurde heller und reiner und seine Stimme fester (obwohl er nicht größer wurde). Franks Eltern konsultierten einen Familientherapeuten, der ihnen half, mit ihren eigenen Gefühlen von Verzweiflung und Hilflosigkeit zurechtzukommen. Sie sahen sich genau an, wie sie zu dem geworden waren, was sie waren, und überlegten sich, wie sie ihr weiteres Leben gestalten wollten.
Jugendliche sind launisch. Sie ziehen sich zum Schmollen zurück, um für sich zu sein und ihre Gefühle besser kennenzulernen. Dorle sagt: »Wenn ich Schwierigkeiten habe und es mir nicht gut geht, gehe ich in mein Zimmer und träume vor mich hin. Ich denke dann nicht mehr dran und fühle mich bald besser.« Sie denkt dann über sich selbst nach, wer sie ist. Sie sitzt in ihrem Zimmer und schaut in den Spiegel und erlebt starke Gefühle, während sie mit ihrem Kindheits-Ich in Kontakt kommt.
Manche Kinder führen ein Tagebuch, um sich darin zu üben, ihre Gefühle auszudrücken. Sie können in der Phantasie Abenteuer bestehen, ohne Risiken eingehen zu müssen.

10.2.4 Sozialisation

In der Wiederholung der Sozialisationsphase klären Jugendliche ihre sexuelle Identität. Sexuelle Gedanken, sexuelles Verhalten und sexuelle Erscheinung absorbieren eine Menge Energie.
Bis zur Geschlechtsreife muß ein Jugendlicher mit seinen Trieben zurechtkommen. Im allgemeinen erleben Jungen deutliche und örtlich begrenzte genitale Reaktionen (Erektion) auf ganz verschiedene Reize. Ein aufregendes Fußballspiel, ein vorbeigehendes Mädchen oder auch eine volle

Blase können eine Erektion hervorrufen. Ein Junge gerät wegen dieses Mangels an Kontrolle über seinen Penis, der für sich selbst zu existieren scheint, in panische Angst. Ein anderer Junge ist fasziniert von der unglaublichen Sensibilität dieses von ihm so hochgeschätzten Körperteils. Er verbringt viel Zeit damit, die Freuden, die ihm sein Penis spenden kann, kennenzulernen. Beim Masturbieren werden seine sexuellen Phantasien von all dem angeregt, was er bisher gesehen, gehört oder gelesen hat.

Ein sexuelles Gruppenspiel in einem früheren Alter war »Wer kann weiter oder höher pinkeln?«. Das ändert sich jetzt hin zu verschiedenen Formen gemeinsamer Masturbation und homosexueller Experimente. Solche Experimente dienen den Jungen dazu, Erfahrungen über ihr Mann-Sein zu sammeln und führen nicht zu bleibender homosexueller Orientierung, außer der Jugendliche habe schon vorher eine entsprechende Skriptentscheidung getroffen.

Extrovertierte und gruppenorientierte Jungen tauschen miteinander ihre Erfahrungen aus und erzählen sich, was sie alles über Sexualität gehört haben. Eher einzelgängerische Typen haben weniger Möglichkeit zum Erfahrungsaustausch. Mädchen erleben mehr allgemeine sexuelle Gefühle. Gegenüber einem attraktiven Mann empfinden Mädchen eher ein prikkelndes Gefühl, das ihr Herz schneller schlagen läßt. Beide, Jungen wie Mädchen, erleben, daß das Blut schneller zu Kopf steigt, und erröten über die geringste Peinlichkeit. Die sexuell heranreifende Frau lernt mit der Zeit, Empfindungen der Klitoris, der Schamlippen und des Uterus zu unterscheiden.

Die weiblichen Geschlechtsorgane sind verdeckter, und sexuelle Berührungen konzentrieren sich vor allem auf die wachsenden Brüste. Manche Mädchen machen ihre Masturbationserfahrungen innerhalb von Gruppen, wobei die Erfahreneren die Jüngeren anleiten. In Familien mit sehr strengen sexuellen Tabus lernen Mädchen manchmal nicht, sich selbst zu befriedigen. Die sexuellen Phantasien und die einsame Selbstbefriedigung gründen sich auf das, was sie über »Liebemachen« gehört haben, oder auf ihre Vorstellungen davon. Ihre sexuelle Interessen sind ziemlich breit gefächert.

Die Einstellung zur Menstruation wird von den wichtigen weiblichen Bezugspersonen im Leben des jungen Mädchens bestimmt: Mutter, ältere Schwester, andere erwachsene Frauen, die es sehr gut kennt. Innerhalb des Monatszyklus beginnt jede gesunde Frau Hormone zu produzieren. Während der monatlichen Veränderung des Hormonhaushaltes sammelt sich Wasser in der Gebärmutter, in den Schamlippen, den Brüsten und im Gehirn. Die Art, in der diese Veränderungen psychisch erlebt werden, ist unterschiedlich. In manchen Familien gehört es dazu, daß Frauen vor der Menstruation Depressionen haben. In anderen wird erwartet, daß sie jammern und klagen (oder leicht reizbar sind); wieder andere verspüren einen Drang zu großen Putzaktionen (Schränke ausräumen, Gardinen waschen usw.). Die Gebärmutterkontraktionen, die den Beginn der Blutungen einleiten, werden in manchen Familien als Krämpfe bezeichnet, während in anderen Familien ihr Vorhandensein völlig geleugnet wird. (»Bei uns in der Familie sind Frauen noch nie davon belästigt worden.«) Die monatliche Blutung selbst wird ebenfalls sehr unterschiedlich definiert, z.B. als »Zeichen der Weiblichkeit« oder als »unsauber« oder als »Fluch« oder als etwas, was man besser geheimhält. Diese Ansichten haben großen Einfluß darauf, wie wir unseren Monatszyklus erleben.

Mädchen beginnen normalerweise früher, sich mit Jungens zu verabreden, als Jungen dies umgekehrt tun. Sie führen stundenlange Gespräche, treffen sich mit anderen an Stammplätzen und bekommen auch von den Erwachsenen ihre Privatsphäre bis zu einem gewissen Grad respektiert. Die Intensität sexueller Transaktionen ist sehr unterschiedlich je nach den örtlichen Gepflogenheiten und dem Familienskript. Eltern, die mit ihren Kindern beständig im Gespräch sind, erfahren mehr über deren sexuelle Fragen, Abenteuer und Phantasien. Viele Jugendliche sprechen jedoch in ihrem Prozeß der Ablösung nicht über sexuelle Themen. Ein weiterer Grund dafür ist ihr Wunsch nach Unabhängigkeit und ihr Bedürfnis nach einem gewissen privaten Bereich. Manche Teenager besprechen ihre intimsten Gedanken nur mit erwachsenen Vertrauenspersonen außerhalb der Familie. Sie auszuhorchen, bringt nichts. Dies würde unsere Kinder nur in der Auffassung bestätigen, daß ihre Eigenständigkeit bedroht ist.

Teenager vertreten gerne radikale Standpunkte, um unsere Reaktionen zu testen. Wir reagieren mit Bestürzung oder Beunruhigung und fürchten, daß sie unsere Wertvorstellungen völlig ablehnen. Es ist vielleicht eine Beruhigung zu wissen, daß Kinder aus konservativen Familien zwar radikale Standpunkte vertreten, aber nicht unbedingt auch so handeln. »Ich fahre mit einem verheirateten Mann nach Berlin«, sagte Anne. Erst nachdem sie sich an unserem Schreck geweidet hatte, erzählte sie uns, daß ihr verheirateter Lehrer, seine Frau und 20 weitere Schüler zusammen mit ihr eine

Klassenfahrt nach Berlin machen werden. Sie hatte die Mitteilung des Lehrers in der Hand und brauchte unsere Unterschrift. Jugendliche spielen uns solche Streiche aus den verschiedensten Gründen. Das Einfachste, um herauszufinden, warum sie das tun, ist, direkt zu fragen: »Warum sagst du so etwas?«

Wenn wir sehen, daß unsere Kinder sexuell heranreifen, stellt sich für uns die Aufgabe, unsere Auffassung von gesunder Sexualität neu zu überdenken. Untersuchungen von Anthropologen wie z.B. Kinsey, Masters und Johnson zeigen Aspekte, die sich stark von der viktorianischen Einstellung unterscheiden. Die modernen Verhütungsmittel erlauben eine Trennung von Geschlechtsverkehr und Schwangerschaft.

Manche von uns haben schon immer sexuelle Freiheit genossen und können unverkrampft eine positive Einstellung gegenüber Sexualität an ihre Kinder weitergeben. Andere sehen Sexualität mehr von einem traditionellen Standpunkt her als eine sehr private und heilige Angelegenheit. Kinder haben größere Schwierigkeiten mit Sexualität, wenn ihre Eltern ihnen einander widersprechende Botschaften darüber vermitteln: »Mach nicht das, was ich tue, sondern mach das, was ich sage«, führt zu einem Konflikt. Häufig begegnen Kinder solchen Widersprüchen mit »Ja, ok, ich werde tun, was du tust, und sagen, was du sagst.« Manche von uns Eltern fühlen sich angesichts der sich wandelnden Wertvorstellungen in der Klemme. Wir wissen, daß wir nicht möchten, daß unsere Kinder genauso sexuell gehemmt sind wie wir; gleichzeitig aber fühlen wir uns bei dem Gedanken totaler sexueller Freiheit nicht gerade wohl. Karl z.B. geht folgendermaßen mit diesem Problem um. Er gibt seinem Sohn Mitteilungen aus allen seinen drei Ich-Zuständen:

Eltern-Ich: Ich habe dich gern und ich möchte, daß du deinen Körper magst. Sorge gut für dich, verletzte dich nicht, meide Menschen, die dich ausnutzen wollen, bewahre deine Selbstachtung. Du brauchst keine sexuellen Probleme zu haben. Sexualität ist gut und wichtig. Sowohl du als auch dein Partner haben ein Recht dazu, die Sexualität zu genießen.

Erwachsenen-Ich: Es gibt verschiedene wirksame Methoden der Empfängnisverhütung. Du kennst die möglichen Folgen. Du solltest dich nicht in Situationen begeben, die du nicht meistern kannst. Wenn du doch mal in

Schwierigkeiten kommst, denke nach, finde einen Weg, das Problem zu lösen.

Kindheits-Ich: Ich habe Angst, ich bin wütend und eifersüchtig. Ich glaube, daß Geschlechtsverkehr vor der Ehe schlimme Folgen hat. Ich war »brav« und anständig und jetzt fühle ich mich zu kurz gekommen. Ich wünschte, ich hätte doch mehr Erfahrungen gesammelt, bevor ich geheiratet habe. Was ist, wenn du herumspielst und Schaden nimmst, was werden die Leute sagen?

Heranwachsende müssen von uns erfahren, was an der Sexualität gut und was an ihr schlecht ist, und in welcher Beziehung sie zu fürsorglichem Verhalten steht. Zwei Themen verdienen besondere Beachtung: einmal die vielfältigen Möglichkeiten körperlicher Zärtlichkeit. Sie muß nicht unbedingt mit sexueller Erregung und Verführung gekoppelt sein. Von romanischen Kulturen können wir lernen, die es für akzeptabel finden, daß Männer sich umarmen und weinen. Sowohl Männer als auch Frauen können einander streicheln, ohne das Spiel »Hilfe, Vergewaltigung« zu spielen. Wir dürfen die Freude an Zärtlichkeit behalten, die wir Kindern unter zwei Jahren erlauben. Jugendliche aus »streichelarmen« Familien können von anderen Menschen lernen, mehr Streicheln zu geben.

Ein anderer wichtiger Punkt ist, daß Sexualität in Ordnung ist. Therapeuten, die sich auf die Behandlung sexueller Probleme spezialisiert haben, ermuntern uns, freier über unsere sexuellen Interessen zu reden und zu denken, so daß sexuelle Bedürfnisse zu ganz normalen, gesunden und erfreulichen Bedürfnissen werden. Umarmen, Küssen und andere Arten von Körperkontakt sind grundsätzlich in Ordnung. Sie können warmherzig und freundschaftlich sein oder auch sexuell erregend. Sie können zu genitalem Kontakt führen, müssen aber nicht. Sexualität ist ein wichtiger Teil der Beziehung zwischen Männern und Frauen. Aber sie ist nicht alles.

10.2.5 Aufbau

In der Wiederholung der Aufbauphase bauen die Jugendlichen ihr Erwachsenen-Ich weiter aus. Sie entwickeln kritisches Denken, wissenschaftliches Untersuchen, das Sammeln von Fakten und kommen zu durchdachteren Schlußfolgerungen. Ihre Argumente sind bisweilen recht spitzfindig und es kann Spaß machen, sich mit ihnen zu unterhalten. Dadurch, daß die Kinder neue Denkansätze mit nach Hause bringen, haben auch wir Eltern die Möglichkeit, uns weiterzuentwickeln. Alle drei Söhne von Johannes sind z. B. dabei, Reiten im Westernstil zu lernen. »Alles, was ich davon wußte, war, daß Cowboys in Filmen Westernstil reiten«, sagt er, der in einer Großstadt aufgewachsen ist. Kinder, die gelernt haben, kritisch zu denken und Fragen zu stellen, sind fähiger, neue Bezugsrahmen und Denkvorstellungen zu sehen und zu hören und zur Diskussion mit nach Hause zu bringen.

Im erneuten Durcharbeiten der Aufbauphase entwickeln die Jugendlichen ihre Begabungen, und das Ergebnis ihrer Anstrengungen hat ein höheres Niveau als bisher. Jugendliche, die sich für Autos interessieren, erwerben viel mehr als nur mechanische Grundkenntnisse. Von klein auf hatte Jürgen seinem Vater bei Autoreparaturen helfen dürfen. Noch bevor er den Führerschein machen konnte, wußte er über Autos besser Bescheid als die meisten Erwachsenen. Er kann schon kleinere Wartungs- und Reparaturarbeiten selbständig durchführen (Reifenwechsel, Öl- und Filterwechsel). Ute ist erst dreizehn, hat aber ohne Schwierigkeiten ihr Alter höher angegeben und so eine Arbeit nach ihrem Schulabschluß bekommen. Sie erledigt ihre Aufgabe so gut, daß ihr Chef ihr schon eine spätere Ausbildung zum Abteilungsleiter vorgeschlagen hat. In manchen Sportarten sind die Spitzensportler traditionell sehr jung, wie z. B. Skispringer, Kunstturner, Schwimmer und Eiskunstläufer.

Jugendliche entwickeln ihre eigenen Ideale und bringen dafür oft große Opfer. Ursel erzählt: »Ich habe Bärbel und Ilse gesagt, daß sie sich immer auf mich verlassen können, egal was passiert.« Jugendlicher Idealismus zeigt sich in ihrem Engagement für bestimmte Dinge. Sie setzen sich für Probleme ein und greifen Heuchelei an. Wenn unsere Kinder uns mit unserer eigenen Inkonsequenz konfrontieren, ist das manchmal nicht sehr angenehm. Man kann aber unterschiedlich darauf reagieren, entweder »Halt den Mund, kein Mensch kann alles richtig machen« oder »Stimmt, du hast recht, ich werde darauf achten«.

Viele Religionsgemeinschaften haben bestimmte Riten, mit denen sie die Jugendlichen in die Gemeinschaft der Erwachsenen aufnehmen, z. B. Konfirmation, Bar Mizbah oder Erwachsenentaufe. Jugendliche wenden sich häufig wieder verstärkt religiösen Fragen und Glaubensgemeinschaften zu, besonders, wenn diese ein die Jugendlichen interessierendes Programm anbieten.

In der Wiederholung der Aufbauphase ändert sich auch die Struktur des Eltern-Ichs der Jugendlichen, und sie überdenken neu, was gut und schlecht, was Realität und was Phantasie und was wichtig oder unwichtig ist. Familien mit einem flexiblen Skript tolerieren die neuen und manchmal ihren eigenen Ansichten zuwiderlaufenden Meinungen ihrer Kinder in unterschiedlicher Weise. Sylvia beobachtet: »Ich merke, daß ich mit den Standpunkten meiner Kinder gut zurechtkomme, solange sie mit meinen eigenen übereinstimmen und solange sie nicht meinen grundlegenden Überzeugungen und Wertvorstellungen widersprechen.«

Wir Eltern können dabei helfen, wenn wir die Inhalte aller unserer Ich-Zustände in Betracht ziehen. Wir verstärken damit unsere Mitteilungen aus dem Erwachsenen-Ich und verringern das Predigen aus dem Eltern-Ich. Unser natürliches Kindheits-Ich ist in jeder Entwicklungsphase wichtig. In der Familie Maas wird nicht geraucht. Ihre Kinder beschweren sich darüber, daß auf den Schultoiletten Tabak und Haschisch geraucht werden, spielen jedoch mit dem Gedanken, es selbst auch mal zu probieren. Ihre Mutter sagt zu ihnen:

Eltern-Ich:	Achtet auf euren Körper und nehmt wahr, wenn er mit Husten protestiert. Ich bin froh darüber, daß ihr Rauchen für eine schlechte Angewohnheit haltet. Ich finde das auch. Es ist nicht in Ordnung, mit dem Gesetz in Konflikt zu geraten, besonders, wenn es sich dabei um eine so schlechte Sache handelt wie Drogen.
Erwachsenen-Ich:	Ich höre, daß ihr was gegen die Qualmerei habt. Ich habe aufgehört zu rauchen, als ich die Berichte über die gesundheitlichen Schäden des Rauchens gelesen habe. Ich kann euch nicht in der Schule beaufsichtigen. Ihr müßt selbst entscheiden, ob und in welchem Ausmaß ihr das ausprobiert.
Kindheits-Ich:	Ich mag es nicht (den Rauch). Ich huste und bekomme Halsschmerzen, wenn Leute in meiner Nähe rauchen. Ich würde gern mal Haschisch probieren, um zu sehen, wie das ist; aber das Risiko, entdeckt zu werden, ist mir zu hoch.

Wenn wir klug sind, werden wir so tolerant wie möglich sein und unsere Energie für wichtige Probleme aufsparen.

10.3 Skript-Modifikation

Jugendliche modifizieren Skript-Entscheidungen, die sie früher getroffen haben; sie lösen sich von Einschärfungen, die sie früher befolgt haben. Wilfried z. B. ist der Älteste. Als er geboren wurde, war seine Mutter sehr depressiv und leidend. Er hatte die Einschärfung »Achte nicht auf deine Bedürfnisse!« und die Sündenbock-Position in der Familie übernommen. Die anderen Kinder tyrannisierten ihn. Anstatt sich zur Wehr zu setzen, verhielt er sich bei seinen Alterskameraden genau wie bei seinen Eltern: er verzichtete auf seine Bedürfnisse, litt und jammerte. Beim Eintritt ins Berufsleben entschied Wilfried sich, nicht mehr länger das hilflose Opfer zu bleiben. Er hatte klare Vorstellungen davon, wie er sich beim ersten, der versuchen würde, ihn zu übervorteilen, zur Wehr setzen werde. Jetzt sagt er: »Ich bin ich – Ich bin kein Schlappschwanz!« Er hat sich entschieden, dazu zu stehen, daß er gut aussieht, und er schaut zufrieden in den Spiegel.
Mädchen werden immer noch auf Ehe und Familie hin erzogen. Sie stellen sich ihre möglichen Ehemänner vor und träumen von ihrem zukünftigen Heim. Jungens beschäftigen sich nicht so sehr damit. Vielen wurde seit frühester Kindheit beigebracht, fürsorgliche Verhaltensweisen abzulegen (»Schäm dich, nur Muttersöhnchen spielen mit Puppen!«). Die typische Vorstellung in der westlichen Welt ist, daß ein Mann von einer Frau eingefangen wird und damit seine bisherige Freiheit verliert.

Jugendliche, die schon berufliche Vorstellungen haben, machen sich Gedanken über ihren zukünftigen Arbeitsplatz oder über die weitere Schulausbildung. Susanne wollte nicht so leben wie ihre Mutter, hilflos und unglücklich verheiratet. Sie ist mit der in ihrem Skript angelegten Frauenrolle und mit dem, was sie über die biologischen Funktionen weiß, unzufrieden. Sie ist sehr religiös und möchte dies auch in ihrem Beruf verwirklichen. Sie fand einen sehr einfallsreichen Weg, ihre beruflichen Ziele mit ihrer Weiblichkeit zu kombinieren, indem sie sich entschied, Krankenschwester zu werden.

Eltern-Ich: Ich werde geistig wie körperlich Werke der Barmherzigkeit tun.Ich werde mit einem christlichen Leben meinen Lebensunterhalt verdienen. Je besser ich den Kranken diene, um so mehr werde ich Anerkennung finden.

Erwachsenen-Ich: Ich werde genug verdienen. Ich werde viele für Frauen wichtige Fähigkeiten lernen: Kochen, Krankenpflege, Putzen, Ordnung halten. Ich werde viel über den Körper und aus anderen Naturwissenschaften lernen. Durch die Arbeit als Krankenschwester kann ich meine Ausbildung bezahlen. Wenn ich die Ausbildung fortsetzen will, kann ich nebenbei Nachtwachen übernehmen oder ein Stipendium bekommen.

Kindheits-Ich: Wenn ich Krankenschwester werde, werde ich vielleicht selbst nicht so krank, daß andere für mich sorgen müssen (magisches Denken). Ich werde für mich selbst sorgen können. Ich brauche nicht von einem Mann abhängig zu sein. Ich werde mich gut und sicher fühlen – über meine Zukunft brauche ich mir keine Sorgen zu machen. Vielleicht werde ich mehr über Sexualität erfahren. Ich mag Streicheln; ich werde viele Leute haben, die ich streicheln kann.

In der Phase der Konsolidierung und Neuorganisierung ihrer Persönlichkeit, in der Jugendliche wichtige Skriptentscheidungen neu treffen, verhalten sie sich ruhiger und besonnener. Dieter war in der frühen Adoleszenz mürrisch, launisch und abweisend. Lisa, die ab und zu seine Schwester besuchte, vermied ihn so gut es ging, weil er sie immer anstarrte. Plötzlich aber wurde aus Dieter ein charmanter und liebenswürdiger Junge, mit dem man sich gut unterhalten konnte. – Rita (15 Jahre alt) erzählt, warum sie sich so gut fühlt.

»Erstens kam ich gesund und ohne Gebrechen zur Welt. Ich lebe in einer gesunden Umgebung, in einem schönen Haus mit freundlichen Nachbarn. Die Leute hier sind in Ordnung. Ich hatte immer eine gesunde Ernährung, und ich habe Intelligenz und gutes Aussehen geerbt. Die Menschen, mit denen ich Kontakt habe, sind alle sehr nett. Meine Eltern möchten, daß ich studiere, und für sie sind Mädchen genausoviel wert wie Jungens. Sie sagen mir oft, daß sie mich mögen. Ich glaube, daß andere Eltern dies nicht genügend tun. Ich habe das Glück, noch beide Eltern zu haben, so bekomme ich von beiden Zuwendung. Es würde mir nicht gefallen, nur noch ein Elternteil zu haben.«

10.4 Jugendliche beeltern

Im folgenden geben wir einige allgemeine Richtlinien, nach denen man Kinder auf dem Weg zum »Gewinner« ermutigen kann:

1. Geben Sie sehr viel warmes liebevolles Streicheln, sowohl mit Worten als auch körperlich. Wenn die frühe Adoleszenz ihrem Ende zugeht, werden auch Jungen gerne wieder von ihrer Mutter in den Arm genommen.
2. Hören Sie Ihren Kindern zu. Beantworten Sie ihre Fragen. Egal, ob Ihre Antwort positiv oder negativ ist, geben Sie eine Begründung für Ihre Meinung.
3. Hören Sie sich auch Argumente Ihrer Kinder an. Bleiben Sie bei Ihren Entscheidungen offen für die Argumente von Seiten Ihrer Kinder.
4. Unterstützen Sie Ihre Kinder darin, ihre Zeit durch Aktivitäten zu strukturieren, bei denen sie überschüssige Energien loslassen können und die Spaß machen.
5. Um die Entwicklung einer gesunden sexuellen Identität zu fördern, ist es das Beste, wenn Ihre Kinder sehen, wie Sie und Ihr Partner einander streicheln, küssen, in den Arm nehmen, miteinander kämpfen und spielen. Reden Sie gemeinsam über Probleme und seien Sie sich beide in Disziplinfragen einig. Nehmen Sie von Ihrem Erwachsenen-Ich aus wahr, welche Botschaften Sie in bezug auf die beiden Geschlechter, auf die Ehe, die Familie, die Ausbildung usw. vermitteln. Zum Beispiel war Monika immer, wenn ihre Tochter den Einkaufswagen schob, in Versuchung zu sagen: »Das ist eine gute Übung für später, wenn du einen Kinderwagen zu schieben hast!«

In einer Familie mit Jugendlichen kann es recht aufregend zugehen. Die Kinder werden lauter und fordernder. Sie können uns sehr klar konfrontieren. Ihre Argumente sind schwerer zu entkräften. Ihr Denkstil wird reifer, und ein Gespräch mit ihnen fordert mehr heraus und ist interessanter. Sie beanspruchen jetzt mehr Zeit und Energie; gleichzeitig wissen wir aber auch, daß sie sich bald von uns ablösen werden. Dann gibt es auch Zeiten, in denen das Haus sehr ruhig ist, wenn sie ausgegangen sind und bis spät in der Nacht wegbleiben.

Wir Eltern fühlen uns oft sehr unsicher mit unseren Kindern. In einem Augenblick verhalten sie sich sehr reif und dann wieder wie kleine Kinder, als ob sie im Alter von »14 bis 2« wären.

Wir merken, daß wir bei einigen Dingen strenger werden und bei anderen nachgiebiger. Auch wir selbst sind manchmal mehr, manchmal weniger starr. Ein Teil unseres schwankenden Verhaltens hat seinen Grund in unserer eigenen Ambivalenz bezüglich unserer zu Ende gehenden Elternschaft; ein anderer Teil ist auf das schwankende Verhalten unserer Kinder zurückzuführen; und schließlich spielt eine Rolle, daß wir z.T. unsere eigene Pubertät wiedererleben.

Es ist wichtig, daß wir klar zwischen unseren Gefühlen und denen unserer Kinder unterscheiden. Wir sollten unserem kleinen Professor mehr trauen, wenn er unbewußt Zeichen aufnimmt, daß etwas nicht stimmt. Klaus wollte von uns die Erlaubnis für einen Ausflug, gleichzeitig spürten wir aber das Signal: »Laßt mich nicht gehen!« (Seine Freunde hatten vor, gemeinsam einen Ladendiebstahl zu begehen und LSD auszuprobieren, aber er wollte seine Freunde nicht verraten.) »Du willst nicht, daß ich über Nacht wegbleibe (weil keine Erwachsenen dabei sind, aber das sage ich dir nicht), nicht wahr, Mutti?«

Jugendliche in unserer Gesellschaft sind einem Überangebot von Reizen ausgesetzt; es bietet sich ihnen eine Vielzahl verlockender Möglichkeiten, und wie Don Quichote stürzen sie sich auf alles: Fußball, Handball, Babysitten, Nachhilfeunterricht-Geben, Chorsingen, Tanzen usw. Das kann so weit gehen, daß es auch für den robustesten Teenager zu viel wird.

Als sie noch kleiner waren, war es unsere Aufgabe, Grenzen zu setzen und von unserem Eltern-Ich aus das noch begrenzte EL_2 unserer Kinder zu unterstützen. In der Adoleszenz aber sollten wir mit Eltern-Ich-Mitteilungen zurückhaltender sein und sie nur noch in wichtigen Fällen einsetzen, wenn es um Dinge geht, die ernste Konsequenzen haben könnten. Normalerweise reicht es aus, für Gespräche verfügbar zu sein und mit ihnen auf der Erwachsenen-Ich-Ebene die möglichen Konsequenzen von diesem oder jenem Verhalten zu diskutieren. Sie können von ihren Fehlern lernen.

Kurt und Thomas packten in ihren ohnehin überfüllten Zeitplan noch Handballtraining hinein, so daß sie schließlich in Konflikt mit ihren sonstigen Verpflichtungen gerieten. Ihr Vater verlangte von ihnen, daß sie dieses Problem selbst lösten (sie mußten ihrem Trainer selbst sagen, daß und warum sie aus dem Verein austraten). Danach setzte er sich mit ihnen zusammen und besprach mit ihnen verschiedene Möglichkeiten sinnvoller Zeitplanung.

10.5 Psychische Aufgaben der Eltern

Eltern von Teenagern zu sein, ist ein echtes Erlebnis. Wenn unsere eigenen Energien abzunehmen beginnen, nehmen ihre Kräfte und Fähigkeiten zu. Sie betätigen sich körperlich, um ihren Energieüberschuß abzubauen. Sie springen und rennen aus reiner Freude. Wir betätigen uns körperlich, um die beginnende Steifheit zu bekämpfen, und zwingen uns zum Training. Viele von uns, vor allem wenn wir zum beweglichen Typ gehören, können noch mithalten, aber es ist schwerer als früher.
Unsere Kinder sind die ganze Zeit über gewachsen, aber wenn sie uns auf gleicher Höhe in die Augen sehen, konfrontieren sie uns mit ihrem beginnenden Erwachsenen-Sein. Dieses Wachstum ist schwer zu leugnen. In Familien, in denen Wachsen und Heranreifen gefördert werden, begrüßt man solche Entwicklung; trotzdem werden wir etwas gemischte Gefühle dabei haben. Einige von uns lassen die Kinder nur recht ungern los und senden Signale aus wie »Werde noch nicht so schnell erwachsen – noch nicht.« Kinder, die solchen Botschaften folgen, fühlen sich unbehaglich. Ihr eigenes Bedürfnis, sich zu entwickeln, gerät in Konflikt mit dem Wunsch der Eltern, sie so lange als möglich an sich zu binden. Sie stoßen uns damit auf unsere Skript-Entscheidungen, die wir ihnen weiterreichen. Achten Sie auf den Bedeutungsunterschied zwischen den folgenden Aussagen:

»*Wenn du dich dazu entscheidest, zu heiraten ...*«
gegenüber
»*Wenn du heiratest ...*«
»*Wenn du dich dazu entscheidest, Kinder zu haben ...*«
gegenüber
»*Wenn du Kinder hast ...*«
»*Wenn du mal die Schule beendet hast ...*«
gegenüber
»*Wenn du anfängst zu studieren ...*«

»Du wirst es nie zu was bringen ...«

gegenüber

»Du hast die Wahl: entweder die Schule erfolgreich zu beenden oder dir eine ordentliche Arbeit zu suchen.«

Der Aufruhr unserer eigenen Adoleszenz lebt im Feuer der Jugend unserer Kinder wieder auf. Dinge, die wir damals für uns selbst nicht gelöst haben, werden uns jetzt Unbehagen bereiten. Die meisten Schwierigkeiten mit unseren Kindern werden wir auf den Gebieten haben, die für uns selbst problematisch gewesen sind.

Die reifende Sexualität unserer Kinder stellt unsere eigene sexuelle Identität in Frage. Im Heranwachsen und Reifen unserer Kinder durchleben wir Eltern noch einmal unsere eigene sexuelle Entwicklung. Vatis kleines reizendes Töchterchen wird, wenn es heranreift, sexuell attraktiv. Die Tochter übt beim Vater das Flirten ein und wendet sich ihm besonders zu. Im Wiederaufleben einer früheren Entwicklungsphase konkurriert sie erneut mit der Mutter und »weiß«, daß Mutter Vater nicht voll zu schätzen weiß. Diesmal sind ihre Waffen allerdings bedrohlicher. Unglücklicherweise ist die Mutter zu dieser Zeit oft schon in den Wechseljahren und sieht nur zu genau, wie der Charme der Tochter aufblüht, während ihrer zu welken beginnt.

Umgekehrt kann die Mutter durchaus »unmütterliche« Gefühle beim Anblick ihres Sohnes, seiner breiten Schultern, seiner schlanken jugendlichen Gestalt und seiner tiefen Stimme empfinden. Ein Vater, der seinen Sohn heranwachsen sieht (vielleicht sogar größer als sich selbst werden sieht), empfindet gemischte Gefühle – Stolz und Bedrohung. Ein Beispiel dafür ist ein Satz von Tonis Vater: »Toni ist inzwischen besser als ich, ich kann nicht mehr mit ihm mithalten. Du müßtest sehen, wie er diese Kurven fährt.«

Inzest zwischen Vater und Tochter bzw. zwischen Mutter und Sohn ist fast überall auf der Erde tabuisiert. Tabus werden im allgemeinen vor verlockenden Möglichkeiten errichtet, um sie als sündhaft und die Gesellschaft zerstörend zu brandmarken.

Wenn Jugendliche sofort nach der Erlangung der sexuellen Reife wegziehen oder ihren eigenen Partner finden, wird der Konkurrenzkampf etwas gemildert. In manchen gesellschaftlichen Unterschichten wird er auch ganz bewußt gefördert. Viele Mütter von Mädchen, die von zuhause weggelaufen sind, geben zu, daß sie ihre Töchter zuvor mit sexuellen

Schimpfnamen belegt haben. In Familien, in denen ein Elternteil nicht der leibliche Vater bzw. die leibliche Mutter ist, wird das Inzest-Tabu weniger streng eingehalten.

Wir Eltern schützen uns auf vielfältige einfallsreiche Art vor sexuellen Gefühlen unseren Kindern gegenüber, und unsere Kinder tun dasselbe, um mit ihren eigenen sexuellen Gefühlen fertig zu werden. Eine Möglichkeit dazu ist das Spiel »Aufruhr«: Vater und Tochter geraten sich fürchterlich in die Haare wegen ihres unschicklichen Betragens oder wegen ihres sturen Freundes, und dann kann jeder getrennt seine eigenen Wege gehen, indem man die Türen zuknallt und damit zeigt, daß »ich niemals mit ihm/ihr irgend etwas (sexuell) zu tun haben werde«. Eine eher traurige Art und Weise, mit diesem Problem umzugehen, besteht darin, den Austausch von Streicheln völlig zu vermeiden. Einige von uns leugnen auch einfach das Heranreifen unserer Sprößlinge: »Sie ist doch noch ein Kind.« Wesentlich ist die Reaktion aus unserem eigenen natürlichen Kindheits-Ich. Es ist ok für uns zu wissen, was wir fühlen, und so für unser Gefühl zu sorgen, daß sowohl wir selbst als auch unsere Kinder einen Gewinn davon haben. Im folgenden einige Möglichkeiten, wie wir mit diesem Problem umgehen können: Konfrontieren Sie, wenn Ihre Kinder mit Ihnen flirten; bestätigen Sie ihre sexuelle Attraktivität, fordern Sie, daß sie auch Ihre Gefühle berücksichtigen; vereinbaren Sie eine Kleiderordnung im Haus, die sexuelle Erregung vermeidet (Schließen der Schlafzimmertüren, Tragen von Bademänteln, keine durchsichtige Kleidung usw.); respektieren Sie das Schamgefühl Ihrer Kinder; betreten Sie nicht einfach das Schlafzimmer Ihrer Kinder und gehen Sie nicht ins Bad, wenn sie drin sind. Es ist wichtig, daß Eltern verführerisches Verhalten aneinander wahrnehmen, damit die Kinder vor inzestuöser sexueller Erregung geschützt werden. Hören und beachten Sie Hinweise und Beschwerden der Kinder und gehen Sie verantwortungsbewußt damit um. Widmen Sie Ihrer eigenen sexuellen Kommunikation Aufmerksamkeit. Wenn Ihr Liebesleben langweilig geworden ist, beleben sie es neu.

10.6 Erwachsen werden

Das endgültige Auflösen der Elternbindung ist eine Aufgabe sowohl der Eltern als auch der Heranwachsenden. Wenn wir unsere Kinder loslassen, verlieren wir auch das Streicheln und die Zeitstrukturierung, die mit ihnen verbunden gewesen sind. Wir werden dem um so eher gewachsen sein, je mehr wir gelernt haben, auf unsere eigenen Bedürfnisse zu achten und uns Schritt für Schritt ein von unseren Kindern unabhängiges Leben aufzubauen. Diejenigen von uns, die diese Aufgabe vernachlässigt haben, werden große Schwierigkeiten haben, ihre Kinder eigenständig werden zu lassen. Jugendliche, die dabei sind sich abzulösen, tun das abrupt oder schrittweise, je nachdem, wie sie aufgewachsen und wie die Umstände sind. Detlef z.B. besuchte ein Gymnasium in der Nähe des Elternhauses, dann eine über 100 km entfernte Universität, um schließlich seine erste Stelle sehr weit weg von zu Hause anzunehmen. Ulla wurde schwanger und zog aus, um mit ihrem Freund zusammen zu leben, noch bevor sie die Schule beendet hatte.

Kinder, die zwiespältige Gefühle bei der Ablösung haben oder die unseren Widerstand spüren, bauen »spielgeladene« Situationen auf. Sie tun etwas, von dem sie wissen, daß es uns sehr trifft, und laden uns damit ein, sie aus dem Haus zu jagen. Rainers Eltern z.B. sind beide äußerst liberal. Sie verhielten sich sogar verständnisvoll (und bezahlten die Rechnung), als er ein Mädchen »in Schwierigkeiten« brachte. Schließlich »beichtete« Rainer seinem Vater, daß er in homosexuelle Handlungen verwickelt sei, wobei er genau wußte, daß dies so ziemlich das einzige ist, was sein Vater nicht tolerieren würde. Ritas Mutter unterstützte deren verantwortungsloses Verhalten so lange, bis sie anfing, falsche Schecks auszuschreiben (ihre Mutter ist Bankkaufmann). In jedem dieser Fälle reagierten die Eltern schließlich damit, daß sie sagten: »Jetzt reicht's, ich kann nicht länger auf dich aufpassen oder dich kontrollieren. Du bist jetzt auf dich selbst gestellt und mußt die Konsequenzen für dein Verhalten selbst tragen.«

Einige Familien halten nichts von der Ablösung vom Elternhaus. Sie erwarten, daß ihre Kinder bei ihnen bleiben und ihre Partner mit in die Familie bringen. Unsere mobile Gesellschaft fördert eine solche Einstellung nicht, auch wenn sie in anderen Kulturkreisen noch üblich ist.

10.7 Zusammenfassung

Im allgemeinen kommen Mädchen früher als Jungen in die Pubertät. Ihre psychische Entwicklung hält mit der biologischen meist Schritt; sie sind in dieser Zeit ungefähr zwei Jahre weiter als die Jungen.

In der Entwicklungsphase »Ausdehnung und Konsolidierung« bearbeiten die Jugendlichen alle vorangegangenen Stufen ihrer Entwicklung ähnlich einer aufsteigenden Spirale noch einmal; d.h. sie durchleben jede psychische Entwicklungsstufe noch einmal und erweitern und vertiefen dabei ihr Wissen, ihre Gefühle und ihre Fähigkeiten. Dieses Wiederholen ermöglicht es ihnen auch, die aus früheren Stufen stammenden und bislang ungelösten Aufgaben zu Ende zu bringen. Die Fähigkeit, frühere Lebensabschnitte nocheinmal zu durchleben, bleibt sein ganzes Leben lang für den Menschen charakteristisch. Während der Wiederbearbeitung ganz früher psychischer Aufgaben werden die Kinder anhänglicher und brauchen mehr körperliches Streicheln. Sie werden ganz Mund, essen oder reden den ganzen Tag. Jugendliche wagen sich allmählich immer weiter weg von zu Hause. Sie testen die Grenzen ihrer Ausdauer. In der Wiederbelebung der Trennungsphase probieren sie aus, was passiert, wenn sie nicht denken, und werden ziemlich frech. In der Wiederbelebung der Sozialisationsphase beschäftigen sie sich mit dem reifenden Körper und vertiefen sexuelle Interessen. Wie weit man bei sexuellen Experimenten geht, ist in diesem Zeitraum sowohl von den Normen der Gleichaltrigen als auch von der elterlichen Programmierung abhängig. Jugendliche, die die Aufbauphase wiederholen, gehen häufig verstärkt ihren Begabungen nach. Dies ist das Alter, in dem Sportstars entstehen, vor allem Schwimm- oder Eiskunstlaufmeister.

Unsere Kinder benötigen eine andere Beziehung zu uns: mehr Erwachsenen-Ich-zu-Erwachsenen-Ich-Transaktionen und weniger Eltern-Ich-zu-Kindheits-Ich-Transaktionen. Es ist wichtig, in dieser Zeit wachsam zu sein und unsere Energie für die Lösung ernsterer Krisen aufzusparen. Während die Jugendlichen frühere Entwicklungsphasen erneut durchleben, müssen die Eltern sich von Tag zu Tag neu anpassen, aufmerksam und empfänglich dafür, was mit ihren Kindern los ist, wie bedürftig oder verantwortungsbewußt sie im Moment sind, in diesem Alter von »14 bis 2«.

Wir Eltern durchleben zusammen mit unseren Kindern noch einmal unsere eigene Jugend. Am unbehaglichsten wird es dabei für uns in Bereichen, die früher für uns selbst problematisch waren. Unsere eigenen Bedürfnisse zählen genauso viel wie die unserer Kinder.

Die endgültige Ablösung erfolgt in der späten Adoleszenz. Einige vollziehen sie, indem sie einen Beruf ergreifen oder eine Schule in einer anderen

Stadt besuchen, andere zögern die Trennung hinaus, wieder andere stellen die unmöglichsten Situationen her, um uns zu veranlassen, sie hinauszuwerfen (durch Hasch-Rauchen oder indem sie sich nicht mehr waschen). Hier sind wir Eltern mit der Notwendigkeit konfrontiert, unsere Kinder loszulassen und unsere Elternrolle aufzugeben, die soviel von unserer Zeit strukturiert und soviel belebendes Streicheln gebracht hat.

10.8 Übungen

1. Führen Sie in der Phantasie eine Diskussion mit einem Teenager. Erzählen Sie ihm:
   a) Was Sie über Sex gelernt haben, die Fehler, die Sie gemacht haben, und wie Sie Ihre eigene Adoleszenz noch einmal verändert erleben würden.
   b) Was Sie für Ihren Sohn/Tochter erhoffen, in Ihrem
      (1) Eltern-Ich
      (2) Erwachsenen-Ich
      (3) Kindheits-Ich
2. Suchen Sie sich einen männlichen und einen weiblichen Jugendlichen. Stellen Sie ihm/ihr im Gespräch Ihre Gedanken dar und lassen Sie sich Rückmeldung darüber geben.
3. Diskutieren Sie nach oben genannter Vorgehensweise die Themen:
   a) Ehe
   b) Familie
   c) Beruf
4. Stellen Sie sich vor, eine Jugendliche bzw. ein Jugendlicher in der Nachbarschaft würde sich in Sie verlieben. Wie würden Sie sich verhalten? Würden Sie Ihren Partner um Hilfe bitten? Warum? Warum nicht?
5. Ihre Kinder veranstalten ein Fest. Die jungen Leute haben eine Menge Spaß, sie tanzen, essen und machen eine Menge Lärm. Mitten im Fest tauchen einige nicht eingeladene Gäste auf. Was werden Sie tun?
6. Ihre Kinder sagen Ihnen, daß einige Gäste für die Party nächste Woche Marihuana in Ihr Haus mitbringen wollen. Was werden Sie tun?
7. Ihre Kinder sagen Ihnen, daß sie zu Bekannten auf eine Party gehen und daß einige Gäste vorhaben, Marihuana mitzubringen. Was wer-

den Sie tun? Was ist, wenn die fragliche Droge ein Aufputschmittel, ein Halluzinogen oder Alkohol ist?

8. Was haben Sie Ihren Kindern über Geburtenkontrolle und Abtreibung erzählt?
9. Finden Sie heraus, was Ihre Kinder, die Jungen sowohl wie die Mädchen, über jedes dieser Themen wissen.

11 Seine Rolle im Leben finden (Emanzipation)

11.1 Neue Lebensformen entdecken

In Anpassung an unsere immer komplexer werdende Zivilisation hat sich die Periode der Adoleszenz erheblich ausgeweitet und verlängert. Die ausgedehnte Pubertätszeit ermöglicht den jungen Leuten, sexuell heranzureifen und maximale körperliche Stärke zu entwickeln, während ihnen die Gesellschaft gleichzeitig erlaubt, mit verschiedenen Erwachsenenrollen als »Junge Erwachsene« zu experimentieren. Sie probieren verschiedene Lebensstile aus ohne den Zwang, sich frühzeitig auf ein starres Muster festzulegen. Diese zusätzliche Experimentierphase wird durch ein flexibleres Skript möglich. Für unsere »Kultur des Wandels« ist diese längere Experimentierphase wichtig. Potente und intelligente junge Leute können ungehindert von familiären Bindungen neue Lebensformen erproben. Da sich unsere Kultur immer schneller verändert, brauchen wir immer mehr die Fähigkeit, rasche soziale Neuentdeckungen zu machen. Junge Leute entdecken diese Entwicklungsphase, indem sie sie leben. Unsere Kultur hat nur eine bruchstückhafte Skript-Skizze für diese Phase der »*Emanzipation*«. Ihre gegenwärtige Definition enthält folgende Aufgaben:

1. Beendigung des ursprünglichen Vertrags mit den Eltern.
2. Veränderung der Rollen in der Beziehung zu den Eltern von der Ebene Eltern-Ich/Kindheits-Ich zur Ebene Erwachsenen-Ich/Erwachsenen-Ich.
3. Aufbau neuer intimer Beziehungen außerhalb der ursprünglichen Familie.
4. Erforschen verschiedener Lebensstile.
5. Wahl eines Partners/von Partnern.
6. Aufbau eines Berufes/von Berufen.
7. Entscheidungen treffen im Blick auf Familie und Kinderhaben.

11.1.1 Der Abschluß der Adoleszenz

Der ursprüngliche Eltern-Kind-Vertrag innerhalb der Familie endet, wenn die Eltern die Kontrolle des Heranwachsenden aus der Hand geben und dem nunmehr Erwachsenen sagen: »Wir können dein Verhalten nicht länger mehr kontrollieren. Du bist nun auf dich selbst gestellt. Wir erkennen deine Selbständigkeit an und dein Getrenntsein von uns. Du bist frei zu kommen und zu gehen, wie du möchtest« (s. S. 200).

11.1.2 *Skriptbotschaften für das Erwachsenwerden*

Das Familienskript bestimmt, wie schwer oder leicht es den Heranwachsenden fällt, sich zu *emanzipieren*. Die Skripte verschiedener Familien unterscheiden sich sehr darin, wie und in welchem Ausmaß Selbständigkeit erwartet wird. Junge Leute mit langjähriger Berufsausbildung sind über Jahre hinaus finanziell abhängig. Jugendliche aus wohlhabenden Familien können sich mehr Zeit lassen, die Aufgaben dieser Phase zu erfüllen. Diejenigen, die sich entschlossen hatten, frühzeitig eine Familie zu gründen, verfügen über weniger Freiheit und Mobilität. Ein Drittel bis zur Hälfte aller Ehen zwischen Jugendlichen werden wegen vorehelicher Schwangerschaft geschlossen. Diejenigen, die einem solchen Skript folgen, beschneiden sich selbst den Zeitraum, der ihnen für ihre Entwicklung bleibt.

Einige traditionelle Skripte verlangen von den Kindern, im Bereich der Großfamilie aufzuwachsen und in ihrer Nähe zu bleiben. Albert hat ein großes Haus gebaut und erwartet von seinen Kindern, daß sie mit ihren Ehepartnern dort leben und ihn als »Patriarchen« akzeptieren. Familien haben sehr unterschiedliche Programme, wann und wie man sich emanzipiert. Marianne sagte zu ihren Töchtern Rosi und Martha: »Ihr seid meine Töchter, und bis zu eurem 18. Geburtstag werdet ihr tun, was ich euch sage. Von da an seid ihr Frauen und für euer Schicksal selbst verantwortlich. Ich weiß, ich werde stolz auf euch sein und ihr werdet eure Sache gut machen, was immer das auch sein mag. Ich werde mich in keiner Weise in eure Angelegenheitem mischen und werde nur dann zu euch kommen, wenn ihr mich einladet. Bis dahin aber erwarte ich von euch Respekt und Gehorsam.« Sie bekam, was sie erwartete.

Jörgs Skript ist dagegen völlig anders und scheint weniger festgelegt zu sein als das von Rosi und Martha. Er besucht die Realschule. Er tut nichts für die Schule und hängt trotz der Ermahnungen seiner Mutter den ganzen Tag herum. Er sagt, daß er, sobald er alt genug sei, zum Militär gehen und dort seine Ausbildung beenden werde. Jörgs Mutter macht sich Sorgen, und schließlich reißt ihr die Geduld. Sie bietet ihm drei Möglichkeiten: eine Arbeit aufzunehmen, zur Schule zu gehen oder jetzt schon das Haus zu verlassen.

11.1.3 Seine Rolle im Leben finden

Die ursprüngliche Rollenzuweisung in unserem Skript wurde von unserer Familie bestimmt. Wenn wir uns von der Familie lösen, sehen wir uns der Schwierigkeit gegenüber, neue Streichelquellen zu finden. Günter gab an dieser Stelle auf. Er war auf einer 100 km von zu Hause entfernten Fachoberschule und bekam solches Heimweh, daß er schon nach einem Jahr zurückkehrte und seine alte Jugendfreundin heiratete.
Wir wählen unsere Beziehungen auf der Grundlage des Skripts. Wir können ein Prinz Löwenherz- oder ein Aschenputtel-Skript haben und dies entweder als Gewinner oder Verlierer leben. Ein traditionell gewinnendes Aschenputtel z. B. sucht und findet einen charmanten Prinzen (nach ihrer Vorstellung von »charmant«), der reich und gutaussehend ist. Sie bewegt sich dort, wo Gewinner sind, und sucht sich einen passenden aus. Danach leben sie glücklich zusammen. Ein Aschenputtel, das verliert, sucht an den falschen Stellen nach einem charmanten Prinzen – in Bars, Gefängnissen, oder sie verliebt sich in einen verheirateten König oder heiratet einen Prinzen und vertreibt ihn dann, indem sie einen Makel an ihm entdeckt. Auf jeden Fall wird sie verlieren und danach unglücklich sein. Eine moderne Aschenputtel-Gewinnerin verbringt viel Zeit damit, Einkäufe zu machen, besucht die Schlösser verschiedener Prinzen und bleibt eine Zeitlang dort, wenn er ihr gefällt. Sie geht auf Abenteuer aus und findet Arbeit in verschiedenen Küchen. Sie kauft vielleicht sogar ein eigenes Schloß und stellt Leute ein, die ihr helfen, es instand zu halten, und sie unterhält die Prinzen, die zu ihr kommen, um Staatsangelegenheiten mit ihr zu besprechen.

11.1.4 Berufswahl

Frauen, die in wissenschaftlichen oder technischen Berufen tätig sind, bleiben eher ledig als ihre männlichen Kollegen. Die Frauen, die doch heiraten, haben wahrscheinlich keine Kinder oder weniger als Männer in den gleichen Berufen. Viele dieser Frauen geraten noch immer in einen stärkeren Rollenkonflikt als Männer. Eine Partnerschaft beginnt oft auf gleich-

berechtigter Basis, bis die Frau schwanger wird. Dann haben beide das Bedürfnis, zu mehr traditionellen Skriptmustern zurückzukehren.
Unsere Skripte enthalten viele Anweisungen über Beruf und Schule: »Mach eine Ausbildung«, »Wissen ist Macht«, »Werde Rechtsanwalt, dann kann dich keiner übers Ohr hauen«, »Werde ja nicht Krankenschwester, die müssen doch bloß Bettpfannen ausleeren«, »Wenn du Arzt wirst ...«, »Du wirst es nie zu was bringen ...« usw. Einige von uns merken, daß Berufe, auf die sie vom Skript her ausgerichtet sind, zu den aussterbenden Berufen gehören, und daß es neue gibt, die im Skript noch nicht enthalten sind, weil sie noch nicht existierten, als wir klein waren (z.B. Weltraumtechnologie). Außerdem ist es heute so, daß auch eine lange Ausbildung, z.B. die des Lehrers mit abgeschlossener Referendarzeit, keine Garantie für eine Anstellung bietet. Auch werden einige Stellen durch politische Faktoren beeinflußt. Junge Leute brauchen flexible Skripte. Sie müssen sich ihrer Fähigkeiten bewußt sein und ihre Begabungen entwickeln können. Sie brauchen den Mut, berufliche Entscheidungen zu treffen, und Ausdauer, um die dafür erforderlichen Kenntnisse zu erwerben. Für immer mehr junge Leute spielt das Leistungsprinzip nur noch eine untergeordnete oder keine Rolle mehr dafür, ob sie sich in Ordnung fühlen. Der »Arbeitssüchtige« kann diese Denkweise nicht verstehen, obwohl es Sprichworte gibt, die diese Weisheit enthalten, wie z.B.: »Arbeit ohne Vergnügen macht stumpfsinnig.«
Die Jugendlichen haben ihr volles biologisches Potential erreicht. Sie verfügen über Schnelligkeit, Kraft und Wendigkeit. Die volle physische Kraft ist etwa ein Jahr nach Beendigung des Wachstums der Röhrenknochen vorhanden. Bei großen männlichen Jugendlichen erstreckt sich dieser Zeitraum bis in die zwanziger Jahre (Fußballer, Skifahrer, Läufer, Leichtathleten kommen aus dieser Altersgruppe).
Junge Erwachsene haben die Vorrechte des normalen Erwachsenseins. Sie dürfen Autofahren, auf Kredit kaufen, Schecks ausschreiben, Wohnungen mieten, Dokumente unterschreiben. Sie dürfen reisen und sie wissen genug, um sich zurechtzufinden und das, was sie im Fernsehen gesehen oder in der Schule gelernt haben, mit eigenen Augen zu sehen. Als neuer Typ von Wanderarbeiter reisen sie umher und bleiben, wo es ihnen gefällt. Viele junge Leute verfügen über Fertigkeiten, die der jeweiligen Arbeitsmarktlage entgegenkommen, so arbeiten z.B. viele im Winter als Kellner in Skigebieten. Wenn sie über Fremdsprachenkenntnisse verfügen, kön-

nen sie eine Arbeit als Sekretärin oder eine Tätigkeit im Ausland bekommen. Mit einem Arbeitsvertrag für 1–2 Jahre können sie Reisen unternehmen, bekommen die Kosten bezahlt und haben außerdem einen guten Verdienst.

11.2 Erproben verschiedener Lebensstile

Das Leben in Gemeinschaft hat viele Formen. Es gibt Wohngemeinschaften, die das »Zurück-zur-Natur«-Prinzip vertreten. Vor allem in Amerika ähnelt ihr Konzept dem der Indianer: »Geh gut mit dem Land um, und es wird gut zu dir sein«, »Die Erde ist deine Mutter, liebe und respektiere sie«. Sie bauen ihre eigene Nahrung biologisch-dynamisch an und praktizieren eine Lebensform des gegenseitigen Teilens, die sich sehr von dem Mittelstandsverhalten ihrer Eltern unterscheidet. Manche modernen Kommunen haben nur gemeinsamen Besitz. Sie wählen ihre Familie außerhalb der üblichen Bindungen des Blutes. Einige nehmen bestimmte Arten von Drogen und experimentieren mit sexueller Freizügigkeit, während andere monogam sind.
Einige durchaus interessante Gemeinschaften bauen bewußt Systeme auf, die auf Verhaltenssteuerung und -veränderung gegründet sind.

11.2.1 Partnerwahl

Das traditionelle Skript in unserer Gesellschaft enthält die Forderung, sich zu verheiraten. Etwa 49,3% der Bevölkerung entsprechen ihr. Unser Ideal ist die Monogamie. Die meisten folgen ihm und leben glücklich – oder unglücklich – danach.
Paare, die zusammenleben, aber noch keine Kinder haben möchten, lassen sich Zeit, sich besser kennenzulernen. Sie haben die Möglichkeit, auf Beziehungsprobleme zu achten und sich damit auseinanderzusetzen. Offener Konflikt macht es möglich, mit dem Eltern-Ich und dem angepaßten Kindheits-Ich in Kontakt zu kommen. Wenn wir jemand sehr gern haben, bemühen wir uns, möglichst nett und höflich zu sein, statt unsere Meinung geradeheraus zu sagen.

11.2.2 Regeln für effektives Streiten:

Im folgenden einige Regeln für effektives Streiten:

1. Wenn Sie ärgerlich und wütend sind, drücken Sie das auch in einem ärgerlichen und wütenden Ton aus. Viele Menschen unterdrücken die Energie des freien Kindes und sagen stattdessen mit (dem Klang) ihrer Stimme: »Bitte, bitte, hasse mich nicht« statt »Hör mir jetzt zu, das ist wichtig!«
2. Sprechen Sie über Ihre Gefühle und Ihre körperlichen Reaktionen. »Du gibst mit das Gefühl, daß ...« ist ungenau. »Ich fühle ...« ist direkter und macht den Partner nicht für die eigenen Gefühle verantwortlich. Lassen Sie die Verantwortung für Ihre Gefühle dort, wo sie hingehört, nämlich bei Ihnen selbst.
3. Teilen Sie Ihre Überzeugungen unverblümt mit; dies gibt Ihnen beiden die Möglichkeit, in Kontakt mit Ihren Eltern-Ich-Botschaften zu wichtigen Themen zu kommen.
4. Geben Sie Ihrem Partner direkte Rückmeldung über das, was Sie sehen und hören. »Du bist ein Lügner« treibt den Partner ins rebellische Kind. Sie werden dann einen turbulenten Kampf erleben, aber nichts lösen. Sagen Sie lieber: »Gestern hörte ich, daß du sagtest, du würdest ...; und was ich heute sehe, daß du tust, ist ...; dann fühle ich ...«
5. Sagen Sie Ihrem Partner, was Sie von ihm möchten. Es ist nicht fair, zu erwarten, daß er Ihre Gedanken liest. Wenn Sie nicht wissen, was Sie brauchen, dann liegt es in Ihrer Verantwortung, das herauszufinden.
6. Nehmen Sie das, was Sie bekommen, wenn Sie darum bitten, auch an. Zuwendung, um die wir bitten, ist genauso viel wert wie Zuwendung, die uns spontan angeboten wird. Zuwendung, um die wir bitten, entspricht wahrscheinlich auch eher der, die wir gerade in diesem Augenblick brauchen.

Es liegt in unserer Verantwortung zu lernen, rücksichtsvoll und aufmerksam miteinander umzugehen. Aus »Rücksicht auf den Partner« eigene Gefühle zu verleugnen, ist verantwortungsloses Verhalten.

Viele junge Leute leben ungebunden zusammen. Sie sind sich darüber einig, daß die Ehe ein wichtiger und bindender Vertrag ist, aber sie möchten »sich nicht binden – noch nicht«.

Teile unserer Bevölkerung haben seit Generationen in öfters wechselnden Familienverhältnissen gelebt. In der Unterschicht war es eine häufige Er-

scheinung, daß Mutter und Kinder zusammenlebten, ohne daß ein Vater ständig da war. Das Verlassen von Frau und Kind ist seit Jahrzehnten die Scheidungsart des armen Mannes gewesen. Jeder vierte lebt heute in »Serien-Monogamie«, d.h. er heiratet einen Partner, bleibt aber nicht das ganze Leben mit ihm zusammen. Er trennt sich (durch Scheidung oder Tod) und heiratet ein- oder mehrmals wieder.
Das Familiensystem »Mutter mit Kindern ohne ständigen Vater«, findet sich nicht länger mehr nur in der Unterschicht. Heute lassen sich sehr viel mehr Paare, die mit ihrer Ehe unzufrieden sind, scheiden. Die Gesellschaft gesteht den Frauen zwar mehr berufliche und finanzielle Freiheit zu, erwartet aber immer noch, daß sie im Falle der Scheidung die Kinder behalten. Den Vätern werden sie nur zugesprochen, wenn die Mütter darauf verzichten. Frauen, die dies tun, riskieren immer noch öffentliche Verurteilung: »Was ist das für eine Mutter, die ihre Kinder verläßt?« Väter können die Kinder auch bekommen, wenn sie bereit sind, den Nachweis zu führen, daß ihr früherer Partner eine unfähige Mutter ist.
Ehebruch mit gegenseitigem Einverständnis gilt bei manchen Leuten heute als besonders fortschrittlich und chic. Verheiratete Eheleute wechseln ihre Sexualpartner, bleiben jedoch legal verheiratet und führen ansonsten eine übliche Ehe (gemeinsamer Haushalt, Kindererziehung usw.). In einigen Wohngemeinschaften wird die traditionelle Ehestruktur aufrechterhalten, in anderen finden sich auch Gruppenehen.

11.3 Emotionale Reife

Woran merkt man, daß man erwachsen ist? Lothar sagt, er hätte gewußt, daß er erwachsen ist, als er aufhörte, sich den Kopf darüber zu zerbrechen, ob er erwachsen sei oder nicht. Wir sind emotional reif, wenn wir:

1. mit unserem natürlichen Kind in Kontakt sind und daran Spaß haben;
2. unsere Gefühle zutreffend fühlen, und unsere schlechten Gefühle als Signal nehmen für Probleme, die wir zu lösen haben;
3. unsere eigenen Gefühle und Bedürfnisse beachten und uns um ihre Befriedigung bemühen;
4. unsere Bedürfnisse zeitweise zurückstellen können, wenn das durch dringlichere Angelegenheit nötig ist (z.B. schreiendes Baby, wichtige berufliche Aufgabe);

5. von allen drei Ich-Zuständen her Befriedigung im Geben und Nehmen finden;
6. befriedigende intime Kontakte zu anderen herstellen;
7. unsere Zeit kreativ strukturieren;
8. gelernt haben, uns auf die Gesellschaft einzustellen, in der zu leben wir uns entschieden haben, und so ausreichend für andere zu sorgen, daß wir ihre Gefühle und Bedürfnisse respektieren;
9. an unserem persönlichen, lokalen und staatlichen Gemeinwesen mitwirken;
10. ein flexibles Gewinner-Skript haben, von dem her wir unser Leben gestalten, d. h., daß wir uns realistische Ziele setzen, die wir auch erreichen.

So stellt emotionale Reife eher ein Ideal dar, auf das man hinarbeiten kann, als einen mit dem Erwachsenwerden ohne weiteres gegebenen Zustand. Der Abschluß der Emanzipationsphase erfolgt, wenn wir uns für einen ganz bestimmten eigenen Lebenstil entscheiden.

11.4 Zusammenfassung

Die Eigenständigkeit beginnt mit der Beendigung der ursprünglichen Eltern-Ich-Beziehung. Der junge Erwachsene geht von zu Hause weg, wird unabhängig und hat das Recht, seine eigenen Wege zu gehen. »Nach-Adoleszenz« ist ein verhältnismäßig neuer Ausdruck. Diese Phase ist kein gesonderter biologischer Abschnitt, sondern eher ein kulturell bestimmtes Phänomen, das von den jungen Leuten selbst definiert wird. Die »Jugendkultur« breitete sich rasch über den gesamten Globus aus, auch über die westliche Zivilisation hinaus, wohin Jugendliche auch immer kommen. Sie sehen Gesellschaften mit eigenen Augen, von denen ihre Eltern nur hörten oder nur im Fernsehen sahen. Sie probieren Lebensformen aufs neue aus, die auf alten Traditionen beruhen (wie z.B. Kommunen). Sie schaffen verschiedene neue Berufszweige, z.B. Boutiquen, alternative Buch- und Gesundheitsläden. Viele leben ohne Langzeitbindung in sexueller Gemeinschaft zusammen. In dieser Gruppe steigt das durchschnittliche Heiratsalter wieder an auf Mitte bis Ende der Zwanziger. Diese Phase des Experimentierens, unbelastet von familiärer Verantwortung, kann für das Überleben unserer Zivilisation entscheidend sein. Nach einer Ära des

Überflusses (zumindest in der westlichen Welt) sind wir in Bevölkerungs-, Energie- und Nahrungsmittelengpässe geraten. Es wird Aufgabe der jungen Generation sein, neue Lebensformen zu finden, die die entstehenden ökologischen Probleme im Blick haben.

11.5 Übungen

Die folgenden Fragen dienen dazu, mehr Klarheit über die Fragen persönlicher Reife und Partnerwahl zu gewinnen.

A. Suchen Sie sich einen Partner.

B. Befragen Sie sich zu folgenden Themen und sprechen Sie miteinander darüber:

1. Selbstwahrnehmung.
   a) Was sind die wichtigsten Werte in Ihrem Leben?
   b) Was sind Ihre Überzeugungen im Blick auf Geld, Religion, Sexualität, Geburt, Tod, Wahrheit und Gut-sein?
   c) Welche Fähigkeiten haben Sie im Geldverdienen und in alltäglichen Fertigkeiten (Kochen, Einkaufen, Saubermachen, Finanzplanung)?
   d) Wie verteilen Sie Aufgaben untereinander, wenn Sie zwei Männer oder zwei Frauen oder ein Mann und eine Frau sind?
   e) Was für »Quatsch« und Unsinn machen Sie gerne? Wofür sind Sie schon zu alt?
   f) Was sind die Voraussetzungen, damit Sie sich geliebt, sicher und glücklich fühlen?
2. Zeitstrukturierung:
   a) Was ist Ihre bevorzugte Art des Rückzugs?
      Welchen Anteil Ihrer Zeit verbringen Sie gerne damit?
   b) Was sind Ihre bevorzugten Rituale? Welche sind Ihnen heilig? (Z.B. Schmücken des Weihnachtsbaumes erst am Heiligabend? Muß er in einer ganz bestimmten Reihenfolge geschmückt werden, erst die Kerzen, dann die Kugeln usw.?)
   c) Was ist Ihre bevorzugte Form des Zeitvertreibs? Wieviel Zeit verbringen Sie gerne auf Parties und Kaffeeklatsch, beim Anfeuern Ihrer Mannschaft beim Fußballspiel usw.?
   d) Was ist Ihre bevorzugte Form der Aktivität? Arbeiten, Nähen, Ko-

chen? Machen Sie das am liebsten allein, mit anderen zusammen oder nur mit Leuten, die das genau so gut können wie Sie?

e) Was sind Ihre bevorzugten psychologischen Spiele? Wie schmerzhaft sind sie? Wollen Sie sie weiter fortsetzen? Mit welcher Intensität? Was wollen Sie daran ändern?

f) Was bedeutet Intimität für Sie? Welche Arten von Intimität mögen Sie?

12 Das Skript ausleben (schöpferisch sein)

In der schöpferischen Phase bilden wir unsere Muster aus für Partnerbeziehung und Berufslaufbahn. Unser Schöpferisch-Sein drückt sich aus in unseren Kindern, in unseren Erzeugnissen, in unserer Arbeit und in anderen Formen der Kreativität. Wir treten in diesen Lebensabschnitt ein, sobald wir uns auf einen Lebensstil festlegen.

12.1 Genügend Streicheln bekommen

Das ganze Leben brauchen wir Streicheln – von uns selbst und von anderen. Wir erwarten diejenigen Formen des Streichelns, die wir als Kinder in der eigenen Familie erfahren haben. Damals haben wir gelernt, was für Streichelarten es gibt, welche in Ordnung und welche überhaupt verfügbar sind. Wir haben auch gelernt, andere zu streicheln und einander unsere Liebe und Zuneigung zu zeigen.

In den meisten Familien sind die Regeln des Streichelns und Gestreicheltwerdens so selbstverständlich, daß wir sie kaum bemerken. Es ist recht schwierig, diese Streichelregeln dem Erwachsenen-Ich bewußt zu machen. Als wir klein waren, schienen unsere Bezugspersonen unsere Gedanken zu lesen; sie konnten aussprechen, was wir dachten und brauchten. Häufig kommen wir dann dahin, »Gedankenlesen« mit »echter Liebe« gleichzusetzen (Mutter wußte das, warum weißt du es nicht?). »Wenn du mich wirklich liebtest, dann würdest du ..., ohne daß ich dich darum bitten müßte.« Ein solcher Bezugsrahmen wäre möglich, wenn

1. wir von denselben Eltern aufgezogen worden wären;
2. wir identische Persönlichkeitsstrukturen hätten;
3. unsere Bedürfnisse sich nie änderten;
4. die Umstände sich nie änderten;
5. unsere eigenen Bedürfnisse immer so gut befriedigt würden, daß wir stets Zeit hätten, jede Stimmungsänderung beim anderen zu bemerken.

Wir haben nicht nur gelernt, unser Streichelbedürfnis verschiedenartig auszudrücken und auf verschiedene Weise zu zeigen, daß wir uns gestreichelt fühlen, sondern wir haben auch gelernt, welche Streichelarten in Ordnung sind.

Im allgemeinen hat das Skript eines Mannes enge Grenzen für das Begehren, Bekommen und Anerkennen von Streichelbedürfnissen. Jungen lernen, daß es nicht männlich ist, um Streicheln zu bitten. Sie setzen ihr eigenes fürsorgliches Eltern-Ich selten für sich selbst ein. Wenn ein Mann Streicheln braucht, darf er sexuelles Streicheln suchen oder krank werden, damit jemand für ihn sorgt. Ein großer Teil seiner fürsorglichen und verständnisvollen Wärme wurde dadurch als unmännlich abgewertet. Viele Männer, die über eine unbefriedigende Partnerschaft klagen, lassen klar erkennen, daß sie nicht verstehen, um Streicheln zu bitten. Sie werden sehr verlegen, wenn sie Zuneigung zeigen sollen.

Den Frauen in unserem Kulturkreis gesteht man in bezug auf Streicheln mehr Freiheit zu. Sie dürfen ihre Partner umarmen und küssen, andere Frauen, ältere Menschen und Kinder beiderlei Geschlechts. Sie dürfen auch andere um einen Gefallen bitten, dürfen mit anderen reden und ihnen Komplimente machen.

Viele Männer und Frauen sind so programmiert, daß sie Streicheln abwerten müssen. Als wir unser Skript formten, entwickelten wir gleichzeitig auch kleine »Aber-Besen«, um alle verbalen Komplimente wegzufegen: »Oh, ist dein Haar aber hübsch!«, »Danke, *aber* ich sollte es waschen/schneiden lassen.« – »Dein Aufsatz gefällt mir!«, »Nett, daß du das sagst, *aber* ich bin sicher, du kannst besser schreiben als ich.« – »Deine Wohnung ist immer so sauber!«, »*Aber* das scheint nur so bei der gedämpften Beleuchtung.«

In Wirklichkeit hätten wir noch eine andere Wahl: das Streicheln, das uns angeboten wird, anzunehmen und zu zeigen, daß es uns gut tut.

12.2 *Erlernen neuer Streichelmuster*

Beim Aufbau einer Partnerschaft ist eines der wichtigsten psychischen Erfordernisse, herauszufinden, wie man einander auf ganz verschiedene Weise genug streicheln kann. Genug heißt, daß unser Kindheits-Ich sich gut umsorgt fühlt. Genug ist keine feste Zahl. Marianne muß »Ich liebe

dich« hören: wenn sie und ihr Partner aufstehen; ehe sie sich zur Tagesarbeit trennen; wenn sie sich nach der Arbeit wieder treffen und ehe sie einschlafen. Heinrich muß das Streicheln »sehen« und »riechen«. Er braucht es, daß Marianne ihn anlächelt, wenn sie das Frühstück zubereitet, daß sie den Mund zu einem Kusse spitzt, ehe sie sich trennen, und daß es nach gutem Essen riecht, wenn er heimkommt.
Wir können nur dann die uns entsprechenden Streichelmuster finden, wenn wir unsere persönlichen Streichelwünsche ok finden und sie nicht mit der Normal-Streicheleinheit vergleichen, wie sie beim staatlichen Amt für Normen und Mengen festgelegt ist. Wir können einander alle erdenklichen Streichelarten mitteilen und entscheiden, welche wir ausprobieren wollen. Sehr wahrscheinlich werden wir dabei auf einige Einschärfungen stoßen, z.B.: »Wenn ich um Streicheln bitten muß, dann zählt es nicht mehr«, »Wenn ich mich dabei nicht ganz gut fühle, dann ist es falsch«. Das ist, als ob man sagt: »Fahrradfahren ist falsch«, weil man sich als Anfänger dabei unbeholfen vorkommt. Zugegeben, die meisten neuen Verhaltensweisen wirken zunächst unbeholfen, bis wir sie eine Zeitlang eingeübt haben und sie anwenden können, ohne allzu viel Energie unseres Erwachsenen-Ichs dafür aufzuwenden.

Wer in einer Familie aufgewachsen ist, in der körperliches Streicheln verpönt war, der muß sich erst gegenüber der vom Skript verbotenen Berührung desensibilisieren. Irma und Karl konnten diese ihre Einschärfungen durch einfaches Miteinander-Scherzen überwinden. Karl setzte sich dicht neben Irma und sie murmelte sofort: »Faß mich nicht an!« Er neckte sie, indem er nur einmal ganz kurz ihren Arm berührte – und dann nochmals und nochmals, jedesmal, wenn sie sich wehrte. Das Ganze endete dann schließlich mit Lachen und einem kleinen Ringkampf.
Der Genuß sexueller Befriedigung ist mit psychischer Arbeit verbunden. Während der ersten romantischen Monate des Zusammenlebens genießen wir die Spannung eines neuen Abenteuers; unser Kindheits-Ich hofft auf vollkommenes Zusammenpassen, obgleich unser Erwachsenen-Ich weiß, daß so etwas »magisches Denken« ist. Wir gehen Risiken ein, wenn wir uns aufeinander einlassen. Wie auch in anderen Aspekten der Partnerschaft haben wir vorgefaßte Meinungen darüber, wie Mann und Frau den Geschlechtsakt erleben sollten: Länge des Vorspiels, Häufigkeit des Ver-

kehrs bei Jungverheirateten usw. Sexuelle Kommunikation schließt ein, daß wir über unsere Bedürfnisse und Gefühle sprechen und sie ausprobieren können.
Sexuelle Befriedigung ist eine gemeinsame Aufgabe, d.h. wir müssen unseren Partner wissen lassen, was wir als angenehm empfinden, und wir müssen herausfinden, was wir tun können, um unseren Partner zu befriedigen.
Bei Frauen ist nicht selten noch die Skript-Programmierung vorhanden, daß Sex nur etwas für Männer sei, obwohl das Erwachsenen-Ich genug Beweise für das Gegenteil hat. Unsere viktorianischen Vorstellungen machen erst allmählich dem gegenwärtigen Wissen Platz. Während eine entspannte Offenheit der Sexualität gegenüber für unsere Kultur etwas Neues ist, ist dies für andere Gesellschaften ganz und gar nicht so. Sie haben sich schon lange über uns »Westler« und über das, was wir in sexueller Hinsicht seit Generationen unerledigt mit uns herumschleppen, gewundert.

12.3 Im Skript gefangen

Das traditionelle Skript sieht – mit Abweichungen – in unserer westlichen Kultur so aus: Er geht hinaus und arbeitet für den Familienunterhalt, während sie für ihn, für ihr gemeinsames Heim und seine Kinder sorgt. Die traditionelle Ehe ist eine enge Symbiose. In Geld- und sonstigen Angelegenheiten hat er das Denken und Sagen, während sie ein hilfloses, liebes Kind bleibt. Zuhause passiert das Gegenteil. Er kann nicht einmal seine eigenen Socken, geschweige denn ein Heftpflaster finden, und sie entscheidet, wie die Schränke eingeteilt werden, weil sie ja viel besser als ihr Mann »weiß«, was er will. In der Tat, eine gute Ehefrau fühlt sich in ihren Ehemann ein, wenn er abends zur Tür hereinkommt, und dementsprechend plant sie ihre Strategie für den Abend. Der immer noch gebrauchte Satz: »Komm, Kleines, es ist Zeit, daß wir mal wieder miteinander schlafen ...« ist ein aktueller Hinweis darauf, daß der oben beschriebenen Tradition auch in unserem »emanzipierten« Jahrzehnt noch gehuldigt wird. Andere Paare experimentieren mit mehr emanzipativen Lebensstilen. Verfechter der Gleichberechtigung verteilen die Hausarbeit und erstellen einen Plan mit wechselnder Verteilung der Pflichten. Sie entscheiden dabei danach, welche Aufgaben jeder am liebsten hat bzw. nicht zu sehr scheut,

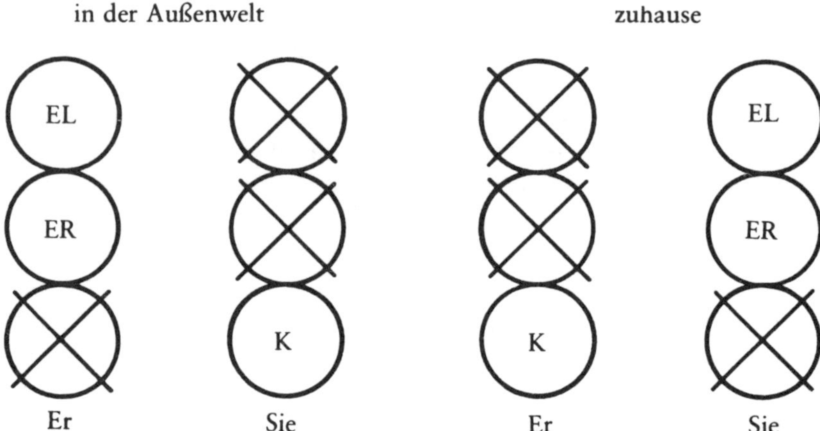

Abb. 31: Traditionelle symbiotische Ehe

und jeder Partner ist für seine eigenen Wertvorstellungen, für sein Denken und Fühlen selbst verantwortlich. In einer »idealen« Beziehung streichelt sich und kommuniziert ein Paar auf allen Transaktionsebenen. In einer stabilen Verbindung bekommen die Partner voneinander genug Streicheln, um ihre Partnerschaft lebendig zu erhalten und noch für viele andere Menschen Streicheln übrig zu haben. Die Streichelarten ändern ihre Bedeutung während der verschiedenen Phasen einer Verbindung.

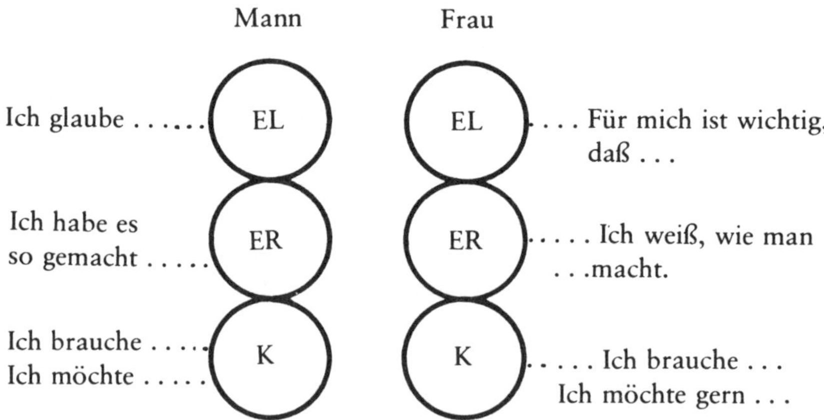

Abb. 32: Die vielen Möglichkeiten einer auf Zusammenarbeit ausgerichteten Ehe

Der Prozeß des Aufbaus einer stabilen kooperativen Beziehung benötigt den Beitrag aller Ich-Zustände eines jeden Partners:

Vom Eltern-Ich

1. Darstellung unseres Glaubens an die Existenz Gottes; gemeinsamer Gottesdienst bzw. Achtung vor dem Glauben des anderen.
2. Gewahr werden, was unsere Definitionen sind von »gut« und »schlecht«, »richtig« und »falsch«, »wichtig« und »unwichtig« usw. Mittel und Wege finden, wie wir mit den Unterschieden umgehen wollen.
3. Beschließen, ob wir Kinder wollen, wann und wieviele, und wer für die Geburtenplanung verantwortlich ist.

Vom Erwachsenen-Ich

1. Mittel finden, wie wir zu Geld kommen und wie wir es ausgeben (unter Berücksichtigung der Regeln bezüglich des Umgangs mit Finanzen in unserem Eltern-Ich).
2. Die Arbeitsverteilung.
3. Einen Ort finden, wo wir zusammen leben.
4. Gegenseitiges Einverständnis über die hauptsächliche Zeitstrukturierung erzielen.
5. Wege zur Problemlösung finden.
6. Wege entdecken, wie man die Bedürfnisse beider Eltern-Ichs herausfinden kann.

Vom Kindheits-Ich

1. Sexuelle Befriedigung entdecken.
2. Zeitvertreib gemeinsam oder getrennt strukturieren.
3. Mit Eltern, Schwiegerfamilien und anderen Autoritäten, die auf unser gemeinsames Leben einwirken, umgehen lernen.

12.4 Neue Kommunikationssysteme verwirklichen

Jeder von uns hat im Kopf feste Vorstellungen aus dem Eltern-Ich, wie man Probleme lösen soll. Diese Denkweisen sind wertvoll (schließlich haben sie uns bis zu diesem Punkt unseres Lebens gebracht). Aber wir kommen in Schwierigkeiten, wenn wir ihnen fraglos folgen, wenn wir sie für die »einzig richtigen Wege« halten, Probleme zu lösen. Ein Beispiel für solche Schwierigkeiten zeigt das folgende Gespräch über einen Mantelkauf. Während des Entscheidungsvorgangs erwägen Christa und Georg auch entsprechende Fragen des Erwachsenen-Ichs:

1. Brauche ich den Mantel wirklich?
2. Kann ich meinen alten noch gebrauchen oder vielleicht ändern?
3. Was für ein Mantel wäre am geeignetsten (strapazierfähig, warm, vielseitig usw.)?
4. Wie lange wird es noch so kalt bleiben? Lange genug, um eine solche Ausgabe zu rechtfertigen?
5. Bei welchen Gelegenheiten brauche ich einen solchen Mantel?
6. Welche Geschäfte haben einen derartigen Mantel?
7. Wo sind die Preise am günstigsten?
8. Gibt es bald irgend einen Ausverkauf?

Wenn Christa sagt: »Ich denke daran, mir einen Mantel zu kaufen«, meint sie, daß sie die Fragen 1 bis 8 ein Jahr lang durchdacht und einen Mantel gefunden hat, der ihren Ansprüchen genügt. Sie ist zum Kauf bereit. Wenn aber Georg sagt: »Ich denke daran, mir einen Mantel zu kaufen«, meint er, daß er jetzt mit der Denkarbeit beginnen will. Georg denkt gern laut, und er ist bereit, mit Frage 1 zu beginnen.

Wenn Christa geht und einen Mantel kauft, glaubt Georg, sie handle unüberlegt – er weiß ja nichts von ihrem langen Denkprozeß, den sie ihm nicht mitgeteilt hat. Wenn Georg von seinem Mantelkauf redet, wird Christa ärgerlich über seine Unentschlossenheit; sie macht sich nicht klar, daß seine Bemerkung noch keineswegs auf einen sofortigen Kauf hinzielt. Unzählige Male geraten sie in ein psychologisches Spiel, dessen Eröffnungszüge sich folgendermaßen darstellen lassen:

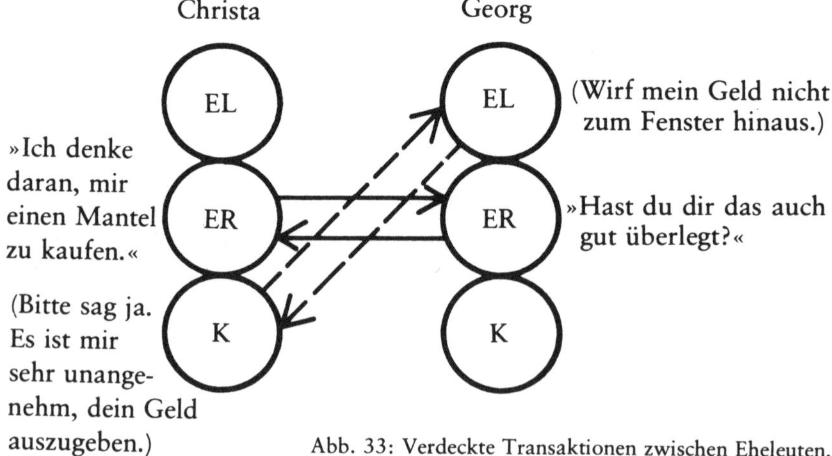

Abb. 33: Verdeckte Transaktionen zwischen Eheleuten.

Reiz vom Erwachsenen – zum Erwachsenen-Ich: »Ich denke daran, mir einen Mantel zu kaufen.«
Kindheits-Ich zum Eltern-Ich (verdeckter Reiz): (»Bitte sag ja. Es ist mir sehr unangenehm, dein Geld auszugeben.«)
Reaktion vom Erwachsenen-Ich zum Erwachsenen-Ich: »Hast du dir das auch gut überlegt?« Eltern- zum Kindheits-Ich (verdeckte Reaktion auf verdeckten Reiz): (»Wirf mein Geld nicht zum Fenster hinaus.«)
Spiel-Gewinn: Ärger und Depression
Bei ihr: »Georg vertraut mir nicht.«
Bei ihm: »Christa fragt mich nicht einmal. Sie stellt mich vor vollendete Tatsachen.«

Ein großer Teil des Vorgangs ist dem Erwachsenen-Ich beider Partner nicht bewußt. Die psychologischen Spiele liefern ihnen jedoch Themen zum Zeitvertreib. Christa beklagt sich bei ihrer Freundin, daß Georg ein Waschlappen sei und sich niemals entscheiden könne. Georg meckert an der Theke vor seinen Zechkumpanen, daß seine »Alte« so halsstarrig und unüberlegt handle. Ihr Streit liefert ihnen Gesprächsstoff, bis es ihnen endlich zu langweilig wird.

Um das Problem wirklich zu lösen, müssen beide die Bedürfnisse ihres Kindheits-Ichs und die Vorstellungen ihres Eltern-Ichs untersuchen und mit ihrem Erwachsenen-Ich eine Lösung finden. Christa gesteht Georg: »Ich hasse es, abhängig zu sein und dich um Geld bitten zu müssen. Ich fühle mich eingeengt, wenn ich es nicht so machen kann, wie ich es will.« Georg antwortet: »Liebling, ich liebe dich. Ich hätte dich nicht geheiratet, wenn ich nicht mit dir teilen wollte. Du machst viel für mich. Ich mache viel für dich. Wir sind ein Team. Ich gebe nur nicht gerne Geld aus; wenn du mich wegen eines Mantels fragst und dann gleich die Türklinke in der Hand hast, dann regt mich das auf.«

Christa hat gelernt, mehr von ihren Gedanken laut mitzuteilen: »Seit einem Jahr denke ich daran, mir einen Mantel zu kaufen, so und so sind meine Ansprüche. Ich habe einen passenden gefunden, und ich möchte ihn heute oder morgen kaufen.« Georg hat gelernt zu sagen: »Ich fange gerade an, darüber nachzudenken, daß ich das und das tun möchte; ich verpflichte mich aber nicht endgültig. Ich habe mich noch nicht entschieden«, usw.

12.5 Familiengründung

In unserem Kulturkreis heiraten heutzutage kaum weniger Menschen als zuvor. Trotzdem ist die Geburtenrate in den letzten zweihundert Jahren stetig zurückgegangen. Bis vor kurzem war »Ehe und Familie« ein einheitliches Konzept. Paare ohne Nachkommen wurden bemitleidet oder bildeten Themen zum Zeitvertreib (Eltern-Ich): »Wer ist schuld (unfruchtbar)?« »Keine Kinder? Wie schade.« Paare, die die Kühnheit besaßen, bewußt kinderlos zu bleiben, wurden als »selbstsüchtig« abgestempelt. Der traditionelle Begriff von Ehe und Familie ist zu unseren Lebzeiten in Frage gestellt. Gruppen wie die »Bewegung zur Begrenzung des Bevölkerungszuwachses« bieten neue Denkvorstellungen an mit Parolen wie »Bevölkerungskontrolle«, »Schutz der Umwelt vor den Menschen«, »Qualität statt Quantität«, die sich gegen Elternschaft richten. Sie verwenden dabei reichlich Daten (ER_2) zur Untermauerung ihrer Ansichten.
Da dieses Buch jedoch für Leute geschrieben worden ist, die als Eltern ok sein oder die Eltern helfen wollen, ok zu sein, sollen im Brennpunkt weiterhin Paare mit Kindern stehen. Wir erkennen jedoch voll und ganz an, daß heute viele Paare anders entscheiden – und für uns ist auch das in Ordnung.

12.6 Schwangerschaft

Die psychische Arbeit der Schwangerschaft beginnt, wenn wir ein neues Leben zeugen. »Ich bin schwanger«, »Sie ist schwanger« und »Wir sind schwanger« sind Deutungsrahmen, die verschiedene Skriptorientierungen erkennen lassen.
Die Symbiose einer Frau mit ihrem werdenden Baby ist unübersehbar; innerhalb weniger Wochen erfährt ihr Körper eine ungeheure hormonale Umstellung. Früher machte man uns Frauen glauben, daß Erbrechen und Schlafbedürfnis Versuche seien, der Schwangerschaft auszuweichen oder sie abzulehnen. In Wirklichkeit aber sind diese Symptome auf die hormonelle Umstellung zurückzuführen. Die Unannehmlichkeiten lassen mit dem Wachsen des neuen Lebens nach.
Ambivalenzgefühle und Verwirrung gehören zur normalen Schwangerschaft. Häufig haben Frauen das Gefühl, die Kontrolle über sich selbst zu

verlieren – tatsächlich führt jetzt eine andere Lebenskraft ihr Schicksal auf unbekannte Wege. Sie wissen noch nicht, ob das winzige Wesen auch ganz und heil sein wird. Die Möglichkeit, bei einer ersten Schwangerschaft das Kind zu verlieren, ist immerhin groß genug, daß einige davon beunruhigt sind. Auch wenn sie das junge Leben behalten, wissen sie weder Tag noch Stunde seiner Geburt. Sie sind sich nicht sicher, ob es ihnen überhaupt willkommen ist. Sie erfahren störendes Unbehagen, z. B. durch den ständigen Harndrang und die Übelkeit, die den ganzen Tag anhält (»Morgenübelkeit« ist eine Verharmlosung) oder immer dann auftritt, wenn sie den Bewegungen eines Fahrzeugs ausgesetzt sind. Das ist natürlich besonders unangenehm für Frauen, die zur Arbeit oder zum Einkaufen fahren müssen. Solche körperlichen Schwierigkeiten machen die Schwangerschaft nicht gerade zu einem ekstatischen »Mysterium«. Jede Frau erlebt die Schwangerschaft auf ihre eigene Art. In gewisser Weise versichert sie sich ihrer eigenen Unsterblichkeit. Sie vollendet den Lebenszyklus, den sie im Leib ihrer Mutter begonnen hat. Wir Menschen haben nur wenige Instinkte, die uns leiten. Wir müssen erst lernen, welche Nahrung für uns und unsere Babies zuträglich ist. Frauen wissen nicht von selbst, was sich in ihnen abspielt. Plötzliche Stimmungsumschwünge können sowohl sie selbst als auch ihre Partner in Verwirrung stürzen.

Während der letzten Schwangerschaftsmonate steigert die werdende Mutter ihr Interesse für das Baby als Person. Sie zieht sich von der Außenwelt zurück, um besser mit ihrer inneren Welt vertraut zu werden. Sie durchlebt erneut ihre eigene frühe Kindheit und kommt in Berührung mit ihrem ganz frühen natürlichen Kindheits-Ich (K_1). Sie verbringt viel Zeit damit, an ihre Mutter zu denken und an die Fürsorge, die man ihr als Kind angedeihen ließ. Diese Wiederholung hilft ihr, sich auf die Pflege und Sorge für ihr eigenes Baby vorzubereiten.

Männer erleben die Schwangerschaft ihrer Frauen verschieden. Nachdem sie ihre Männlichkeit jetzt bestätigt sehen, fühlen sie sich verpflichtet, ihrem persönlichen Leitbild von Männlichkeit und Vaterschaft zu entsprechen. Das bringt gewöhnlich auch Ängste mit sich.

Oft wissen Männer auch nicht, wie sie mit den wechselnden Stimmungen und dem ungewöhnlichen Verhalten ihrer Frauen umgehen sollen. Wenn sie fragen, was los ist, bekommen sie so unbefriedigende Antworten wie: »Ich weiß nicht« oder »Du bist schuld daran«.

Männer müssen sich umstellen: ihre Partnerinnen nicht mehr als Geliebte, sondern als Mutter zu sehen. All die Gefühle, die sie gegen ihre eigenen Mütter hegten, flackern nun mit der immer spürbarer werdenden Gegenwart des Babys wieder auf. Da die Figur der Frau sich ändert, sieht ihr Gefährte nun nicht mehr die Gestalt, die ihn mit Begehren erfüllte. Er kann ihre neue Form trotzdem sehr anziehend finden – oder richtiggehend abstoßend.

Der Mann ist darauf angewiesen, daß seine Partnerin ihm sein Kind gebiert; es gibt für ihn keine Möglichkeit, das selbst zu tun. Sowohl die Gesellschaft als auch seine Gefährtin erwarten von ihm, daß er ihre emotionalen Bedürfnisse befriedigt. Wenn er das nicht tut, könnte sie ihn verlassen und sein Kind mitnehmen. Ihr bedürftiges Kindheits-Ich (welches ihr von der Gesellschaft zugestanden wird) aktiviert sein eigenes frühes Kindheits-Ich, aber sein Skript als Mann erlaubt es ihm nicht, dies zu zeigen oder auch nur zuzugeben, daß auch er bedürftig ist.

Ein Mann fühlt sich oft ausgeschlossen, wenn seine Frau sich in sich selbst und in die Welt ihrer Ursprungsfamilie zurückzieht.

Sehr viele Männer begeben sich während der Schwangerschaft in eine so enge Symbiose mit ihrer Frau, daß auch sie Verdauungsstörungen bekommen. Sie nehmen zu und zeigen andere schwangerschaftsähnliche Symptome.

12.7 *Elternschaft als psychische Entwicklungsphase*

Elternschaft aktiviert in unserem Kulturkreis eine Reihe von Skriptprägungen. Wir haben Skriptmuster für die Familie mit kleinen Kindern, mit Teenagern, für das »leere Nest« usw. Eine wirkliche Entschädigung für die Anstrengung des Elternseins finden wir in unserer Fähigkeit, zusammen mit unseren Kindern zu wachsen und uns weiterzuentwickeln. (»Das Kind ist der Vater der Menschheit« – Wordsworth). Wir alle bringen Unerledigtes aus unserer eigenen Kindheit mit – wie auch bevorzugte Formen unserer Transaktionen. Im Miterleben des Wachsens unserer Kinder haben wir die Möglichkeit, Probleme aus unserer eigenen frühen Entwicklung aufzuarbeiten, Unerledigtes zu erledigen und neue, lohnendere Arten der Transaktion zu erlernen. Wir können auch die guten Anteile der uns von unseren Eltern zugekommenen Fürsorge wiederbeleben. »Während ich nachts wach saß und meine kranke Tochter wiegte«, erinnerte sich

Edda, »dachte ich an meine eigene Mutter und wie sie mich gewiegt und mir beruhigende Lieder gesungen hatte.«

Einige Familien betrachten Kinderkriegen und -aufziehen als eine Nebenaufgabe. Man hält sie für Selbstverständlichkeiten und konzentriert sich auf andere Aufgaben, wie z.B. auf die Ausübung des Berufs, den noch zu leistenden Schulabschluß oder auf die Unterbringung der diesjährigen Ernte.

Andere betrachten Kinderhaben als das Wichtigste in einem bestimmten Lebensabschnitt, d.h. von der Geburt des ersten Kindes bis zum 18. Geburtstag bzw. bis zur Heirat des letzten Kindes.

Noch ein wichtiger Unterschied von Familie zu Familie ist der *Wert* der Kinder: aller Kinder, bestimmter Kinder, einer bestimmten Zahl von Kindern.

Als Josef in den sechziger Jahren mit seinen vier Kindern durch Nordeuropa reiste, stellte er fest, daß man eine so große Kinderzahl mißbilligte (kritisches Eltern-Ich); aber bei den freundlichen Italienern waren seine bambini willkommen und eine Quelle des Entzückens (fürsorgliches Eltern-Ich).

Im Laufe der Geschichte waren in verschiedenen Kulturen Abtreibung und Kindertötung anerkannte Mittel, um Anzahl und Art der Kinder zu bestimmen. Am häufigsten geschah das, um unerwünschte Schwangerschaften, Kinder mit dem »falschen« Geschlecht und Kinder mit offensichtlichen Defekten loszuwerden.

In unserer Kultur wird viel Zeit darauf verwendet, das Geschlecht des erwarteten Babys vorherzusagen, da man vielleicht das eine Geschlecht höher einschätzt als das andere. Die Methoden umfassen Astrologie, Pendel und andere Formen des Wahrsagens (»Meine Tante Hanni rät neun von zehnmal richtig«). Heute haben wir auch wissenschaftliche Mittel, z.B. Analyse der Herztöne und der Embryonalflüssigkeit. In einigen Jahrzehnten sind wir womöglich in der Lage, das Geschlecht unseres Babys zu wählen, aber damit könnte es noch schwieriger werden, die richtige Wahl zu treffen. Wir neigen dazu, unsere Kinder – leibliche oder adoptierte – als Teile unserer selbst zu sehen, und erwarten von ihnen Eigenschaften, die unsere eigenen Bedürfnisse befriedigen. Da die kleinen Menschenkinder beweglich sind und sich innerhalb einer breiten Skala von Möglichkeiten entwickeln können, tun sie uns oft diesen Gefallen.

Wir Eltern stellen auch negative Gefühle in uns fest. Gerhard bemerkt:

»Nach unserer Heirat spielten meine Frau und ich zunächst ›Hausstand‹ und hatten Spaß miteinander. Wir gerieten in psychologische Spiele, aber die ›Gewinne‹ waren gut zu verkraften – wir beide arbeiteten in selbstgewählten Berufen, und ich bekam viel Anerkennung von meinen Arbeitskollegen dafür, daß ich tüchtig, freundlich, ein guter Forscher und Lehrer sei. Meine Frau und ich begegneten uns meistens von Kindheits- zu Kindheits-Ich, und wir redeten von Erwachsenen- zu Erwachsenen-Ich, wie wir es in der Schule gelernt hatten. Eine wirkliche Katastrophe wurde es für mich erst, als sie zuhause blieb. (Ein Kind braucht eine Ganztagsbeziehung, um einen guten Start fürs Leben zu bekommen. Mütter gehören ins Haus zu ihren Kindern. Väter, die gut sorgen, bestreiten den Lebensunterhalt ihrer Familie.) Sie wurde mehr und mehr davon abhängig, von mir gestreichelt zu werden, während ich mich gleichzeitig auf die Abschlußprüfung vorbereiten sollte und selber streichelbedürftig war. Es schien, als würden unsere Transaktionen zunehmend von unseren alten Botschaften über Streicheln bestimmt. Ich geriet in Probleme, für die ich keine Lösungen fand, und hatte keine Zeit, darüber nachzudenken. Auch fühlte ich mich die meiste Zeit aufgeregt und ärgerlich. Ich hatte gedacht, der meiste Ärger in meiner Kindheit sei von meinen Eltern verursacht gewesen und ich hätte ihn längst hinter mir gelassen, als ich mein Elternhaus verließ. Es brachte mich ganz aus dem Gleichgewicht, daß ich dieselben alten bösen Gefühle von neuem erlebte, und zwar einer Frau gegenüber, die ich selbst gewählt hatte, und vor allem meinem eigenen Sohn gegenüber.«

Mathilde war in dem Glauben erzogen worden, daß eine gute Mutter automatisch auch ein braves Baby habe und daß es nur eine Art gibt, ein Kind großzuziehen. Die Botschaft, die sie von ihrer Mutter mitbekommen hatte, enthielt u.a.:

Eltern-Ich: Du warst ein wunderbares Baby! So kräftig. (Kräftig ist am besten!)

Erwachsenen-Ich: Du hast nachts immer durchgeschlafen, vom ersten Tag an, als wir aus der Klinik kamen.

Kindheits-Ich: Siehst du, was für eine gute Mutter ich bin?

Mathildes Erwachsenen-Ich hatte in der Frauenklinik gehört, daß Babies verschieden sind, aber als ihr Baby geboren wurde, fiel sie in ihr Skript zurück:

»Ich sah, daß mein von Koliken geplagtes Baby elend war. So fühlte ich mich als schlechte Mutter. Die Fürsorgerin tat so, als ob ich meinen Sohn umbringen würde, wenn ich nicht besser für ihn sorgte. Sie sagte, daß Koliken von Spannungen in der Familie herrührten. Klein-Willi hatte Bauchweh, und ich gab mir selbst und dem großen Willi die Schuld. Ich fühlte mich schrecklich und wußte nicht, wie ich es anstellen sollte, dies zu ändern.

Ich besuchte eine Müttergruppe. Dort erfuhr ich viel, was mir half. Viele Mütter empfanden genau wie ich. Sie redeten über normale Babies. Klein-Willi war genau so, wie sie es beschrieben. (Ich dachte bei mir: »Gott sei Dank, er ist normal ... Ich bringe ihn nicht um.«) Ich beschloß auch, daß der Haushalt viel weniger wichtig sei als die Menschen, die darin leben. Ich sagte dem großen Willi, daß er mir entweder bei der Hausarbeit helfen oder aber den Mund halten sollte.

Ich ging mit Klein-Willi bei jedem Wetter spazieren. Sogar an Winterabenden packte ich ihn warm ein und nahm ihn mit. Er beruhigte sich, sobald der Kinderwagen schaukelte, als wüßte er, daß er sich bald besser fühlen würde. Die Spaziergänge taten uns beiden gut. Auch ich fühlte mich weniger gereizt.«

»Aus dem Mund der Kinder ...«

Johanna war nicht bereit, von einer Zweijährigen zu lernen, und besonders konnte sie nicht mit ansehen, wie ein zweijähriges Kind besser mit ihrem Ehepartner umgehen konnte als sie selbst.

»Ich wuchs auf unter dem Eindruck, daß weibliches Verhalten schlecht sei, also lernte ich es nicht. Ich machte stattdessen eine Tugend daraus, kurz und direkt zu sein. Wenn ich etwas von Fred wollte, sagte ich es. Oft sagte er dann nein. Jedesmal, wenn das passierte, wurde ich ärgerlich und fühlte mich verletzt.

Als ich sah, wie Susanne ihren Vater um den kleinen Finger wickelte, wurde ich eifersüchtig und fühlte mich betrogen (er erfüllte ihre Bedürfnisse, aber meine nicht), und ich fühlte mich elend. Ich konnte einfach nicht der Tatsache ins Auge sehen, daß ich so viele böse Gefühle gegen meine Tochter hegte, gegen mein eigenes Fleisch und Blut, das ich doch gleichzeitig herzlich liebte.

Nachdem ich mich lange genug damit abgequält hatte, beschloß ich, von der kleinen Susi zu lernen. Ich beobachtete, wie sie ihren Vati behandelte. Wenn er nein sagte, regte sie sich weder auf, noch wurde sie ärgerlich. Stattdessen versuchte sie es auf eine andere Art. Da sie erst zweieinhalb war, konnte ich ihren Gedankengängen gut folgen. Sie lernte sehr früh, ihre Wünsche so zu formulieren, wie es ihr am erfolgreichsten schien, und oft hörte ich, wie sie mitten im Satz abbrach und eine andere Wendung nahm, die ihr erfolgversprechender schien. Gewöhnlich machte sie es richtig. Es kam mich hart an, meine Verhaltensweisen zu ändern und von einem kleinen Kind zu lernen – aber ich schaffte es!«

12.8 *Unsere Eheskripte ausleben*

Diejenigen unter uns, die bereits in der Emanzipationsphase heiraten, stellen fest, daß sich unsere Bedürfnisse ändern, wenn wir uns von dem Wertsystem unserer Jugend entfernen. Wir überdenken unser Dasein neu und bilden Wertsysteme, die von den uns mitgegebenen abweichen. Die Gründe, die uns in einer früheren Phase heiraten lassen, ändern sich wahrscheinlich mit unserer Reife. Paare, die heiraten, ehe diese Entwicklung abgeschlossen ist, riskieren, eines Tages getrennt auf verschiedene Ziele zuzugehen.

Unser ganzes Leben lang ändern wir uns, während wir zugleich mit unseren Kindern frühere Stadien erneut erleben. Veränderungen im Beruf oder eine neue Umgebung ebenso wie die Einflüsse der sich ändernden Gesellschaft wirken auf uns ein. Wenn wir wachsen, ändern sich unsere Bedürfnisse. Selbsterkenntnis ist ein andauernder Vorgang. Wir erkennen uns nicht ganz und gar auf einmal oder ein für allemal. Wir müssen unser natürliches Kindheits-Ich ständig nähren, von Zeit zu Zeit eine Bestandsaufnahme machen und feststellen, wieviel Lebensfreude wir mit unserem Partner und/oder für uns allein haben.

Mitteilungsfähigkeit ist keine erlernte Fertigkeit wie Fahrradfahren. Es ist eher wie beim Bedienen eines Computers: Grundkenntnisse sind wichtig, aber es gibt immer wieder tiefgreifende Änderungen, die von uns erneutes Lernen und Üben verlangen, wollen wir auf dem Laufenden bleiben.

12.9 *Psychische Distanz*

Unsere psychische Distanz voneinander ändert sich während einer länger dauernden Verbindung. Wenn unsere Skripte uns einen bestimmten Abstand diktieren und unsere Partner mehr oder weniger Distanz brauchen, so kann das dazu führen, daß wir die Notwendigkeit spüren, die Verbindung zu lösen oder unser Bedürfnis nach Nähe bei anderen zu befriedigen. Arthur und Anna sind beide berufstätig; in ihrer Ehe sind sie von einer mehr traditionellen Form zu einer offeneren Struktur gelangt. Anna konnte sich erst umstellen, nachdem sie ihr Skript geändert hatte. Arthurs Skript erlaubte beide Formen von Ehe. Sie lieben sich und können sich gegenseitig einige ihrer Bedürfnisse erfüllen. Sie halten an einer andere Beziehungen ausschließenden sexuellen Gemeinschaft fest, beziehen aber andere Streichelarten von ihren Kindern und von Menschen außerhalb der Familie. Sie sehen ihren gegenwärtigen Stand als vorübergehend an und rechnen damit, ihre Gemeinschaft noch viele Male neuen Verhältnissen anpassen zu müssen.

Abbildung 34 zeigt die psychische Distanz über eine gewisse Zeitspanne. Probleme entstehen dann, wenn wir unbedingt an einer Struktur festhalten wollen, die gar nicht mehr funktioniert, wenn wir Streicheln verlieren, das wir dringend brauchen, oder wenn sich unser Streichelbedürfnis ändert. Noch größer wird unsere Notlage dann, wenn unsere gewohnte Art der Problemlösung nicht mehr funktioniert.

12.9.1 Eine Struktur zur Befriedigung des Streichelhungers

1. Meinen Streichelhunger spüren: vermehrte Gefühle von Unzufriedenheit und Spannung; auch Zunahme von körperlichen Symptomen (körperliche Symptome signalisieren oft einen Streichelmangel).
2. Was genau brauche ich, das ich nicht bekomme:
   a) Mehr körperliches Streicheln? Von mir selbst? Von anderen?
   b) Mehr Beachtung? Von wem?
   c) Eine Änderung meiner Zeitstrukturierung?
   d) Fühle ich mich in einer Tretmühle?
3. Ein Heilmittel finden:
   a) Bekannte Lösungen anwenden.
   b) Streichelquellen erkunden:
      i. Ein vertrauenswürdiger, feinfühliger Freund oder Verwandter (der nicht rettet oder verfolgt).
      ii. Neue Einrichtungen: Bücherei, Kurse usw.
      iii. Beratung durch einen Fachmann.

c) Das kreative Kindheits-Ich befreien:
  i. Mit Fingerfarben schmieren.
  ii. Mit den Kindern im Sandkasten spielen.
  iii. Ball spielen; mit Lehm oder Knetmasse modellieren.

4. Einen Aktionsplan aufstellen.

Martha und Manfred lösten ihre Probleme, indem sie diejenigen Teile der oben beschriebenen Struktur aufnahmen, die auf sie zutrafen.

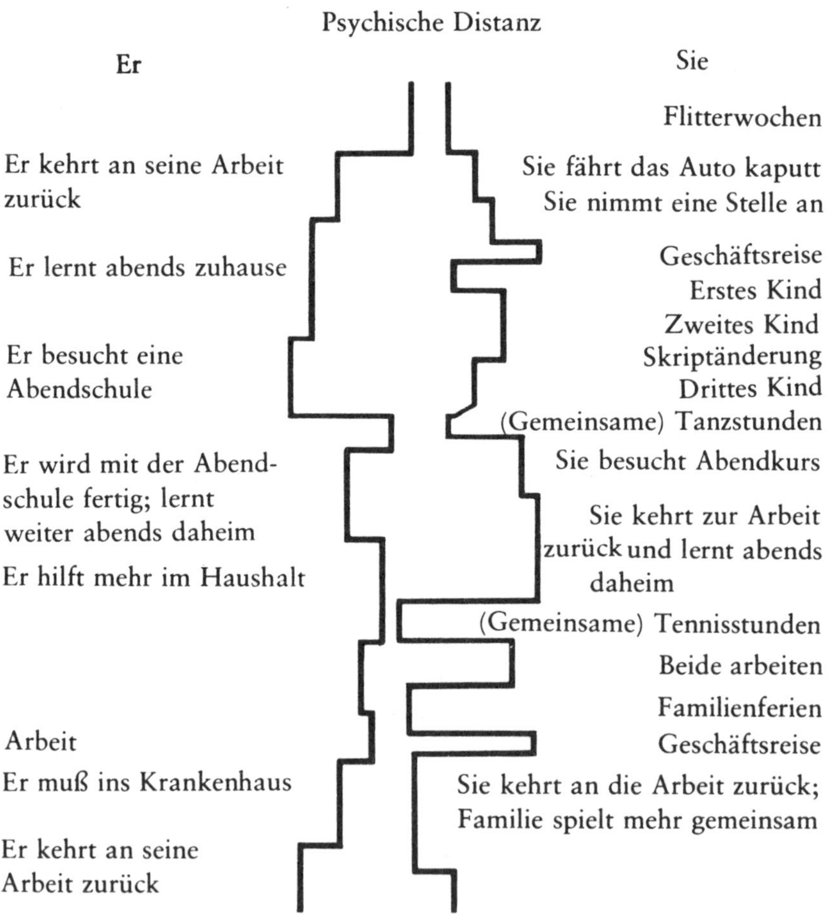

Abb. 34: Diagramm einer Ehe über eine bestimmte Zeitspanne

Martha und Manfred heirateten in ihrer Emanzipationsphase, wie es dort, wo sie aufwuchsen, üblich war. Sie hatten drei Kinder und lebten in ihrer Heimatstadt. Manfred arbeitete in einem dortigen Bergwerk. Er arbeitete zusammen mit Kumpels, die er schon lange kannte. Ihr grobes Streicheln war ihm vertraut, und sie waren herzensgut. Sie arbeiteten alle schwer und blieben gut in Form. Manfred ging zur Abendschule und mußte in seiner Freizeit meistens lernen. Er wollte nicht sein ganzes Berufsleben im Bergwerk verbringen. Er wollte »heraus aus dem Nest«.
Martha besorgte den Haushalt und die Kinder. Wenn sie Schwierigkeiten hatte, traute sie sich nicht, Manfred beim Lernen zu stören; so suchte sie bei guten Freunden und Verwandten nach Streicheln. Das war zwar nicht perfekt, aber sie bekam das Nötigste von Onkel Paul, Mutter und den anderen.
Manfreds harte Arbeit machte sich bezahlt. Er bekam eine viel bessere Stelle in der Großstadt. »Die Großstadt!«, dachte Martha, »Jetzt kann ich die Kunstausstellungen und Museen besuchen, von denen ich gelesen habe.«
Manfred schaffte sich neue Kleidung an, die er für seine jetzige Schreibtischarbeit benötigte. Allmorgendlich ging er gut aussehend zur Arbeit. Er vermißte zwar seine Kumpel, aber er genoß den Neid seiner weniger tüchtigen Kollegen und die bewundernden Blicke der Frauen in der Firma. »Was für ein Wechsel, nettes Lächeln und Parfüm anstelle von rußigen, stinkenden Arbeitern!«, rief er begeistert aus. Martha fühlte Unbehagen. Sie sah ein bißchen hausbacken aus und roch nach Babypuder und Waschmittel. Ihre Träume von Museumsbesuchen wurden unterbrochen von »Mami, komm und wisch mich ab!« und »Willi hat dem Nachbarskind die Nase blutig geschlagen.« Schließlich machte sie einen Aktionsplan:

Problem:	*Lösung:*
Die anderen Frauen sehen gut aus.	Tägliche Gymnastik, bessere Pflege.
Ich bin einsam und habe die Kinder satt.	Mit Nachbarinnen sich anfreunden, kirchliche Einrichtungen in Anspruch nehmen, Kinderhütedienste auf Gegenseitigkeit benutzen.

Er besuchte immer noch an zwei Abenden pro Woche einen Kurs.	Ich nehme an zwei anderen Abenden Kurse.
Ich will in diese Museen!	Eine Freundin finden, die das auch will; abwechselnd babysitten mit einer dritten Freundin, die gern in Ruhe zum Friseur möchte.

12.10 Ausleben der beruflichen Interessen

Die meisten Erwachsenen tun gern etwas Schöpferisches. Wir können Befriedigung finden, was wir auch tun, ob wir nun von Beruf Maurer, Zimmerer, Lehrer oder Hausfrau sind.
Wir leben in einer arbeitsorientierten Gesellschaft und neigen deshalb dazu, unseren Wert an unserer Produktivität zu messen. Wir finden entweder eine Arbeit, die uns unsere besondere Streichelart einbringt, oder wir finden eine Arbeit, die genug Geld einbringt, damit wir uns unsere Streichelart nach der Arbeit leisten können.
Frauen haben heute mehr Möglichkeiten als früher. Sie können einen Ganztagsberuf haben, können dabei heiraten oder ledig bleiben. Sie können auch Ehe, Elternschaft und Kindererziehung damit verbinden. Heute bleiben Frauen eher im Berufsleben, haben weniger Kinder und kehren zur Ganztagsarbeit zurück, sobald diese genügend Selbständigkeit erlangt haben, oder aber dann, wenn eine Frau die Trennung von der Arbeitswelt nicht mehr aushält.
Junge Leute, die jetzt in der Emanzipationsphase sind, halten weniger von dieser »Arbeitsethik«. Wenn sie die schöpferische Phase erreichen, wird sich zeigen, was sie im Blick auf ihre Berufslaufbahn beschließen.
Zum Abschluß der schöpferischen Phase kommen wir dann, wenn uns bewußt wird, daß wir bestimmte Skriptziele erreicht haben.

12.11 Zusammenfassung

Schöpferisch heißt der Lebensabschnitt, in dem wir uns mit einem Partner zusammenfinden, unsere Berufspläne ausführen, eine Familie gründen, ein Buch schreiben, Verbesserungen in einem Fertigungsprozeß erfinden,

Geld verdienen, d.h. das tun, was Kreativität auch immer für den einzelnen bedeuten mag. Bis vor kurzem pflegte »jedermann« zu heiraten und eine Familie zu haben. Das »widerfuhr« jedem, außer den übriggebliebenen »Unglücksraben«, den »Märtyrern« oder den »Selbstsüchtigen«. Heute hat sich unsere Einstellung geändert. Erwachsene können selbst entscheiden, ob sie heiraten wollen oder nicht. Wenn sich eine Frau entschließt, Kinder zu bekommen, so kann sie entscheiden, ob sie die hauptsächliche Pflegeperson sein will oder nicht. Wenn die Frau »zuhause bleiben« will, hat sie immer noch viele Möglichkeiten hinsichtlich Art und Zeitpunkt ihrer Rückkehr in den Beruf, hinsichtlich Teilzeitanstellung oder voller Berufstätigkeit.

Dieses Kapitel richtet sich an jene, die eine Familie gründen, und konzentriert sich auf die Freuden und Leiden der Elternschaft. Es bespricht auch, was Eltern tun können, damit ihre eigenen Bedürfnisse nicht zu kurz kommen.

Psychische Aufgaben der Elternschaft sind u.a.: beim Geben wie beim Nehmen die gleiche Befriedigung finden; dauerhafte Bindungen eingehen, die Geben und Nehmen umfassen; die Freizeit schöpferisch ausnutzen; zur Verbesserung des eigenen Heims, der Schule, der Gesellschaft, der Nation beitragen; arbeiten. Eltern müssen sich mit vielen großen Problemen befassen und in der Lage sein, lösbare von unlösbaren zu unterscheiden. Sie müssen auch festlegen, wie sie Krisen entgegentreten wollen, die nicht von ihnen selber abhängen.

12.12 Übungen

1. Suchen Sie sich einen Partner. Machen Sie eine Liste aller erdenklichen Streichelarten. Erlauben Sie sich, albern zu sein, geben Sie sich so richtig »magischem Denken« hin. Genießen Sie diesen Gedankenflug.
2. Zählen Sie Streichelarten in der Reihenfolge ihrer Beliebtheit auf: die Ihnen am meisten zusagen zuerst, die Ihnen am wenigsten zusagen zuletzt. Falls Sie eine Streichelart nie selber ausprobiert haben, setzen Sie sie an die Stelle, von der sie vermuten, daß sie zutreffend ist.
3. Tauschen Sie die Liste mit Ihrem Partner aus und reden Sie darüber.
4. Wählen Sie drei Streichelarten aus, die Sie sich wünschen, aber augenblicklich nicht bekommen. Verhandeln Sie darüber mit Ihrem Partner.

Konzentrieren Sie sich auf *eine* Streichelart, die Sie wünschen; lassen Sie sich diese Streichelart im Austausch für eine Streichelart, die Ihr Partner wünscht, geben. Arbeiten Sie einen konkreten Plan aus, der Ihnen die gewünschte Streichelart beschert, und bestimmen Sie ein Signal, mit dem Sie bestätigen, daß Sie diese Streichelart erhalten haben. (Verbessern Sie Ihr Verhandlungsergebnis so lange, bis Sie eine klare Verhaltensaussage darüber haben, was Sie genau erwarten. Z.B. »Du nimmst überhaupt nicht wahr, wie ich aussehe« ist eine sowohl negative als auch übertriebene Aussage (»überhaupt nicht«). Sagen Sie statt dessen: »Jeden Morgen, ehe wir zur Arbeit gehen, möchte ich gern, daß du etwas Nettes über mein Aussehen sagst, z.B. ›Deine Schuhe passen gut zu deiner Handtasche, dein Haar glänzt, in diesem Kostüm siehst du reizend aus‹ usw. Wenn du mich auf diese Art streichelst, werde ich es anerkennen, indem ich ...«)

Die Partner konfrontieren einander gegenseitig mit Abwertungen, die sie sehen oder hören. Sie müssen zu einer der drei Streichelarten ihres Partners »ja« sagen, und sie können über die Umstände verhandeln, unter denen sie gewillt sind, so zu streicheln, und welche Streichelart sie im Austausch dafür haben wollen.

Stellen Sie fest, ob Ihr Partner Ihr Streicheln auch wirklich akzeptiert und bereit ist, etwaige Abwertungen zu konfrontieren.

5. Zeichnen Sie ein Diagramm (s. Abb. 34), das den Verlauf der Ehe Ihrer Eltern darstellt. Falls sie geschieden und wiederverheiratet waren, richten Sie das Diagramm so ein, daß es den Lebensabschnitt enthält, in dem Sie selber vorkommen, d.h. den Sie miterlebt oder von dem Sie am meisten erfahren haben.
6. Beschreiben Sie das Ehe-Diagramm, das Sie für sich erwarten.
7. Sprechen Sie über Ihr Diagramm mit Ihrem Partner. Fragen Sie, stellen Sie Unterschiede fest. Besprechen Sie, wieviel psychische Distanz und/oder Nähe Sie zu brauchen glauben.

13 Das Skript überprüfen (Auswertung)

Es gehört zu den psychischen Aufgaben der Lebensmitte, frühere Phasen zugleich mit den heranwachsenden Kindern neu zu erleben, die Kinder zu entlassen, das Skript neu auszuwerten, mit dem Nachlassen der Kräfte fertig zu werden und sich auf das nahe Alter vorzubereiten.

Die Art und Weise, wie wir auf das Erwachsenwerden unserer Kinder reagieren, hängt sehr von unserem Skript ab. Ulrich hat Schwierigkeiten in der Oberschule. Die Lehrer sind am Ende ihrer Weisheit mit seinem trotzigen, streitsüchtigen Benehmen, und sie werden sauer, wenn er sie beschimpft. Sie sind jetzt so weit, daß sie ihn von der Schule weisen wollen. Ulrichs Vater (der die Schule nach der siebenten Klasse verließ) regt sich über seinen Sohn gar nicht auf. »Er ist genau so, wie ich in seinem Alter war, und wie sein älterer Bruder. Ulrich ist noch ein Junge; er soll jetzt arbeiten gehen und ein Mann werden. Ich hatte auch eine Zeitlang Schwierigkeiten, dann fand ich eine Stelle, ließ mich nieder und heiratete. Er wird schon recht werden.»

Michael und sein Sohn fahren so oft wie möglich Motorrad zusammen. Der Sohn Gerhard ist jetzt schon größer als sein Vater. Michael sagt mit viel Gefühl: »Gerhard überbietet mich freihändig den Berg hinauf. Er kann besser und schneller fahren als ich. Er kann größere Sprünge machen. Der Junge ist wirklich gut.« Gerhard beweist sich seine Männlichkeit, und Michael erkennt den neuen Status seines Sohnes an.

Hanne berichtet über ihre Schwierigkeiten mit ihren Töchtern: »Als sie noch kleiner waren, nahm ich ihre Beweglichkeit und Kraft als selbstverständlich hin, als Ausdruck gesunder Jugend, aber jetzt sehe ich, wie sie mich mit ihren besonderen Begabungen übertreffen. Beide singen gut; wenn wir zusammen singen, wirkt meine Stimme brüchig. Sie haben schon Reitturniere gewonnen. Ich muß mich noch am Sattelknauf festhalten. Sie können den Rückwärtssalto und schwierige Sprünge auf dem Trampolin. Ich habe schon Mühe beim bloßen Hinauf- und Hinunterklettern. Ich bin ebenso stolz wie eifersüchtig.«

13.1 Die Wiederholung unserer eigenen Unsicherheit

Wir kommen ungefähr dann in unsere Auswertungsphase, wenn unsere Kinder geschlechtsreif werden. Wir wiederholen unsere eigene Pubertät, während wir beobachten, wie sich unsere Kinder durch diesen Lebensabschnitt kämpfen, der in unserer Zivilisation eine Zeit der Unruhe und Drangsal bedeutet. Wir fühlen erneut unser eigenes Unbehagen, unsere wechselnden Stimmungen, unsere Anfälle von Unsicherheit, unsere Zweifel, das wechselhafte Körpergefühl. Wir erleben nicht nur von neuem unser eigenes sexuelles Erwachen, sondern wir sehen uns auch in dieser Hinsicht der reifenden Sexualität unserer eigenen Nachkommen gegenüber. Marianne teilt folgendes mit: »Meine Kinder sind Mädchen. Zwei sind jetzt Teenager. Ich habe gemischte Gefühle. Sie reifen und werden täglich reizender. Ich hingegen vertrockne schon ein bißchen. Während sie an den richtigen Stellen rund werden, zieht an meinen Rundungen die Schwerkraft, ich sehe meine Falten im Gesicht und Pigmentflecke an den Händen. Ich fühle Stolz und Freude, wie sie so zuversichtlich flirten und wie sich die jungen Männer umdrehen, wenn wir durch das Einkaufszentrum gehen. Ich bin glücklich darüber, daß sie mit ihrem Vater vertrauensvoll und ganz ohne Furcht warmes und liebevolles Streicheln austauschen können; und trotzdem erlebe ich schreckliche Eifersuchtsgefühle, wenn er angesichts ihrer Zuwendung aufleuchtet. Der Vater seinerseits schreibt allen jungen Männern, die um seine Töchter herumscharwenzeln, seine eigenen frühen sexuellen Interessen und Abenteuer (tatsächliche oder erdichtete) zu. Er betrachtet alle diese jungen Männer als Räuber.«

Einige Väter ignorieren das Heranreifen ihrer Töchter und behandeln sie weiterhin wie kleine Mädchen. Andere Väter werden zu strengen Wächtern ihrer Töchter und schränken deren Verlangen nach Freiheit und Unabhängigkeit rigoros ein. Wir Eltern müssen sehen, wie unsere heranwachsenden Kinder mehr Bewegungsfreiheit, mehr sexuelle, finanzielle und akademische Freiheit genießen, als wir jemals hatten. Aber es fällt uns leichter, uns immer wieder über Drogen, Autos, Geld und die Schule aufzuhalten als über Sex. Wir wurden mit Tabus gegenüber diesem Thema erzogen, und Sex scheint dasjenige Thema zu sein, bei dem die meisten von uns immer noch überempfindlich sind.

Hinter diesem Dilemma steckt hauptsächlich unsere eigene Ambivalenz. Miriam sagt: »Mein natürliches Kindheits-Ich würde gern sexuell experimentieren wie die heutige Jugend, aber mein angepaßtes Kindheits-Ich wäre entsetzt. Mein Eltern-Ich besteht darauf, daß sie nicht mehr Freiheit haben sollen als ich. Mein Kindheits-Ich möchte gern sehen, wie weit sie wohl damit kommen (hahaha!). Mein Erwachsenen-Ich weiß, daß die heute zur Verfügung stehenden wirkungsvollen Verhütungsmittel die Angst unnötig machen, ein Mädchen könne »ins Unglück« geraten: Angst ist heute kein Grund mehr ›zu warten, bis man verheiratet ist‹.«

Wenn wir unsere Kinder über Sex reden hören und sehen, wie sie sich sexuell verhalten, flackern unsere eigenen frühen Kämpfe mit der Sexualität wieder auf. Höchstwahrscheinlich macht uns das Heranreifen unserer ältesten Kinder beiderlei Geschlechts den tiefsten Eindruck, aber andere Faktoren aus unserem eigenen Skript sind auch wichtig.

Juliane klagt über Kommunikationsschwierigkeiten mit ihrer Tochter Sandra. »Ich überstand das Heranwachsen unserer ältesten Tochter und unseres Sohnes gut. Wir hatten zwar Schwierigkeiten, aber kaum zu vergleichen mit denen, die ich jetzt habe. Sandra ist unmöglich; sie redet nicht mit mir, sie schleicht sich weg. Ich bin sicher, sie rennt in ihr Unglück.« Julianes Unbehagen wuchs einige Monate vor Sandras siebzehntem Geburtstag.

Während eines Beratungsgesprächs erinnerte sich Juliane an ihre eigene voreheliche Schwangerschaft im Alter von siebzehn und ihr Bedauern darüber, daß sie die Schule abgebrochen und zu jung geheiratet hat, »um dem Baby einen ordentlichen Namen zu geben«. Juliane ging auf, daß sie nun erwartete, Sandra würde ihr Skript wiederholen. Hauptziel der Beratung war es, Juliane und Sandra zu helfen, ihre beiden Skripte auseinanderzuhalten. Es gelang Sandra, die Oberschule zu beenden – ohne Schwangerschaft.

Ein Mann, der seine Männlichkeit im Streit mit seinem Vater oder seinen Brüdern erkämpfen mußte, wird wahrscheinlich von seinem Sohn eine ähnliche Herausforderung erwarten. Die Konkurrenzgefühle, die er in der Außenwelt erfährt, plagen ihn nun zuhause, wenn sein eigener Sohn ihn einholt oder an Größe und Stärke übertrifft.

Paul wuchs in einer solchen Familie auf. Er und sein nächster Bruder wetteiferten ständig um die Gunst ihres Vaters. Pauls Bruder war in den Augen des Vaters vollkommen; wenn die Jungen Dummheiten machten, so war es stets Paul, der bestraft wurde. Diese Konkurrenzkomponente in seinem Skript wurde ihm bewußt, als Klein-Paul geboren wurde, und es gelang ihm, das mit seinem Erwachsenen-Ich zu bewältigen. Er und seine Frau erzogen lebhafte, freundliche und verantwortungsbewußte Jungen, die einander gern haben. Sie empfinden sich selbst und ihre Eltern als ok. Als die Jungen jedoch in die Pubertät kamen, schien Paul seine gute Einsicht zu verlieren. Er erlebte eine starke Rivalität mit seinem ältesten Sohn, Paul junior, und sah sich selbst in seinem zweiten Sohn Daniel. Außerdem erwartete er fortwährend, daß sich seine Söhne zueinander so verhalten würden, wie er selbst und sein Bruder es damals taten. Käthe, seine Frau, bemerkte, daß er sein Verhalten zu den Söhnen änderte: er hackte ständig auf Paul junior herum, während er Daniel stets verteidigte. Als die Jungen der Unterstützung der Mutter sicher waren, hielten sie ihrem Vater vor, wie ungerecht er war. Im Laufe einer Familientherapie konnte Paul sich bewußt machen, was er brauchte und von seinem eigenen Vater nicht bekommen hatte. Er gesteht sich jetzt selber mehr zu – einschließlich besserer Botschaften in seinem Eltern-Ich über sein eigenes grundsätzliches Ok-Sein.

13.2 Wechseljahre

Die Hormone der Frau werden weniger und lassen uns das Gegenteil der Körpervorgänge erleben, die unsere Töchter gerade durchmachen. Wir altern, unsere Eierstöcke produzieren weniger Hormone, unsere Zirkulation verlangsamt sich und unsere Blutgefäße verlieren an Elastizität. Zu gegebener Zeit erzeugen andere Drüsen Ersatz für den Verlust an Geschlechtshormonen.

Bei manchen Frauen gehen die hormonalen Änderungen allmählich und sehr gleichmäßig vor sich. Bei anderen ist die Umstellung viel ungleichmäßiger. Der Adrenalin-Überschuß erzeugt »Hitzewallungen« und setzt das Alarmsystem des Körpers in Betrieb: schnellerer Pulsschlag, höherer Blutdruck, größere Herzschlagfrequenz, schweres Atmen, trockener Mund und Herzklopfen. Das »grundlose« Angstgefühl kann eine Frau sehr beunruhigen. In Wirklichkeit ist schon ein Grund vorhanden, nur besteht er nicht in einer Drohung von außen: der Körper erfährt einen Adrenalinüberschuß. Wir reagieren je nach unserem persönlichen, familiären und kulturellen Skript auf diese Körperveränderungen. In Gesellschaften, in denen die Frauen bald nach dem gebärfähigen Alter sterben, sehen sie den nahen Tod voraus. Ein eher traditionelles Skript bietet wenig Hilfe für spätere Lebensjahre, weil das mittlere Alter gewöhnlich das Ende des Lebens bedeutete. Die vorhandenen kulturellen Traditionen halten noch nicht Schritt mit unserer heutigen Lebenserwartung. In unserem Lande heißen typische Skriptbotschaften für die Wechseljahre etwa: »Als meine Mutter in den ›Wechsel‹ kam, ist sie fast gestorben. Sie hatte einen Nervenzusammenbruch, wurde unerträglich, versuchte, sich umzubringen, hatte an nichts mehr Interesse.« »Die Wechseljahre sind schrecklich. Sie sind der Anfang vom Ende.« »Wenn du nicht mehr fruchtbar bist, will dich niemand mehr. Du bist keine Frau mehr.« »Die Frauen in unserer Familie haben sich nie um so etwas gekümmert – so um die Fünfzig herum hört einfach die Monatsblutung auf – das ist alles.«

Brust- und Scheidengewebe verändern sich tatsächlich, wenn die Hormone fehlen. Sie schrumpfen und werden trocken. Die Haut verändert sich und die Knochen werden spröde. Geschlechtsverkehr kann unangenehm werden, wenn man nicht verschiedene Salben zur Erleichterung benutzt. Frauen können auch künstliche Hormone einnehmen (»die Pille«), die diese Veränderungen hinausschieben. Solche Medikamente sind aber sehr stark und haben Nebenwirkungen mit schwangerschaftsähnlichen Symptomen.

Männer erleben nicht so drastische hormonale Veränderungen oder gar das Ausbleiben körperlicher Vorgänge. Sie erzeugen noch viele Jahre Samen. Schließlich nimmt die Anzahl der Spermien mit zunehmendem Alter ab, aber die Männer sind keinen so tiefgreifenden körperlichen Veränderungen unterworfen. Für sie hängt sexuelle Vitalität mehr vom allgemeinen Gesundheitszustand und von ihrer Einstellung ab als von ihrer Fruchtbarkeit. Männer, deren Skript einen frühen Verlust des sexuellen Interesses verlangt, können, aber müssen sich nicht danach richten. Männer, die ihre Männlichkeit mit ihrer Leistung gleichsetzen, können ihr Ausscheiden aus dem Erwerbsleben mit dem Aufhören des Geschlechtsverkehrs verbinden; tatsächlich besteht aber kein biologischer Zusammenhang. Die Möglichkeit, ein aktives Sexualleben beizubehalten, besteht darin, sexuell aktiv zu bleiben.

13.3 Abschied vom Eltern-Sein

In manchen traditionellen Kleinkulturen vollzieht sich die Emanzipationsphase nicht so wie bei uns. Dort gehen die Kinder nicht von zuhause weg; sie wachsen auf, suchen Ehepartner, ziehen ihre eigenen Nachkommen auf und bleiben Kinder (wenn auch erwachsene), solange ihre Eltern leben.

Im allgemeinen erwarten wir, daß unsere Nachkommen ihr Erwachsensein zeigen, indem sie das Elternhaus verlassen und ihre eigenen Wege gehen. Das ist ein entscheidender Schritt sowohl für uns Eltern als auch für unsere Kinder. Wenn wir unsere Kinder freigeben, so geben wir damit all das anregende Streicheln auf, das sie uns zuteil werden ließen. Wir müssen auch unsere auf die Kinder abgestimmte Zeitstrukturierung aufgeben; viele gewohnte Tätigkeiten fallen damit weg. Wir verlieren an Einfluß und Macht. Wir geben die Transaktionen vom Eltern- zum Kindheits-Ich auf, die wir mit unseren Kindern pflegten.

Väter erleben unterschiedliche Gefühle, wenn sie das schwindende Interesse ihres Sohnes an den gemeinsamen Vater-Sohn-Unternehmungen feststellen oder wenn sie hören, wie ihre Töchter endlos über andere Männer reden.

Besonders für die »Nur-Hausfrauen« ist es eine wichtige Aufgabe, ihre Kinder ins Leben zu entlassen. Frauen mit dem Eltern-Skript »Du lebst für deine Familie« sehen sich arbeits- und skriptlos, wenn die Kinder erwachsen werden und fortgehen. Hogie Wyckhoff nennt dieses Skript »Mutter Hubbard«. Mutter Hubbard mißt ihren Selbstwert nur an ihrer Familie. Sie glaubt fest, daß der Sinn ihres Lebens mit ihren Kindern aus dem Hause geht. Viele Frauen eilen dann zum Hausarzt und klagen: »Ich weiß einfach nicht, was mit mir los ist.« Sie versuchen, Erklärungen für ihr Verwirrtsein zu finden: »Mein Mann vernachlässigt mich, meine Kinder kommen nicht mehr zu mir, sie sind undankbar, sie vergessen, was ich für sie getan habe.« Viele verwandeln ihren Ärger, ihre Depressionen und ihr Streichelbedürfnis in körperliche Symptome und berichten dem Doktor: »Ich habe Kopfweh« oder »Es sind sicher die Wechseljahre«, anstatt zu sagen: »Ich bin verdammt wütend über meine Lage.« Oft bekommen sie Beruhigungsmittel. Manche Frauen in einer solchen Nicht-ok-Verfassung behandeln sich selber mit Alkohol. Sie werden zu stillen Trinkerinnen, die langsamen Selbstmord begehen.

Frauen, die an dieser Stelle das Ende ihres Lebensskripts erreichen, stehen vor einer Existenzkrise. Diese hat alle Kennzeichen einer Krise: sie bringt große seelische Qualen, alle bekannten Lösungen versagen, und sie spüren ein ständiges Bohren in sich, das sich nicht verdrängen läßt. Menschen in der Krise sind Menschen in Bewegung. Dies ist eine Zeit, in der es höchstwahrscheinlich zu einer Änderung kommt, ohne starken Eingriff von außen her.

Lore wurde vom Hausarzt in die psychiatrische Poliklinik geschickt, weil er der Meinung war, ihre Kopfschmerzen kämen von unterdrückten Gefühlen. In der Klinik gibt sie zu, daß ihr Einfluß auf die Kinder zunehmend geringer wird und daß sie merkt, wie es nur noch eine Frage der Zeit ist, bis sie sich nicht mehr auf die Kinder als Streichelquelle verlassen kann. Ihr Mann hält sich auf Distanz, indem er in seiner Freizeit Lastwagen in der Garage repariert.

In einer Gruppentherapie kommt Lore mehr in Kontakt mit ihrer Wut. Dann steht sie vor der Wahl: entweder lerne ich, wie ich mehr Streicheln von meinem Mann bekomme, oder ich mache mich auf und suche anderswo Streicheln. Sie beschließt, beides zu tun. Sie tritt einem Club für »Weltliteratur« bei und einer Kegelgruppe, und sie besucht einen Abendkurs. Ihr Mann brummt dagegen und macht nicht gerade zarte Hinweise auf ihre mögliche Untreue. Sie begegnet dem mit: »Ich wußte gar nicht, daß dir das etwas ausmacht.« Sie benimmt sich ihm gegenüber verführerisch, während sie gleichzeitig ihre Bedürfnisse direkter mitteilt. Die Therapiegruppe konfrontiert sie damit, wie sehr sie ihren Mann kontrolliert. Als sie einen Teil dieser Kontrolle aufgibt, kommt ihr Mann ihr entgegen, und ihre Beziehung wird spürbar besser.

Frauen, die bei ihrem ursprünglichen Skript bleiben und sich doch wieder ok fühlen wollen, finden manchmal andere Kinder zum Betreuen: Pflegekinder, Enkel usw. Frauen, die ihr Skript nur geringfügig ändern können, suchen sich »eine kleine Beschäftigung«, die ihnen finanziellen Gewinn für ihre hausfraulichen Fähigkeiten einbringt, z. B. als Babysitter oder als Putzfrau. Sie können mitunter auch eine »Heimarbeit« finden wie Schneidern oder den Verkauf von Selbst-Eingemachtem. »Gelernte Hausfrauen« helfen auch anderen Familien, die in Not sind. Sie kommen tagsüber, machen sauber, kochen, streicheln kleine Kinder, schicken sie in die Schule, gehen einkaufen usw. Sie sind für die betroffenen Familien lebenswichtig, denn sie verhindern einen Familienzusammenbruch. Ihr Lohn ist sowohl Geld als auch Befriedigung darüber, daß sie das sinnvoll leisten können, was sie am besten verstehen.

13.4 Beruf

Berufstätige Männer und Frauen erreichen den Gipfel ihrer Laufbahn im mittleren Lebensalter. Sie sind in Stellungen mit Einfluß und Ansehen. Susanne, eine Psychotherapeutin, stellt fest: »Bei der Arbeit fallen mir jetzt Bemerkungen von jüngeren Kollegen auf, die oberflächlich sind und wenig Erfahrung zeigen. Ich fange an, mich weise zu fühlen. Es ist mir eine große persönliche Befriedigung zu wissen, daß ich meistens, wenn die Leute mir etwas von ihrem Leben mitteilen, mit Überzeugung sagen kann: ›Das habe ich auch schon durchgemacht. Ich weiß, wie man sich dabei fühlt.‹ Es ist mir klar, daß ich keine außerordentlichen äußeren Schwierigkeiten (Verlust eines Kindes, Krieg) durchgemacht habe, daß ich weder übermäßigen Reichtum noch außerordentlichen Einfluß kennengelernt habe, aber ich habe die meisten alltäglichen Erfahrungen des menschlichen Lebens durchgestanden.«

Karl, ein Automechaniker, war in seinen jungen Jahren ein großer Rebell an seinem Arbeitsplatz. Er war aber als Mechaniker so gut, daß er seine Stelle behielt und jetzt sogar zum Chef der Nachtschicht aufgestiegen ist. Nun ist er einer von den »Federfuchsern« geworden, die er damals so heftig bekämpft hatte. Karl hat die Produktivität seiner Schicht merkbar gesteigert, und er ist bekannt für die gute Art und Weise, wie er mit den Angestellten umgeht. Er hat eine besondere Begabung, alles reibungslos ablaufen zu lassen. Widerspruchsgeist und Faulheit haben abgenommen, und die Arbeitsmoral ist deutlich gestiegen. Karl ist stolz auf seine Mannschaft und auf seine Begabung in »praktischer Psychologie«.

In einigen Berufen beginnen die Männer ihre Laufbahn erst nach dem 30. Geburtstag. Die Vorstellungen vom mittleren Alter hängen mit der wirtschaftlichen Stellung zusammen. Männer mit niedrigem Einkommen sehen sich früher als alt und in der Lebensmitte gegenüber solchen der höheren Einkommensklasse. Z.B. können manche Berufsdiplome erst mit etwa 25 abgeschlossen werden, während ungelernte Arbeiter in diesem Alter schon zehn Jahre im Erwerbsleben stehen. Viele Spezialisten fangen ihre Laufbahn erst mit etwa 30 an.

Vierzig ist ein magisches Alter für Männer und Frauen in unserer Gesellschaft. Von Geschäftsleuten erwartet man, daß sie jetzt in Vorgesetztenpositionen aufrücken. Das Skript unseres Systems verlangt, daß, wer als erfolgreich gelten will, befördert werden muß. Wenn einer nicht die

Treppe hinauffällt, so erfährt er Druck und Mißachtung seitens dieses Systems. In einigen Institutionen ist jemand, der bei zwei oder drei Beförderungen übergangen wurde (oder übergangen werden wollte), eine Null. Übergangen werden bedeutet, nicht gewonnen zu haben – selbst dann, wenn jemand eine Stelle bekleidet, die ihm sehr gefällt. »Wenn du eine Siegernatur bist, steigst du auf.«

Männer in öffentlichen Organisationen sehen sich oft einem Zwiespalt gegenüber; sie steigen in die Verwaltung auf. Für diejenigen, die die »Erfolgs«-Botschaft ihres Skripts oder sonstwie ihrer eigenen Erwartungen nicht erfüllen konnten, ist das eine Zeit der Depressionen, der Reizbarkeit und der erneuten Anstrengung. Konflikte entstehen, wenn das Skript des einzelnen in die eine Richtung weist und das Skript der Firma in die andere. Dann gibt es mehrere Möglichkeiten: das eigene Skript fallenlassen und dasjenige der Firma annehmen; am eigenen Skript festhalten und in Widerspruch zur »Direktion« geraten; eine andere Firma suchen, deren Skript uns besser entspricht.

Harry, ein Lehrer, war dabei, sein Diplom als Beratungslehrer zu machen, als die Schulbehörde ihn anwies, in die Verwaltung überzuwechseln. Ihr Skript wollte, daß er Schuldirektor würde. Er fügte sich zwölf Jahre lang. Im mittleren Alter stellte er fest, daß er schlecht war im Ausführen dessen, was andere wollten, und er kehrte zu seinem eigenen Skript zurück. Er studiert nun wieder und lernt, was er braucht, um sein eigenes Skript zu erfüllen, anstelle dessen, was er sich durch das Schulsystem hat auferlegen lassen. »Ich habe ziemliche Angst. Ein Mann in meinem Alter, der so die Stelle wechselt; aber Angst hin oder her, ich bin entschlossen, das zu tun, was *ich* schon lange will!« Männer, die unzufrieden sind, haben mehrere Wahlmöglichkeiten: z.B. können sie die Anstrengungen bei der Arbeit verdoppeln, das Risiko eines Stellenwechsels eingehen oder den Beruf wechseln. Die andere Möglichkeit ist, aufzugeben und schon jetzt alt zu werden.

13.5 Skriptüberprüfung

Das mittlere Alter ist die richtige Zeit, um unser Lebenskript noch einmal zu überprüfen und uns zu fragen: Bin ich mit meinem Skript zufrieden?

Habe ich das Skript gewählt, das ich wirklich ausleben wollte? Wo will ich heute in zwanzig oder dreißig Jahren sein? Bin ich auch in dieser Richtung unterwegs? Was kostet es mich, dorthin zu kommen? Welche Pläne und Entscheidungen muß ich für meine unmittelbare Zukunft machen? Welche für mein Alter?

Heinrich überprüft sein Skript folgendermaßen: »Wie ist das Leben gerade jetzt für mich? Ich bin über vierzig, meine Gesundheit und meine Vitalität werden nie mehr so, wie sie waren. Es besteht überhaupt keine Hoffnung, daß meine Energie wieder so groß wird wie in den frühen Teenagerjahren, als ich ganze Nächte durcharbeiten, tagsüber zur Schule gehen, meine Aufgaben machen, genug schlafen, viele Parties besuchen und dabei noch zunehmen konnte!

Bis vor ein paar Jahren hatte ich das Gefühl, das Leben im Sturmangriff zu nehmen. Jetzt habe ich eher das Gefühl, daß ich eine Verteidigungslinie halte (d.h. körperlich), wenn ich sehe, wie mein Brustkasten auf den Bauch hinuntersinkt. Sexuell fühle ich mich freier, ich genieße meine Sinne mehr. Aber obwohl das so ist, bemerke ich schon ein Nachlassen meiner Sehkraft; das Kleingedruckte in der Zeitung kann ich kaum mehr lesen. Auch nachts im Auto sehe ich nicht mehr so gut. Ich habe Jahre damit zugebracht, mich auf die Zukunft zu freuen. Das mache ich jetzt weniger. Die Zukunft hält zwar ein paar Freiheiten für mich bereit, aber das wird begleitet sein von abnehmender Energie und älteren Muskeln. Ein Teil dessen, von dem ich jetzt frei werde (Kinder), ist genau das, wovon ich in der Jugend geträumt habe (eigenes Heim, Familie, Kinder), daß ich es haben wollte.

Ich habe keine gute Beziehung zu meinen Eltern. Wir haben uns voneinander entfernt. Mein Vater, ein Alkoholiker, hat die feste Absicht, seine Freizeitbeschäftigung des Trinkens so lange fortzusetzen, wie er nur das Glas an die Lippen heben kann. Meine Mutter, die sich ganz auf einige wenige lebenslange Freunde und ihre Familie beschränkt hat, lebt heute noch genau so wie vor 44 Jahren, als sie aufhörte zu arbeiten, um zu heiraten. Sie hat mehr als 60 Jahre in derselben Umgebung gelebt. Sie erledigt noch ein paar Hausarbeiten, geht jede Woche einmal in die Stadt und kocht gut.«

Wenn wir unser Skript überarbeiten, legen wir Aspekte ab, die nicht mehr zweckmäßig sind, so wie wir ausgediente Möbel weggeben. Wir verwenden auch weniger Kraft auf Aspekte, die wir nicht mehr so hoch einschätzen. Wir können unsere Energie auf etwas verwenden, das jahrelang in uns geschlummert hat. Wir können unser Skript aus einem neuen Gesichtswinkel betrachten und uns freimachen für etwas, das wir gern tun möchten. Wir können ganze Abschnitte unseres Skripts wegtun, wir können sogar das ganze Skript löschen und von Grund auf neu beginnen. Je älter wir aber werden, desto schwieriger und angsterregender ist es, die Investitionen eines ganzen Lebens wegzuwerfen. Es folgen einige Beispiele von Skriptüberprüfungen.

Michael war ein bekannter akademischer Lehrer geworden. Er zog seine Kinder auf und unterstützte seine Frau und tat alles, was von ihm erwartet wurde. Er erreichte die höhere Verwaltungslaufbahn als ein sehr »erfolgreicher« – und unglücklicher Mann. Nachdem sein jüngstes Kind ausgezogen war, ließ er sich scheiden und heiratete eine Frau, die einiges Ungewöhnliche zu bieten hatte. Sie erarbeiteten und ersparten genug, um ins Ausland gehen zu können. Michael lebt jetzt als grauhaariger Hippie auf einer jener Inseln, über die er seine Schüler zu unterrichten pflegte. Er verdient etwas Geld durch Unterrichten in einer dortigen Schule.

Adelheids Skript hörte nach ihrem zweiten Kind auf. Sie hatte alles getan, was man so tut: sie absolvierte eine gute Ausbildung, schrieb ein Buch, heiratete einen gebildeten Mann, sie kauften ein nettes Haus, hatten Kinder (sogar einen Sohn). Und danach war sie ohne Ziel. Sie ließ sich ängstlich eine Weile treiben und machte dann ein paar vage Pläne, um schließlich als ehrenamtliche Helferin in einem Kindergarten zu arbeiten.

13.6 Älter werden

Wir Leute um die Lebensmitte suchen uns Helfer, die jünger sind als wir – den Berater, den Zahnarzt, die junge Krankenschwester. Wir merken, daß unsere Eltern älter werden und sich langsamer bewegen. (»Es wird mir klar, daß sie eines Tages sterben.«)

Wenn Eltern sterben, mögen erwachsene Kinder gegebenfalls Erleichterung verspüren. Wenn Eltern vorzeitig sterben, kann es sein, daß wir, obwohl erwachsen, nicht darauf vorbereitet sind. Wir ertragen es gewöhnlich leichter, wenn unsere Eltern erst im hohen Alter oder nach längerer Krankheit sterben. Diejenigen, die starke ungeklärte Ambivalenzgefühle

ihren Eltern gegenüber haben, leiden länger und stärker als diejenigen mit vorwiegend guten oder schlechten Gefühlen.
Doris ist einiges über sechzig. Sie war wegen einer psychischen Störung ein paar Monate in einer Klinik. Sie kehrte nach Hause zurück zu ihrem Mann und zu ihrem Schwiegervater, der senil war und Blase und Darm nicht mehr beherrschen konnte. Sie ging regelmäßig zu einer Beratung und gewann einige Einsichten, aber nie erwähnte sie ihren Schwiegervater in der Gruppe; sie sagte nur, daß ihr Mann eisern darauf bestehe, seinen Vater nicht in ein Altersheim zu geben. Kurz nach dem Tod des Schwiegervaters änderte sich Doris außerordentlich. Sie begleitete ihren Mann zu größeren Anlässen, sie besichtigte allein fremde Städte und setzte ihre Wünsche aggressiver durch.

13.7 Zusammenfassung

Eltern kommen etwa dann in die Auswertungsphase, wenn ihre Kinder geschlechtsreif werden. Während wir unsere Kinder heranreifen sehen, durchlaufen wir nochmals unsere eigene Pubertät, die in der westlichen Zivilisation stets eine Zeit der Prüfungen und der Unruhe war und noch ist. Wir Frauen sehen zu, wie unsere Töchter ihre frische junge Schönheit entfalten, während unsere zu welken beginnt. Frauen reagieren auf die breiten Schultern und die tiefergewordene Stimme ihrer Söhne. Männer sehen, wie ihre Töchter, die sie schon als Säuglinge geliebt und im Arm gehalten haben, aufregend attraktiv werden. Konkurrenzgefühle, mit denen Väter sich in der Außenwelt auseinandersetzen müssen, plagen sie jetzt auch zuhause, wo ihre Söhne ihnen an Größe und Stärke zu gleichen beginnen oder sie gar übertreffen. Wir Eltern sind enttäuscht, wenn unsere Kinder mißraten, und sind zugleich stolz und wehmütig, wenn sie gut geraten.
Wenn die Kinder aus dem Hause gehen, sehen wir Eltern uns vor die Notwendigkeit gestellt, unsere Zeit neu zu strukturieren. Diese Aufgabe ist besonders bedeutungsvoll für »Nur-Hausfrauen«. Eltern in anspruchsvollen Berufen konzentrieren ihre Energie nun auf die Arbeit.
Die Lebensmitte ist die richtige Zeit, unser Skript erneut zu überprüfen: Habe ich den richtigen Beruf, den richtigen Gefährten gewählt? War ich nach meinem Lebensplan erfolgreich? Will ich wirklich das Skript befol-

gen, das ich gewählt habe? Paare, bei denen sich jeder Partner in eigene Interessen vergraben hat, haben nun wenig Gemeinsames mehr. Sie haben mehrere Möglichkeiten: einfach zusammen wohnen zu bleiben, sich zu trennen oder gemeinsam ein neues Skript zu entwerfen.
Diejenigen unter uns, die mit ihrer beruflichen Laufbahn und mit ihrer Ehe zufrieden sind, verfolgen denselben Weg weiterhin mit Vitalität und Befriedigung. Die Unzufriedenen stehen nun vor der Wahl, sich entweder an einem toten Punkt zu fühlen oder das Risiko einzugehen, sich in eine neue Richtung zu bewegen. Menschen in den mittleren Lebensjahren bemerken die Wiederholungen in ihrem Lebenskreis durch ihre Kinder und Enkel; sie können jetzt die Enkel als Kleinkinder entspannter genießen als einst ihre eigenen Kinder. Uns wird auch das Altwerden unserer Eltern bewußt. Eine der wichtigsten Aufgaben dieser Lebensphase ist es, das Alter sinnvoll zu planen.

13.8 Übungen

1. Lernen Sie natürliche Wege kennen, mit sich in Kontakt zu kommen.
   a) Yoga
   b) Musik
   c) Meditation
   d) Lange warme Wannenbäder
   e) Heißen Tee trinken
   f) Bei Familienzusammenkünften den Unterhaltungen zuhören
   g) Ausprobieren, was Ihnen hilft:
      i. Erforschen Sie Ihre Gefühle. Geben Sie acht darauf, was Sie tun.
      ii. Füllen Sie einen Skript-Fragebogen aus (s. James/Jongeward, Spontan leben, 250ff).
2. Geben Sie sich die Erlaubnis, Ihr Skript zu ändern:
   a) Ändern Sie nur hier und da ein wenig.
   b) Nehmen Sie einige wesentliche Änderungen vor.
   c) Beleben Sie eine alte Erlaubnis neu, die Sie zwar immer gehabt, aber selten genutzt haben.
   d) Nehmen Sie grundlegende Neuerungen an Ihrem Skript vor.
   e) Werfen Sie das ganze Skript weg und fangen Sie nochmals von vorne an.

3. Entscheiden Sie, wie und wann es nötig für Sie ist, anzufangen.
4. Entwickeln Sie ein Entdeckungs-Verhalten:
   Erforschen Sie neue Lebenskonzepte, lernen Sie neue Möglichkeiten kennen; befassen Sie sich z.B. mit anderen Religionen oder philosophischen Systemen.
5. Lernen Sie neue Möglichkeiten kennen:
   a) Gehen Sie:
      i. in die Bibliothek – lesen Sie dort einmal eine andere Art Buch als bisher;
      ii. weg aus Ihrer Umgebung – nehmen Sie den Bus durch die Stadt zu einem neuen Einkaufszentrum oder zu einem Park, der im Stadtplan zu finden ist;
      iii. an einen anderen Ferienort, in ein neues Land, in einen anderen Kontinent (entsprechend Ihrem Vermögen).
   b) Machen Sie in einer Selbsterfahrungsgruppe mit – sie bietet Ihnen einen neuen Bezugsrahmen, Gruppenbeistand bei der Überprüfung Ihrer alten Einschärfungen und Gruppenbeistand (Erlaubnis und Schutz) für deren Veränderung.
   c) Nehmen Sie irgendeine Tätigkeit auf, die eine neue Saite in Ihnen anklingen läßt. Wenn Sie z.B. Jahre mit Windeln und Flicken zugebracht haben – was Eltern-Ich-Aktivitäten sind –, treten Sie jetzt einem Skat- oder Feinschmecker-Club bei, entdecken Sie Ihre Denkfähigkeit wieder.
   d) Treten Sie einer engagierten Gruppe bei (Bürgerinitiative, Graue Panther).
   e) Treten Sie einer besonderen Interessengruppe bei, möglichst einer, die etwas betreibt, was Sie schon als Kind tun wollten.
   f) Verwenden Sie täglich ein wenig Zeit auf »schmutzige« Kindertätigkeiten: Spielen Sie im Sandkasten, malen Sie mit Rasierschaum auf den Badezimmerspiegel usw.
   g) Suchen Sie sich eine offene Atmosphäre, die Ihnen die nötigen Freiheiten gibt und Ihnen darüber hinaus hilft, die Folgen einer Änderung realistisch zu sehen, z.B. in Familien-, Gruppen-, Einzeltherapie.
6. Führen Sie ein Tagebuch. Wenn Sie etwas Riskantes planen, schreiben Sie Ihre Befürchtungen nieder, ob sie Ihnen nun lächerlich erscheinen oder nicht. Halten Sie ängstliche wie auch unbequeme Gefühle schrift-

lich fest. Dann notieren Sie, was tatsächlich geschieht. Geht die Welt davon unter? Liebt Ihre Familie Sie nicht mehr? Sehen Sie anders aus? Fühlen Sie sich anders? Machen Sie das jedesmal, wenn Sie ein Risiko eingehen. Wenn Sie dann Angst bekommen, lesen Sie Ihre früheren Kämpfe mit deren Ergebnis nach.

14 Epilog (Aussöhnung)

Das Alter ist unser letztes Entwicklungsstadium. Es beginnt damit, daß wir »zu arbeiten« aufhören, und endet mit unserem Tode. Alter ist keine Krankheit. Alter ist ein Lebensabschnitt wie jeder andere: mit neuen Entwicklungsaufgaben. Wir müssen alle Lebensabschnitte nochmals durchgehen, unser Skript erneut überprüfen, mit wichtigen Menschen unserer Umgebung Frieden schließen, mit Verlusten umgehen lernen und uns mit dem Tode aussöhnen.

Viele Mitglieder unserer heutigen Gesellschaft leugnen einfach, daß wir alt werden. Wir vermeiden es nach Möglichkeit, ans Alter zu denken – und doch haben wir eine viel längere Lebenserwartung als irgendeine frühere Generation. Unsere Lebensdauer hat sich in einem Jahrhundert verdoppelt. Wir können erwarten, ungefähr Mitte Siebzig zu werden. Wer heute fünfzig ist, hat normalerweise noch 24 Jahre vor sich. Wer heute 65 ist, hat noch wenigstens zwölf Jahre vor sich. Weiße Frauen leben am längsten. Schwarze Männer leben am wenigstens lange. Da Frauen gewöhnlich ältere Männer heiraten, steht ihnen voraussichtlich fast ein Jahrzehnt Witwenstand bevor.

14.1 Pensionierung

Das Beenden der Berufstätigkeit ist eine Entwicklungsaufgabe, die für unsere Gesellschaft kennzeichnend und nicht etwa weltweit gleich ist. In einigen alten Gesellschaften bleibt auch ein alter Mensch aktiver Teilnehmer an den üblichen Verrichtungen der Gemeinschaft. Viele Mitglieder unserer Gesellschaft fühlen sich gezwungen, mit 65 oder sogar früher in Pension zu gehen. Dieses willkürliche Alter hat wenig mit individueller Vitalität oder Arbeitsfähigkeit zu tun. Viele Leute in diesem Alter sind verbittert über eine Gesellschaft, die Menschen in einem bestimmten Alter nicht mehr auf dem Arbeitsmarkt duldet. Andere weigern sich einfach, ausrangiert zu werden.

Peter war 65, als er sich von seiner Laufbahn als Postbeamter zurückzog. Nach sechs Monaten der Pensionierung suchte er sich eine Arbeit als Bankwächter. Er hatte festgestellt, daß er an Gewicht zunahm und es ihm zusehends langweiliger wurde. Dann ergaben sich für ihn neue politische Kontakte, und er bekam eine andere Stelle. Als er fast siebzig war, arbeitete er in der Abteilung für Autobahnen beim Verkehrsministerium. Jeden Winter besuchte er Kurse über Bauplanung. Bei der Arbeit wurde er gelobt für seine Vitalität und seine Fähigkeit, Probleme zu lösen. Um die Stelle zu bekommen, hatte er sich ein Auto gekauft und fuhr täglich bis zu fünfzig Kilometer zu den Baustellen und zurück.
Ältere Leute mit Einfluß und Ansehen können manchmal einen solchen willkürlichen Ausschluß beeinflussen, indem sie z.B. Eigentümer ihrer Firma bleiben oder sich selber zu Firmenberatern machen, auf Teilzeit arbeiten und erst allmählich die ermüdenden Seiten ihrer Tätigkeit abgeben. Valentins Vater übergab die Routineangelegenheiten seinen Untergebenen und begann zu reisen, er eröffnete Zweigniederlassungen in anderen Ländern und konnte die Beziehungen und Erfahrungen, die er während eines langen Arbeitslebens gewonnen hatte, gut einsetzen.
Man kann sich auf die Pensionierung freuen oder sie fürchten, je nachdem, wie sie in unser Skript paßt. Schlechte Gefühle kommen mit Entscheidungen wie »Ich bin zu nichts mehr nütze, ich bin ausrangiert, ich bin nicht ok«. Gute Gefühle kommen mit Entscheidungen wie »Ich habe getan, was von mir erwartet wurde. Und jetzt ist es ok für mich, zu tun, was ich *möchte*.«

14.2 Wiederholung früherer Phasen

Großeltern berichten oft, wie sehr sie ihre Enkel genießen. Irmgard sagt: »Ich habe einfach Freude an Ludwig, Lorenz und Lotti und rege mich nicht über sie auf. Das können ihre Eltern machen. Ich bin entspannt und spiele mit ihnen, wenn mir danach zumute ist. Wenn's mir nicht danach ist, schicke ich sie nach Hause oder gehe nicht hin, sie zu besuchen. Es ist so angenehm, bei ihnen zu sein, wenn ich möchte, und nicht bei ihnen zu sein, wenn es mir nicht paßt.«
Alte Leute können Lebensabschnitte mit dem einzigartigen Bewußtsein nochmals durchlaufen, daß sie alles schon einmal erlebt haben.

Wir, die wir sieben oder acht Jahrzehnte gelebt haben, sind »Lebensfachleute«; wir haben die größte Erfahrung im Lösen und erneuten Lösen von allen Entwicklungsaufgaben, und wir haben die größte Erfahrung im Überleben. Wir haben Kriege und Wirtschaftskrisen überstanden und unser Leben immer wieder neu aufgebaut.
Wir sind Fachleute dieser Welt im Hinblick auf Veränderungen. Wir wurden um die Jahrhundertwende geboren. Wir haben erlebt, wie das Gaslicht der Elektrizität und dann der Sonnen- und Kernenergie wich. Wir haben gesehen, wie rund um die Welt Telefonmasten aufgestellt und dann durch unterirdische Kabelleitungen ersetzt wurden, die sich sogar unter dem Meer hindurchziehen. Wir haben unsere Nachbarn in Pferdekutschen fahren sehen, dann in pferdelosen Wagen, dann in Flugzeugen und jetzt in Mondraketen. Wir sind aufgewachsen mit Scherzen über den »Mann im Mond« und haben es erlebt, daß der Mensch auf dem Mond landete – »life und in Farbe«!

14.3 Erneute Durchsicht unseres Lebensskripts

Eine erneute Durchsicht unseres Lebensskripts gehört zu den Aufgaben der letzten Lebensphase. Es ist wichtig und heilsam für unser Gemüt, wenn wir bei der Durchsicht unseres Skripts feststellen können, daß das, was wir getan haben, wichtig und wertvoll war, und wenn wir uns mit unserem Bedauern über das, was wir falsch oder gar nicht gemacht haben, abfinden können. Es ist gut, wenn wir unsere Leistungen verdienstvoll finden und anerkennen können, daß wir das unter den Umständen Bestmögliche versucht haben. »Ich hätte ... sollen, wenn nur ...« und »was wäre, wenn ...« führen nur zur Unzufriedenheit und hindern unsere Aussöhnung mit dem Leben.
Wir haben unsere Verpflichtungen gegenüber der Familientradition erfüllt. Wir haben Kinder großgezogen und die Kinder unserer Kinder erlebt. Wir haben die vorgeschriebene Anzahl von Jahren gearbeitet. Und was nun?
»Was nun?« kann sowohl eine ängstliche als auch eine hoffnungsfrohe Frage sein. Wir haben nach der Pensionierung noch mehr als ein Jahrzehnt zu leben. Wie sollen wir diese lange Zeit verbringen?

Die Alten – ähnlich wie die Jungen in der Emanzipationsphase – dehnen diesen Entwicklungsabschnitt aus und entwickeln ihn, während sie weiterleben.

Gewinner, d.h. Alte, die sich selbst und andere für ok halten, erfinden verschiedene Stile des Alterns. Organisatoren tauschen neue Interessen und Tätigkeiten gegen ihre alten ein. Peter ist das Beispiel eines solchen Neugestalters (s. S. 251). Sie legen großen Wert darauf, aktiv zu bleiben. Sie gehen vom Broterwerb zu anderen sinnvollen Tätigkeiten über, z.B. zu Aufgaben für das Allgemeinwohl, kirchlichen Tätigkeiten, Mitarbeit in verschiedenen Vereinigungen.

Andere Gewinner gehen auch häufig nach folgendem Muster vor: sie wählen die neue Tätigkeit sorgfältig aus, strukturieren ihre Zeit um Rollen herum, die ihnen wichtig sind. Margaret ist die Frau eines pensionierten Pastors. Sie nahm ihre Rolle als Pfarrersfrau sehr ernst und war unermüdlich bei ihren Pflichten. Nach der Pensionierung ihres Mannes änderte sie den Brennpunkt ihrer Interessen: »Ich habe mich lange auf den Tag gefreut, wenn ich Zeit haben würde, *meine* Dinge zu tun. Jetzt ist diese Freiheit für mich gekommen. Manchmal habe ich Schuldgefühle, wenn ich Aufgaben zurückweise, die ich noch erfüllen könnte, aber ich habe mich nun einmal entschlossen, mich freizuhalten und meine eigenen Interessen zu verfolgen.«

Josef ist Musiker; um sich allmählich zur Ruhe zu setzen, baute er die Arbeit langsam ab und wurde Berater. Lene, seine Frau, ist Schriftstellerin. Sie arbeitet jetzt nur noch als freie Mitarbeiterin. Manche alte Leute ziehen es vor, sich von allem frei zu machen. Friedrich gehört zu ihnen. Er läuft nicht zu allen Senioren-Veranstaltungen, lieber verbringt er seine Zeit zuhause im Gespräch mit Nachbarn, beschäftigt sich ein wenig in Haus und Garten und macht jeden Nachmittag einen Spaziergang ins Einkaufszentrum, um dies und das zu besorgen. Die Rundreise in die Geschäfte beträgt mehr als drei Kilometer, und zwar bergauf und bergab. Höflich lehnt Friedrich es ab, wenn ihn wohlmeinende Nachbarn im Auto mitnehmen wollen, er behält lieber seine Unabhängigkeit und tut etwas für seinen Kreislauf.

Viele Alte tragen Skripte mit sich herum, die ihnen sagen: »Du kannst nur ok sein, wenn du betriebsam bleibst.« Solche Leute gehorchen vielfach der Einschärfung: »Sei nie zufrieden.« Einige von ihnen beschränken ihre Gedankengänge auf ganz ausgefeilte Gesundheitsrituale: »Ich bin ok, wenn

... ich alle drei Stunden Meiers Gesundbrunnen trinke, morgens und abends mein Stärkungselixier nehme ... usw.«

Einige Alte sind in der Skriptposition »Ich bin nicht ok – du bist ok«. Sie brauchen ständig Bestätigung von anderen. So ist Margarets Mutter. Sie belästigt Margaret dauernd mit Bemerkungen wie: »Du mußt mich doch hassen.« »Ich weiß, daß ich dir eine Last bin.« Kürzlich hatte Margarets Mutter einen schweren Unfall. Trotz ihrer 96 Jahre genas sie, und nach monatelangem Kampf mit dem Rollstuhl gelang es ihr, wieder aufrecht zu stehen und mit einer Gehhilfe zu laufen. Sie triumphierte, als hätte sie linkshändig einen Krieg gewonnen. Margaret bewundert ihre Willenskraft: »Ich weiß nicht, wie du das machst!« Sie antwortet: »Es ist nicht meine Willenskraft, es ist Angst! Wenn ich nicht zurechtkomme, würdest du mich sicher in so ein Altersheim stecken.« Für Margarets Mutter ist ein Altersheim das Armenhaus, und sie will nichts davon wissen.

Diejenigen, die in der Einstellung »Ich bin nicht ok – du bist nicht ok« verharren, werden apathisch. Sie beklagen sich, daß »das Leben hart ist, aber das war ja immer so« und daß »man sowieso nie viel dagegen tun kann«. Sie bilden ungefähr 5% der Leute über 65, die sich ausgestoßen fühlen, unregelmäßig leben und deren Zustand sich rasch verschlechtert. Leute in dieser Kategorie müssen nicht notwendigerweise sehr alt sein.

14.4 Mythen über das Alter

Alte Menschen, die die »Zeichen des Alters« nicht akzeptieren, strafen viele der skriptbedingten Mythen über das Verhalten im Alter Lügen, wie z.B.:

1. *»Unser Gehirn wird wie ein Sieb, es nimmt neue Ereignisse einfach nicht mehr auf.«*

Vergeßlichkeit kann von hohem Blutdruck, von »leichten Schlaganfällen« (cerebralen Hämorrhagen), von Trauer und von schlechter Ernährung kommen. Bessere Kost, mehr warme Kuschelchen und regelmäßige Blutdruckkontrolle können für das Gedächtnis Wunder wirken.

2. *»Wir alten Hunde können keine neuen Kunststücke mehr lernen.«*

Alte Menschen können lernen, solange sie leben. Sie brauchen dazu mehr Zeit und angemessenen Ansporn von anderen, die auch Alten die Freiheit des Lernens zugestehen. Betti und Bert besuchten einen Eheberater, als sie 68 waren, weil sie mit ihrer Beziehung nicht zufrieden waren. In der Folge beschlossen sie, ihre Kinder endgültig loszulassen, ihr Skript anzupassen und ihre Ehe zu ändern. Sie lernten, sich gegenseitig besser zu streicheln, und haben nun viel mehr Freude. Sie machten auch Pläne für ihr hohes Alter.

3. *»Beweglichkeit, Kreativität und Neugier sind vorbei.«*
Mit genügend gefühlsmäßigem Ansporn und bei richtiger Entspannung können alte Leute sehr kreativ und spontan sein. Viele brauchen die innere Erlaubnis, sich von den stereotypen Vorstellungen über das Verhalten alter Leute zu befreien, denen sie sich bisher unterwarfen. Dora und Daniel war ihr eigenes Haus viel wert. Sie haben nun beschlossen, es mit Gewinn zu verkaufen, eine Wohnung zu mieten und ihre erste Reise nach Übersee zu machen.

4. *»Alte Leute leben in der Vergangenheit.«*
In diesem Fall gibt es Beweise für die Richtigkeit dieser Ansicht. In der Tat sind alle Menschen über 55 vergangenheitsorientiert. Das ist eine mechanische Abwehr der Zukunft, welche Krankheit bringen kann und ganz sicher den Tod bringt. Es kommt eine Zeit, da es mehr zurückzublicken als vorauszuschauen gibt.

5. *»Alten Leuten fehlt die Energie. Sie sind langsam und schwerfällig.«*
Geschwindigkeit ist realtiv und richtet sich nach dem Tempo der Umgebung. Das Tempo in der Großstadt wäre atemberaubend für einen jungen kräftigen Erwachsenen, der in einem Bergdorf geboren ist. Rudolf erinnert sich z.B., wie er über das langsame Tempo seiner Großmutter ärgerlich wurde, als er sie heimbegleitete. »Um mich abzulenken, sah ich mich etwas um und bemerkte dabei ihre Füße. Sie flogen nur so dahin! Sie machte drei sehr rasche Schritte, wenn ich einen machte (ich war 25 cm größer als sie).«

6. *»Alte Leute sind übertrieben konservativ.«*
Manche alte Leute stehen den Lebensauffassungen ihrer Enkel näher als denen der Generation dazwischen. Die »Grauen Panther« sind eine militante Gruppe von Senioren, die sich als die am meisten vernachlässigte

Minderheit bezeichnen. Die Aufnahmebedingung ist ein Interesse an Altersfragen. Erich ist ein pensionierter Erdölgeologe. Als es zu Brüchen an Ölleitungen kam, besuchte Erich Bürgerinitiativen, hielt Vorträge vor Geschäftsleuten und vertrat die ökologische Seite des Problems. Er schlug Lösungen vor, die für den Umweltschutz gut waren, aber weniger rentabel für die großen Ölgesellschaften. Die entsprechenden Leute wurden wütend auf ihn, aber da Erich in niemandes Interesse arbeitete, konnten sie ihm nichts anhaben.

7. *»Alte Leute sind unansehnlich und geschlechtslos«*
Das »Altweiber«-Aussehen ist meistens auf Armut zurückzuführen, auf schlechte Zahnpflege, schlechte Ernährung, schlechte medizinische Betreuung und unkleidsame Garderobe. Sexuelle Interessen müssen nicht verschwinden. Ein Mann von 112 Jahren erklärte, er sei mit 102 alt geworden. Als man ihn nach dem Grund fragte, antwortete er, das sei das Jahr gewesen, in dem er seine sexuelle Aktivität eingestellt habe.

14.5 Mit Menschen, die für uns wichtig sind, Frieden schließen

Eine andere Entwicklungsaufgabe besteht darin, mit all denen Frieden zu schließen, die uns wichtig sind. Es ist ein Vorteil des Alters, daß man die Dinge mit mehr Abstand sieht. Ältere Leute berichten, daß sie kleine Fehler bereitwilliger als früher übersehen. Am wichtigsten ist es meistens, verwandtschaftliche Beziehungen zu klären. Wir können die Haltung »Ich bin ok – du bist ok« annehmen, ohne unsere Würde zu opfern. Wir können unsere Verwandten lieben und trotzdem Wege finden, Meinungsverschiedenheiten zu bereinigen, ohne uns als Verlierer zu fühlen. »Ich bin ok – du bist ok« bedeutet, daß ich mich für mein Tun, Fühlen und Denken verantwortlich fühle und meine Fehler in der Vergangenheit zugebe in dem Wissen, daß ich das unter meinen damaligen Lebensumständen Bestmögliche getan habe. Es bedeutet auch, daß du genauso zählst, daß du für *deine* Gefühle, Gedanken und Handlungen verantwortlich bist. Und daß du dich auch mit deinen Fehlern in der Vergangenheit auseinanderzusetzen hast. (Ich gestehe dir dabei zu, daß du das unter deinen damaligen Lebensumständen Bestmögliche getan hast.)

14.6 Mit Verlusten umgehen lernen

Mit dem Verlust von Streicheln fertig zu werden, ist eine der schwierigsten Aufgaben des Alters. Je länger man lebt, um so mehr Freunde und Verwandte verliert man. Niemand kann ohne Streicheln leben, und viel von der Senilität, die wir so stereotyp als »hoffnungslos« bezeichnen, könnte durch besseres Streicheln abgewendet werden. Viele alte Leute hören z.B. in ihrer angemessenen Trauer über einen neuen Verlust auf zu essen. Ihre Vergeßlichkeit und Verwirrung – abgesehen von dem, was normalerweise zur Trauer gehört – ist auf falsche Ernährung zurückzuführen und kann gebessert werden.

Andere Zeichen von »Senilität« können von Leiden herrühren, bei denen wegen Arteriosklerose zu wenig Sauerstoff ins Gehirn gelangt. Wir essen im allgemeinen zu viel. Essen ist für streichelhungrige Menschen ein Mittel, mit dem sie überleben können. Falsche Ernährung bringt viele Übel, besonders Zirkulationsstörungen mit Symptomen, die wir unter »Senilität« einreihen, die aber durch bessere Eßgewohnheiten verhindert werden könnten. Wenn ein Mensch Streicheln, das er aus dem Essen bezieht, aufgeben soll, muß er eine andere Streichelquelle als Ersatz finden.

Einige Menschen, die wiederholt Verluste erlitten haben, weigern sich, das Risiko neuer Freundschaften einzugehen. Richard sagt: »Ich bin so einsam ohne meine Freunde. Niemand kann sie ersetzen. Niemand teilt dieselben schönen Erinnerungen mit mir. Niemand erkennt schon an meinem Gesicht oder an der Art, wie ich hereinkomme, wie ich mich fühle. Sicher, ich kann neue Freundschaften schließen, und das tue ich auch. Aber der Aufwand, bis sie mich verstehen, nimmt jedesmal zu. Ich suche mir die Leute sehr genau aus, in die ich noch so viel investieren will.«

Verlust finanzieller Sicherheit ist eine ernste Bedrohung im Alter. Unerwartete Schwierigkeiten wie schwere Krankheit oder steigende Lebenskosten können plötzlich alles aufbrauchen, was einst eine recht gute Altersversorgung schien. Lorenz hat beschlossen, daß er nicht knausern will. Er möchte ordentlich leben, und wenn ihm schließlich das Geld ausgehen sollte, wird er sich an die Fürsorge halten.

Wir ermüden körperlich schneller und erholen uns nicht mehr so rasch nach physischen Strapazen. Falten und schlaffe Muskeln nehmen zu, unsere Kraft läßt nach. Die abnehmende Hormonproduktion macht unsere Knochen spröde und anfälliger für Knochenbrüche. Unsere Sinne lassen nach. Robert hat festgestellt, daß er seit seinem vierzigsten Lebensjahr zunehmende Sehschwierigkeiten hat. »Ich kann wohl noch sehen, aber es fällt mir schwer, etwas zu fixieren, und ich fahre nicht mehr gerne im Dunkeln Auto, wenn ich Mühe habe, den Straßenrand zu erkennen. Ich *denke* und *fühle* immer noch so wie vor zwanzig Jahren. Um so frustrierender ist es, wenn ich nicht mehr so *handeln* kann wie früher.«

Alte Leute in unserer Kultur bekennen sich mehr als jede andere Altersgruppe zu religiösen Bindungen. Viele von ihnen lesen regelmäßig religiöse Literatur und glauben an ein Leben nach dem Tode. Alte Leute füllen die Kirchenbänke in unserem Lande. Leute mit einem lebendigen Glauben haben eine Kraftquelle in den Stunden ihrer Prüfung. Sie erleben ihren Gott als eine Quelle des bedingungslosen positiven Streichelns.

Alte Menschen brauchen Streicheln wie Menschen in jedem anderen Alter. Diejenigen, die genug Streicheln bekommen und körperlich aktiv bleiben, verzögern den Verfall, den wir hohem Alter zuschreiben. Eine Möglichkeit, uns selber genügend zu streicheln, ist gute Körperpflege. Sie braucht Zeit, Energie und ein fortgesetztes Interesse an unserer äußeren Erscheinung. Alte Leute haben viel Zeit. Viele von uns hassen graue Haare und Falten. Wenn wir uns unseres Aussehens so schämen müssen, daß wir uns nirgends mehr hintrauen, führt das zu vermehrter Einsamkeit und schnellerem Altern.

Einem Greis geht rascher die Energie aus. Manchmal ist es sogar mühsam, nur in die Badewanne und wieder heraus zu kommen. Wenn wir Hilfe von anderen brauchen, reagieren wir entsprechend unserer Skriptbotschaft über Abhängigkeit und Ok-Sein auch als Bedürftige.

Anni war ihr Leben lang eine passive, abhängige Frau. Als sie älter wurde, wurde sie immer netter und dankbarer für alles, was man für sie tat. Sie starb in Frieden nach langer Krankheit und viel Zuwendung seitens ihrer Familie. Michael, ihr Witwer, 83, ist krank. Er war stets unabhängig, vital und befehlend. Jetzt ist er so schwach, daß er nicht einmal sein Bad ohne Hilfe nehmen kann. Wenn die Krankenschwester ihm helfen will, bemerkt er zynisch: »Ok, wo ist die Windel?« Er hat seine Kinder vergrault und nörgelt ständig an seiner Lieblingstochter herum. Was immer sie vorschlägt, er macht das Gegenteil. Er ist nur noch enttäuscht und verzweifelt. Michaels Skript erlaubt ihm nicht, bedürftig zu sein.

In jedem Lebensabschnitt ist es uns ein wichtiges Bedürfnis, uns selber in der Hand zu behalten und entscheiden zu können, wie wir leben wollen.

Martha arbeitete manches Jahr in einem Damenstift. Sie beobachtete, daß Frauen, die aus eigenem Antrieb dort eingezogen waren, bei ihren Zimmernachbarinnen sehr beliebt waren und noch bis weit in die Neunzig hinein gesund und aktiv blieben. Diejenigen, die von Angehörigen untergebracht wurden, verfielen viel jünger und starben eher.

Das Bedürfnis, gebraucht zu werden, wichtig und wertvoll zu sein, sitzt ebenfalls sehr tief. Alois sagte von seinem Vater: »Papa ging es recht gut, trotz schlechtem Gehör, schlechter Sehkraft und einem schlechten Herzzustand. Der Doktor kam zu dem Schluß, daß Papa am Steuer seines Autos eine allgemeine Gefahr darstellt, und beschwor mich, ihn vom Autofahren abzubringen. Papa war der einzige Mann in einem Wohnvorort mit dreißig oder vierzig Frauen. Er war ihr freundlicher Chauffeur und Nachbar, fuhr sie alle zum Arzt oder zum täglichen Einkauf. Als ich darauf bestand, daß er aufhöre zu fahren, sagte Papa, ich nähme ihm das Leben. Er sollte recht behalten. Er verfiel zusehends und starb nach weniger als einem Jahr.«

14.7 *Sich mit dem Tod versöhnen*

Alter ist das einzige Entwicklungsstadium, das keine nächste Phase kennt. Deshalb ist es angebracht, sich nicht mehr in die Zukunft zu orientieren. Alte Leute haben oft das Gefühl, sie müßten etwas Bestimmtes tun, solange noch Zeit dazu sei, sie müßten z.B. anderen mitteilen, was ihnen wertvoll erscheint, »ehe es mit mir stirbt«. Wer sich weigert, dem bevorstehenden Tod ins Auge zu sehen, indem er zukunftsorientiert bleibt, vernachlässigt wichtige Aufgaben wie z.B. das Abfassen des Testaments, die Lösung wichtiger Streitfragen in der Familie. Solche Leute lassen dann die Ihren verbittert und ärgerlich über ihre Verantwortungslosigkeit zurück.

In unserer westlichen Kultur ist es schwierig, sich mit dem Tod zu versöhnen. Wir betrachten den Tod als einen Feind, der um jeden Preis gemieden werden muß. In der Krankenpflege Tätige entwickeln sich zu Fanatikern in diesem Kampf. Schwestern und Ärzte an Intensivstationen können heute Leute »am Leben« erhalten, wenn Herz, Gehirn oder Nieren schon aufgehört haben zu funktionieren. Die Definition von »Tod« ist nicht mehr so einfach. Die Ärzte müssen heute schon die Gerichte um Hilfe bitten bei der Klärung der Frage, wann ein Mensch als tot zu erklären ist.

Ein Krankenhaus ist nicht der geeignetste Ort, ein Leben zu beschließen. Die ideale Umgebung wäre die Familie, wo uns unsere Liebsten pflegen, wo wir Zeit haben, Adieu zu sagen und all das Wichtige mitzuteilen, was wir bis heute ungesagt gelassen haben.

14.8 Zusammenfassung

Die Aufgaben des Alters umfassen das Ausscheiden aus dem Erwerbsleben, Neustrukturierung der Zeit, Umgang mit Verlusten, Erhaltung der Gesundheit, Entscheidung über die Verwendung der verbleibenden Zeit, Umgang mit körperlichem Verfall und Tod.
Alte Leute sind verschieden – in ihrer Persönlichkeit, ihrer Gesundheit, in der Annahme ihres Alters und in ihrer Beweglichkeit.
Viele dieser Unterschiede lassen sich aus dem Skript erklären und aus dem Zusammenspiel von Erfordernissen des Lebens und dem persönlichen, besonderen Skript. Häufig bringt das Alter ein ursprünglich geplantes Skript zum Abschluß. Der Einzelne kann sich dann frei fühlen, einen neuen Lebensstil zu wählen oder zurück auf die Schulbank zu gehen, um einen lang ersehnten akademischen Titel zu erarbeiten. Andere werden sich verloren vorkommen, sich in ein Pflegeheim zurückziehen und auf den Tod warten. Einige schließen sich einem Altenclub an. Die »Grauen Panther« bezeichnen sich als die am meisten unterdrückte Minderheit im Lande.
Andere bleiben starr in ihrem Denken und kapseln sich vor Änderungen ab, die sie nicht mehr akzeptieren wollen.
Der alternde Mensch setzt sich mit Tod und Leben auseinander, mit dem, was das Leben bedeutet hat, und damit, wie das Sterben sein mag. Je länger man lebt, um so mehr Verluste erleidet man. Eltern, nahe Verwandte und Freunde und womöglich Kinder sterben und nehmen nach und nach all die gewohnten Streichelquellen mit sich. Der alte Mensch steht vor der schwierigen Aufgabe, neue Streichelquellen zu finden.
In Würde sterben zu dürfen, ist eine Forderung, die gerade in unseren Tagen wieder vermehrt gestellt wird.

14.9 Übungen

1. Sie sind gerade mit einem Auto verunglückt, weit draußen auf dem Lande, ohne Hoffnung auf rasche Rettung. Sie können weder die Beine noch den rechten Arm bewegen, und Sie sehen nichts.
   a) Möchten Sie, daß jemand Sie findet?
   b) Möchten Sie leben oder sterben?
   c) Mit wem möchten Sie sprechen können?
      i. Was sagen Sie?
      ii. Haben Sie irgendeine unerledigte Sache?
      iii. Haben Sie Fehler zu berichtigen?
      iv. Möchten Sie einen bestimmten Rat weitergeben?
   d) Denken Sie an Dinge, die Sie besitzen und die Ihnen besonders am Herzen liegen. Wem möchten Sie sie vermachen?
   e) Stellen Sie sich vor, daß Sie wieder gesund werden, nachdem Sie Ihre Sachen weggegeben haben. Was dann?
2. Wie werden Sie wissen, daß Sie alt sind?
3. Was für konkrete Schritte machen Sie jetzt, um sich aufs Alter vorzubereiten? Wie lernen Sie das Altwerden?
4. Vergleichen Sie Ihre jetzige religiöse Einstellung mit Ihrem Glauben vor 30 Jahren.
5. Denken Sie an den Tod? Wie werden Sie damit fertig?
6. Stellen Sie sich Ihre Beerdigung vor. Wer wird dabei sein? Was werden die Leute über Sie sagen? Ist es das, was Sie wünschen?
7. Was für andere Themen möchten Sie in Betracht ziehen?

Teil III

Wie man Probleme löst

... Er läßt seine Sonne aufgehen über die Bösen und
über die Guten und er läßt regnen über Gerechte und Ungerechte.
Matth. 5, 45

15 Wie man Probleme löst

15.1 Warum gibt es Probleme?

Problemlösen schließt effektives Denken und Handeln ein. In den ersten Teilen dieses Kapitels stellen wir Möglichkeiten vor, wie man wirkungsvoll denkt; im zweiten Teil zeigen wir ein paar problemlösende Verhaltensweisen.

Gewöhnlich werden in der Familie tagtäglich so viele Probleme gelöst, daß wir gar nicht mehr merken, daß wir Probleme lösen. Dennoch werfen wir jedesmal, wenn wir Forderungen aneinander stellen oder Bedürfnisse zum Ausdruck bringen, ein Problem auf, das gelöst werden muß. Auf dieser Ebene sehen wir das Problemlösen als selbstverständlich an. Manchmal sind wir jedoch ratlos und müssen dann nach neuen Wegen suchen, um mit den Problemen fertig zu werden. Es ist unmöglich, daß man Kinder ohne Probleme aufziehen kann. Denn erstens ist niemand perfekt, und zweitens gibt es Phasen in ihrer Entwicklung, in denen sie Probleme aufwerfen müssen, um von den Erwachsenen etwas über das Lösen von Problemen zu lernen. Die Schwierigkeit, Eltern zu sein, wird sehr deutlich von Henry T. Close in einem Artikel mit dem Titel »On Parenting«[1] (über das Beeltern) zum Ausdruck gebracht. Er sagt darin:

»Es steht außer Frage, daß deine Eltern dir gegenüber als Eltern versagten. Alle Eltern versagen ihren Kindern gegenüber, und deine sind keine Ausnahme. Kein Elternteil wird jemals seiner Elternrolle gerecht, und es gibt keine Möglichkeit, dabei nicht zu versagen. Keine Eltern besitzen jemals genug Liebe, Weisheit, Reife oder was auch immer. Und es gibt keine Eltern, die ihr Ziel erreichen.

Das bedeutet, daß ein Teil deiner Aufgabe – ebenso wie für jeden anderen – darin besteht, daß du das, was du von deinen Eltern mitbekommen hast, ergänzt und andere Quellen für dein Beeltertwerden findest. Du brauchst

[1] Nachgedruckt mit der Erlaubnis von Voices: The Art and Science of Psychotherapy IV, 1 (1968).

mehr von deiner Mutter, deinem Vater und deinen Geschwistern, als sie dir bieten und geben konnten.

... Unsere Gesellschaft verlangt von den Eltern, gute Eltern zu sein. Durch diese Forderungen wird ihr Problem nur noch schwieriger gemacht. Es wird nämlich von ihnen erwartet, daß sie den an sie gestellten Forderungen hundertprozentig entsprechen, und es gilt als eine schreckliche Schande, wenn ihnen das mißlingt. Wenn sie erfolgreich sind, werden ihre Kinder sie mit hingebungsvoller Liebe, mit Gehorsam und Erfolg belohnen; wenn sie jedoch als Eltern versagen, dann werden sich ihre Kinder als lieblos, ungehorsam und erfolglos erweisen. So sieht die allgemein vorherrschende Meinung in unserer Gesellschaft aus. Wenn aber Eltern diese Ansicht übernehmen, dann bringen sie sich damit selbst in eine unerträgliche Lage. Zuerst versuchen sie, hundertprozentig perfekt zu sein, und nachdem ihnen das nicht gelingt, versuchen sie, wenigstens nach außen hin hundertprozentig perfekt zu erscheinen. In jedem Fall klammern sie sich an dich und verlangen, daß du alles Beeltertwerden von ihnen erfährst, wodurch sie sich die Bestätigung geben, daß sie gute Eltern gewesen sind. Sie mögen dabei auch verlangen, daß du liebevoll, gehorsam und erfolgreich bist, denn das wäre ein lebendiger Beweis ihres Erfolgs als Eltern[2]. Sie finden es deshalb schwierig, dich erwachsen werden zu lassen – d. h. dich andere Quellen für das Beeltertwerden finden zu lassen. Das bedeutet aber, daß du trotz ihrer erwachsen werden mußt, anstatt zu warten, bis du ihre Erlaubnis dazu erhältst. Sie werden es dir bestimmt nicht leicht machen, und du mußt es schon von selbst und aus eigenem Antrieb heraus tun.

Damit du erwachsen wirst, ist es für dich notwendig, daß du deinen Eltern verzeihst. Aber du mußt ihnen um deinetweillen und nicht um ihretwillen verzeihen. Ob sie sich selbst vergeben, hängt von ihnen ab und nicht von dir, und sie können nicht darauf warten, bis du ihnen verzeihst, genauso wenig, wie du es dir leisten kannst zu warten, bis sie dir verzeihen. Wenn du ihnen nicht verzeihst, bedeutet das, daß du immer noch alles von ihnen erwartest. Du klammerst dich an sie in der Hoffnung, daß sie dir schließlich alles Beeltern geben werden, das du brauchst, wenn du sie nur dazu

[2] Dieses Besorgtsein der Eltern über die »Fehlschläge« ihrer Kinder kann teilweise als ein Versuch verstanden werden, die Kinder zu zwingen, erfolgreich zu sein, womit die Eltern sich selbst bestätigen, daß sie gute Eltern gewesen sind.

bringst, sich genügend schuldig zu fühlen. Aber das ist unmöglich, und damit du wirklich für ein anderes Beeltertwerden frei bist, mußt du verzeihen.
Ich hoffe, daß dich dein eigenes Bedürfnis nach Beeltertwerden nicht verwirrt, und daß du demütig und auch entschlossen genug bist, wirksame Möglichkeiten zu finden, es zu erlangen.«

15.2 Was ist das Problem?

Bei der Konfrontation mit schlechten Gefühlen oder mit Schwierigkeiten zwischen Menschen lautet die erste Frage: »Was ist nicht in Ordnung?« Viele Schwierigkeiten werden dadurch größer, daß der Ursprung der mißlichen Lage falsch bestimmt wird. Wenn sich zum Beispiel die zwei Jahre alte Anni widerspenstig, ablehnend und launisch verhält, dann tut sie es wahrscheinlich aus dem Grund, um ihr Unterschiedensein von Mutter und Vater zu erproben. Wenn die Eltern dagegen annehmen, daß Anni sich so verhält, weil sie keine guten Eltern sind, und sie sich deswegen nicht ok fühlen, dann haben sie das zugrundeliegende Problem nicht richtig erfaßt. Auf Grund ihrer Fehldeutung werden sie Anni kaum in der Art gegenübertreten, wie sie es braucht. Die schlechten Gefühle der Eltern sich selbst gegenüber werden mit Annis Bedürfnis, eigenständig zu denken und dennoch angenommen zu werden, in Konflikt geraten.
Die Grundfrage lautet dann: »Was ist nicht in Ordnung?« Liegt das, was falsch ist, an mir oder an dem andern, und was sagen meine Eltern-, Erwachsenen- und Kindheits-Ich-Zustände zu dem, was nicht in Ordnung ist? Was sagen andere darüber, was verkehrt ist? Probleme werden oft mit der Absicht ungenau dargestellt, um ihren wirklichen Ursprung zu verbergen. Ein Verhalten, bei dem dies deutlich wird, ist das Petzen. Die Anklage »Rüdiger hackt ständig auf mir herum!« ist keine genaue Definition des Problems; sie ist vielmehr eine Einladung zu einem Spiel. Wenn Georg sich darüber beklagt, daß Rüdiger ihn ärgert, dann nimmt Georg die Opfer-Position im Drama-Dreieck ein und lädt seine Eltern dazu ein, Retter zu spielen, indem sie Rüdiger verfolgen (s. Abb. 12 in Kapitel 3). Georg hat um nichts gebeten, sondern hat nur eine Behauptung aufgestellt; zum Streiten gehören aber mindestens zwei Personen. Darin liegt der Grund für die Vermutung, daß Georg selbst etwas dazu getan hat, um jemanden

dazu zu kriegen, ihn zu ärgern. Wenn etwas zwischen Georg und Rüdiger nicht reibungslos klappt, dann müssen sie selber die Verantwortung für ihr Problem übernehmen. Das versteckte Problem in obigem Beispiel liegt darin, daß die Kinder für ihr eigenes Verhalten verantwortlich sind. Um das Problem zu lösen, müssen sie darüber nachdenken, was sie tun können, um miteinander auszukommen.

15.3 Wie man Probleme analysiert

15.3.1 Überprüfung der Streichelökonomie

Am wirkungsvollsten funktionieren und kooperieren Familien mit einer freien Streichelökonomie. Wenn man einander Streicheln nur mit Einschränkungen gibt und wenn sich die Familienmitglieder nur aufgrund von unzutreffenden Vorstellungen über Streicheln verhalten, dann wird es Kampf in der Familie geben. Die am weitesten verbreitete Vorstellung ist, daß es nicht genügend Streicheln für alle gibt. Wir halten diesen Glauben aufrecht, solange wir nicht bereit sind, das zu verlangen, was wir brauchen, und indem wir unsere Bedürfnisse nie offen mitteilen. Der »Mangel« an Streicheln bleibt bestehen, weil wir an unserer Annahme festhalten, daß nicht alle in der Familie die gleichen Rechte haben. In einer Familie hat jedoch jeder das gleiche Recht auf Befriedigung und die gleiche Verantwortung für die Zusammenarbeit. Die Rechte und Verpflichtungen eines jeden Familienmitglieds müssen dabei anerkannt werden.
Und wenn manche zu Macht-Spielen greifen (z.B. Manipulationen), um dadurch Streicheln zu erhalten? Bei Macht-Spielen wird vorausgesetzt, daß Streicheln selten ist und daß man darum kämpfen muß. Viele von uns werden gründlich dazu erzogen, Macht-Spiele zu inszenieren, um das zu bekommen, was sie möchten. In vielen Familien gelten Drohungen, Schmollen, Weinen, Türenknallen und Abwerten als akzeptierte Ersatzmittel für Aussprache und Verhandeln. Jedes Kind verfügt mit drei Jahren bereits über ein funktionierendes Erwachsenen-Ich und kann sich damit aktiv an einer Aussprache und Verhandlung beteiligen. Kinder brauchen ständige Übung im Diskutieren und Verhandeln, und sie lernen dies in erster Linie anhand der Beispiele, die ihnen ihre Eltern geben. Methoden, wie man kooperatives Verhalten bei Diskussionen und Verhandlungen schafft, werden später in diesem Kapitel dargestellt.

Um zu einem freien Streichelaustausch zu kommen, muß jeder Beteiligte alles das, was er haben möchte, immer und beständig verlangen. Wenn wir jeden um das, was wir wollen, immer und zu jeder Zeit bitten, dann beuten wir ihn nicht aus und überlisten und verführen ihn auch nicht; vielmehr muß dabei jeder von uns seine Position und seine Wünsche offen darlegen. Wenn die Wünsche eines jeden bekannt sind, kann zusammengearbeitet und verhandelt werden, um diese Wünsche auch zu erfüllen. Kooperatives Verhandeln wird uns nicht immer das verschaffen, was wir im jeweiligen Augenblick gerade wollen. Deshalb besteht unsere Aufgabe auch darin, Prioritäten zu setzen. Viele von uns hegen noch die Kindheits-Ich-Vorstellung, daß, wenn sie nicht sofort bekommen, was sie wollen, sie es nie bekommen werden. Eltern nähren oftmals diesen Glauben, wenn sie auf Wünsche ihrer Kinder mit »Wir werden sehen« oder »Vielleicht später« eingehen, aber dieses Versprechen nie halten. Wir respektieren die Rechte unserer Kinder dann, wenn wir uns ihren Bitten gegenüber rücksichtsvoll verhalten. Wenn wir ein Bedürfnis der Kinder nicht augenblicklich befriedigen können, dann sollten wir sie wissen lassen, wann wir es tun können. »Ich kann dich nicht in diesem Augenblick in den Arm nehmen, Johanna, weil ich den Vergaser wieder einbauen muß, und meine Hände ganz verschmiert sind; ich werde aber in etwa einer halben Stunde zu dir kommen und dich dann in den Arm nehmen.«

Um zusammenzuarbeiten, können wir nicht das geheim halten, was wir eigentlich wollen. Wenn wir unsere Wünsche hintanstellen, dann behaupten wir damit, daß ein Mangel vorhanden sei, und verhalten uns so, als ob wir nicht berechtigt seien, unsere Bedürfnisse kundzutun.

Wir können es vermeiden, in Macht-Spiele einzusteigen, wenn wir übertriebene Behauptungen konfrontieren. Behauptungen wie »Du erlaubst mir nie, daß ich mir ein Eis kaufe«, »Warum muß ich immer auf dich aufpassen?« und »Nörgeln und meckern, das ist alles, was du kannst!« sind Mittel, um die Ansicht zu rechtfertigen, daß Zusammenarbeit nicht funktioniert.

15.3.2 Wer ist ok und wer nicht?

Wenn Menschen von den Positionen des gegenseitigen Ok-Seins ausgehen, dann ist echtes Zusammenleben möglich, und Probleme werden wirkungsvoll gelöst. Wenn wir eine »Ich-bin-ok-du-bist-ok-Position« einnehmen, treiben wir die Lösung von Problemen voran und tun, was getan werden muß. Bei einer »Ich-bin-nicht-ok-du-bist-ok-Position« tun wir Dinge, um uns von dem bestehenden Problem zu entfernen. Von der Position des »Ich bin ok – du bist nicht ok« aus versuchen wir das Problem dadurch zu lösen, daß wir den anderen loswerden. Und nehmen wir die Position »Ich bin nicht ok – du bist nicht ok« ein, dann drehen wir uns im Kreise und gelangen nirgendwohin.

Abb. 35: Wie wir mit Problemen von den vier Grundpositionen aus umgehen

15.4 Spiele und Zeitstrukturierung

»Was ereignet sich immer und immer wieder in unserer Familie, das mit schlechten Gefühlen endet?« Diese Frage ist nützlich, wenn wir psychologische Spiele identifizieren wollen. Es ist oft etwas schwierig für uns, Spiele festzustellen, weil wir sie vor unserem Erwachsenen-Ich geheimhalten. Oftmals befinden sich Personen außerhalb unserer Familie in einer besseren Lage als wir selbst, um Spiele zu identifizieren. Kenntnisse von einigen der typischen Spiele zu besitzen, ist ebenfalls nützlich. Einige typische Spiele werden aus der Verfolger-, Retter- und Opfer-Position im Drama-Dreieck gespielt.

In einem Spiel nimmt der *Verfolger* die Haltung ein »Ich bin ok – du bist nicht ok«. Ein häufiges Spiel, das vom Verfolger gespielt wird, ist: »Jetzt habe ich dich endlich, du Schweinehund« (JEHIDES). Mit diesem Spiel soll der eigene Ärger gerechtfertigt werden. Der JEHIDES-Spieler lädt andere dazu ein, ihre Fehler zu zeigen, um ihnen dann einen Tritt zu versetzen.

Der *Retter* nimmt ebenfalls die Position »Ich bin ok – du bist nicht ok« ein, »denn ich muß für dich denken«. Der Retter spielt oft »Ich versuche nur, dir zu helfen« und endet oft enttäuscht und gereizt als ärgerlicher Verfolger oder als deprimiertes Opfer.

Das häufigste Spiel des *Opfers* ist »Mach mich fertig«, bei dem das Opfer einen Verfolger dazu einlädt, sich zu ärgern. Ein anderes übliches Spiel, das ein Opfer spielt, heißt: »Warum nicht – Ja, aber ...« Bei diesem Spiel lädt das Opfer einen Retter ein und behauptet hartnäckig, daß alle seine Vorschläge nicht helfen.

15.4.1 Kindheits-Spiele

Robert Zechnich beschreibt mehrere Spiele, die in der Kindheit und im Säuglingsalter vorkommen. Ein Spiel, das um Neugeborene gespielt wird, heißt: »Laß es mich dir zeigen«. In diesem Spiel ist das Baby aus dem Krankenhaus nach Hause gekommen, und die unerfahrenen Eltern nehmen erfreut von jemandem (oft von der Großmutter) ein Hilfsangebot an. In diesem Spiel des Helfers, der in Wirklichkeit ein »Retter« ist, versucht er, nur zu helfen. Er erklärt wiederholt geduldig, wie das Kind gefüttert, gebadet wird usw., wobei er kaum seine Gefühle der Geringschätzung zu verbergen vermag. Auf diese Weise wird der Retter zum Verfolger der jungen Eltern unter dem Vorwand, ihnen zu helfen, und die Eltern wundern sich dann, warum sie sich wie Opfer fühlen. Das Vertrauen der jungen Eltern in ihre Fähigkeit, selbst für das Baby zu sorgen, ist untergraben, und sie werden ängstlich im Umgang mit dem Kleinkind. Als Reaktion auf diese Ängstlichkeit der Eltern kann das Baby Bauchschmerzen bekommen. Diese Schmerzen können dann als weiterer Beweis für das Unvermögen der Eltern aufgefaßt werden. Diese Art von Koliken läßt sich oft wie durch ein Wunder augenblicklich heilen, sobald jemand soviel gesunden Menschenverstand aufbringt, um den Retter heimzuschicken. Das schlechte Gefühl als Gewinn des Spieles »Laß es mich dir zeigen« besteht darin, daß die Eltern zu Dummköpfen erklärt werden und der Retter ein selbstgefälliges Gefühl von Überlegenheit auf ihre Kosten gewinnt.

Alle Spiele im Säuglingsalter und in der Kindheit haben dieses Thema gemeinsam: Irgendjemand ist oder scheint unfähig zu sein, und ein anderer wird oder erscheint kompetent auf Kosten eines anderen. Um aus diesem Spiel herauszukommen, muß man entweder die Hilfe von Personen ablehnen, die die Retter-Verfolger-Position einnehmen wollen, oder man besteht darauf, daß sie sich nur um die Hausarbeit und nicht direkt um das Baby kümmern.

Es gibt Unterschiede. In diesem Spiel ersetzt jemand den Retter, nachdem dieser heimgeschickt wurde, und beweist, daß die Eltern unfähig sind. Dieser Jemand ist in der Regel der Kinderarzt. Er wird zum einzigen Fachkundigen und nimmt eine Retter-Verfolger-Position ein; die Eltern befinden sich dabei in der Opferposition. In diesem Spiel bitten die Eltern den Kinderarzt um Stellungnahme, da sie sich vormachen, möglicherweise nicht für sich selbst denken zu können. Zechnich beschreibt eine Form von »Es gibt Unterschiede« (Stuhlgang-Variante): Die Mutter teilt dem Doktor täglich alle Einzelheiten mit, die den Stuhlgang des Babys betreffen – Farbe, Form, Beschaffenheit, Häufigkeit, Geruch usw. Der Kinderarzt berechnet schnell die medizinisch-ästhetische Auswertung für jede einzelne Produktion wie für die Gesamt-Erzeugung. Gewöhnlich vergleicht er sie mit dem Standard-Stuhl, der sich im Nationalen Standardbüro in Washington befindet. Dann gibt er sein Urteil über den Gesamtgesundheitszustand des Babys ab. Er ist stolz auf und die Mutter ist dankbar für seine überragende Weisheit bezüglich der Dinge, die wirklich zählen. Der Kinderarzt kann aus diesem Spiel aussteigen, indem er den Eltern klarmacht, daß diese Dinge nicht so bedeutsam sind, und darauf besteht, daß sie nur wegen wichtiger Dinge Rücksprache mit ihm nehmen.

Unabkömmlich. In diesem Spiel verändern sich die Positionen im Dramadreieck, und die Eltern, die vorher unfähig waren, werden jetzt »unabkömmlich«. Irgend ein anderer, der für das Baby sorgen könnte, was den Eltern eine Atempause erlauben würde, wird für unfähig erklärt. In weiten Bereichen unserer Kultur ist die Mutter die Unabkömmliche. Da sich nur der eine Unabkömmliche um das Baby kümmern kann, muß er oder sie ständig bei ihm sein und sich mit ihm abgeben. Es bleibt dabei keine Zeit für andere Aktivitäten, und die Unabkömmlichen werden bald erschöpft und verdrießlich sein. Sie holen sich Streicheln von anderen durch Zeitvertreibe wie »Mein Baby verlangt mehr als dein Baby«, oder im Blick auf ihre Elternrolle »Ich bin gewissenhafter als du«. Die Möglichkeit, aus diesem Spiel herauszukommen, liegt in der Erkenntnis, daß Babies auch von anderen angemessen betreut werden können, und daß auch die Bedürfnisse der Eltern wichtig sind.

Mama, geh nicht weg von mir. In der Reihe der Säuglings- und Kindheitsspiele ist das Baby bisher Zuschauer gewesen. In »Mama, geh nicht weg von mir« beginnt das Kleinkind aktiv den Anspruch der Eltern zu unterstützen, daß sie unabkömmlich sind. In diesem Spiel fängt das Kind an, eine selbständige Rolle zu spielen. Im Alter von 12 bis 18 Monaten lernt das Baby, die elterliche Unabkömmlichkeits-Position zu unterstützen, indem es einen heftigen »Protest« anmeldet, sobald die Eltern irgendwohin gehen wollen. Gelegentlich mögen sie »versuchen«, ins Kino zu gehen, aber sie erlauben den energischen Einwendungen des Kindes, dies zu verhindern. Der Weg heraus aus diesem Spiel besteht darin, daß die Eltern sich weigern, auf die Proteste des Kindes einzugehen, und die Vergewisserung geben, daß auch andere für das Baby sorgen können.

Schulangst (Kindergartenangst). Die vier vorausgegangenen Spiele entwickeln sich weiter zu einem Spiel, das »Schulangst« genannt wird. Das Kind hat dabei in Wirklichkeit Angst vor der Trennung von den Eltern und nicht vor dem Zur-Schule-Gehen. Dieses Spiel kann im Alter von fünf Jahren oder früher beginnen und kann unbegrenzt fortdauern. In dem Spiel »Schulangst« nimmt der Lehrer die Opferposition ein und wird als unfähig bezeichnet; die Eltern spielen dabei in der Verfolger-Retter-Position die Fähigen. Auf diese Weise gewinnen die Eltern auf Kosten des Lehrers an Bedeutung. Folgendes ist für alle diese Kindheits-Spiele kennzeichnend: jemand wird auf Kosten eines anderen durch dessen tatsächliche oder angebliche Unfähigkeit wichtig. Die Methode, um aus dem Spiel »Schulangst« herauszukommen, besteht darin, darauf zu bestehen, daß das Kind zur Schule geht und dort bleibt. Es ist entscheidend, daß diese Erlaubnis von den Eltern kommt in Ergänzung zu anderen, die dies auch sagen.

15.4.2 Spiele erkennen

Eine Möglichkeit, wie Sie Ihre Spielposition erkennen können, ist, darauf zu achten, ob Sie am Ende oft mit Überzeugung entrüstet sind oder rhetorische Fragen stellen (Fragen, deren Antwort Sie schon kennen). Zum Beispiel, wenn Sie Maria fragen: »Wer hat die letzten Plätzchen genommen?«, obwohl sie Plätzchen-Krümel im ganzen Gesicht hat und Sie die Antwort bereits wissen. So wird das Spiel JEHIDES gespielt. Wenn Sie die Position »Ich bin der einzige Kompetente hier« einnehmen und sich ärgerlich dabei fühlen, werden Sie leicht in Verfolger-Spiele einsteigen. Wenn Sie die Position »Ich bin der einzige Kompetente hier« einnehmen und sich selbstgerecht dabei fühlen, dann spielen Sie wahrscheinlich Retter-Spiele. Wenn Sie Hilfe geben, während niemand um Hilfe bittet, und wenn Sie nicht prüfen, ob Ihre Handlungen auch nützlich sind, dann spielen Sie Retter-Spiele. Wenn Ihre Hilfe nie wirklich hilft, dann spielen Sie wahrscheinlich auch »Retter«.

Sie spielen vermutlich Opfer-Spiele, wenn Sie sich große Mühe geben und doch nichts erreichen, wenn Sie sich selbst leid tun und sich elend fühlen. Der Weg, aus Spielen herauszukommen, besteht darin, Ihr Erwachsenen-Ich einzuschalten. Eine Möglichkeit, Ihr Erwachsenen-Ich einzuschalten, besteht z.B. darin, die Informationen aufzunehmen, die wir in diesem Buch beschreiben, um Ihr Erwachsenen-Ich wieder in Aktion zu setzen. Wir lassen uns in Spiele ein, wenn wir eigene Bedürfnisse oder Gefühle übergehen. Nehmen wir an, daß unser Bedürfnis nicht sofort befriedigt werden kann, dann beginnen wir ein Spiel, um Zuwendung zu erhalten oder um sonstige unannehmbare Gefühle auszudrücken. Menschen, die

Der wirkliche Helfer	*Der Spiel-Helfer (Retter)*
1. hilft auf Anforderung,	1. gibt Hilfe, wenn er nicht darum gebeten wurde;
2. macht erst Angebote, anstatt gleich zu helfen;	2. versäumt es, herauszufinden, ob sein Angebot erwünscht ist;
3. gibt nur, was benötigt wird;	3. gibt mehr und länger Hilfe, als sie benötigt wird;
4. fragt die anderen nach den Ergebnissen der Hilfe;	4. achtet nicht auf Rückmeldungen;
5. fühlt sich ok; ist nicht von anderen abhängig, um sich ok fühlen zu können.	5. fühlt sich ok, wenn er ein »Helfer« sein kann, und nicht ok, wenn er zurückgewiesen wird.

Abb. 36: Helfer

JEHIDES spielen, glauben oft, daß es ungehörig sei, sich zu ärgern. Als eine Folge davon sammeln sie dann so viele kleinere Portionen von Ärger und Störungen in sich an, bis sie sich gerechtfertigt fühlen, einen Wutanfall zu bekommen. Dann zeigt sich der Ärger in einem größeren Ausmaß, als es das Ereignis, auf das sie reagieren nahelegt. Die Tatsache, daß sie mit ihrem Ärger übermäßig reagieren, bestärkt natürlich die Grundposition, daß es nicht ok ist, ärgerlich zu sein, und daß nur Schlechtes dabei herauskommt, wenn man derartigen Ärger ausdrückt.

15.5 Passives Denken und passives Verhalten

Wenn wir Spiele spielen, befinden wir uns in einer Symbiose. Wenn wir Verfolger-/Retter-Spiele spielen, sind wir in unserem Eltern-Ich, machen dabei uneffektiven Gebrauch von unserem Erwachsenen-Ich und werten irgendein Bedürfnis aus dem Kindheits-Ich ab. Wenn wir uns selber oft in Verfolger-/Retter-Spielen finden, lautet eine wichtige Frage, die uns helfen kann, aus diesen Spielen herauszukommen: »Was von dem, was mein Kindheits-Ich braucht, erlaube ich mir nicht, zu wissen? Was kann ich tun, es zu bekommen?«

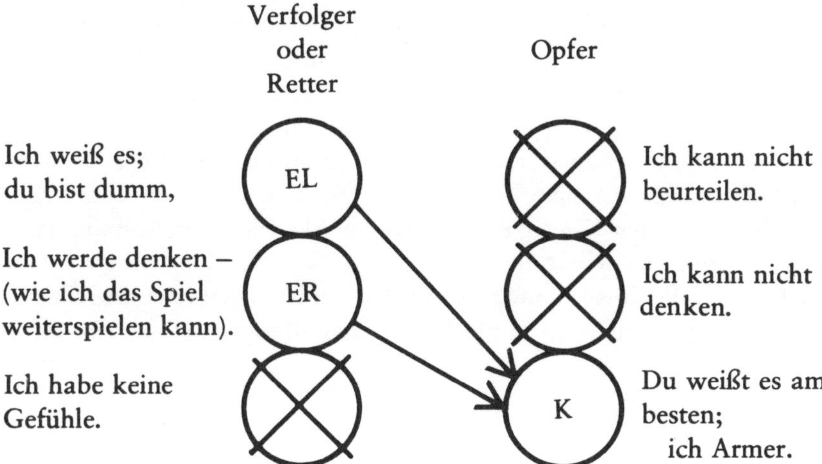

Figur 37. Spiele sind symbiotisch

Wenn wir Opferspiele spielen, benutzen wir entweder unser Erwachsenen-Ich nicht zu effektivem Denken, oder wir setzen unser Eltern-Ich nicht ein, um Urteile zu fällen. Auf diese Art werten wir unsere Fähigkeiten ab zu denken und zu urteilen.
Weil Erwachsene mehr Erfahrung im Denken haben, und weil sie häufiger Einschärfungen gegen das Ausdrücken von Gefühlen haben, werden sie höchstwahrscheinlich die Verfolger-Retter-Positionen im Umgang mit ihren Kindern einnehmen. Weil die Drama-Dreieck-Positionen nicht stabil sind, enden Eltern häufig als Opfer, die von ihren Kindern verfolgt werden. Kinder, die älter als drei Jahre alt sind, sind durchaus fähig, ihr Erwachsenen-Ich einzusetzen und über Dinge nachzudenken. Ihr Denken mag ursprünglich, naiv und magisch sein, trotzdem sind sie zu beachtlichen Problemlösungen fähig. Wenn wir unsere Kinder entmutigen, ihr Erwachsenen-Ich zu üben, dann ermutigen wir sie gleichzeitig, eine Symbiose mit uns einzugehen und aufrecht zu erhalten, was im Laufe der Zeit für jeden Beteiligten Probleme hervorrufen wird. Das Ziel beim Aufziehen von Kindern besteht aber darin, sie zur Unabhängigkeit zu erziehen. Bevor Kinder zweieinhalb Jahre alt sind, haben sie noch nicht die ursprüngliche Symbiose durchbrochen, und es ist nicht realistisch, von ihnen zu erwarten, daß sie schon weitgehend selbständig denken. Die üblichsten verfrühten Erwartungen finden sich bei der Sauberkeitserziehung eines Kindes, bevor es über ausreichende physische Fähigkeiten und auch eigene Bereitschaft verfügt, um das Erwachsenen-Ich einzusetzen und über das Problem nachzudenken. Kinder, die sich noch in der Entwicklung befinden, suchen nach Information für ihr Eltern-Ich. Um Informationen zu erhalten, prüfen sie, was passieren wird, wenn sie nicht denken. Viele Eltern sind von Kindern in der Aufbauphase enttäuscht, weil diese die erhaltenen Informationen nicht benutzen, um auf sich selber zu achten. Gewöhnlich beginnen Kinder erst nach dem Abschluß der Aufbauphase, diese Informationen ständig anzuwenden. Der Abschluß dieser Phase wird durch eine Entscheidung seitens des Kindes signalisiert, das Eltern-Ich jetzt zu gebrauchen, um für sein eigenes Kindheits-Ich zu sorgen.

15.6 *Inventur der Ich-Zustände*

Wenn Sie einem bestimmten Problem gegenüberstehen, ist es hilfreich herauszufinden, welche Informationen Ihnen in jedem Ihrer Ich-Zustände über dieses Problem zur Verfügung stehen. Muriel James hat ein brauchbares Schema entworfen, wie man solche Informationen erhalten kann.

Das Problem lautet:

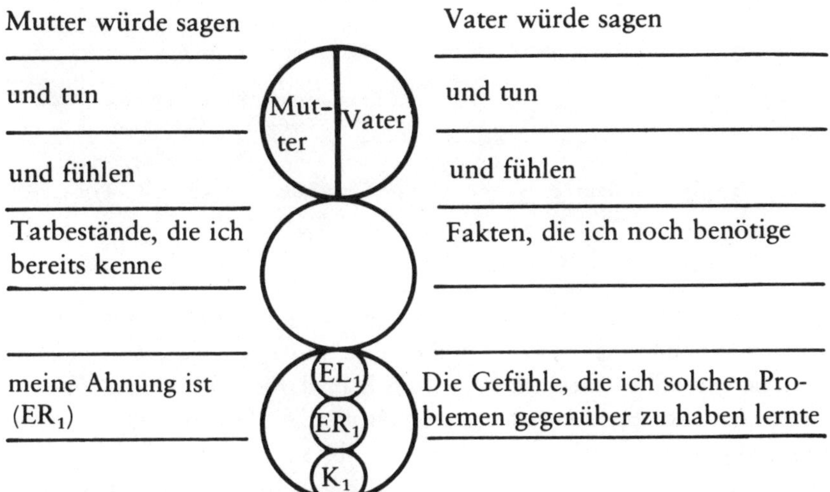

Abb. 38: Inventar der Ich-Zustände[3]

15.7 *Die Denkstruktur*

Eine andere Methode, ein Problem zu analysieren, besteht in der Anwendung von Pam Levins Denkstruktur. Sie betont, daß es nicht genügt, jemandem einfach »Denke nach!« zu sagen, um ihn anzuleiten, Probleme zu lösen. Es gibt nämlich eine ganze Flut von Informationen, die für die Lösung eines bestimmten Problems relevant oder auch nicht relevant sein können. Deshalb braucht man eine Struktur (Methode des Vorgehens), um die Daten zu überblicken.

Die siebenjährige Lucia verhielt sich die meiste Zeit gereizt und frech zu ihrer Mutter, die nach ihrer Scheidung Lucia gegenüber überbesorgt war.

[3] Bearbeitet nach Muriel James, Transactional Analysis for Moms and Dads, 1974, 7.

Ich bin ...	(Gefühl)
weil ich denke, wenn ich ...	(Verhalten)
werde ich ...	(ungesunde elterliche Reaktion)
statt ...	(gesunde elterliche Reaktion)
deshalb ...	Spiele, Rackets, problemrechtfertigendes Verhalten)

Abb. 39: Eine Denkstruktur, entwickelt von Pam Levin zum Analysieren von Problemen.

Als sie anfingen, das Problem näher zu betrachten, füllte Lucia die Denkstruktur folgendermaßen aus: »Ich bin böse, weil ich denke, wenn ich mache, was ich will, werde ich kein Streicheln dafür bekommen, sondern stattdessen eher gestoppt als gestreichelt werden. Deshalb bin ich frech gegen Mama und mache Dinge verkehrt, die sie mich tun heißt.« So erkannte Lucia ihr Bedürfnis, von ihrer Mutter eine positive Reaktion zu bekommen, wenn sie sich unabhängig verhält. Nachdem das Problem durch die Anwendung der Denkstruktur geklärt worden war, kamen Lucia und ihre Mutter dahingehend überein, daß Lucia mehr Streicheln erhält, wenn sie Dinge macht, die sie selbst gerne tun wollte. Nach einigen Wochen berichtete die Mutter, daß sich Lucia unabhängiger, freundlicher und hilfsbereiter im Haus verhalte.

Die Denkstruktur zeigt die logischen Begründungen für Gefühle und Verhaltensweisen auf und bietet unmittelbar Alternativen zu unfruchtbarem Verhalten, durch das das Problem nur fortgesetzt würde.

Die Denkstruktur wirkt am besten, wenn:

1. das Gefühl in Worten des Kindheits-Ichs ausgedrückt wird; d.h. ein Fünfjähriger versteht »erschreckt«, »wütend« oder »traurig«, aber er weiß nicht, was »Depression«, »Schuld«, »Angst«, »Reue« usw. ist (das schlechte Gefühl, das Sie immer wieder haben, ist wahrscheinlich eher ein Racket als ein authentisches Gefühl);
2. Sie sagen, was Sie tun wollen und weniger sagen, was Sie aufhören wollen zu tun;

3. Sie sich Zeit nehmen, alle Ihre Racketgefühle und -verhaltensweisen aufzuzählen;
4. Sie nicht hart daran arbeiten, die Struktur auszufüllen, sondern wenn Sie damit spielen, bis Sie das Gefühl haben, daß es stimmt. Das Lösen von Problemen kann Spaß machen.

15.8 Wie man Verhalten ändert[4]

> Ich kann durch die Dinge,
> die ich sage und tue,
> enthüllen, wie ich fühle.
> Indem ich die Dinge ändere,
> die ich sage und tue,
> kann ich auch meine Gefühle ändern!
>
> Jennie Lou Vance

Wenn wir uns ändern, um Probleme zu lösen, können wir an verschiedenen Punkten ansetzen: bei unserem Denken, bei unseren Gefühlen und bei unserem Verhalten. Wir können zwar von anderen Menschen verlangen, daß sie ihr Verhalten ändern – doch die Entscheidung, ob sie sich verändern, müssen sie immer noch selber treffen. Wir können auch die Situation ändern, z.B. die Anordnung der Schlafzimmer, so daß jeder von zwei sich zankenden Jungen mehr Raum für sich allein hat.

Die Entscheidung, was geändert werden soll, beruht auf unserem Verständnis des Problems. Der Prozeß der Veränderung schließt Lernen ein. Wir lernen neue Verhaltensweisen, wir lernen, einiges häufiger oder weniger häufig zu tun. Immer, wenn wir etwas Neues zu tun lernen, oder immer, wenn wir mit etwas aufhören, was wir bisher zu tun pflegten, folgen wir Lerngesetzen, selbst wenn wir dies nicht wissen, und obwohl wir den Inhalt dieser Gesetze nicht kennen. Wenn wir diesen Verhaltensgesetzen folgen, erreichen wir Verschiedenes. Zu allererst entwickeln wir neue Verhaltensweisen, d.h. wir lernen, wie wir Dinge tun können, die wir vorher nicht tun konnten. Wir behalten Verhaltensweisen bei, die bestimmte Funktionen für uns haben, wir geben gewisse Verhaltensweisen

[4] Copyright (April 1973) The International Transactional Analysis Association, Inc. Nachdruck mit Erlaubnis der ITAA.

auf, und wir vergrößern und vermindern die Häufigkeit, mit der wir bestimmte Dinge tun.

Die Lerntheorie beantwortet folgende Fragen: »Wie kommt es, daß wir die Dinge tun, die wir tun?«, »Wie hat sich dieses Verhalten entwickelt?«, »Warum tun wir etwas in einer bestimmten Art und Weise, warum fahren wir fort, es auf diese Art zu tun – und wenn unser jetziges Verhalten unerwünscht ist, wie können wir es dann stoppen?« Solche Fragen geben keinen Anhaltspunkt dafür, was gelernt und was nicht gelernt werden sollte. In diesem Sinne sind Lerntheorien neutral. Sie erklären und beschreiben lediglich Prozesse. Es ist unsere Sache, die Verhaltensweisen zu kennen, die für unsere Kultur wichtig sind, und dafür zu sorgen, daß unsere Kinder sie auch lernen. Wir müssen sorgfältig überlegen, welche Verhaltensweisen in unserer Kultur wirklich wünschenswert sind und welche weder für uns als einzelne noch für unsere Gesellschaft gut sind. Viele Menschen wurden gelehrt, arbeitssüchtig zu sein; sie erhalten viel Zuwendung dafür, wenn sie bis zur Erschöpfung arbeiten und nicht spielen. Menschen können gelehrt werden, arbeitswütig oder auch frei und spontan zu sein. Wenn der kleine Georg nur gestreichelt wird, sobald er sich verantwortungsvoll verhält und alles gut macht, und wenn er keine Zuwendung erhält, sobald er frei, spielerisch und spontan ist, dann lernt er, wie man arbeitssüchtig ist. Auf die gleiche Art können wir Töchter dazu erziehen, »nette« und spießige Hausfrauen zu sein (dies heißt auch zu lernen, wie man depressiv ist), statt selbständig und effektiv denkend.

15.9 Lerntypen

Seit Jahren gibt es in der Psychologie eine Diskussion über die Frage: »Wieviel Lerntypen gibt es?« Wir wollen hier drei Lerntypen beschreiben, da wir überzeugt sind, daß es drei voneinander verschiedene Lernarten sind, deren Kenntnis nützlich für die Überlegung ist, was denn beim Lernen geschieht.

15.9.1 Lernen durch Verstärken (operantes Lernen)

Beim operanten Lernen lernen wir, uns auf bestimmte Art und Weise zu verhalten, weil wir für dieses Verhalten belohnt werden. Die alltägliche

Belohnung erhalten wir als bedingtes positives Streicheln von den Mitmenschen. Wenn jemand für bestimmtes Verhalten Zuwendung erfährt, dann wird er dieses Verhalten häufiger zeigen. Wenn Menschen für ein bestimmtes Verhalten keine Zuwendung erhalten, dann werden sie es weniger oft zeigen. Wird zum Beispiel Lucia nicht beachtet, wenn sie glücklich spielt und mit den anderen gut auskommt, und erhält sie statt dessen sehr viel Aufmerksamkeit, wenn sie Wutanfälle hat, dann wird sie öfter Wutausbrüche haben, weil sie auf diese Weise Zuwendung bekommt.

Wenn Sie die Häufigkeit freundlicher Gespräche in Ihrer Familie erhöhen wollen, dann achten Sie darauf, daß jeder Zuwendung erhält, sobald er freundlich ist und nicht, wenn er unfreundlich ist. Ein erwünschtes Verhalten wird dadurch beibehalten und in seiner Erscheinungshäufigkeit verstärkt, wenn wir es belohnen und darauf achten, daß auch wir dann, wenn wir es selber zeigen, ebenfalls Zuwendung erhalten. Damit wir uns nicht so verhalten, wie wir es nicht wollen, können wir mit anderen vereinbaren, daß sie uns für dieses Verhalten keine Zuwendung geben. Wenn wir z.B. nicht mehr länger mit unseren Nachbarn »Ist es nicht schrecklich« spielen wollen, so können wir die Situation dadurch ändern, daß wir selber Nachbarn suchen, die lieber »Ist es nicht wunderbar« spielen. Menschen, die ihre Zeit mit »Ist es nicht wunderbar« verbringen, geben dem Spielen von »Ist es nicht schrecklich« keine Zuwendung.

Jeder von uns hat eine lange Geschichte, in deren Verlauf er Dinge lernte, die er ursprünglich gar nicht zustande brachte. Eine Form des operanten Lernens wird »Formung« genannt. Bei dieser Verhaltensformung wird ein Verhalten, das dem erwünschten nahekommt, mit Streicheln oder auf andere Weise belohnt. Wenn Sie möchten, daß Erich lernt, den Tisch für eine Mahlzeit zu decken, dann sollten Sie nicht warten, bis er dies ganz richtig gemacht hat. Zeigen Sie Erich zuerst die Geräte. Sagen Sie ihm dann, welche Geräte jeder braucht – Teller, Messer, Gabel, Löffel usw. Sicherlich werden seine ersten Versuche beim Tischdecken nicht »richtig« sein, wenn wir sie an unseren gewohnten Maßstäben messen. Dennoch braucht Erich Streicheln dafür, daß er Teller, Besteck usw. austeilt, selbst wenn die Anzahl nicht stimmt und er sie nicht auf den richtigen Platz gelegt hat. Geben Sie ihm möglichst umgehend Zuwendung, wenn er das getan hat, was Sie von ihm haben wollten. Erst wenn Erich öfters den Tisch gedeckt hat, sollte man mehr von ihm erwarten. Jetzt wird er nicht mehr für das Austeilen der Geräte gestreichelt, er hat noch zusätzliche Anweisungen zu befolgen, wie z.B.: »Der Löffel kommt hierhin, das Messer dahin und die Gabel dorthin.« Wir lernen die vielen hochkomplizierten Dinge, die wir für unser Leben brauchen, indem wir zuerst einfache Verhaltensweisen lernen und dann auf ihnen aufbauen. Wir kombinieren dabei verschiedene Dinge, die wir gelernt haben, miteinander und fügen sie zusammen.

»Großmutter-Regeln« (dieser Begriff stammt von Wesley Becker) sind ebenfalls bei der Unterweisung von Kindern nützlich. Großmutter sagte gern: »Du tust zuerst, was ich will, bevor du das tust, was du willst.« Hier noch ein paar Beispiele von Großmutter-Regeln: »Iß erst dein Gemüse auf, dann kannst du auch etwas Nachtisch haben.« »Du darfst rausgehen und spielen, nachdem du den Abfall rausgetragen hast.« »Wenn du dich gebadet hast, kannst du ein paar Plätzchen und Milch haben.« Großmutter-Regeln sind eine wichtige Methode; sie helfen Kindern, durch das Übernehmen von Pflichten das zu lernen, was sie lernen müssen.

Wir alle brauchen Streicheln oder andere Formen der Anerkennung für das, was wir tun müssen. Manche Menschen halten an der Vorstellung fest, daß wir Dinge auch tun können, ohne Zuwendung dafür zu erhalten. Auch mögen sie Dinge sagen wie: »Elise sollte ihre Hausaufgabe einfach deshalb machen, weil es gut für sie ist« oder »Kinder sollten nicht bestochen werden, um Dinge zu lernen, die sie doch rein aus Liebe zum Lernen vornehmen sollten«. Wenn Menschen so etwas sagen, übersehen sie, daß auch sie selber Belohnung und Streicheln erhalten, wenn sie gewisse Dinge tun. Der Ausdruck »Bestechung« wird in diesem Fall falsch angewendet. Websters Ungekürztes Wörterbuch, zweite Auflage, definiert »Bestechung« folgendermaßen: »1. Ein Preis, eine Belohnung, ein Geschenk oder eine Gunst, die jemandem erteilt oder versprochen wird, um ihn zu veranlassen, eine falsche oder ungesetzliche Handlung auszuführen. 2. Etwas, das gegeben oder versprochen wird, um eine Person zu veranlassen, etwas entgegen ihren eigenen Wünschen zu tun.« Demzufolge ist Bestechung keine Belohnung, sondern ein Verführungsmittel zur Manipulation, das Nicht-ok-Sein mit sich bringt.

Wenn etwas in einer Familie nicht in Ordnung ist, dann fühlt sich gerade derjenige am wenigsten beunruhigt über das, was falsch läuft, der sich nicht richtig verhält, der andere mißachtet, Unordnung macht oder was sonst auch immer tut. Deshalb müssen wir Wege finden, um das Unbehagen demjenigen zurückzugeben, der das Problem verursacht.

Ein häufig auftretendes Beispiel dafür ist das Bettnässen. Franz ist seit langem aus dem Alter des Sauberkeitstrainings heraus und war auch schon lange Zeit nachts trocken. Er hat keine Infektionen der Harnwege oder ein anderes körperliches Leiden. Es spricht viel dafür, daß Franz das Bett einnäßt, um damit seine Familie zu manipulieren. Wenn Franz bis zum Morgen schläft und dann sofort aufsteht, frische Kleider anzieht und sich überhaupt nicht um die schmutzigen Sachen zu kümmern braucht, erfährt er wenig Unbehagen. Auf der anderen Seite werden jedoch seine Eltern gezwungen, sich mit nassen und übelriechenden Kleidungsstücken, Leintüchern und Bettdecken abzugeben, was viel unangenehme Arbeit bereitet. Damit das Problem gelöst wird, sollte Franz für alle seine schmutzige Wäsche selbst verantwortlich gemacht werden, was Mutter und Vater von ihrer unangenehmen und zusätzlichen Arbeit entlasten würde. Kinder, die ins Bett machen, können dieses Problem auch dazu benutzen, Ärger ihren Eltern gegenüber auszudrücken. Die Ursache dieses Ärgers muß ausfindig gemacht und angegangen werden. In Fällen von anhaltendem und nicht besser werdendem Bettnässen ist fachliche Hilfe durch einen Berater angezeigt.

15.9.2 Bestrafung

Andere wegen unerwünschter Verhaltensweisen zu bestrafen, ist im allgemeinen keine sehr befriedigende Art der Auseinandersetzung, obwohl es manchmal nötig ist, jemanden durch Auferlegen irgendeiner Art von Bestrafung davon abzuhalten, etwas Gefährliches zu tun. Wenn nur Bestrafung allein angewendet wird, wird der Bestrafte wahrscheinlich »in den Untergrund gehen« und das unerwünschte Verhalten vor der bestrafenden Person verstecken. Schließlich wird das störende Verhalten jedoch wieder zum Vorschein kommen. Um ein Verhalten zu ändern, ist es entscheidend, daß der Bestrafung klar die Erwartungen über das erwünschte Verhalten folgen, und daß dieses Verhalten positiv gestreichelt wird, sobald es auftritt.

Einige Kinder dürfen sich beim Spielen überallhin bewegen, bevor sie gelernt haben, ihr eigenes Verhalten angemessen zu kontrollieren. Ein Kind zu bestrafen, bevor es fähig ist, eine gewisse Kontrolle über sein Verhalten auszuüben, wird nur dazu dienen, das Kind als nicht ok zu definieren. Wenn Andreas alt genug ist, um ihm die Freiheit einzuräumen, daß er die nähere Umgebung durchstreift (das Alter wird von der Art der Umgebung abhängen), dann braucht er vielleicht einen Klaps auf den Hintern, wenn er über die Straße rennt. Wenn das jedoch alles ist, was die Eltern tun, wird sich Andreas wahrscheinlich daran gewöhnen, dann auf die Straße zu rennen, wenn keine Erwachsenen in seiner Nähe sind. Andreas braucht auch Streicheln dafür, daß er die Regeln befolgt, die die Grenzen für sein Spielen in der Nachbarschaft festlegen.

Mit den Lerngesetzen lassen sich auch schlechte Gewohnheiten erklären. Wir behalten unsere schlechten Angewohnheiten deshalb bei, weil wir für sie belohnt wurden bzw. werden. Um eine schlechte Gewohnheit abzulegen, muß ein positives Verhalten stärker belohnt werden, und die Belohnung für die schlechte Gewohnheit muß eingestellt werden.

In Familien ist das Sich-gegenseitig-Ärgern unter den Kindern eine alltägliche schlechte Gewohnheit. Es hat eine große Menge negativer Zuwendung zur Folge und wird gewöhnlich aufgrund des Streichelbedürfnisses der Kinder beibehalten.

Ingo und Martin ärgerten sich gegenseitig regelmäßig. Ihre Eltern entschlossen sich schließlich, nicht mehr danach zu forschen, wer angefangen hat. Sie fragten die Kinder stattdessen, was sie tun könnten, damit es weniger Streit gäbe. Ingo und Martin bestätigten, daß jeder vom anderen Zuwendung haben wollte; und die Familie bestimmte gemeinsam die Art der positiven Zuwendung, die Ingo und Martin gerne miteinander austauschen wollten. Außerdem setzte die Familie für negative Zuwendung Strafen fest und die Eltern begannen, die beiden zu belohnen, wenn sie kooperativ miteinander spielten.

Manchmal versuchen Eltern, ihre Kinder vor allem durch Schimpfen statt durch Loben zu erziehen. Andreas verhält sich ungezogen, wird dabei ertappt, wird ausgeschimpft und hört dann auf, sich schlecht zu benehmen. Die Eltern erhalten dadurch eine gewisse Belohnung, weil Schimpfen und Kritisieren zu funktionieren scheinen, da ja Andreas eine Zeitlang damit aufhört, sich schlecht zu betragen. Wesley Becker erzählt die Geschichte von Peter:

»Peter erhielt von seiner Mutter die meiste Beachtung, wenn er sich ungezogen benahm. Wenn Peter sich richtig verhalten würde, könnte seine Mutter die dadurch eingesparte Zeit wahrscheinlich dazu benutzen, um einige ihrer Hausarbeiten zu erledigen und sich um ihre anderen drei Kinder zu kümmern. Sehr wahrscheinlich lehrte die Mutter Peter, sich schlecht zu benehmen. Sie war in der ›Kritik-Falle‹ gefangen. Peter erhielt von seiner Mutter immer mehr Beachtung für schlechtes als für gutes Verhalten. Je mehr die Mutter ihn kritisierte, schimpfte und bestrafte, umso schlimmer wurde Peter. Erst als sie anfing, Peter für gutes Verhalten zu streicheln, besserte er sich.«

15.9.3 Erlernen von Gefühlen (emotionales Lernen)

Wir lernen bestimmte Gefühle und haben bestimmte körperliche Reaktionen als erlernte Ausformungen der Basisgefühle »wütend«, »freudig« und »ängstlich«. (»Traurig« wird früh im Leben gelernt; s. Kap. 3 unter »Gefühle«.) Diese Form des Lernens wird reagierendes *»emotionales Lernen«* genannt. Vor einigen Jahrzehnten führte ein Psychologe ein Experiment durch, das veranschaulicht, wie emotionales Lernen wirkt[5]. Der Psychologe nahm ein kleines Kind und zeigte ihm ein weiches, flaumiges weißes Kaninchen. Jedes Mal, wenn dem Kind das Kaninchen gezeigt wurde, machte der Psychologe ein sehr lautes erschreckendes Geräusch, worauf das Kind in Tränen ausbrach. Bald fürchtete sich das Kind vor dem Kaninchen, auch wenn das Geräusch nicht ertönte. Das Kind begann auch gegenüber anderen weichen, weißen Dingen Angst zu empfinden, wie z. B. gegenüber Wattebäuschen. Die Angst hatte sich generalisiert. Sie dehnte sich von ihrer anfänglich spezifischen und eng umgrenzten Form weiter aus, bis sie eine ganze Menge ähnlicher Dinge umfaßte. Nach einer gewissen Zeitspanne ging diese Angst wieder zurück, weil der Experimentator damit aufhörte, das laute Geräusch und das Kaninchen gleichzeitig auftreten zu lassen.

Wenn etwas Schlimmes passiert, bringen wir die Begleitumstände mit dieser schlechten Sache in Verbindung. Haben wir es aufs neue mit ähnlichen Umständen zu tun, werden wir eine ähnliche Reaktion zeigen wie bei dem ursprünglichen Erlebnis. Wenn solche Umstände oft genug ohne irgendwelche schlimmen Folgen eingetreten sind, dann werden wir schließlich die Angst aufgeben.

Eine Möglichkeit, gelernte schlechte Gefühle wie z. B. Angst zu überwin-

[5] Seit dieser Zeit haben Psychologen ihre ethischen Verpflichtungen Versuchspersonen gegenüber neu überprüft. Heute würden andere Methoden angewendet werden, um diese Information zu erhalten.

den, besteht darin, ähnliche Situationen wieder zu erleben, ohne daß dabei das frühere schlimme Ereignis eintritt. Pam Levins Denkstruktur ist hilfreich beim Herausfinden von Möglichkeiten, um gelernte Gefühle, die man nicht mehr möchte, aufzugeben. Wenn Rolf den Satz so ergänzt, »Ich habe Angst, weil ich denke, wenn ich Forderungen stelle, werde ich bestraft, statt daß man sich meiner annimmt; deshalb leide ich und mache mir Angst«, dann schreibt er zugleich sein eigenes Rezept, um die schlechten Gefühle los zu werden. Rolf muß die Erfahrung machen, daß er Forderungen stellen darf und nicht dafür bestraft wird. Nachdem er einige Übung darin erlangt hatte, Forderungen zu stellen, ohne dafür bestraft zu werden, kann er seine alte Angst, Forderungen zu stellen, aufgeben.
Johannes und sein Vater besuchten ein paar Freunde. Während ihres Besuchs kam der Hund der Freunde herein. Fido, der Hund, versetzte Johannes einen leichten Biß und erschreckte ihn damit sehr. Nach diesem Besuch geriet Johannes immer dann in Angst, wenn Hunde in der Nähe waren, und erregte sich, sobald einer von ihnen nur ein paar Schritte auf ihn zu machte. Johannes' Vater ging mit dieser Angst auf verschiedene Art und Weise um: 1. Er sprach mit Johannes über Hunde, wie sie sind und wie man feststellen kann, welche von ihnen ungefährlich sind und welche nicht. 2. Er achtete darauf, daß sich Johannes in der Nähe von Hunden ausreichend beschützt fühlte, und richtete es so ein, daß ihm kein Hund näher kam, als ihm lieb war. Johannes' Vater sorgte auch dafür, daß sie Familien mit netten kleinen Hunden besuchten, und ließ die jungen Hunde nach und nach näher zu Johannes kommen, aber nicht näher, als es ihm lieb war. Schließlich wurde Johannes' natürliche Neugierde für die lebhaften Hündchen stärker als seine Angst, und er ließ die jungen Hunde näher an sich heran kommen, streichelte sie und spielte mit ihnen. Nach dieser neuen Lernerfahrung war Johannes nicht mehr unangemessen ängstlich Hunden gegenüber, und er verfügte über Erwachsenen-Ich-Informationen darüber, welche Art von Hunden er meiden sollte.

15.9.4 Lernen am Modell (Imitationslernen)

Lernen am Modell ist Imitationslernen. Wir lernen bestimmte Dinge zu tun, weil wir Freude daran finden, eine für uns wichtige Person nachzuahmen. Schließlich hören sich die meisten Eltern selber in ihren Kindern wieder, wenn diese z.B. die Katze ausschelten, wobei sie die gleichen Eigenheiten im Benehmen, in den Gebärden und im Tonfall der Stimme aufweisen wie die Eltern, wenn sie mit ihren Kindern schimpfen. Unsere Kinder lernen, unsere Haltung, Sprechweise, Meinungen und die Art, wie wir denken, nachzuahmen. In einigen Fällen, etwa bei rebellischem Kinder-Ich, werden sie die Nachahmung umkehren und sich genau entgegengesetzt zu ihren Eltern verhalten. Z.B. war Cornelia lange Zeit traurig und depressiv. Als sie jung war, entschied sie sich, nicht so zu werden wie ihre Mutter, die sich unverantwortlich oft gereizt und ziemlich strafend verhielt. Cornelia lernte, sehr verantwortlich zu sein und niemals zu strafen, selbst wenn es angebracht gewesen wäre. Ihre Mutter wußte, wie sie sich selbst amüsieren und Spaß haben konnte. Cornelia trieb ihre Rebellion so weit, daß sie sich entschloß, ihrer Mutter auch in dieser Hinsicht unähnlich zu sein: »Wenn Mutter weiß, wie man Spaß hat, dann werde ich es mir selber verleiden, Spaß zu haben.« Als Cornelia sich ihre Rebellion eingestand, entschloß sie sich, ihre Trauer und Depression aufzugeben und sich mehr zu freuen.

Im nächsten Kapitel werden wir einige wesentliche Probleme, mit denen Kinder und Familien konfrontiert werden, diskutieren und einige Möglichkeiten erörtern, wie man mit diesen Problemen umgehen kann.

15.10 Zusammenfassung

Wir lösen fortlaufend Probleme, ob wir nun über den Prozeß nachdenken oder nicht. Die regelmäßige Auseinandersetzung mit Problemen gehört zum menschlichen Leben. Probleme werden oft nicht als solche erkannt. Wenn unsere üblichen Methoden versagen, benötigen wir bessere Methoden, das Problem genau zu ergründen. Informationen, die dazu gesammelt und untersucht werden müssen, umfassen u.a. folgende Fragen: »Was genau ist das Problem? Wessen Problem ist es?« Diese Fragen müssen beantwortet werden, weil wir uns oft durch zweitrangige Streitfragen ablenken lassen und das Problem falsch bestimmen.

Andere Fragen, die gestellt werden müssen, lauten: »Welche Arten von Streicheln erhalten wir? Wollen wir diese Arten von Zuwendung? Bezeichnen die Familienmitglieder einander als ok? Ist dies ein Skriptproblem? Befinden wir uns im ›Drama-Dreieck‹? Wer verhält sich passiv? Ist das Problem typisch für ein bestimmtes Entwicklungsstadium? Wie sieht das Problem aus, wenn man die ›Denkstruktur‹ anwendet?«

»Wie kann das Problem gelöst werden? Wie können Denken, Fühlen und Verhalten bei mir selber und anderen geändert werden? Welche spezifischen Methoden können wir dazu anwenden?«

15.11 Übungen

1. Jedes Familienmitglied schreibe die Arten des Streichelns auf, die es von den anderen Mitgliedern der Familie erhält; ferner die Arten des Streichelns, die es gerne haben möchte.
2. Welche Formen von Manipulation setzt jedes Familienmitglied ein (z.B. Jammern, Schreien, Weinen, Nicht-Denken, Dinge-wegnehmen)?
3. Andreas, zwölf Jahre alt, und Lucia, acht Jahre alt, wollen länger aufbleiben. Denken Sie sich verschiedene Arten aus, wie sie um eine neue Bettgehzeit bitten könnten aus der Grundposition:
   a) Ich bin ok – du bist ok,
   b) Ich bin nicht ok – du bist ok,
   c) Ich bin ok – du bist nicht ok,
   d) Ich bin nicht ok – du bist nicht ok.
   Zu welcher Antwort fühlen Sie sich bei jeder dieser Bitten geneigt? Schreiben Sie Antworten auf, die Eltern auf solche Bitten von den vier Grundpositionen aus geben würden.
4. Wie verhalten Sie sich in Ihrer Familie im Blick auf das Sich-gegen-seitig-Ärgern, und wie paßt dieses Verhalten ins Drama-Dreieck-Diagramm?
5. Denken Sie an ein Problem, das in Ihrer Familie von Bedeutung ist, und füllen Sie dazu das Inventar der Ich-Zustände aus (Abb. 38, S. 277).
6. Denken Sie an ein schlechtes Gefühl, das Sie regelmäßig und immer wieder haben, und füllen Sie die Denkstruktur zu diesem Problem aus. (Ein Hinweis: dieses regelmäßig auftretende schlechte Gefühl ist wahrscheinlich ein Problem-rechtfertigendes-Verhalten und gehört auf die letzte – nicht auf die erste Zeile.)
7. Wenden Sie »Großmutter-Regeln« in Ihrem Hause an?
8. Gibt es Dinge, von denen Sie zwar sagen, daß Kinder sie nicht tun sollen, die Sie aber selbst tun? Auf welche Weise bieten Sie das Modell für ein Verhalten, von dem Sie wollen, daß Ihre Kinder dies auch zeigen?

16 Spezielle Probleme und Möglichkeiten, mit ihnen umzugehen

Es gibt kaum ein Leben, das ohne Krisen und andere Arten von »Anfechtung« durchlebt wird. Wenn wir mitten in einer Krise stehen, neigen wir dazu zu glauben, daß wir die einzigen Menschen sind, die jemals mit derartigen Belastungen konfrontiert worden sind. Unser Wissen darum, daß andere sich mit ähnlichen Situationen auseinanderzusetzen hatten, ist ein wesentlicher Trost, wenn wir uns in solchen Problemen befinden. Wenn Krisenzeiten entstehen, kann das Wissen um unser Bedürfnis und die Beziehung zu anderen Menschen, die sich um uns sorgen, eine wichtige Kraftquelle sein, um mit unseren eigenen Problemen fertig zu werden. In diesem Kapitel blicken wir noch einmal auf einige der Hauptprobleme zurück, die uns belasten können, und beschreiben einige Möglichkeiten, uns mit ihnen auseinanderzusetzen.

16.1 Körperliche Behinderung und Krankheit

16.1.1 Geburtsfehler

Eine der ersten Verrichtungen, die man nach der Geburt eines Babies vornimmt, ist, daß man all seine Gliedmaßen zählt. In vielen Kulturen ist es eine Schande, wenn man ein nicht ganz »vollkommenes« Kind hat. Geburtsfehler reichen von leichten Mißbildungen bis hin zu schwerwiegenden Defekten, die dem Kleinkind ein nur kurzes Leben erlauben. Kinder, die mit schweren Mißbildungen geboren werden, wie z.B. mit extremer Retardierung oder weitgehender Schädigung des Gehirns, können für die Familie zu einer starken finanziellen Belastung werden. Während auf die Familie ein starker Druck ausgeübt wird, solch ein Kind zu Hause zu behalten, verlangt im allgemeinen die Pflege eines solchen Kindes bei unserer üblichen Familienstruktur, daß die anderen Mitglieder ihre eigenen Bedürfnisse zum Teil zurückstellen. In manchen Fällen mag deshalb die Unterbringung des Kindes in einem Institut, das auf den Umgang mit Retardierten spezialisiert ist, die realistischste und humanste Lösung für alle Angehörigen sein. Eine solche Entscheidung kann nicht leichtfertig oder vorschnell getroffen werden. Wenn Eltern sich zu einer solchen Entscheidung durchringen, daß irgendjemand anderes besser für ihr Kind zu sorgen vermag, so ist dies meist sehr schmerzlich und wird von dem Schuldgefühl begleitet, nicht imstande zu sein, der gängigen Vorstellung von »guten Eltern« zu entsprechen. Sie haben mit dem Schmerz fertig zu werden, der mit dem Verlust eines Menschen verbunden ist, welcher einem viel bedeutet.

Wenn ein Kind irgendeine wesentliche körperliche Behinderung hat, so können Eltern oft von anderen Beistand oder moralische Unterstützung bekommen, die sich zusammengeschlossen haben, um sich mit diesem speziellen Problem zu befassen. Es gibt zahlreiche derartige Gruppen. Ein einfacher Weg, sie zu finden, besteht darin, im Telefonbuch der nächstgelegenen Großstadt nachzuschauen. Auskünfte darüber erteilen auch Gesundheitsämter und soziale Einrichtungen wie Diakonisches Werk, Caritas, Telefonseelsorgestellen etc.

In anderen Gebieten, in denen es keine solchen Selbsthilfeorganisationen gibt, können sich betroffene Eltern sinnvoll zusammentun, um sich gegenseitig moralische Unterstützung zu geben und ihren Einfluß geltend zu machen, um zusätzliche Hilfe von staatlicher Seite und anderen Organisationen zu bekommen.

Kinder, deren Mißbildungen bei der Geburt teilweise behindernd oder entstellend sind, werden sich damit auseinanderzusetzen haben, als »anders« angesehen zu werden – das bedeutet: sie müssen lernen, sich mit anderen zu messen, die ihre Angst vor diesem »Anderssein« dadurch zum Ausdruck bringen, daß sie die Betroffenen hänseln, und sie müssen lernen, dabei weiterhin produktive und zufriedene Mitglieder unserer Gesellschaft zu sein. Einer der kritischsten Faktoren für die Fähigkeit eines Kindes, mit dem »Stigma«, das seiner Mißbildung anhaftet, fertig zu werden, ist die Reaktion der Eltern und ihre Einstellung zu der Tatsache, ein nicht vollkommenes Kind zu haben.

Wie wir schon früher erwähnten, ergehen sich Eltern leicht in mancherlei Vorstellungen über ein Kind, das sie erwarten. Oft gelten unsere Hoffnungen und Träume ebenso wie einige unserer Ängste dem werdenden Kind. Ein gewisses Maß an Geburtsfehlern ist nichts Außergewöhnliches; jedes zehnte Kind wird mit einem gewissen Defekt geboren. Wenn das

Kind geboren wird und die Mißbildung sofort zu erkennen ist, müssen sich die Eltern mit ihrer eigenen emotionalen Reaktion auf dieses Ereignis auseinandersetzen. Die üblichste und gesündeste Reaktion ist die Trauer. Trauer ist eine wichtige, heilsame Erfahrung. Immer wenn wir mit einem bedeutsamen Verlust konfrontiert werden, einem Todesfall in der Familie oder wenn wir entdecken, daß wir ein körperlich nicht ganz gesundes Kind haben, ist die normale Reaktion Trauer. Trauer setzt sich zusammen aus Ärger und Traurigkeit; Ärger über das Ereignis als solches, und Traurigkeit über den Verlust. Eine gesunde Trauer erlaubt uns, unsere nicht zu erfüllenden Wünsche aufzugeben, und setzt Energien frei für die erwachsende Problemlösung, die zu erfolgen hat. Wenn eine derartige Trauer zurückgedrängt wird und nicht in der Zeit zum Ausbruch kommt, in der der Verlust stattfindet, wird der Betroffene eine fortgesetzte Blockade seiner Energie erfahren, bis die Trauer verarbeitet ist.

Einige Betroffene neigen dazu, sich wegen ihres Ärgers und ihrer Traurigkeit nicht ok zu fühlen; es ist wichtig für sie zu verstehen, daß diese Gefühle normal und natürlich und in der Tat notwendig sind. Dieselbe Erfahrung von Verlust und Trauer wird auch dann gemacht, wenn später oder im weiteren Verlauf des Lebens eines Kindes ein Defekt entdeckt wird. Während es heute möglich ist, Taubheit schon bei Neugeborenen festzustellen, erkannten früher viele Eltern nicht, daß ihr Kind taub war, bis sich eine normale Entwicklung auf sprachlichem Gebiet nicht so vollzog, wie sie eigentlich sollte.

16.1.2 Krankheit

Wenn wir mit kranken Kleinkindern zu tun haben, wird unser Einfühlungsvermögen oft hart auf die Probe gestellt, weil die üblichen Formen, ein Kind zu trösten, nicht helfen. Wir müssen versuchen, verschiedene Mittel und Wege zu finden, die dazu führen, daß sich das Kind wohlfühlt, ohne daß wir eine Methode kennen, die eindeutig zum Erfolg führt. Daraus mag sich ergeben, daß das Kind kompliziert und labil ist, ganz gleich was wir tun. Eltern, die sich vornehmen, »perfekte Eltern« zu sein, sind mit sich selber nicht zufrieden, denn es gibt keine effektiven Mittel, die dies garantieren könnten. Daraus ergibt sich, daß sie im Umgang mit dem Kind sogar noch weniger erfolgreich sind, da sie sich selber nicht wohlfühlen.

Während viele Eltern Sorge und Angst als völlig normale Gefühle akzeptieren, wenn ihr Kind krank ist, denken sie vielleicht, daß Ärger nicht zu akzeptieren sei. Es ist damit zu rechnen, daß wir ärgerlich werden, wenn all unsere gewissenhaften Bemühungen umsonst sind. Wir müssen uns mit jedem unserer Gefühle, das durch die Krankheit eines Kleinkindes hervorgerufen wird, beschäftigen, selbst mit jenen, die wir im Grunde nicht mögen.

Beim Vorliegen einer chronischen Krankheit haben sich die Eltern mit denselben Problemen auseinanderzusetzen wie Eltern, deren Kinder körperliche Behinderungen haben. Oft brauchen Eltern, die ein chronisch krankes Kind oder ein Kind mit körperlichen Behinderungen haben, ein hohes Maß an Einfühlungsvermögen, um ihm bei der Befriedigung seiner Bedürfnisse in den verschiedenen Stadien seiner Entwicklung zu helfen. Sie müssen einen Mittelweg finden zwischen Überbesorgtheit, die zu sehr Rücksicht auf die Behinderung des Kindes nimmt, und der Versuchung, das Kind zu Aktivitäten zu zwingen, die über seine tatsächlichen Fähigkeiten hinausgehen. Bei Kindern, die körperlich oder chronisch krank sind, ist es besonders wichtig, die Fähigkeiten des Kindes klar einzuschätzen, um zu große Milde oder Strenge zu vermeiden.

16.2 *Kranke und behinderte Eltern*

Eltern, die krank oder behindert sind, üben auch auf die Familie einen Druck aus. Es ist oft verführerisch (und zuweilen sogar unausweichlich), ein Kind dazu zu nötigen, daß es eine schon erwachsene Position einnimmt, so daß es helfen kann, die Eltern zu versorgen. Es ist aber entscheidend, daß Kinder nicht meinen, sie trügen für die Eltern und deren Probleme eine wesentliche Verantwortung. Eltern sind dazu da, sich um ihre Kinder zu kümmern, und nicht umgekehrt. Kinder sollten auch durch klare und direkte Aussagen über das Leiden der Eltern informiert werden. Obwohl das vorhandene »Leiden« nicht bis ins kleinste Detail erklärt werden muß, haben Kinder doch ein Recht auf klare und deutliche Erklärung. Wenn Kinder über keine adäquate Information verfügen, erfinden sie ihre eigenen Deutungen, die ungenau sind und oft zu eigenen Schuldgefühlen führen. Wenn beispielsweise die Eltern keine genaue Auskunft geben und der Vater wegen seiner Herzbeschwerden das Bett hüten muß, denkt das Kind vielleicht, daß »Vater krank wurde, weil ich wütend auf ihn war«. Wenn sich Kinder einmal in solche Erklärungen geflüchtet haben, die nicht der Wirklichkeit entsprechen, kostet es oft große Mühe, ihnen zu helfen, daß sie derartige phantasierte Vorstellungen wieder aufgeben.

Viele Eltern haben nicht das entsprechende Vertrauen in die Fähigkeit ihrer Kinder, mit Schwierigkeiten fertig zu werden, und enthalten ihnen die Information über das, was vorgeht und was getan werden könnte, vor. Diese Verweigerung ist dazu angetan, in einem Kind das Gefühl von hilfloser Panik aufkommen zu lassen, da es seine Fähigkeit zu denken und sich damit auseinanderzusetzen, eingebüßt hat.

16.3 *Schwierigkeiten in der Auseinandersetzung mit der Umwelt*

Während unseres Heranwachsens vom Kindesalter bis hin zum Erwachsenendasein haben wir uns mit immer vielfältigeren Interaktionen mit anderen Menschen zu befassen. Im Kindesalter kommt es zu den ersten Spannungen in unserem sozialen Gefüge durch die Geburt oder Adoption eines anderen Kindes in der Familie. Wenn neue Kinder in die Familie kommen, ist es wichtig, nach Wegen zu suchen, daß die zusätzlichen Ansprüche die Befriedigung des Streichelbedarfs der schon vorhandenen Kinder nicht ernstlich beeinträchtigen. Die sog. »Geschwisterrivalität« bedeutet, daß das älteste Kind das jüngere von einer Konkurrenzposition aus betrachtet. Wenn die Position der Zusammenarbeit eingenommen wird (die Bedürfnisse aller können erfüllt werden und von jedem wird erwartet, daß er darum bittet, daß seine Bedürfnisse erfüllt werden), dann kommt es wahrscheinlich zwischen den Geschwistern zu weniger Rivalität.

Das Ankommen eines neuen Kindes in der Familie ist ein lang vorbereitetes Ereignis. Die Kinder in der Familie ebenso wie die Eltern werden sich viele Vorstellungen darüber machen, wie das neue Kind sein wird. Eine der geläufigsten naiven Vorstellungen kleiner Kinder besteht darin, daß das neue Baby bereits ein Spielgefährte sein wird. Wenn Jürgen diese Vorstellung gehabt hat, wird er unvermeidlicherweise das Neugeborene ablehnen, da es, anstatt ein neuer Spielgefährte zu sein, nur Jürgens Freiheit in gewissem Maße einschränkt.

Wenn Eltern sich bis zum Kindergartenalter ihres Kindes nicht mit Konflikten zwischen diesem und anderen Kindern zu befassen hatten, dann wird es jetzt unvermeidlich dazu kommen. Die meisten Probleme, mit denen man sich während der Kindergartenjahre auseinandersetzen muß, laufen darauf hinaus, wie man mit anderen auskommt. Solche Dinge wie »Miteinander teilen«, »Forderungen stellen« und »Streit schlichten« müssen dabei gelernt werden. Oft kommen wir dabei in Versuchung, uns einzumischen und die Kinder zu retten, indem wir selbst die Sache in die Hand nehmen und die Schwierigkeiten lösen, anstatt sie mit Informationen darüber zu versorgen, wie sie es selbst tun könnten. Der erste wichtige Schritt beim Eingreifen in solche Streitigkeiten ist, dafür zu sorgen, daß sich zunächst der Aufruhr legt. Dies mag erfordern, daß die beiden Kinder für kurze Zeit voneinander getrennt werden. Sinnvolle Fragen, die man streitenden Kindern stellen kann, sind folgende:

»Wie könntet ihr es anders machen, ohne dabei so wütend zu werden?«

»Welche Möglichkeit gäbe es, daß ihr beide mit diesem Spielzeug spielen könntet?«

»Die Leute werden ärgerlich, wenn man ihnen ihre Sachen wegnimmt. Was könntest du tun, um mit dem Spielzeug zu spielen, ohne daß alle anderen Kinder wütend auf dich werden?«

All diese Fragen sind dazu bestimmt, das Kind dazu zu bringen, von seinem Erwachsenen-Ich Gebrauch zu machen und über das Problem nachzudenken, und den Kindern Mittel in die Hand zu geben, wie man sich mit zwischenmenschlichen Problemen auseinandersetzen kann. Wenn wir mit Kindern über zwischenmenschliche Schwierigkeiten sprechen, ist es wichtig, das Problem anhand bestimmter Verhaltensweisen zu verdeutlichen. »Ralph ist scheu« oder »ein Tyrann« sind z.B. Etikettierungen, die sagen: »Nun, so ist er eben.« Derlei Beschreibungen übersehen, daß diese Person ihr Verhalten ändern kann. Wenn das Problem dagegen so umrissen wird: »Ralph hat Angst davor, mit anderen Kindern zu sprechen«, dann kann die Lösung des Problems sich darauf konzentrieren, was man im Blick auf diese Angst tun kann, und indem man z.B. Möglichkeiten entwickelt, wie er mit anderen Kindern sprechen kann.

Später, während der Grundschuljahre, geht es mehr um das Sich-gegenseitig-Hänseln und -Aufziehen.

Vor allem in der Zeit des dritten bis fünften Schuljahrs sind Kinder erpicht darauf, andere Kinder abzuwerten, wenn diese Eigenschaften haben, die von den Kindern als »anders« erlebt werden. In diesem Alter sind es die Jungen, die die Mädchen dazu bringen, sich minderwertig zu fühlen – und umgekehrt. Andere Kinder werden dazu gebracht, sich minderwertig zu fühlen, weil sie Brillen tragen, vorstehende Zähne haben, hinken oder wegen unzähliger anderer Dinge.

Pamela Levin[1] ist der Meinung, daß das Abwerten anderer Kinder z. T. die Funktion hat, die Verinnerlichung unerwünschter Verhaltensweisen zu verhindern. Wenn also ein Junge dieses Alters nicht einige Energie darauf verwendet, Mädchen dazu zu bringen, sich minderwertig zu fühlen, kann es sein, daß er ein gewisses feminines Verhalten in sein Verhaltensrepertoire mit aufnimmt. Das Hänseln und Gehänseltwerden gehört auch zur Praxis und Ausgestaltung der »JEHIDES« und »Kick-mich«-Spiele, die das Kind zu Hause gelernt hat und nun auf die übrige Welt anwendet. Der Hänselnde (Verfolger) und der Gehänselte (Opfer) bringen es häufig fertig, so in Streitigkeiten zu geraten, daß das Eingreifen eines Erwachsenen nötig wird. Die Herausforderung für den Erwachsenen besteht darin, als Retter aufzutreten, so daß sie alle zusammen ein »dreihändiges« Spiel spielen können, wodurch die Spielabfolge noch interessanter und dramatischer wird. Die Methoden, die wir in Kap. 15 bereits vorgestellt haben, um aus dem »Drama-Dreieck« auszusteigen, sind auch hilfreich in der Auseinandersetzung mit diesen Problemen.

In der Phase der Adoleszenz beleben die Jugendlichen Probleme früherer Entwicklungsstufen aufs neue; so kann scheues oder übermäßig aggressives Verhalten zumindest für kurze Zeit wieder auftauchen. Ferner neigen Teenager dazu, vorübergehend Verhaltensweisen anzunehmen, die später wieder abgelegt werden. Beispielsweise kann ein früher ganz manierlich erschienener Jugendlicher einige kleinere Eskapaden begehen, indem er sich z.B. betrinkt, um danach wieder »ordentlichere« Verhaltensweisen an den Tag zu legen. Derlei Verhaltensweisen können für Erwachsene recht besorgniserregend sein.

Ernsthafteres rebellisches Verhalten, durch das Jugendliche in Konflikt mit dem Gesetz kommen oder das auf andere Weise selbstzerstörerisch ist, scheint am häufigsten in solchen Familien vorzukommen, in denen das

[1] In einer persönlichen Mitteilung an die Autoren.

Kind spürt, daß die Eltern auf schwächere Formen des Sich-Auflehnens nicht reagieren. Einige der Kinder, die in ernsthafte Schwierigkeiten geraten, kommen aus sehr strengen und autoritären Familien, in denen die Kinder bis dahin ziemlich abhängig waren. Manchmal sieht ein Jugendlicher, der aus einer derartigen Familienstruktur kommt, den einzig sicheren Weg, sich von der Familie zu lösen, darin, in einem Heim untergebracht zu werden. Für Eltern ist es hilfreich, auf solche Experimente zu reagieren, indem sie die Reaktionen ihres Erwachsenen-, Eltern- und Kindheits-Ichs mitteilen und erneut ihrer Erwartung Ausdruck verleihen, daß der Jugendliche sich verantwortlich und überlegt verhält.

16.4 *Scheidung*

Scheidungen sind heute mehr und mehr an der Tagesordnung. Die Vorkommnisse, die zu einer Scheidung führen, die Art und Weise, in der Scheidungen durchgeführt werden und die Ereignisse, die einer Scheidung folgen, haben alle einen nachhaltigen Einfluß auf die Kinder. Wie bei anderen wesentlichen Ereignissen im menschlichen Leben brauchen die Kinder eine redliche, wahrhaftige und für sie verständliche Information über das, was vorgeht. Unglücklicherweise sind Eltern, die sich in Scheidung befinden, besonders dann, wenn es eine Menge von Meinungsverschiedenheiten und Ärger gibt, in keiner Weise in der Lage, derartige unparteiische Informationen zu geben. In manchen Fällen fehlt den Eltern sogar die Einsicht, daß sie ihren Kindern gegenüber eine wesentliche Verpflichtung haben, und sie machen dann die Kinder zu Schachfiguren bei ihren heftigen Auseinandersetzungen um das Sorgerecht.
Oft ist es nützlich, eine informierte und unparteiische dritte Partei zu haben, die mit darüber diskutiert, was mit den Kindern geschehen soll. Wie bei anderen wichtigen Ereignissen ist es auch hier so, daß Kinder, denen Informationen fehlen, diese erfinden. Jüngere Kinder verstehen oft die Vorgänge der Scheidung nicht und erkennen nicht, daß jedes Elternteil auch dann ein Elternteil bleibt, wenn die Familie nicht länger zusammenlebt. Der Vorzug, den Kinder dem Elternteil geben, mit dem sie leben wollen, muß in Betracht gezogen werden, obgleich es für ein Kind unter vierzehn Jahren eine Überforderung darstellt, wenn man von ihm verlangt, Verantwortung für die endgültige Wahl zu übernehmen. Die Vorstellung,

zwischen Elternteilen wählen zu müssen, ist für jüngere Kinder sehr erschreckend. Ganz gleich, mit welchem Elternteil das Kind lebt, es wird sich mit der Tatsache auseinanderzusetzen haben, daß es den Verlust des anderen Elternteils zu verkraften hat. Es ist sehr spannungsvoll, mit ansehen zu müssen, wie ein Kind einen früheren Ehepartner überaus vermißt und Heimweh hat nach ihm, auf den man selber höchst ärgerlich und verbittert ist. Wenn die Scheidung zu einem Zeitpunkt stattfand, als das Kind noch sehr klein war, erfindet das Kind oft Phantasievorstellungen über den abwesenden Elternteil. Das Kind erfindet oft eine Art »Super-Elter«, mit dem alles in Ordnung ginge und der immer nett sein würde. Diese Vorstellung hält oft sehr lange an. In vielen Fällen bestehen Kinder in den oberen Klassen der Grundschule und der Oberschule sehr nachdrücklich auf ihrer Forderung, dem anderen Elternteil zu begegnen. Wenn ein derartiges Treffen durchführbar ist, ohne dem Kind ernsthaften Schaden zuzufügen, kann dieses sehr hilfreich sein, da es dazu beiträgt, den abwesenden Ehepartner zu entmythisieren.
Bei Teenagern, die mit einem Elternteil des anderen Geschlechts zusammenleben, äußert sich oft ein gewisses Unbehagen wegen ihrer eigenen sexuellen Gefühle diesem Elternteil gegenüber, und viele dieser Teenager sind erleichtert, wenn der Elternteil, mit dem sie zusammenleben, eine Liebesbeziehung aufnimmt oder Zuneigung für einen anderen Erwachsenen entwickelt. Eine Mutter formulierte es so: »Ich konnte nicht wirklich verstehen, warum Jürgen so erleichtert war, als mein Freund Thomas bei uns einzog.«

16.5 Wiederverheiratung

Wenn Eltern sich wieder verheiraten, geraten Kinder oft in eine Art »Treue-Konflikt«. Es ist dann hilfreich für sie, zu wissen, daß sie dem neuen Stiefvater oder der neuen Stiefmutter gegenüber Zuneigung und Liebe empfinden dürfen, ohne ihre Zugehörigkeit zu dem früheren Elternteil aufgeben zu müssen. Einige Eltern neigen auch dazu, eigene Kinder den Stiefkindern gegenüber bevorzugt zu behandeln; oder aber sie bevorzugen – aus Angst davor, daß dies geschehen könnte – unbewußt die Stiefkinder.

Die Entscheidung über die Adoption von Stiefkindern ist im Blick auf das psychische Gewicht dieses Vorgangs für alle Beteiligten von Bedeutung und muß gründlich durchgesprochen werden, bevor sie vollzogen wird.

16.6 *Kind und Tod*

Kinder entwickeln am besten eine Vorstellung vom Tod, wenn sie direkte und unverhüllte Informationen bekommen. Kinder beginnen im allgemeinen schon im Alter von vier oder fünf Jahren, sich Gedanken über den Tod zu machen. Ein typisches Gespräch über den Tod könnte folgendermaßen verlaufen:

»Werde ich eines Tages sterben, Papa?«

»Ja, jeder, der geboren wird, stirbt eines Tages.«

»Wirst du eines Tages sterben, Papa?«

»Ja.«

»Wann?«

»Das weiß ich nicht. Niemand weiß genau, wann er sterben wird. Ich nehme an, daß ich noch lange da sein und leben werde und daß ich sehr alt werde.«

»Was geschieht, wenn Menschen sterben, Papa?«

»Wenn Menschen sterben, hört ihr Körper auf zu arbeiten. Ihr Herz hört auf zu schlagen, und sie hören auf zu atmen, und ihr Gehirn arbeitet nicht mehr, und dann sind sie tot.«

»Was bedeutet es, wenn Menschen tot sind, Papa?«

»Es bedeutet, daß sie nie mehr streicheln oder gestreichelt werden, und daß die Menschen, die zurückbleiben, den Verstorbenen nie mehr streicheln oder von ihm gestreichelt werden können.«

»Das klingt traurig.«

»Ja, es ist traurig, und wenn jemand stirbt, den wir lieben, brauchen wir viel ›Streicheln‹ von anderen Menschen, die um uns sind, die zu uns halten und zu uns sprechen über dieses Traurigsein.«

»Was geschieht mit den Körpern der Menschen, wenn sie gestorben sind?«

»Sie werden im allgemeinen in einen Behälter getan, den man Sarg nennt und der in die Erde gebettet wird, an einem bestimmten Platz, der Friedhof genannt wird.«

»Tut es weh, wenn man in der Erde vergraben wird?«
»Nein, denn nur Menschen, die leben, denken und atmen, können Schmerzen empfinden.«
»Werde ich in den Himmel kommen, wenn ich sterbe?«
»Nun, ich glaube nicht, daß sich dessen irgend jemand sicher ist. Manche Menschen glauben dies und manche nicht.«
Die Einzelheiten eines solchen Gesprächs mögen je nach unserer religiösen Überzeugung variieren; wichtig ist, Kindern die konkrete Tatsache mitzuteilen, daß Menschen, die sterben, nicht mehr eine Quelle für »Streicheln« sind. Bei vielen Kindern kann die Einführung von Begriffen wie »Himmel« magisches Denken fördern, mit dem Erfolg, daß ein Kind dann Stunden damit verbringt, aus dem Fenster in den Himmel zu schauen, um über Tante Emma, die »da oben im Himmel ist« nachzudenken. Werden Kinder in dem Glauben bestärkt, daß ein gestorbener Elternteil nur »irgendwo anders hin« gegangen ist, kann bei ihnen die Vorstellung entstehen, daß sie dieser anderen Person körperlich wiederbegegnen, wenn sie auch sterben. Solche Phantasien können selbstzerstörerisches Denken fördern, und es kann sogar auf der Basis solcher Vorstellungen zu Selbstmorden kommen.

16.7 Trauer

Die natürliche Reaktion auf den Tod von jemandem, den wir lieben, ist Trauer. Der Prozeß des Trauerns vollzieht sich, wann immer wir eine wichtige Quelle unseres Streichelns verlieren, und es ist ebenso legitim, über den Verlust eines Lieblingstiers der Familie zu trauern, wie über den eines Elternteils, obwohl die Tiefe der Reaktion bei einem Elternteil natürlich größer sein wird. Der Verlauf des Trauerprozesses umfaßt offenbar drei Phasen: die Eingangsphase ist eine Phase des Schocks und des Nichtwahrhabenwollens. Während dieser Zeit können wir uns auf emotionaler Ebene wie erstarrt fühlen und Schwierigkeiten haben, die Tatsache zu akzeptieren, daß jemand, den wir lieben, uns verlassen hat. Nach der Schockphase beginnt das aktive Trauern, und wir spüren ein Aufwallen der Traurigkeit über den Verlust. Gestreichelt- und Getröstetwerden durch andere sind ein wesentlicher Trost. Zusätzlich zur Traurigkeit ist Zorn eine normale Reaktion auf den Tod. Häufiger empfinden wir gemischte Gefühle über diesen Zorn, auch dann, wenn es für uns normal ist, zornig zu sein, da eine wichtige Streichelquelle verloren geht. Viele befürchten, daß der Zorn, der sich beim Tode eines anderen in uns regt, auf irgendeine geheimnisvolle Weise den Tod dieses Menschen verursacht habe. Obwohl diese Art zu denken häufig bei Kindern auftritt, ist sie nicht nur bei ihnen vorhanden; viele Erwachsene müssen sich gleichfalls mit ihrem magischen Denken über den Tod auseinandersetzen. Schließlich treten wir in die dritte, die Wiederherstellungsphase ein, in der die Aufwallungen der Traurigkeit seltener werden.

Ganz im Gegensatz zu dem, was viele Eltern glauben, ist es weder notwendig noch hilfreich, Kinder davor zu bewahren, die Äußerungen unserer eigenen Trauer zu sehen. Wenn wir unsere Gefühle Kindern gegenüber verbergen, dann können wir sie auf den Gedanken bringen, daß Erwachsene keine Gefühle haben, oder daß man keine Gefühle haben darf. Kinder können damit fertig werden, die Trauer ihrer Eltern mitanzusehen, und jedes Mitglied einer leidtragenden Familie kann die anderen mit trösten. Es ist hilfreich, unsere Kinder wissen zu lassen, daß wir derartig starke Gefühle haben können und dennoch in der Lage sind, verantwortlich für sie zu sorgen.

16.8 Das sterbende Kind

Alle Menschen haben ein Recht auf einen würdigen und wirklich humanen Tod. Dies gilt in gleicher Weise auch für Kinder. Wenn z. B. ein Kind eine Krankheit hat, die unausweichlich zum Tode führt, ist es nötig, daß das Kind dies erfährt, daß es über das Sterben Bescheid weiß und die Möglichkeit hat, sich von der Familie und nahestehenden Freunden zu verabschieden. Im Laufe der letzten Generationen ist der Glaube entstanden, daß der Tod irgendwie ein Thema sei, über das man nicht sprechen dürfe. Nur wenn wir über dieses unaussprechbare Thema sprechen, können wir es entmystifizieren und der Tatsache des Todes wieder ihren angemessenen Platz in der Perspektive unseres Lebens geben.

16.9 Woran erkenne ich, daß ich einen Fachmann benötige?

Ein Fachmann ist jemand, der über ein spezielles Wissen und über Informationen verfügt, die nützlich für uns sein können. Oft werden Nachbarn oder Eltern oder nahe Freunde als Fachleute in Sachen Kindererziehung um Rat gefragt. Wenn die Probleme schwerwiegender sind, übersteigen sie die Fähigkeit und das Wissen unserer informellen Experten, so daß wir jemand um Rat fragen müssen, der als Fachmann seinen Lebensunterhalt verdient. Manchmal wird die Notwendigkeit einer speziellen Hilfe durch eine ganz bestimmte Krise deutlich; so lösen z.B. Ereignisse wie das Durchfallen beim Examen oder der Verweis von der Schule Krisen aus, die uns dazu veranlassen, Fachleute wie Nachhilfelehrer, Sprach- und Lesespezialisten und Psychotherapeuten aufzusuchen. Ein Teil der Arbeit derartiger Fachleute besteht darin, das Problem klar zu definieren und einen Plan für das weitere Vorgehen vorzuschlagen.

In anderen Fällen führt ein länger anhaltendes bedrückendes Gefühl, daß etwas »nicht ganz in Ordnung ist« oder daß »das Leben besser sein könnte, als es im Augenblick ist«, dazu, nach einem Fachmann Ausschau zu halten. Wir werden uns mehr und mehr dessen bewußt, daß wir im Leben nicht nur Anspruch auf das bloße Überleben haben, und daß es keine Schande ist, wenn wir uns an Menschen wenden, deren Hilfe dazu führen kann, daß sich die Qualität unseres Lebens verbessert.

16.9.1 Wie finde ich einen Fachmann?

Es kann schwierig sein, gerade den kompetenten Fachmann zu finden, den ich brauche:

1. Es mag schwierig sein zu wissen, welche Art von Fachmann man zunächst braucht.
2. Das Sich-Auseinandersetzen mit einigen Problemen mag die Zusammenarbeit von einigen Experten erfordern: z.B. eines Lehrers, eines Kinderarztes und eines Psychotherapeuten.
3. Experten sind sich nicht immer darüber einig, wer zu den Fachleuten zählt. Die Mitgliedschaft bei bestimmten Berufsorganisationen mag dafür bürgen, daß die Person, die man aufsucht, kompetent ist, aber dies ist keine Garantie.
4. Manche Experten haben aus ethischen Gründen nicht die Möglichkeit, ihre Kompetenz so zu zeigen, daß die Öffentlichkeit Kenntnis davon erhält.

Während Sie nach Menschen suchen, die für Sie sehr hilfreich sein können, beachten Sie besonders jene, denen Ihr Kindheits-Ich traut und die

Ihnen schon geholfen haben. Sie können diese Menschen als wichtige Hilfsquellen in Anspruch nehmen, um andere kompetente Experten zu finden. Wenn Sie beispielsweise Ihrer Kinderärztin vertrauen und ihre Dienstleistungen als nützlich empfunden haben, ist es sehr wahrscheinlich, daß sie kompetente Nachhilfelehrer, Sprachtherapeuten, Psychotherapeuten usw. kennt. Wenn Sie nach einer Hilfe Ausschau halten, die den Einsatz mehrerer Fachleute erfordert, dann hat es sich als nützlich erwiesen, wenn einer dieser Fachleute die gemeinsamen Bemühungen koordiniert. Andreas, zwölf Jahre alt, braucht die Dienste eines Chirurgen für Gesichtsplastik, eines Hals-Nasen- und Kehlkopf-Facharztes, eines Herzspezialisten und eines Kinderzahnarztes. Nach genaueren Umfragen wählten die Eltern einen Kinderarzt, um die Bemühungen aller anderen Spezialisten zu koordinieren. Die Familie wird nicht auf die Empfehlung eines dieser Spezialisten hin handeln, ohne diese vorher mit dem Kinderarzt durchgesprochen zu haben.

Bevor die Familie zu dieser Lösung kam, wurde sie durch die mangelnde Übereinstimmung unter den verschiedenen Experten mit vielen schwierigen Entscheidungen konfrontiert. Aber letztlich haben wir Eltern die endgültige Entscheidung darüber zu treffen, welchen Experten wir in Anspruch nehmen wollen und welchen Empfehlungen wir uns anschließen.

16.9.2 Wie bekomme ich, was ich brauche?

Wenn wir einen Experten suchen, müssen wir an unsere elterlichen Rechte und unsere Verantwortung denken. Wenn nicht finanzielle Grenzen oder die Seltenheit bestimmter Experten in ihrem Wohnbereich einen gewissen Kompromiß erforderlich machen, haben Eltern – im Idealfall – folgende Rechte:

1. Wir haben das Recht, nach einem Experten zu suchen und unsere Wünsche ihm gegenüber klar zum Ausdruck zu bringen. Wir müssen selber entscheiden, wie gut wir mit diesem Mann arbeiten können, und unsere Entscheidung nicht allein davon abhängig machen, ob er Empfehlungsschreiben vorweisen kann oder nicht.
2. Eltern haben einen Anspruch darauf, um klare Auskünfte nachzusuchen. Wir haben ein Recht darauf, daß das Problem klar definiert wird, daß wir die verschiedenen Alternativlösungen kennen und in etwa wissen, wieviel Zeit jede in Anspruch nehmen wird.

3. Eltern haben ein Recht darauf, andere Meinungen einzuholen. Die Beziehung zu Experten funktioniert dann am besten, wenn die Informationen auf der Ebene Erwachsenen-Ich zu Erwachsenen-Ich ausgetauscht werden. Wenn die Person, die Sie um Rat fragen, vorwiegend die Haltung eines Erziehers einnimmt (»Ich werde mich um alles kümmern, machen Sie sich keine Sorgen darum«), dann kann es geschehen, daß Sie sich eher wie ein unmündiges Kind behandelt fühlen als wie ein Erwachsener mit einem voll funktionierenden Erwachsenen- und Eltern-Ich. Derartige Eltern-Ich-Fachleute neigen dazu, die eigene Verantwortlichkeit der Eltern zu mißachten, die allein Urteile und Entscheidungen über das Wohl ihrer Kinder zu fällen haben.

16.9.3 Die vertraglichen Vereinbarungen

Wenn Sie damit einverstanden sind, mit einem Experten zu arbeiten, gehen Sie einen Vertrag ein, in dem beide Teile ihre Rechte und Verpflichtungen haben.
Claude Steiner zählt vier Elemente eines Vertrags auf:

1. *Gegenseitige Einwilligung*
   Gegenseitige Einwilligung bedeutet, daß der Experte vorschlägt, was getan werden kann, und daß die Eltern auf den Vorschlag eingehen. Um einen guten Vorschlag machen zu können, muß der Therapeut das Problem als solches genau kennen und fähig sein, sich mit diesem speziellen Problem zu befassen. Als Eltern müssen wir so deutlich wie möglich formulieren, was wir gerne geändert haben wollen. Im Idealfall enthält das Hilfsangebot eine Beschreibung der vorgeschlagenen Hilfeleistungen und Kriterien dafür, wann die Therapie beendet ist.
2. *Überlegungen zu den Vorteilen, die jeder hat*
   Dies bedeutet, daß der Vertrag beiden, sowohl den Eltern als auch dem Experten, einen gewissen Vorteil bringt. Der Vorteil für die Eltern besteht in einer Klärung und Lösung des Problems. Der Vorteil für den Experten ist im allgemeinen finanzieller Art.
3. *Kompetenz*
   Vom Gesetz her haben bestimmte Menschen nicht die Kompetenz, Verträge einzugehen. Minderjährige müssen beispielsweise die Zustimmung und zumindest zum Teil die Unterstützung ihrer Eltern haben, wenn sie die Hilfeleistung eines Experten in Anspruch nehmen.

Fraglich ist, ob ein Vertrag mit Personen abgeschlossen werden kann, die nicht in der Lage sind, die damit verbundenen Konsequenzen zu übersehen, oder die kein funktionierendes Erwachsenen-Ich haben. In solchen Fällen sollte der Vertragsabschluß eher von jemandem wahrgenommen werden, der in der Lage ist, die volle Verantwortung zu übernehmen.

4. *Gesetzliche Hindernisse*
   Es geschieht selten, daß Eltern um eine illegale Hilfeleistung für ihre Kinder nachsuchen. Ethische Konflikte entstehen dagegen häufiger. Beispielsweise kann es sein, daß manche Psychotherapeuten oder Ärzte sich aufgrund ihrer eigenen ethischen Grundsätze weigern, jemanden zu beraten, der eine Abtreibung vornehmen will.

Wenn ein klar definierter Vertrag abgeschlossen wird, stimmen sowohl die Eltern als auch der Experte darin überein, wie sie auf dem schnellstmöglichen Wege zu einem klar umrissenen Ziel gelangen können. Damit nutzen sie am effektivsten die Fähigkeiten des Experten und haben den größtmöglichen Gewinn für die Familie.

16.10 Zusammenfassung

Zusätzlich zu den allgemeinen Problemen haben manche Familien sich mit ganz speziellen Krisen oder dramatischen Problemen auseinanderzusetzen. Dazu brauchen sie spezielle Hilfsquellen und häufig Hilfe von Menschen außerhalb der Familie.

Die psychische Reaktion der Eltern auf Kinder mit Behinderungen oder chronischen Krankheiten ist von entscheidender Bedeutung für die Art, in der die Kinder mit ihrer Krankheit umgehen lernen.

Familien lösen sich auf, gehen auseinander, verschmelzen miteinander, Eltern und Kinder müssen Probleme neuer Verbindlichkeiten und alter Trauerprozesse lösen. Sie müssen Wege finden, ein befriedigendes neues Leben zu führen.

Es können Belastungen durch Schule und Nachbarschaft entstehen, die gemeinsame Bemühungen von seiten der ganzen Familie wie von Außenstehenden erforderlich machen.

Eltern oder andere sehr nahe Personen können sterben. Sich mit dem Tod auseinanderzusetzen ist nie leicht, und Eltern, die einen Verlust zu betrauern haben, brauchen besondere Unterstützung, um ihren Kindern zu helfen, mit ihrer eigenen Trauer fertig zu werden. Die Entscheidung, einen Experten aufzusuchen, mag während oder nach einer Krise gefällt werden oder aus dem bedrückenden Gefühl erwachsen, daß etwas nicht in Ordnung ist. Es mag besonderer Überlegungen und Anstrengungen bedürfen, um den jeweils erforderlichen Fachmann zu finden. Eltern haben das Recht, einen Experten aufzusuchen und ihm gegenüber ihre Wünsche klar zum Ausdruck zu bringen. Sie haben das Recht zu wissen, was getan werden kann und wie lange es ungefähr dauern wird. Eltern haben das Recht, andere Meinungen einzuholen. Wenn wir uns mit einem Experten beraten, geben wir unsere Rechte und Verantwortlichkeiten nicht auf. Familien und Kindern zu helfen, bedarf einer gemeinsamen Anstrengung und muß auch in dieser Weise von jedem, der damit zu tun hat, verstanden werden.

Menschen, die sich durch immer neue Informationen auf dem Laufenden halten, ein gutes Gefühl im Blick auf sich selbst und andere haben und in Kontakt mit ihren eigenen Gefühlen sind, haben die besten Voraussetzungen, erfolgreiche Eltern zu sein. Bei solchen Menschen ist auch die Chance am größten, daß sie den Rest ihres Lebens glücklich und produktiv verbringen. Es ist unsere Überzeugung, die uns zu dem Ideal stehen läßt, daß wir alle das Recht auf ein würdiges und glückliches Leben haben; sie hat uns auch veranlaßt, dieses Buch zu schreiben.

Anhang I
Phaseneinteilung des Lebenszyklus

1. Phase: *Zugehörigkeit:* von der Geburt bis zu 8–10 Monaten. In diesem ersten Stadium entwickelt das Kleinkind ein Gefühl von Zugehörigkeit zu den nährenden Erwachsenen und sichert so sein Überleben und den Aufbau eines Urvertrauens.

2. Phase: *Erkundung:* von 8–10 Monaten bis zu 2–2 1/2 Jahren. Jetzt geht das Kind aktiv auf Entdeckungen aus und lernt die grundlegenden physikalischen und psychologischen Gesetze kennen, die den Lauf der Welt bestimmen.

3. Phase: *Trennung:* von 2–2 1/2 Jahren bis zu 3–3 1/2 Jahren. In der Phase der »schrecklichen Zweijährigen« erprobt das Kind sein Getrenntsein von wichtigen Erwachsenen, es fällt die Entscheidung, sein Erwachsenen-Ich zu gebrauchen (ER2) und ist bereit, auf die sozialen Forderungen einzugehen.

4. Phase: *Sozialisation:* von 3–3 1/2 Jahren bis zu 5–6 Jahren. Dieses Stadium umfaßt das Vorschul- und Kindergartenalter, während dessen Kinder über soziale Rollen, Geschlechtsrollen und Erwartungen Erfahrungen sammeln.

5. Phase: *Aufbau:* von 5–6 Jahren bis zu 11–13 Jahren. Diese Phase erstreckt sich etwa über die Zeit der Grundschule. In ihr baut das Kind ein funktionierendes Eltern-Ich auf, ohne es jedoch schon aktiv einzusetzen.

6. Phase: *Ausdehnung und Konsolidierung des Skripts:* von 11–13 Jahren bis zu 16–18 Jahren (Adoleszenz). In dieser Zeit fangen Kinder an, ihr Eltern-Ich einzusetzen, indem sie für sich selber sorgen, ihren Horizont erweitern und neue Eltern-Ich-Informationen, die auf umfassenderen Erfahrungen beruhen, ausprobieren.

7. Phase: *Emanzipation:* von 16–18 Jahren bis zu 25–30 Jahren (Junge Erwachsene).
Dies sind die Jahre, während derer ein Mensch sich von der Familie unabhängig macht und mit verschiedenen Lebensstilen experimentiert, ohne sich schon fest für einen bestimmten zu entscheiden.

8. Phase: *Schöpferisch sein:* von 25–30 Jahren bis zu 40–45 Jahren.
Nachdem die Entscheidung für einen Lebensstil gefallen ist, haben Menschen in dieser Phase mit Kindererziehung, beruflichem Fortkommen und öffentlichen Ämtern zu tun. Produktivität und Kreativität werden in bestimmten Bereichen zu wichtigen Bedürfnissen.

9. Phase: *Auswertung des Skripts:* von 40–45 Jahren bis zu 60–70 Jahren.
Diese Phase beginnt, wenn die Kindererziehung beendet ist. In dieser Zeit überprüfen die Menschen erneut das Skript, nach dem sie bisher gelebt haben. Sie treffen vielleicht Entscheidungen, das Skript zu ändern und/oder Erfahrungen zu machen, die ihnen bisher fremd geblieben sind.

10. Phase: *Aussöhnung:* von 60–70 Jahren bis zum Tode.
Das letzte Lebensstadium, während dessen sich die Menschen mit ihrer nachlassenden Produktivität und der Unvermeidlichkeit des Todes auseinandersetzen.

Anhang II
Worterläuterungen

Abwerten: (discounting)	dient dazu, *passives* Denken und *passives* Verhalten aufrecht zu erhalten, indem man Informationen, Probleme, Lösungsmöglichkeiten und Alternativen nicht wahrnimmt, sondern ausblendet und übergeht.
Beeltern: (parenting)	sich einem Kind gegenüber so »elterlich« (d.h. schützend und normensetzend) verhalten, daß es sein eigenes *Eltern-Ich* aufbauen kann. In der Therapie geschieht dies unter Vertrag auch Erwachsenen gegenüber, um ihnen die Möglichkeit zu geben, Lücken in ihrem Eltern-Ich zu schließen oder destruktive Anteile zu ersetzen. Wird das ganze alte Eltern-Ich mit seinen Programmierungen gelöscht und durch neue Inhalte ersetzt, spricht man von »Neu-beeltern«. Dies findet nur in schwerwiegenden Fällen, z.B. in der Therapie von Schizophrenen statt.
Drama-Dreieck:	von Stephen Karpman entwickelt, zeigt die Grundform aller *psychologischen Spiele* in dem Wechsel zwischen den drei Spiel-Positionen: Opfer-Retter-Verfolger/Ankläger. Zur Darstellung des Dramadreiecks s. S. 60; 179; 275.
Einschärfung: (injunction)	ein Verbot oder ein einschränkender Befehl von einem Elternteil, die durch Worte, mehr noch aber nonverbal dem kleinen Kind vermittelt werden.
Eltern-Ich (EL_2):	der Ich-Zustand, den wir benutzen, um für uns selbst und andere zu sorgen. Er wird durch Verinnerlichung der ursprünglich vorhandenen elterlichen Figuren entwickelt.

Eltern-Ich im Kindheits-Ich (EL_1):	Primitives Eltern-Ich, das im Falle sehr früher negativer Einschärfungen sehr rigide ist und die meisten Probleme erzeugt.
Energiebesetzung: (cathexis)	heißt, daß ein Ich-Zustand mit Energie besetzt wird. Er ist dann der ausführende Ich-Zustand, während die anderen mehr beobachtend sind.
Entscheidung:	in der Kindheit getroffen für bestimmte Verhaltensweisen, Überzeugungen und Grundpositionen, häufig entsprechend elterlichen *Einschärfungen*, um das Überleben in der betreffenden Umgebung zu sichern. In der Therapie wird in einer Regression in den Kindheits-Zustand die destruktive Entscheidung geändert durch eine Neuentscheidung (s. Gouldings).
Erlaubnis: (permission)	1. eine elterliche Erlaubnis für selbständiges Verhalten. 2. eine therapeutische Intervention, die jemandem die Erlaubnis gibt, einer elterlichen *Einschärfung* nicht mehr zu gehorchen.
Erwachsener:	der in seiner Ganzheit drei Ich-Zustände hat, das Eltern-, Erwachsenen- und Kindheits-Ich.
Erwachsenen-Ich: (ER_2)	der Ich-Zustand, der objektive Daten verarbeitet, Wahrscheinlichkeiten abschätzt und die Prinzipien der Logik anwendet.
Erwachsenen-Ich im Kindheits-Ich (ER_1):	primitiver Datenverarbeiter im Kindheits-Ich, der auf einer intuitiven, nicht-logischen und nonverbalen Ebene Daten sammelt und verarbeitet. Auch »kleiner Professor« genannt.
Eskalieren:	hat zur Folge, daß man die Menge der Energie, die man in eine Situation setzt, erhöht. Ein Problem eskalieren heißt, die Menge der Energie erhöhen, um das Problem aufrecht zu erhalten. Eskalieren »über« jemanden hat zum Ziel, so viel Energie einzusetzen, daß der Betreffende wegen seines problematischen Verhaltens selbst Unbehagen erlebt und es nicht an andere weiterreicht.

Ich-Zustand:	ein zusammenhängendes Muster von Gefühlen, Gedanken und Erfahrungen, die mit einem bestimmten Verhalten in einem direkten Zusammenhang stehen.
Innerer Dialog:	besteht aus Transaktionen zwischen dem Eltern-Ich und dem Kindheits-Ich in ein und derselben Person.
Kindheits-Ich (K_2):	der ursprüngliche Ich-Zustand, aus dem sich Eltern-Ich und Erwachsenen-Ich entfalten. Das angepaßte Kind befolgt (oder rebelliert gegen) elterliche Anweisungen. Das natürliche Kind ist unabhängig.
Kindheits-Ich im Kindheits-Ich (K_1):	der ursprüngliche und primitivste Ich-Zustand, der am meisten mit körperlichen Funktionen und Bedürfnissen zu tun hat.
Kleiner Professor:	s. Erwachsenen-Ich im Kindheits-Ich (ER_1).
Konkurrenz-Struktur:	ist eine Definition der Realität, nach der fast alle Situationen auf Rivalität beruhen: einer gewinnt – die anderen verlieren.
Kooperations-Struktur:	Gegensatz zur Konkurrenz-Struktur, beruht auf der Überzeugung, daß alle gewinnen können. Sie führt zur Bereitschaft, mit den anderen zu verhandeln.
Lebensposition:	entsteht aus frühen Grundentscheidungen über das Ok-Sein meiner selbst und der anderen.
oral:	von lat. os = der Mund. Orale Tätigkeiten sind z.B. saugen, essen, reden, rauchen usw.
passives Denken:	besteht aus Abwerten und Mißachten wichtiger Aspekte problematischer Situationen. Wir können das Problem, die Bedeutung des Problems, die Lösbarkeit des Problems oder unsere eigene Fähigkeit zur Problemlösung abwerten.
passives Verhalten:	mit Hilfe dieses Verhaltens versucht jemand, eine andere Person dazu zu bringen, das Denken für ihn zu übernehmen.
Programm:	ein Plan, um bestimmte Aspekte seines Lebens auszuleben.
Programmieren:	neue Informationen aufnehmen und sie in sein Verhalten einbauen.

Rabattmarken: Sammeln von schlechten Gefühlen, vor allem als Gewinnauszahlung am Ende von psychologischen Spielen. Es gibt braune (für Depression) und rote Marken (für Wut). Wenn sie in ausreichender Zahl gesammelt sind, können sie dann für eine selbstzerstörerische oder andere schädigende Handlung eingetauscht werden.

Racket: damit sucht und verstärkt ein Mensch die ihm vertrauten unerfreulichen Gefühle, die seinem Lebensskript entsprechen.

Reizhunger: das biologische Bedürfnis des Organismus, ständig Reize von außen zu empfangen.

Skript:
1. ein Lebensplan, der auf Entscheidungen beruht, die in der frühen Kindheit getroffen wurden, der, durch die Eltern verstärkt und die weiteren Ereignisse bestätigt, entsprechend dem Plan endet.
2. jede aus der Überprüfung des ursprünglichen Lebensplanes hervorgehende Neuformulierung.

Spiel: psychologische Spiele bestehen aus einer Reihe verdeckter Transaktionen, die immer wieder in derselben Form wiederholt werden und zu einem bestimmten Gewinn an schlechten Gefühlen führen. Spiele sind ein krummer Weg, um Streicheln zu bekommen, sie entstehen dann, wenn ein Bedürfnis mißachtet wird.

Streicheln: umfaßt jede Form der Anerkennung und Zuwendung; es kann positiv oder negativ, bedingt oder bedingungslos sein.

Struktur: ein strukturiertes Muster für das Denken, Verhalten und Fühlen im Blick auf spezielle Ereignisse und Probleme.

strukturieren: Strukturen entwickeln, indem man sie von anderen lernt oder selbst hervorbringt.

Struktur-Hunger: das Bedürfnis, unsere Zeit zu füllen und unsere Erfahrungen in vorgegebene Muster einzuordnen.

Transaktion: besteht aus dem Austausch je einer Streicheleinheit zwischen zwei Menschen. Eine Transaktion ist der

Grundstein, aus dem sich soziale Beziehungen aufbauen.
komplementäre Transaktion (auch parallele Transaktion genannt): die Reaktion kommt aus dem angesprochenen Ich-Zustand.
gekreuzte Transaktion: die Reaktion kommt aus einem anderen als dem angesprochenen Ich-Zustand.
verdeckte Transaktion: es gibt eine zweite, verdeckte Transaktion, die durch Stimmlage und nonverbale Signale übertragen wird, die sich von dem Inhalt der offen zutage liegenden Transaktion unterscheidet.

Transaktionsanalyse:
1. Ein System der Psychotherapie, das auf der Analyse der Transaktionen basiert, die sich in der Therapiesitzung ereignen.
2. eine Theorie der Persönlichkeit und menschlichen Entwicklung, die auf der Erforschung der Ich-Zustände beruht.

Trauerarbeit: der normale Vorgang, durch den es zur Verarbeitung eines wichtigen Verlustes kommt. Sie umfaßt aktiven Ausdruck von Zorn und Traurigkeit und erfordert das Gestreicheltwerden und die psychische Unterstützung von seiten anderer Menschen.

Wiederholung: die nochmalige Erfahrung und Aufarbeitung früherer Entwicklungsprobleme in einem späteren Stadium.

Zeit-Struktur: umfaßt die verschiedenen Möglickeiten, unsere Zeit zu füllen, wie: Rückzug, Ritual, Zeitvertreib, Aktivität, psychologische Spiele, Intimität.

Zuschreibung: die Definierung und Festschreibung eines Kindes durch Eltern mit Sätzen wie: »Du bist dumm!«

Anhang III
Information über transaktionsanalytische Berufsorganisationen und Möglichkeiten zur Ausbildung

1. *Die »Internationale Gesellschaft für Transaktionsanalyse«*

   ITAA hat zum Ziel, die Transaktionsanalyse in der wissenschaftlichen Entwicklung und beruflichen Anwendung zu fördern. Ihre Mitgliedschaft ist weltweit und setzt sich aus Fachleuten und Nichtfachleuten sehr verschiedener Berufsgruppen zusammen. Sie veröffentlicht jährlich ein Verzeichnis ihrer Mitglieder und Unterorganisationen. Vierteljährlich erscheint das »Transactional Analysis Journal«, das die Mitglieder über laufende Neuentwicklungen, wissenschaftliche Themen und Anliegen der Organisation unterrichtet.
   Reguläres Mitglied kann werden, wer einen Einführungskurs in TA (sog. 101-Kurs) absolviert und ein schriftliches Examen abgelegt hat.

   Anschrift:
   ITAA, 1772 Vallejo Street, San Francisco, Cal. 94123, USA

2. Seit 1976 gibt es auch eine *»Deutsche Gesellschaft für Transaktionsanalyse« (DGTA)*, die Mitglied der ITAA ist. Sie erteilt Informationen darüber, wo im deutschen Raum Möglichkeiten zur Therapie und Ausbildung in TA bestehen.

   Ausbildung ist möglich:
   a) zur klinischen Anwendung von TA (als Therapiemethode)
   b) zur berufsspezifischen Anwendung von TA in bestimmten Berufen wie z.B. Sozialarbeit, Pfarramt, Schule, Management.

   Auskünfte erteilt:
   Geschäftsstelle der DGTA, Samerbergweg 7, 8269 Burgkirchen/Ilz
   Tel. 0 86 79/41 84

Anhang IV: Literaturverzeichnis

Babcock, Dorothy, Growth, Development and Family Life, Philadelphia 1972

Bach, George und Goldberg, Herb, Keine Angst vor Aggression, Düsseldorf 1974

Bach, George und Deutsch, Ronald, Pairing. Partnerschaft in der intimsten und zugleich offensten Beziehung zweier Menschen, Düsseldorf/Köln 1974[2]

Bach, George und Wyden, Peter, Streiten verbindet, Gütersloh 1977[4]

Barnes, Graham, Transaktionsanalyse seit Eric Berne, Bd 1: Schulen der Transaktionsanalyse, Theorie und Praxis, Berlin 1979 (Institut für Kommunikationstherapie 1000 Berlin 41, Kundrystraße 1)

Becker, Wesley C., Spielregeln für Eltern und Erzieher. Lehrprogramm zur Führung von Kindern auf verhaltenspsychologischer Grundlage, München 1977[3]

Benedek, Therese, »Parenthood as a Developmental Phase«, Journal of Psychoanalytic Association, Vol. 7, 1959

Berne, Eric, Spiele der Erwachsenen. Psychologie der menschlichen Beziehungen, Hamburg 1967

– Was sagen Sie, nachdem Sie guten Tag gesagt haben? Psychologie des menschlichen Verhaltens, München, 1975

Bittner, Georg und Schmid-Cord, E. (Hg.), Erziehung in früher Kindheit, München 1968[5]

Bostons Women's Health Book Collective: Our Bodies, Ourselves, New York 1973

Bowlby, John, Mütterliche Zuwendung und geistige Gesundheit, München 1973

Brocher, Tobias, Aufstand gegen die Tradition. Über den Konflikt zwischen den Generationen, Stuttgart 1972

– Stufen des Lebens, Stuttgart 1978

– Von der Schwierigkeit zu lieben, Stuttgart 1975

Brown, Michael und Woollams, Stan und Huige, Karin, Abriß der Transaktionsanalyse. Ffm.: Fachbuchhandlung für Psychologie, Verl.-Abt., 1983

Bühler, Karl, Abriß der geistigen Entwicklung des Kindes, Heidelberg 1967[9]

Campos, Leonhard und McCormick, Paul, Introduce Yourself to Transactional Analysis, Stockton, California (San Joaquin TA Institute) 1969

Castaneda, Carlos, Die Lehren des Don Juan. Ein Yaqui-Weg des Wissen, (Fischer TB 1457) Frankfurt 1973

– Reise nach Ixtlan. Die Lehre des Don Juan, (Fischer TB 1809) Frankfurt 1976

Clinebell, Howard J., Ehe intim, München 1974

– Reifezeugnis für die Ehe, München 1976

Clinebell, Howard J. und Clinebell, Charlotte, Kinder in Entwicklungskrisen: Was können Eltern tun?, München 1970

Colman, Arthur D. und Colman, Libby Lee, Pregnancy: The Psychological Experience, New York 1971.

Colton, Helen, »You Should Only Choke on Your Stroke, Knock on Wood.« Transactional Analysis Journal I, 3 (1971)
Comfort, Alex, Joy of Sex = Freude am Sex, Frankfurt/Berlin/Wien 1976
Cruickshank, William M., Schwierige Kinder in Schule und Elternhaus. Förderung verhaltensgestörter hirngeschädigter Kinder, Berlin 1973
Dick-Read, Grantly, Mutterwerden ohne Schmerz, Hamburg 1971[17]
Dieckmann, Hans, Probleme der Lebensmitte. Krise, Umkehr, Neubeginn, (psychologisch gesehen, Nr. 8) Stuttgart, 1971[2]
Dührssen, Annemarie, Psychogene Erkrankungen bei Kindern und Jugendlichen, Göttingen 1978[12]
English, Fanita, Transaktionale Analyse und Skriptanalyse, Hamburg 1976
– Es ging doch gut – was ging denn schief? Beziehungen in Partnerschaft, Familie und Beruf. Mit einer Einleitung von Martin Koschorke. München 1982
Erikson, Erik H., Kindheit und Gesellschaft, Stuttgart 1965[2]
– Jugend und Krise, Stuttgart 1970
– Einsicht und Verantwortung, Stuttgart 1966
– Wachstum und Krisen der gesunden Persönlichkeit, Stuttgart 1966
Ernst, Franklin H. Jr., Who's Listening? Vallejo, California 1973[2]
Fraiberg, Selma H., Die magischen Jahre in der Persönlichkeitsentwicklung des Vorschulkindes. Psychoanalytische Erziehungsberatung, rororo 6794, Hamburg 1977[3]
Frankl, Victor, Der Mensch auf der Suche nach Sinn, Freiburg/Basel/Wien 1976[5]
Freud, Anna, Wege und Irrwege in der Kinderentwicklung, Stuttgart 1968
Friday, Nancy, Die sexuellen Phantasien der Frauen, Bern/München 1978
Gesell, Arnold und Ilg, Frances, Säugling und Kleinkind in der Kultur der Gegenwart, Bad Nauheim 1953
– Das Kind von fünf bis zehn, Bad Nauheim 1954
Gesell, Arnold; Ilg, Frances und Ames, Louise Bates, Jugend. Die Jahre von zehn bis sechzehn, Bad Nauheim 1958
Ginott, Haim, Eltern und Kinder. Elternratgeber für verständnisvolle Erziehung, Hamburg 1965
– Takt und Taktik im Klassenzimmer. Ein psychologischer Ratgeber für Eltern und Erzieher, Göttingen 1974
Glaser, Barney G. und Strauss, Anselm L., Interaktion mit Sterbenden, Göttingen 1974
Goffmann, Irving, Stigma: über Techniken der Bewältigung beschädigter Identität, Frankfurt 1975
Goulding, Mary McClure und Goulding, Robert L., Neuentscheidung. Ein Modell der Psychotherapie. Mit einem Vorwort v. Rüdiger Rogoll. Stuttgart 1981
Goulding, Robert L. und Goulding, Mary McClure, The Power is in the Patient, San Francisco 1978
Gordon, Thomas, Familienkonferenz. Die Lösung von Konflikten zwischen Eltern und Kind, Hamburg 1977[9]
Gray, Madeline, Krisenjahre der Frau, Stuttgart 1953
Harris, Thomas A., Ich bin o.k., Du bist o.k., Hamburg 1973
Harsch, Helmut L. und Jessen, Fred M., Transaktionsanalyse: Tauschhandel der Gefühle.

In: Petzold, H. (Hrsg.), Wege zum Menschen: Methoden und Persönlichkeiten; ein Handbuch. Band 2. Paderborn 1984, 309–396

Hurlock, Elizabeth B., Die Entwicklung des Kindes, Weinheim 1972[3]

James, Muriel, What Do You Do With Them Now That You've Got Them?, Menlo Park, California 1974

– Transactional Analysis for Moms & Dads, Reading, Massachusetts 1974

James, Muriel und Jongeward, Dorothy, Spontan leben. Übungen zur Selbstverwirklichung, Hamburg 1974

James, Muriel und Savary, Louis, Befreites Leben. Transaktionsanalyse und religiöse Erfahrung, München 1977

Jellouschek, Hans, Transaktions-Analyse und Familientherapie: ein Brückenschlag zwischen individuumzentrierter und systemorientierter Therapie. Zeitschrift für Transaktions-Analyse in Theorie und Praxis 1984, 1, 25–32

Kabitz, Maria; Kneer, Waltraud und Reuschel, Gertrud, Treffpunkt: alleinerziehende Mütter und Väter. Erfahrungen, Impulse, Perspektiven, München 1978

Karpman, Stephen B., Fairy Tales and Script Drama Analysis, Transactional Analysis Bulletin 7, 26 (1968)

Kincade, Kathleen, A Walden Two Experiment: The First Five Years of Twin Oaks Community, New York 1972

Kleinweise, Elisabeth, Kreisgesicht – Symbole: eine visuelle Darstellung der Funktion der Ich-Zustände; TA mit Kindern. Berlin: Eigenverlag, 1980

Knehr, Edeltraut, Von Kindern lernen, (Stundenbücher 109) Hamburg 1972

Kübler-Ross, Elisabeth, Interviews mit Sterbenden, Stuttgart/Berlin 1978[7]

– Reif werden zum Tode, Stuttgart/Berlin 1976

– Was können wir noch tun? Antwort auf Fragen nach Sterben und Tod, Stuttgart/Berlin 1975[2]

Lehr, Ursula, Psychologie des Alters, Heidelberg 1974

Leist, Marielene, Angst vor Sex? Aufklärung für junge Leute, München 1970

– Kinder begegnen dem Tod, Gütersloh 1979

– Mutter, erzähl mir alles. Ein Aufklärungsbuch für 5 bis 10jährige, München 1973

Leuenberger, Robert, Der Tod. Schicksal und Aufgabe, Zürich 1971

Levin, Pamela, A Think Structure for Feeling Fine Faster, Transactional Analysis Journal III, 2 (1973)

Maslow, Abraham, Motivation und Persönlichkeit, Olten/Freiburg, 1977

– Psychologie des Seins, (Kindler TB 2195) München 1978

McClendon, Ruth, Phasen der Familientherapie. In: Barnes, Graham et al., TA seit Eric Berne. Bd. I: Schulen der TA: Theorie und Praxis. Berlin: Institut für Kommunikationstherapie, 1979, 139–157

Mead, Margaret, Der Konflikt der Generationen, (dtv 1042) München 1974

– Jugend und Sexualität in primitiven Gesellschaften, (dtv 4034) München 1979

– Hoffnung und Überleben der Menschheit, Stuttgart/Berlin 1973

– Brombeerblüten im Winter. Ein befreites Leben, Hamburg 1978

Neill, Alexander S., Theorie und Praxis der antiautoritären Erziehung, (rororo 6707/08) Hamburg 1969

Oerter, Rolf, Moderne Entwicklungspsychologie, Donauwörth 1972[11]

O'Neill, Nena und O'Neill, George, Die offene Ehe, Bern/München 1972

Patterson, Gerald R. und Gullion, M. Elizabeth, Mit Kindern leben. Neue Erziehungsmethoden für Eltern und Lehrer, Wien/Köln/Graz, 1974

Patterson, Gerald R., Soziales Lernen in der Familie. Psychologische Hilfen für Eltern und Kinder, München 1975

Piaget, Jean, Psychologie der Intelligenz, München 1976[2]

Piaget, Jean und Inhelder, Bärbel, Die Psychologie des Kindes, Olten/Freiburg 1972

Richter, Horst-Eberhard, Eltern, Kind und Neurose, Stuttgart 1967[2]

– Patient Familie. Entstehung, Struktur und Therapie von Konflikten in Ehe und Familie, Hamburg 1970

Rogers, Carl, Partnerschule. Zusammenleben will gelernt sein. Das offene Gespräch mit Paaren und Ehepaaren, München 1975

Rogoll, Rüdiger, Nimm Dich, wie Du bist (Herder TB 593), Freiburg 1976

Rogoll, Rüdiger und Marwedel, Ulrike und Marwedel Christa, Ich mag mein Kind – mein Kind mag mich! Transaktionsanalyse für Eltern. Freiburg, Basel, Wien 1986

Samuels, Solon D., Stroke Strategy, Transactional Analysis Journal I, 3 (1971)

Schlegel, Leonhard, Grundriß der Tiefenpsychologie, Bd. V: Die Transaktionale Analyse nach Eric Berne und seinen Schülern, (UTB 870) München 1988[3]

Schiff, Jacqui und Day, Beth, Alle meine Kinder, München 1980

Schiff, Aaron Wolfe und Schiff, Jacqui Lee, Passivity, Transactional Analysis Journal I, 1 (1971)

Schutz, William C., Freude, Hamburg 1971

Skinner, Burhues F., Futurum zwei. Die Vision einer aggressionsfreien Gesellschaft = Walden two, (rororo 6791) Hamburg 1978

Spiegel, Yorick, Der Prozeß des Trauerns, München/Mainz 1973

Spitz, René A., Die Entstehung der ersten Objektbeziehungen, Stuttgart 1973[3]

– Nein und Ja. Die Ursprünge der menschlichen Kommunikation, Stuttgart 1978[3]

– Vom Säugling zum Kleinkind, Stuttgart 1974[4]

Spock, Benjamin, Säuglings- und Kinderpflege, Frankfurt/Berlin/Wien 1978

Steiner, Claude, Games Alcoholics Play, New York 1971

– Wie man Lebenspläne verändert, Paderborn 1982

– The Stroke Economy, Transactional Analysis Journal I, 3 (1971)

Steiner, Claude M. und Cassidy, William, Therapeutic Contracts in Group Treatment, Transactional Analysis Bulletin VIII, 30 (1969)

Stetter, Gertrud, Die unvollständige Familie, Freiburg 1977

Stevens, John O., Die Kunst der Wahrnehmung. Übungen der Gestalt-Therapie, München 1975

Stollberg, Dietrich, Nach der Trennung, München/Mainz 1976

Tillich, Paul, Der Mut zum Sein, Stuttgart 1958

Toffler, Alvin, Der Zukunftsschock, (Knaur TB 339) München/Zürich 1974

Wandel, Fritz, Erziehung im Unterricht: Schulpädagogische Anwendungen der Transaktionsanalyse. Stuttgart, Berlin, Köln, Mainz 1977

Winkler, Klaus, Emanzipation in der Familie, München/Mainz 1976

Woolams, Stan und Brown, Michael, Transactional Analysis, Dexter/Mich. (Huron Valley Institute) 1978
Wyckhoff, Hogie, Between Women and Men, Issues in Radical Therapy I, 2 (1973)
– The Stroke Economy in Women's Scripts, Transactional Analysis Journal I, 3 (1971)
Zechnich, Robert, Games in Childhood, Transactional Analysis Journal IV, 2 (1974)
Zulliger, Hans, Die Angst unserer Kinder, (Fischer TB 6098) Frankfurt 1975
– Heilende Kräfte im kindlichen Spiel, (Fischer TB 6006) Frankfurt 1973
– Umgang mit dem kindlichen Gewissen, (Fischer TB 6074) Frankfurt 1974

John O. Stevens

Die Kunst der Wahrnehmung

Übungen der Gestalt-Therapie.
Aus dem Amerikanischen übersetzt von Anna Sannwald.
13. Auflage. Kt. 269 Seiten.
[3-579-02278-4]

Dieses Buch ist inzwischen ein Handbuch geworden, durch das die Methoden und Erfahrungen der von Frederick S. Perls begründeten Gestalt-Therapie auch dem Laien verfügbar gemacht werden, so daß er sich selber in sie einzuüben vermag.

Mehr als hundert Übungen sind in diesem Band mit gründlichen Anleitungen dargeboten. Sie reichen von überraschend einfachen Formen der Beobachtung, der Mitteilung, der Berührung, der Äußerung von Phantasien und ihrem Ausspielen bis hin zu kreativen Gestaltungsmöglichkeiten mit bildnerischen, musikalischen und pantomimischen Mitteln.

Erwachsenenbildung und Lebenshilfe sind hier auf geradezu geniale Weise miteinander verknüpft.